OTTO BASIL

(1901–1983) Studium der Germanistik und Paläontologie in Wien und München. Danach arbeitete Basil als Journalist und Verlagslektor, Barpianist und Industrieangestellter. Er wirkte außerdem als Dramaturg und Publizist in Kultur-Zeitschriften. Anfang der 1920er Jahre war er einer der Herausgeber der Zeitschrift *Das Wort*. Weiterhin schrieb er Mitte der 1920er Jahre Artikel für das *Prager Abendblatt*. Nach dem »Anschluss« Österreichs an Deutschland im Jahr 1938 erhielt Otto Basil Schreibverbot. Nach Ende des Zweiten Weltkriegs arbeitete er als Pressereferent und Dramaturg am Wiener Volkstheater (bis 1947) und gab die avantgardistische Literatur- und Kunstzeitschrift *PLAN* heraus (eingestellt 1948), in der Beiträge vieler zeitgenössischer österreichischer Schriftsteller, Musiker und Wissenschaftler veröffentlicht wurden. Von 1948 bis 1964 war Basil Leiter des Ressorts Kultur der Tageszeitung *Neues Österreich* sowie bis zu seinem Tod 1983 freier Schriftsteller (P.E.N.-Mitglied) in Wien. Er ruht in einem ehrenhalber gewidmeten Grab auf dem Wiener Zentralfriedhof (Gruppe 40, Nummer 153).

Wenn das der Führer wüsste sorgte bei seinem ersten Erscheinen sowohl auf der Frankfurter Buchmesse 1966 als auch bei der Literaturkritik für Aufsehen und wurde zum Verkaufsschlager, der sich einige Zeit in den (damals allerdings noch wenig beachteten) Bestsellerlisten halten konnte. Die Startauflage von 25.000 Exemplaren ist auch nach heutigen Maßstäben erstaunlich.

OTTO BASIL

Wenn das der Führer wüsste

ROMAN

Milena

Die in diesem Buch vorkommenden
nichthistorischen oder pseudohistorischen
Personen sind frei erfunden.
Namensgleichheit oder sonstige Ähnlichkeit
mit Lebenden ist zufällig.

In einer total vermondeten Welt
wie der hier geschilderten, durch die jedoch
die Umrisse der heutigen realen hindurchschimmern,
darf der Autor kein Pardon geben,
können nur negative Figuren auftreten.
Der Autor selbst nimmt für sich in Anspruch,
eine solche zu sein.

INHALT

AMAZONISCHES	7
DER ERZJUD DES DRITTEN REICHES	39
NAPHTHALIN	79
IN DEN KATAKOMBEN	109
GUNDLFINGER ARBEITET AN EINEM GOTTESBEWEIS	153
DAS BEGRÄBNIS IM KYFFHÄUSER	207
MISERERE	235
UNTERNEHMEN BIFRÖST	277
AUF DEN ASPHODELOSWIESEN	305
GLOSSE	332
NACHWORT VON JOHANN HOLZNER	333

AMAZONISCHES

Frô Saelde ist wilder danne ein rêch,
und ist ouch wider mich gevêch.
Ich folge ir allez ûf ir spor,
und bin ir dicke nâhe komen:
nû get si mir mit listen vor.

Herr Rubin

DER 9. NOVEMBER 196… war ein Sonnabend. Träge strich nasskalter Wind durch die Gassen von Heydrich – Heydrich im Kyffhäusergebirge – und schüttelte die letzten Blätter von den Bäumen. Es roch nach Schnee und wässriger Verwesung. Das Licht des Spätmorgens verschluckte alle Farben; die Dinge wurden fahl und unwirklich in der zähen, weißlich fließenden Dämmerung.
 Der 9., 10. und 11. November gehörten eigentlich zu den streng gebotenen Trauertagen der Nation. Aber die Erinnerung an die große Schande von 1918 war sogar in der Partei allmählich verblasst, und so unterschied sich die Stimmung dieses nebligen Herbstmorgens in nichts von der seiner Vorgänger. Ein Tag begann, ein Tag wie jeder andere.

Höllriegl, kalt geduscht, körperlich ertüchtigt, ging federnd, fast hüpfte er, die Treppe zu seinem Sprechzimmer hinunter. Die blank gewichsten Röhrenstiefel knirschten auf den Holzstufen. Wie schon öfters in der letzten Zeit, ärgerte er sich über Burjak, der das Metallschild an der Tür zu scheuern vergessen hatte, überhaupt immer schlampiger wurde. (Er behandelte die Leibeigenen zu gut – sein alter Fehler.) Auf der Platte war in gotischen Lettern zu lesen:

ALBIN TOTILA HÖLLRIEGL
Strahlungsspürer
Geschäftsstelle Heydrich der NS-Fachschaft für Pendelweistum
Behebung von Strahlungsschäden aller Art
Auspendeln von Lebensumständen
Schutzelektroden, Radiumschmuck, Schwingungsgürtel
Entstrahlungsketten gemäß den VDI-Regeln
für Siderische Geräte
Nordische Daseinsberatung
Sprechstunden außer Sonnabend täglich von 9 bis 11
An Sonn- und Feiertagen kein Kundendienst
KRIEG DEN ERDSTRAHLEN!

Der Gyromant, also der Pendler, durchquerte den nüchtern eingerichteten Warteraum mit den zwölf rund um den Tisch sternförmig angeordneten Stühlen und betrat sein Sprechzimmer, das auch als Labor und für Entspannungs- und Versenkungsübungen diente. Vor dem Bild des greisen Führers, es nahm beinah die ganze, sehr schmale Stirnwand ein, hob er, die Schultern zurückreißend und die Hacken zackig zusammenschlagend, den Arm zum Deutschen Gruß. Das Führerbild, ein Farbfoto in Lebensgröße, war mit der Zeit stark rotstichig geworden, sodass es wie in abendlichem Dämmerschein erstrahlte; die Züge des Mannes, aus denen fanatische Entschlossenheit und unbeugsamer Siegeswille sprachen, erschienen dadurch weicher und milder, sozusagen landesväterlicher. Zugleich aber, und dieser Eindruck wurde von Mal zu Mal stärker, hatte die nach und nach über das Bild sich ausbreitende rosa Finsternis etwas vom Flackerlicht eines fernen Brandes. Die brandige Röte vermeinte Höllriegl förmlich zu riechen, und jedes Mal, wenn er wider Willen hinsah, erfüllten ihn solche Beobachtungen, die wahrscheinlich nichts als Wahnideen waren, mit trüben Gedanken. Der Führer war siech; das wusste trotz der nahtlosen Nachrichtensperre die ganze Nation, und die halbe Welt flüsterte es sich zu.

Höllriegl schob sich bedrückt an seinen Schreibtisch heran, die gute Laune war verflogen, auch das Gefühl des Wohlbefindens und der Geborgenheit war weg. Den Tisch bedeckten Haufen von Briefen, Formblättern, Broschüren und Zeitungsausschnitten; mitten in der Papierflut hatte besagter Burjak, ein ehemaliger Hilfslehrer aus dem Warthegau, der ihm aus dem Untermenschenlager Heydrich (UmL 1238) zugewiesen worden war, auf einem Blechtablett das Frühstück angerichtet. Höllriegl aß mit wenig Appetit und hastiger als sonst. Dabei blätterte er zerstreut in der letzten Folge der *Odischen Lohe*, des Fachorgans für Deutsche Pendelmutung. Sein Blick glitt über ein aufgeschlagenes Buch, es war Schultze-Rüssings »Lehrbuch der Grausamkeit«; das gestern Nacht angefangene Kapitel, das Höllriegl schon halb auswendig konnte, handelte von den seelischen Abhärtungsmaßnahmen der asischen Rasse, insbesondere von der Behandlung der Leibeigenen. Knapp vor dem Schlafengehen hatte Höllriegl in dem reich bebilderten Wälzer geschmökert, nicht um sich seelisch aufzumöbeln, wie es Vorschrift war, sondern um gewissen, wie er sich eingestand: abwegigen Phantasien nachzuhängen.

Die Post musste bald da sein. Höllriegl überflog den Vormerkkalender. Es war Sonnabend, der einzige sprechstundenfreie Wochentag. Das späte Aufstehen hatte wohlgetan, das Große Wecken der Nation, von allen Sendern in die Welt gestrahlt, war verschlafen worden. (»Wieder mal schlapp gemacht!«) Schuldbewusst drückte Höllriegl auf die Taste des Rundfunkgeräts, und alsbald quoll eine zähflüssig-pastorale Stimme aus dem Lautsprecher: »... Alles Läben ist Gnade. Doitsches Christsein, das ist und will nichts als die Heiligung alles Irdischen. Den Adel der Arbeit, Äden auf Ärden, tüchtich und gottkindhaft, ohne den jännseitssüchtigen Augenaufschlag, der nur untüchtich macht. So erfassen wir Doitsche ...« Die Erbauungsstunde der Reichsbewegung Deutscher Christen aus Osnabrück. Höllriegls Gedanken wanderten fort – zu gewissen strammen Formen –, kehrten aber schnell wieder zur salbadernden Stimme zurück: »... Und wenn da einer kommt, einer von dänen, die noch immer nicht begreifen wollen, dass ihre priesterliche Mittlerrolle ausgespielt ist, und uns mässianischen Führerkult vorwirft oder gar eitle Selbstvergottung der Partei und Nation, dem erteilen wir hiermit die entschlossene Antwort ...«

Um zehn, so stand auf dem Kalender, begann im lokalen Parteihaus der übliche Wochenendkurs für die Amtsträger von Unterabschnitt C-zwo. Ein Pflichtlehrgang über die Neuordnung der Partei in den Tschandalengebieten, mit besonderer Berücksichtigung der russischen Fronvogteien. Den Lehrkursführer, es war einer von den Warägern, wie der ehrwürdige SD und Deutsche Selbstschutz jetzt im Osten gemeinsam hießen, kannte Höllriegl flüchtig. Er mochte ihn nicht. Gut, er musste trotzdem hin. Elf Uhr: Aufklärungsstunde für siebenbürgisch-sächsische Pimpfe, die in der Sachsenburg bei Heldrungen ihr Winterlager hatten, unter dem Motto »Zweimal Compiègne: 11. November 1918-21. Juni 1940. Eine Gegenüberstellung«. Dort hatte er die Berichterstattung, fade Routinesache, für den *Kyffhäuser-Boten*, weil Kummernuss an Grippe erkrankt war. Und hernach wollte er in der Schriftleitung Briefe ansagen und die Fahne seiner allsonntäglichen Spalte *Nordische Innenschau* durchsehen.

Er stellte den Empfänger auf Kurzwelle und drehte weiter.

»Hier ist der Wehrmachtsender Johannesburg mit den Richtstrahlern Bloemfontein und Vereeniging. Wir bringen eine Übertragung vom Kameradschaftstreffen des Afrikaner Broederbond in Krügersdorp.« Weiter. Eine hohle, neblige Stimme: »Den wir heilig sollten halten, den haben wir gefällt. Nicht ziemt uns beiden, nach der Wölfe Beispiel uns selber grimm zu sein wie der Norne Grauhunde, die gefräßig sich fristen im öden Tann. Hel will ihr Opfer!« Das war der Reichssender Asgard: Deutschunterricht für das Jungvolk von Nordland. Weiter. »... du oller besengter Waldheini! Bist du denn heute von oben bis unten mit Schmirjelpapier abfrottiert worden? Du Jummiaffe hättest ooch zwei Jahre Altersheim ohne Bewährung vadient!« – »Halt die Schnauze, sonst mach ick sie dir mitn Jewehrkolben zu! Wat solln denn die Kamraden von uns denken, wenn du deine Klappe nich maln bisschen halten kannst, du oller Rinnsteinpenner du! Bei uns herrschtn anständiger Ton, vastann, sonst kriegstn Arsch voll!« – »Welcher Oberdussel hat denn nu wieder mal ...« Ankara mit Unterhaltungsprogramm für die im Osmanischen Protektorat stationierte Truppe. (Höllriegl kannte alle diese Sendereihen bis zum Überdruss.) Weiter. Die gläsern zirpenden Töne eines fernen Cembalos – es war wohl einer von den starken wolgadeutschen Sendern – schwebten durch das Zimmer mit seinen Bücherborden, seinen Vitrinen, in denen zauberische Gegenstände schimmerten: Pendel aus Bergkristall, goldglänzende Sterne zum Umhängen (die eigentlich Elemente sind), Silberplatten an Halskettchen, welche gegen Erdstrahlen immun machten, blitzende Antennen und Odoskope, Hochfrequenzschmuck, Ruten, Entstrahlungsketten, antike Pendel. Ah, die Goldberg-Variationen! Höllriegl drosselte die Lautstärke des Volks-Allempfängers und schlenderte, Hände in den Hosentaschen, ganz dem Lauschen hingegeben, zum Fenster. Wie Bach einst den Dom der deutschen Musik erbaut hatte, so hatte Adolf Hitler den Dom des Germanischen Weltreichs errichtet. Ein Dom, der eine feste Burg ist und bleiben wird, eine Grals- und Trutzburg, uneinnehmbar, unzerstörbar bis ans Ende der Zeit. Doch der Führer war krank, schwer krank sogar, wie es hieß. Schwarze Gerüchte! Höllriegl erschauerte. Draußen im Nebel standen da und dort Menschen beisammen, bildeten Gruppen, und auf den Ästen saßen unbeweglich die Krähen. Um 13.30 Uhr war er zum Auspendeln eines Amtszimmers in die Richthofen-Straße bestellt. Und dann ... dann würde er zu den Eyckes hinausfahren.

Es klingelte an der Tür. Der Postbote. Höllriegl grüßte in seiner mundfaulen ostmärkischen Art »Heitla!«. Der Mann reichte ein paar Briefe und einen Pack Drucksachen durch die Tür. »Heil dem Führer«, sagte er freundlich und mit Nachdruck. »Heil dem Führer«, antwortete Höllriegl, seine Stimme bebte. Mit umwölkter Stirn betrachtete er den kargen Posteinlauf.

Höllriegl war neu am Platz, genauer: Er war erst vor einem Jahr aus Göringstadt, Oberdonau (dem ehemaligen Linz), in dieses Kyffhäuserkaff versetzt worden, zwangsversetzt. Wühlmäuse seiner Fachschaft hatten in Stadl-Paura, wo nach der feierlichen Verstoßung Wiens durch den Führer die Reichsstatthalterei der Ostmarkgaue hinkünftig ihren Sitz hatte, gegen ihn gewühlt. Er fühlte sich jung und war ehrgeizig. Man musste es den Brüdern zeigen! Sein Kundenkreis wuchs ständig, nur galt es immer wieder, unterirdische Widerstände zu überwinden. Die örtlichen Stellen versäumten keine Gelegenheit, dem Ostmärker Prügel vor die Füße zu werfen, was umso leichter war, als gewisse Parteigliederungen und deren angeschlossene Verbände, zum Beispiel das Hauptamt für Volkswohlfahrt und der NSD-Ärztebund, aus Konkurrenzneid oder purer Engstirnigkeit eine unverhohlene Abneigung gegen Rutengänger an den Tag legten, sofern diese im Heileinsatz standen – ein Ressentiment aus Vorkriegstagen. Diese Abneigung war ursprünglich allgemein gewesen. Erst als die *metaphysische Richtung* in Partei und SS gesiegt und Alfred Rosenberg die Schirmherrschaft über die Deutsche Gyromantie übernommen hatte – dies war knapp vor dem historischen Kriegsverbrecherprozess von Toledo gewesen, bei dem 34 Staatsmänner der Alliierten zur Hinrichtung durch das Würgeisen (el garrote) verurteilt wurden –, erst dann verstummten die Angriffe gegen das Pendelweistum. Man hatte den Gyromanten nichts Geringeres als östliche Semantik, Geheimbündelei, Abweichung von der nordischen Linie, ja sogar Feindseligkeit gegen Partei, Staat und Wehrmacht vorgeworfen. Rosenberg, der Apostel des Rassegedankens und nach Toledo vom Führer zum Paladin der weltumspannenden Ariogermanischen Völkergemeinschaft (AGVG) mit zeitweiligem Sitz in Reykjavík, Delphoi und Benares ausgerufen, war stets ein Freund östlicher Weisheit gewesen. Auch diese, das hatte Höllriegl schon immer geahnt, wurzelte letztlich in nordisch-heilem Boden. Aber Rosenberg, der unbestritten führende Staatsphilosoph bis zum Schluss, lebte nicht mehr. Eine junge, offiziell einstweilen noch verpönte, immerhin aber stillschweigend geduldete Bewegung (was darauf schließen ließ, dass gewisse Vorfelder von den neuen Partei-Ideologen bereits erobert worden waren) drängte nach vorn, die in Angriffen »NATMAT« genannt wurde: Nationaler Materialismus. Die Gyromantie, mit dem Odium Rosenberg'scher Förderung behaftet, sah sich einem neuen Feind gegenüber.

Die Drucksachen – Schulungs- und Leitbildgequatsch – warf Höllriegl ärgerlich zur Seite. Die Briefe! Ein Kantinenwirt im Nachbarort, nach einer Prostataoperation, war von Krebsfurcht befallen; er litt unter Schwindelgefühl, Spasmen, nervösen Durchfällen (die Obstbäume in seinem Garten hatten typische Krebsknollen, so schrieb er). Reizstreifen? – Die Witwe eines bei der Operation *Seelöwe II* in Folkestone gefallenen Oberstudienrats aus Pforta, achtundvierzig, infolge schwerer Arthritis ans Zimmer gefesselt, klagte über Schlaflosigkeit, Hirndruck, Sehstörungen, Absencen. Wechselbeschwerden oder Erdstrahlen? – Dritter Fall: Ein Lokführer in den besten Jahren, verheiratet, wurde von Platzangst, Impotenz, Minderwertigkeitsgefühlen, schweren Depressionen geplagt. Das deutete der Briefschreiber selbstverständlich mit vorsichtigen

Redewendungen an, Minderwertigkeitsgefühle galten als Staatsverbrechen. – Ein Laborgehilfe, dreiundzwanzig, der im Forschungszentrum des UmL Neuengamme (mit dem ominösen Kennbuchstaben V) seit anderthalb Jahren an der Kobalt- und Cäsiumkanone begeistert, wie er schrieb, gearbeitet und hundert Fälle, größtenteils ostisches Material, serienversuchsweise bestrahlt hatte, war anscheinend am Ende. Er litt an Nausea, Wahnvorstellungen, allergischen Reaktionen und völliger Schlaflosigkeit. Schlafmittelvergiftung? Strahlensyndrom? Oder Erdeinwirkung? Wohl Letzteres. Der Mann ersuchte um aufklärende Schriften und Zusendung eines siderischen Geräts.

Immer die gleichen Klagen. Schlafstörungen, Gemütskrankheiten, Verfolgungswahn, Lebensüberdruss. Eine Selbstmordepidemie, von den Behörden streng geheim gehalten – schon die Verwendung des schönfärbenden Wortes »Freitod« wurde geahndet –, suchte nicht nur das Reich, auch das ganze vom Führer geeinte Abendland heim. Vor allem waren die Eliten betroffen. Misslungener Selbstmord wurde mit Zuchthaus, in manchen Fällen sogar mit Zwangsaufenthalt in den Tschandalengebieten oder in Untermenschenlagern bestraft. Schlaflosigkeit? Das deutsche Volk schlief schlecht seit dem größten Sieg seiner Geschichte.

Auf dem Lehnsessel, sonst für Besucher bestimmt, lagen heute Zeitungen und Illustrierte. Obenauf die große KdF-Illustrierte *Das Tausendjährige Reich*. Ziemlich altfränkische Blätter wie *Der Flammenwerfer*, *Das Schwarze Korps* und *Der Stürmer* (der jetzt gegen die gelben Affen, im Besonderen gegen den Soka Gakkai und die Familie des Tenno zu Felde zog) waren hier ebenso zu finden wie *Der Landser*, die *Rassenkundliche Somatologie*, *Herrentum*, der *Panzerbär*, die *Sieg-Rune*, der *Wehrwille*, die Frauenbildzeitung *Kriemhilde*, der *NS-Pendler*. Mit sicherem Griff zog Höllriegl ein Heft der *Minne* aus dem Stapel, das auf dem Umschlag eine halbnackte Frau auf südlichem Strand zeigte.

Die *Minne* wurde mit Vorliebe von der Reichsjugend gelesen; sie war dazu bestimmt, den Jungmann und die junge deutschblütige Volksgenossin auf jene hehren Ziele vorzubereiten, die später in den Ordensburgen und Zuchtmutterklöstern verwirklicht wurden. Insbesondere geiferte die *Minne* gegen »herrschaftslose« Liebe und individuelle Gattenwahl. Sie war das radikale Organ für die Aufzucht der Blau-Blond-Rasse, zugleich auch, wie es hieß, ein Sprachrohr des NATMAT, jedoch aristokratischen Einschlags. Die Schriftleitung dieser reißerisch aufgemachten Bildzeitung, die ein ehemaliger PK-Mann namens Hansjörg Fenrewolf Stoffregen in Berlin herausgab, verstand es blendend, hinter der populärwissenschaftlichen Fassade von rassenkundlichen und eugenetischen Abhandlungen die Sinne zu kitzeln und einer neuartigen Erotik, deren Wurzeln in den Arbeitslagern der Maiden aus Vorkriegstagen zu suchen waren, Tür und Tor zu öffnen.

Das etwa 45-jährige vollschlanke Weib auf dem Bild – es war eine farbige Reproduktion von geradezu aufreizender Schärfe und Naturtreue – hatte die vorgeschriebene aggressive Körperhaltung, das Gesicht überraschte durch seinen fanatischen Ausdruck. Weizenblond waren die langen und dicken Zöpfe, die dunkelgrauen Augen blitzten sieghaft, der große, brutale Mund mit den schmalen Lippen war zu einem sichtlich verachtungsvollen Lachen geöffnet, die Zähne hatten etwas auffallend Tierisches. Das Erregende an dieser Frau war, dass in ihren Zügen Nordisches sich mit Ostischem in fast verworfener Weise mischte, dass das Heldische überlagert war von Schlangenhaftem. Sie war mit einer kurzen Badetunika bekleidet, die, weil klatschnass, alle körperlichen Details nicht nur plastisch hervortreten ließ, sondern sie auch halb sichtbar machte. Die Spitzen der vollen, hohen Brüste zeichneten sich rosabräunlich unter dem dünnen weißen Stoff ab. Das Hemd wurde nur lose von Händen zusammengehalten, die schmal waren, ohne edel zu sein. Sogar die Gänsehaut auf den bronzebraunen, meersalzbestäubten Schenkeln gab das Foto wieder, es zeigte jeden Wassertropfen und selbst den schattenhaften Flaum auf Oberlippe und Armen. Der Bildtext sagte in der üblich forschen Sprache: »Dies, deutsche Jungs und Mädels, ist Ulla Frigg von Eycke, ehemals Kommandeuse des Frauen-KL ›Dora‹, jetzt Gattin des SS-Obersturmbannführers und Inspekteurs für Wirtschaftsfragen im Oberabschnitt Fulda-Werra Erik Meinolf von Eycke, am Strand des Erholungsheimes der Leibstandarte SS ›Adolf Hitler‹ in Sotschi, Schwarzmeerküste.« Und darunter stand: »Die Hüterin der Art.«

Die Hüterin der Art, das wusste Höllriegl aus verlässlicher Quelle, hatte vier Fehlgeburten gehabt. Nur die ersten Kinder lebten: Manfred und Erda, die Zwillinge. Diese kraftstrotzende Deutschbaltin, Idealbild der Blau-Blond-Rasse, war wie ein schöner, wurmstichiger Apfel. Seit geraumer Zeit litt Frau von Eycke an einem unerklärlichen Nervenübel, an verfolgungswahnähnlichen Einbildungen, jähen Stimmungsumschwüngen, Anfällen von kalter Wut, Schlaflosigkeit, auch an einer Überreizung bestimmter Hautzonen. Die Ärzte brachten diese Erscheinungen mit dem Beginn des Wechsels in Zusammenhang, andere Anzeichen wieder sprachen gegen diese Diagnose. Trotz vielerlei Kuren schien eine Heilung des immer lästiger werdenden Übels aussichtslos. Höllriegl war bei einer Tagung der NS-Naturärzte in Radebeul zufällig mit den Eyckes zusammengetroffen. Er hatte, nachdem er über Ullas Krankengeschichte unterrichtet worden war, seine Dienste als »Radiästhesist« angeboten und die Eyckes zu überreden versucht, ihr Haus bei Heydrich, wo Ulla mit den Zwillingen zumeist wohnte, vor allem die Schlafräume, gegen Erdstrahlen abschirmen zu lassen. Eycke, der Hüne mit dem kleinen, dunklen, ledernen Aasgeierkopf und den hellen, bösen Augen im verwitterten, von Schmissen gekerbten Gesicht (»Schauerliche Visage!«), hatte zuerst nur hassenswert ironisch dreingeblickt. Ihm und Ulla war einiges über Höllriegls *Pendlerei* zu Ohren gekommen, sie hatten auch von seinen Erfolgen gehört – zu Höllriegls Kunden zählten, noch in der ostmärkischen Zeit, leitende Parteimitglieder und die Gattinnen politisch einflussreicher Industrieführer –, den Ausschlag aber gab Eyckes kränkelnde Schwester Anselma, die lange in den Tropen gelebt hatte, ein seltsam schlaffes Geschöpf, ganz Auge, mit trägen, pflanzenhaften Bewegungen und blasser, leberfleckiger Haut (ein größerer Gegensatz zu Ulla war kaum denkbar!). Skeptisch lächelnd und zurückhaltend gaben die Eyckes ihre Einwilligung. Und heute Nachmittag sollte die erste Untersuchung sein.

Ulla hatte auf Höllriegl einen zwiespältigen, jedenfalls magnetischen Eindruck gemacht. Das Rassige, Herrschsüchtige, Fanatische dieser Frau zog ihn vom ersten Augenblick an in ihren Bann; das Ordinäre, Brutale, Blitzmädelhafte ihres Wesens stieß ihn ab. Von ihrer Unberechenbarkeit und Grausamkeit, auch von ihren gewagten Ritten, ging der Fama der Mund über. Frau von Eycke, damals noch Ulrike Mlakar, war eine der strengsten KL-Kommandeusen gewesen; ihre Lagerführung in Stutthof und Groß-Rosen wurde in breitesten Parteikreisen ebenso rasch ruchbar wie ihr Fanatismus den Spitzen der politischen Hierarchie. Durch gewisse Erziehungsmethoden (die für die weiblichen Häftlinge nicht immer gut ausgingen) hatte sie sich schon früh einen geachteten Namen erworben. Oft war sie auf dem Bildschirm zu sehen gewesen, als vorbildliche Gattin und Mutter, als Reiterin; ihr Name tauchte ständig in der Tagespresse auf.

Durch das Umschlagbild wachgerufen, kreisten Höllriegls Wünsche, die, wie er gepeinigt ahnte, unerfüllbar bleiben mussten, um den Körper dieses Weibes, von dem der Reiz reifer Begierden ausging. Es war sonderbar: Das Gewöhnliche, wie es sich in Ullas Gesicht spiegelte, zog ihn nun mächtig in die Bereiche unterschwelliger Begehrlichkeit hinab; das Sieghafte und Heldische an ihr konnte er nicht mehr so bewundern. Vielleicht war das alles nur Maske. Zu den hohen Jochbeinen mit den schräg gestellten Augen und den verräterischen braunen

Schatten darunter passte der schweißige Geruch von Stuten und schmutziger Unterwäsche. Und plötzlich – Höllriegl schob hastig das Heft wieder in den Stapel zurück – überfiel ihn das Gefühl unmittelbarer physischer Bedrohung. Diese Frau erweckte nicht nur die Lust zu schlagen, blutig zu schlagen, sondern auch geschlagen zu werden.

Das Telefon summte. Höllriegl stellte das Radio ab und nahm den Hörer von der Gabel. »Heil! Hier Damaschke«, meldete sich eine barsche Stimme. (SA-Mann Damaschke, alter Kämpfer von der Krummen Lanke, Blutordensträger und Schwerkriegsversehrter, jetzt Telefonist im Parteihaus.) »Ein Herr von ... Schwertfejer aus Wien möchtse jerne sprechen. Na, Se sind jewiss schon selbst druffjekomm, wer det is. Wa? Der bekannte Romanfritze. Hat hier mal vorjelesen. Ick vabinde ...«

Höllriegl war augenblicklich im Bild. Er hatte vor Jahren dem erfolgreichen Schriftsteller Arbogast von Schwerdtfeger das Arbeitszimmer in seiner Döblinger Wohnung ausgependelt und hernach eine gründliche Umstellung der Möbel, vor allem des Schreibpults – Schwerdtfeger pflegte stehend zu arbeiten – veranlasst. Wie ihm der Dichter nachträglich mitgeteilt hatte, war dadurch eine *ärgerliche Ladehemmung* beseitigt worden; er konnte wieder mit Schwung arbeiten.

»Erinnern Sie sich noch an Ihre Intervention bei mir?«, hörte er Schwerdtfeger sagen. Es klang geschmeidig, sonor, entgegenkommend, gewissermaßen *altösterreichisch*. »Verehrtester, könnten Sie einen Sprung ins Parlament kommen? Ich wohne hier. Ich hätt gern selber bei Ihnen vorgesprochen, erwarte aber ein wichtiges Ferngespräch, das jeden Moment da sein kann – darf mich nicht wegrühren. Ich hab einen interessanten Auftrag für Sie. Etwas Hochoffizielles. Geheime Reichssache ...«

Höllriegl sagte zu, kritzelte rasch ein paar Worte für Burjak auf einen Zettel und schlüpfte in den Mantel. Während er seinen Wagen aus der Garage holte, ging es ihm durch den Kopf, auf welchen Umwegen Schwerdtfeger erfahren haben könnte, dass er, Höllriegl, in Heydrich tätig war. Geheime Reichssache! Wie kam ausgerechnet der *Romanfritze* dazu, sie ihm zu übermitteln? Und noch etwas. Schwerdtfeger hatte, was sonderbar war, das Wort *Parlament* gebraucht, also eines jener Spottwörter, die man – im vertraulichen Kreis – manchmal auf die Parteihäuser münzte. Durfte der Mann solche Vertraulichkeiten zwischen ihnen voraussetzen? (»Ich hab nur rein geschäftlich mit ihm zu tun gehabt, und auch das liegt Jahre zurück«, sagte Höllriegl halblaut, seinen Gedanken nachhängend.) War es aus Achtlosigkeit geschehen? Kaum. Eher aus dem Gefühl sorgloser Souveränität. Oder war es ein gezieltes Wort gewesen? Jedenfalls: Schwerdtfeger wohnte im Parteihaus, wo sonst nur höhere Funktionäre abstiegen. Geheime Reichssache?

In der Hindenburg-Chaussee begann es zu tröpfeln, und kurz darauf nieselte es ganz anständig. Trotzdem, so kam ihm vor, waren mehr Menschen in den Straßen als sonst. Er hielt vor dem Parteihaus, einer aufgelassenen Panzerkaserne mit braunem Ölanstrich, die durch Zu- und Umbauten im reichseinheitlichen Stil monumentalisiert worden war. Keine Parklücke zu finden – quer über die Gehsteige, wie es in frühen Wehrmachtstagen Mode war, standen dicht nebeneinander die Wagen der Amtsträger und Sekretärinnen. Höllriegl stellte den VW in einer Seitengasse ab und eilte fröstelnd zum *Parlament* zurück.

In der Loge des Hausmeisters mit ihren schießschartenähnlichen Auslugen nach allen Seiten saß Damaschke, die Telefonmuschel umgehängt, und stöpselte eifrig in seinem Schaltkasten herum. (»Heil! Jawöllja ... Ick vabinde ...«) Während er dies mit der Rechten, die aus einer sinnreichen Greifzange bestand, automatisch tat, fertigte er mit der Linken den Passierschein für Höllriegl aus. Neben ihm saß ein Gehilfe, der gerade Margarine auf eine Brotschnitte strich. Die Loge war über und über mit Fähnchen und Spruchbändern geschmückt, auch eine Führerbüste gab es da und vergilbte Fotos, die einen grinsenden Damaschke in der alten Uniform der SA zeigten, bei Aufmärschen, vor Judengeschäften oder die WHW-Sammelbüchse schwingend. »Zimmer fummsehn, zwote Etahsche, Privattrakt«, sagte er brummig-jovial, humpelte mit knackender Beinprothese aus dem Zimmer und wies mit der Greifzange den Weg zum Kasernenhof. »Juhte Varichtung, Herr Heiminsreich!«, rief er Höllriegl nach.

Die langen Korridore waren überheizt, es roch nach Petroleum, schlechten Zigaretten, Pissoir, Lysoform und bürokratischem Staub – auch der Amtsgeruch war reichseinheitlich genormt. Parteien warteten auf Einlass, aus den Zimmern drang das leise Geknatter von Schreibmaschinen. An den Wänden überall Führerbilder oder verblasste schematische Darstellungen irgendwelcher vorsintflutlicher Schnellfeuerwaffen. Der Spruch »Gemeinnutz geht vor Eigennutz« war längst übertüncht, aber noch zu lesen. Die Gänge des *Privattraktes* stachen wohltuend durch roten Kokosläuferbelag und verhungert aussehende Kletterpflanzen von der spartanischen Aufmachung der anderen Flügel ab.

Als Höllriegl auf ein forsch gerufenes »Nur mal rinn in die Schohse!« in das abgedunkelte Wohnzimmer trat, kam ihm Schwerdtfeger mit ausgebreiteten Armen entgegen. Der Dichter schüttelte beide Hände seines Besuchers.

Schwerdtfeger, dreifacher Doctor honoris causa berühmter deutscher Universitäten, hatte eher ein hunnisches als germanisches Aussehen (und trug daher seinen asischen Ehrennamen Hödr als Anachronismus, in einem Nibelungenfilm hätte er als König Etzel gute Figur gemacht. Kugelrunder, kurz geschorener Schädel – die gemeißelte Fülle der Stirn war beachtlich –, Henkelohren, schräge gelbe Augen, gespitztes glatt rasiertes Mündchen, aufgeworfene, ständig geschürzte Lippen. Die Zähne sichtlich falsch. Der mächtige viereckige Brustkasten, der sich – irgendwie knarrend – hob und senkte, gab dem Mann das Aussehen einer athletisch gebauten Panoptikumsfigur. Schwerdtfegers Hände waren so fein und chevaleresk wie seine Umgangsformen. (»Vorkriegskavalier!«) Sein jüngster Roman,»Die Dämonen der Ostmark«, ein dicker Wälzer, in dem er ein breitangelegtes Gesellschaftsbild der Systemzeit entworfen hatte, war ein so lärmender Verkaufserfolg gewesen, dass sogar Höllriegl, der sonst Romane und überhaupt Literarisches wie die Pest hasste, nicht umhinkonnte, ihn wenigstens auszugsweise zur Kenntnis zu nehmen. Immerhin: Der bedeutende Mann war Ostmärker, und diese Tatsache genügte, um eine vertraute, gemütliche Atmosphäre zu schaffen. Die Unterhaltung war kurz. »Ich bin auf einer Vortragsreise«, begann Schwerdtfeger ohne Umschweife, nachdem er vergebens einen Trunk und Zigarren angeboten und sich selber unter umständlichem Gepaff eine angezündet hatte.»In Berlin genoss ich die hohe Ehre, vor den Spitzen der Reichsregierung lesen zu dürfen – der Führer war leider nicht zugegen. Sie wissen ja …« Schwerdtfeger machte augenblicks, als hätte er sie vorrätig gehabt, eine gramvolle Miene. »Um es rasch zu sagen: Es handelt sich um eine wichtige, hochgestellte Persönlichkeit, deren Arbeits- und Privaträume auf Erdstrahlen zu untersuchen sind. Ich habe von Ihnen und Ihren Erfolgen gesprochen, natürlich speziell von Ihrer Intervention damals bei mir in Döbling. Die Herren zeigten sich davon sehr angetan, und so ergab sich der Auftrag von selbst. Meine eigene Anregung also. Ich fand heraus, wohin der Wind Sie verschlagen hat, und da meine Vorlesungstour mich sowieso an Heydrich vorbeiführt, nahm ichs auf mich, Sie persönlich zu unterrichten. Es war nur nicht leicht herauszubekommen, in welchem Heydrich Sie wohnen. Im hiesigen habe ich schon einmal vorgelesen, vor zwei Jahren. Sture Gesellschaft hier. Kein rechtes Verständnis. Na, eben Provinz …«

»Ich danke Ihnen. Nur müsste ich die näheren Umstände wissen«, unterbrach Höllriegl das Geplauder seines Partners, der durch die saloppe, halb sportliche Kleidung andeuten zu wollen schien, dass er zur Nobelboheme gehörte, »unter welchen ich die Untersuchung vornehmen soll. Persönliche Kontakte wären wertvoll, auch sollte ich die Krankengeschichte kennen, falls eine vorhanden. Würden Sie mir was darüber sagen?«

»Liebend gern, wenn ich befugt wär, zu reden. Ich weiß auch zu wenig. So viel aber darf ich Ihnen sagen, dass die betreffende Persönlichkeit sehr, sehr krank ist. Alles andre, also das, was den Fachmann interessiert, werden Sie an Ort und Stelle erfahren. Meldung bei T 4 [*Höllriegl überlief es plötzlich kalt*] bei Obersturmführer Hirnchristl, übrigens engerer Landsmann, netter Kerl, begeisterter Nationalsozialist – er weiß Bescheid. Von ihm erhalten Sie alle Instruktionen. Möglicherweise [*Schwerdtfeger sog angestrengt an seiner Zigarre, die keinen guten Zug hatte*] wird man die Astrologie mit einspannen. Vielleicht sogar [*ironisches Geblinzel der Kalmückenaugen*] den allerobersten Sterndeuter. Sie haben doch nix dagegen, oder?«

»Nein, sicher nicht, obwohl … Meine Untersuchungen sind ganz ohne Tuchfühlung so ziemlich für die Katz. Klarerweise gibt es eine wissenschaftlich objektive Feststellung der Erdeinwirkung auf Organismen. Wie aber diese Erdeinwirkung einen bestimmten Organismus unter bestimmten Umständen beeinflusst, ist eine eigene und heikle Sache – das herauszubekommen, ist Gefühlssache! Nennen Sie es Einfühlung, Intuition, Fingerspitzengefühl, schwarze Magie … Wann soll ich in Berlin sein?«

»Momentino, habs nicht mehr intus!« Schwerdtfeger holte sich sein Notizbuch und blätterte darin. »Übermorgen: Montag. Hirnchristl erwartet Sie um 16 Uhr. Sie brauchen der Wache nur Ihren Namen zu sagen. Morgen ist Ihr Reisetag.«

Höllriegl erhob sich. Der knappe, etwas herrische Ton, mit dem die letzten Sätze gesprochen waren, störte ihn. Das wollte absolut nicht zu Schwerdtfegers sonstiger Art passen. Ein undurchsichtiger Bursche – jedenfalls mit Vorsicht zu genießen.

Der Abschied war wieder überaus herzlich, gleichsam ostmärkisch. Voll innerer Unruhe ging Höllriegl seines Weges. Der Pflichtlehrgang musste gleich beginnen. Schwerdtfegers Auftrag ehrte ihn – selbstverständlich. Was aber steckte dahinter? Und dann diese ölige Ausdrucksweise: Liebend gern – Momentino – das ganze Getue. Zum Kotzen! Ein Gesalbter, einer mit höheren Weihen, zweifellos. Das *Parlament* war vermutlich eine Falle gewesen, eine unter andern. Die Übrigen hatte er nur nicht bemerkt. Hätte er darauf reagieren sollen? Und was für eine Bewandtnis hatte es mit der Meldestelle T 4? Das war, wie jedermann wusste, der frühere Sitz des Amtes für Bevölkerungspolitik und Erbgesundheit, also der Zentrale für das Euthanasieprogramm: Tiergartenstraße vier. Aktion »Sonderbehandlung 14 F 13«. 1959 waren es noch rund 748.000 Personen gewesen, in ganz Europa. (»Mein verfluchtes Zahlengedächtnis!«) Bald darauf hatte man die Zahl herabgesetzt, weil alle halbwegs arbeitsfähigen Erbkranken in die UmL verbracht wurden, wo man sie in eigenen, kobenartigen Käfigen hielt – teils um als Versuchskaninchen für die Neurochirurgie zu dienen, teils um zu niedrigsten Arbeiten verwendet zu werden. (Auch erfolgreich lobotomierte Debile wurden der Wirtschaft wieder zugeführt.) Die Euthanasiebehörde war inzwischen verlegt worden – wohin, das hatte Höllriegl »nicht mehr intus«. Die Anrüchigkeit war geblieben. Wie hatte doch T 4 geheißen? ... Die Reichsabdeckerei. Wer war jetzt dort untergebracht?

Er sah sich um. Aus seiner Abwesenheit mit der Empfindung von Bedrohtsein erwachend, fand er sich in den langen, menschenleeren Korridoren verirrt, einer so eintönig und uniform wie der andere. Wahrscheinlich war er schon von Schwerdtfegers Quartier aus in die falsche Richtung gegangen. Seine Stiefel hallten auf den Fliesen. Der Privattrakt schien hier sein Ende zu haben, die Amtsräume mussten im entgegengesetzten Block liegen. Vor den Fenstern die Ödnis des Kasernenhofs in nebligem Licht. Höllriegl eilte, nervös geworden, durch ein Gewirr von halbdunklen, unversehens enger werdenden, winkeligen Gängen. Manchmal war es, als verfolgten ihn hinter angelehnten Türen stiere, brennende Blicke über gekrümmten Rücken, als sähe er auf breite, gelbglänzende, niedrige Stirnen unter filzig schwarzem Haar hinab – erstarrte Gruppen. War es die leibeigene Gefolgschaft bei Reinigungsarbeiten? (Halbtiere anzusprechen, wäre sinnlos gewesen.) Als Höllriegl eine kurze, gewundene Steintreppe emporgestiegen war, empfing ihn plötzlich ein geräumiger Flur von klar geprägter Bauart und in heiter-blassen Rokokofarben, mit geschwungenen Fenstern auf der einen und spärlichen hohen Türen auf der andern Seite. Das Gefühl, verfolgt zu werden, war wie weggeweht, er atmete wieder frei.

Höllriegl war nie in der *Residenz* gewesen, wie das während des Krieges arg beschädigte Schlösschen im Volksmund hieß. Der Besitz eines hierorts ansässig gewesenen, schon unter Willem dem Zwoten erloschenen Feudalgeschlechts hatte im Lauf der Jahrzehnte mehrmals die Hand gewechselt. Nach dem ersten Weltkrieg – so hatte Kummernuss erzählt – war das Schloss einem rheinischen Schlotbaron zugefallen, der immerhin das verrottete Residenztheaterchen instand setzen und sogar bespielen ließ. Als der Führer die Macht übernahm, war es auch hier mit dem Systemspuk zu Ende. Die *Residenz* wurde in rascher Folge in ein Schulungshaus für Säuglingsschwestern, in ein Sanatorium für Weltkriegsversehrte, um 1940 in ein Genesendenheim für die Totenkopfverbände und später in eine Erzeugungsstätte im Rahmen irgendeiner Ringfertigung (Kummernuss meinte: für das Ariel-Programm) umgewandelt. Während der alliierten Terrorangriffe auf das Reich fiel das bauliche Juwel teilweise den Sprengbomben zum Opfer. Der Rüstungsbetrieb verschwand in den Stollen, und die Schlossruine war wieder vogelfrei. Nach dem Sieg erwarb ein Blutordensträger, der oberste Abwehrbeamte von Bad Frankenhausen (dies der frühere Name von Heydrich), die Reste des Schlösschens um einen Pappenstiel, starb aber während der Wiederaufbauarbeiten. Die *Residenz* kam neuerlich in den Besitz der Partei, die sie durch Zubauten mit Kaserne und *Parlament* verbinden ließ.

Ein Ereignis, flüchtig und schleierhaft wie alle weiteren dieses schwangeren Herbsttages, sollte doch ein eigentümliches Gewicht behalten. Höllriegl gewahrte am fernen Ende des Flurs eine Brüstung, die sichtlich hier oben das Stiegenhaus abschloss. Dort konnte er rasch ins Freie gelangen – den Lehrkurs über die Tschandalengebiete durfte man nicht versäumen, es wurde kontrolliert. Er beschleunigte seine Schritte. An einer der seltenen Türen vorbeieilend, vernahm er dahinter ein gleichförmiges Gemurmel oder Getuschel, das sich wie eine im Chor gesprochene Litanei anhörte. Er hielt an – zwanghaft – und öffnete die Pforte, die sich kreischend in den Angeln drehte.

Er befand sich auf der Empore (oder dem Chorgestühl) einer hohen, schmalen, von Schwaden erfüllten Kirche; anscheinend war es die Schlosskapelle. An der Stirnwand der leeren Apsis hing ein mächtiges Christenkreuz (der Crucifixus fehlte), über das ein ebenso großes schwarzes Hakenkreuz genagelt war. Es gab weder Bilder noch sonstigen rituellen Schmuck. Auf der Empore und unten im Schiff drängten sich Menschen. Die Andächtigen, zumeist alte Weiblein in Trauerkleidern, waren mit verzücktem Gesichtsausdruck einem auf den Altarstufen stehenden rotbäckigen Schwarzbart zugewandt, auf dessen Schultern links und rechts je ein Vogel saß, unbeweglich, als wäre er ausgestopft, Dohle, Krähe oder Rabe. Der Mann, vielleicht Prediger, vielleicht Versammlungsredner, dessen stattlichen Leib ein dunkler Mantel zur Gänze einhüllte, schien einäugig zu sein, über das fehlende Auge trug er eine schmale schwarze Binde so schlampig, dass man die rote Augenhöhle deutlich sehen konnte. Einen Schlapphut hatte er tief in die Stirn gezogen. Höllriegl konnte ihn von seinem Platz aus nur schlecht sehen, denn die in ihren Bänken Knieenden behinderten die Sicht, auch stieg aus der Tiefe ständig dünnes Rauchgewölk auf, das, obgleich rasch abziehend, den Raum verdunkelte. Es roch nach verbranntem Fleisch.

Die Gemeinde schwankte rhythmisch, in einer Art feierlichen Schunkelns, auf den Sitzen hin und her, wobei sie den monotonen Singsang fortsetzte. »Der Füh-rer! Der Füh-rer!«, verstand Höllriegl. Es klang lang gezogen, inbrünstig, tränenerstickt. »Er sitzet zur rechten Hand Odins, des allmächtigen Vaters«, sagte in beschwörendem Ton der Skalde (so etwas schien der Vorbeter zu sein), und sein Auge funkelte trunken. »Der Füh-rer! Der Füh-rer!«, respondierte gehorsam der Chor. Höllriegl sah glotzende Augen auf sich gerichtet, sah speichelnde Münder in gelben, faltigen Gesichtern – der Störenfried war aufgefallen. Weiche Hände tasteten nach ihm, die Weiber rückten zusammen, um Platz zu machen. Ihre verwelkten Körper rochen süßlich, manche hatten kleine Kränze in den Händen. Irgendwo draußen wieherte jäh ein Pferd, es war ein Todesschrei. Mit sanfter Gewalt versuchte man, ihn auf den Sitz zu zerren. »Der Füh-rer! Der Füh-rer!«, seufzte wieder die Menge.

Höllriegl schüttelte die Griffe ab, die, wie ihm vorkam, plötzlich eisern geworden waren. Ein baumlanger Mensch, er hatte hinter dem Türflügel an der Wand gelehnt, vertrat ihm den Weg. Höllriegl, von Schwindel gepackt, drängte ihn zur Seite, fast wäre es zu einem Handgemenge gekommen. Die Tür war erreicht, und des Lärms nicht achtend schlug er sie krachend hinter sich zu. Die Helligkeit des Flurs nahm ihn auf – in ihre Arme.

ES WAR ETWA zwanzig vor drei. Um 15 Uhr hatte Höllriegl bei den Eyckes die Pendelmutung. Er fühlte sich fiebrig, ohne krank zu sein, und unruhig lenkte er den Wagen durch die Gässchen der Altstadt, um den Weg abzukürzen. Die Salinen und das Solbad mit den davor sich stauenden Autos ließ er zur Linken; gleich hinter dem Felsen, den die Ruine der Oberburg krönt, bog er in die Guderian-Allee ein, eine Ausfallstraße, wo zurzeit, am Sonnabendnachmittag, der Verkehr schon abgeebbt war. Er stieg aufs Gaspedal und sauste dahin, einen nervösen, drückenden Schmerz im Genick. Das Ziel lockte, zugleich aber war es ihm, als sollte er die Begegnung mit Frau von Eycke hinauszögern. Jetzt, da er sich dem Ziel lang gehegter Wünsche näherte, schreckte er zurück. Wie unmännlich! Trotzdem: Das unklare Gefühl des Bedrohtseins wollte nicht weichen.

Mittags hatte es, zu früh im Jahr, leicht geschneit, nun aber riss die Wolkendecke streifig auf, ein grünliches Blau, das Blau eines Herbsthimmels, der Sommer spielt, zeigte sich unvermutet, und eine wässrige Sonne übergoss die

Waldhänge des Schlachtberges, an denen er vorüberflitzte, mit falschem Scheinwerferlicht. Höllriegl kam durch eine lähmend warme Zone, die Luft hatte hier stellenweise den Asphalt aufgetrocknet. Aber hie und da traf ihn heimtückisch ein eisignasser Windstoß.

Der Vortrag über die dem Reich bis zum Ural eingegliederten Tschandalengebiete – bis zum Ural, dem mit Atomminen und Kernwaffen gespickten Ostwall des Abendlandes – hatte ihn, obwohl er das meiste wusste, wieder einmal mächtig aufgewühlt und beglückt. Ein Kranz von reichsabhängigen Staaten, vom Protektorat Baltikum und Finnland im Westen – die Ostsee war ein deutsches Binnenmeer – bis zu den ehemaligen Reichskommissariaten, jetzt Eidgenossenschaften Kaukasien, Transkaukasien und Rusj (Ukraine), denen vom Führer eine eigene ständische Verfassung nach mittelalterlichem Muster zugebilligt worden war (zur Belohnung, dass sie sich als Erste gegen das apokalyptische Tier des Bolschewismus erhoben hatten), und den Fronvogteien Chiwa, Buchara, Kirgisien, Khakassien und Altai – auch Tibet gehörte zur deutschen Einflusssphäre, die Mongolei zur japanischen – umgab die von deutschblütigen und nordischen Wehrbauern besiedelten Nord- und Mittelgaue der einstigen Sowjetunion. Ein tiefgestaffeltes System von Befestigungen und Siedlungsgürteln sicherte das endlose Ostland. Überall waren die Lichtbringer am Werk. Dort, wo früher Vernichtungslager (UmL-V) bestanden hatten, erhoben sich jetzt auf künstlichen Hügeln – die, wie es hieß, eigentlich Schädelstätten waren – die Trutzburgen der SS-Schwurmänner und die Walhallen der Ariosophen. Der Referent hatte einen überaus eindrucksvollen Farbfilm über das Leben in diesen Grenzburgen vorgeführt, deren einheitlich gotische Monumentalarchitektur vom Führer selbst entworfen worden war. Verstreut über das weite slawische Land gab es auch Tausende von rassischen Zuchtanstalten, in denen die künftigen Eliten des Herrenvolkes heranwuchsen. Gleich nach dem Sieg hatte man dort Germanisch-Blond mit Slawisch-Blond (dem Warägerstamm) erfolgreich zu kreuzen begonnen; just diese Bastarde hatten sich später als besonders fanatische Kämpfer gegen die mongoliden Untermenschenreste ostwärts des Jenissei erwiesen; sie waren hinausgezogen in die Steppen, Urwälder und Eiswüsten, um dort mit Feuer und Schwert das Heiltum der arischen Urglyphe, des Hakenkreuzes, zu verkünden, das Tschandalengewürm zu zertreten und die entvölkerten Gebiete für künftige Reinzuchtkolonien urbar zu machen. All das war erst im Werden, jedoch schon jetzt von solcher Großartigkeit, dass es einem den Atem verschlug. Heil dem Führer, der solches geschaffen hatte!

Diese Eindrücke tauchten in Höllriegls Gehirn nicht in der hier wiedergegebenen Reihenfolge auf, sondern fetzenhaft und überlagert von Bildern, die ihm eine starke, blonde Rassefrau in wollüstig lässiger Hingabe, also in Schwäche und Erniedrigung, vorgaukelte. (Die bevorstehende Berlinfahrt hatte er schon weitgehend ausgeschaltet.) Stand das Haus der Eyckes in seiner Gesamtheit über einer schlechten Strahlung, oder waren allein Frau von Eyckes Gemächer im Einflussbereich einer pathogenen Störzone, verursacht durch unterirdische Wasserläufe oder Erzadern? Dies lag nahe, weil nur Frau Ulla leiblich und seelisch heimgesucht war. Zur heutigen ersten Mutung hatte Höllriegl, außer dem üblichen Kontrollgerät, eines der einfachsten Pendel mitgenommen, die der Gyromant kennt: das Haarpendel mit dem Kreisel aus Bernstein. Den Bernstein hatte er gewählt, weil das fossile Harz dem Weizenblond von Ullas Mähne am ehesten entsprach (insgeheim nannte er sie seine *Bernsteinhexe*), das Haar, weil es eine lebendige, menschliche Leitsubstanz ist – und weil er immer an Ullas Behaarung denken musste. Ausschlaggebend war, wie er persönlich sich auf Frau von Eyckes Aur und Od einstellen konnte (»am besten, sie wäre nicht da«), ihr Wesen war ja in Eyckes Behausung gefangen und daher auch ohne körperliche Nähe fassbar. Er musste, das lag auf der Hand, eine Meisterleistung vollbringen. Schon vom Ergebnis dieser ersten Mutung hing viel für ihn ab, sowohl kommerziell wie gesellschaftlich, vor allem bei den Eyckes selbst und deren Einschätzung seiner Person. Genauer: Ullas Einschätzung.

Das Pendel war nur ein Werkzeug – Erfolg oder Nichterfolg der Aktion hing allein von seinem eigenen Biomotor ab, von seinem Electromagicon, wie Paracelsus das genannt hatte. Würde es ihm gelingen, sich aufs Äußerste zu konzentrieren, im Haus des begehrten Weibes jeden störenden Wunschgedanken auszuschließen, all das Geheime, Persönliche, das ihn so beglückend, aber mit so schmerzlicher Hoffnungslosigkeit an die Bernsteinhexe band, zurückzudrängen?

Auf die Minute pünktlich, wie Höllriegl feststellte, hielt er vor dem breiten Gittertor mit den barocken Schnörkeln, die ein Wappen mehr andeuteten als hervorhoben; von hier führte eine schnurgerade, verwilderte Allee zum Herrenhaus. Der sehr weitläufige Besitz, von hohen, schon verfallenen Mauern eingefriedet, lag verborgen im waldigen Gelände, dicht an der Abzweigung der Straße nach Rottleberode, also nahe der Autobahn. (Dort würde er erst übermorgen früh und nicht Sonntag, wie der *Romanfritze* es befohlen hatte, nach Berlin fahren, verdammte Sache das, Schwerdtfeger, T 4 – was zum Teufel hatte das alles zu bedeuten?) Höllriegl war schon einmal hier draußen gewesen, bei einem Empfang der Eyckes für hohe Wirtschaftsbonzen.

Er drückte auf den Klingelknopf, nannte auf ein Geschnarr, das eine Frage sein sollte, seinen Namen; man schien diesen zu kennen, denn eine Seitenpforte öffnete sich mit Klicken. Die Düsternis der alten Allee verschluckte ihn, als er auf dem Kiesweg forsch, beinahe zackig, dahinschritt, indes von den dichtgepflanzten Ahornbäumen die Blätter fielen. In dem zu einer Villa aufgedonnerten, verwahrlosten Pförtnerhaus mit den geschlossenen grauen Fensterläden rührte sich keine Seele. Irgendwo fern, in den Tiefen des Parks, schlugen Hunde an. Sonst war nichts zu hören.

Zackig war ihm keineswegs zumute. Das Fieber der Erwartung, jene schwächende Bluttemperatur, machte seinen Kopf dumpf und heiß. Er hatte ein ziehendes Gefühl im Bauch (Damaschke würde *mulmich* sagen), und in den Knien spürte er eine Leere, sodass die Beine in den auf Hochglanz polierten Röhrenstiefeln sich fast von selbst bewegten. Er wurde ärgerlich, denn sein rechter Arm, unter den er die Aktenmappe mit den Pendelgeräten geklemmt hatte, fing an, in läppischer Weise zu zittern – vielleicht auch, weil er die Tasche allzu krampfhaft an sich gepresst hielt. Die Verkrampfung nahm zu, je mehr er sich dem Herrenhaus näherte.

Höllriegl hatte zu Uniformhose und Braunhemd mittags noch die khakifarbene Bluse mit Kragenspiegel, Schulterstücken und Ärmelstreifen angezogen. Sie gehörte zur Extramontur und brachte seinen Wuchs gut zur Geltung. Die apfelgrünen Aufschläge zeigten in Silber den Lebensbaum. Als Gesundpendler zählte Höllriegl zu den »nichtbestallten Heilbehandlern«, da er aber bei Wehrmacht und SS im Heildienst gewesen und als Rutengänger ein Parteidiplom erworben hatte, war er im Rang eines Hauptstellenleiters oder RAD-Truppführers anerkannt worden; ein Dienstgrad, der ihm übrigens auch als Schriftwart seiner Fachschaft gebührte.

Der weite, windige Vorplatz tat sich vor ihm auf. Knirschender Kies. Die geometrisch angelegten Rasenflächen waren jetzt graubraun und unansehnlich. Links und rechts Schuppen und Pferdeställe, die als Burggemäuer getarnt und von Efeu überwachsen waren. Er ging an dem klaffenden Maul einer Remise vorüber, in deren Tiefe die vernickelten Nasen von Eyckes Limousinen glitzerten; der Hausherr fuhr selbstverständlich die Marke und Farbe des Reichsführers SS. Daneben stand – Höllriegl durchpulste eine Welle schrecklicher Gespanntheit – der ortsbekannte meergrüne Opel-Kapitän, Frau von Eyckes

Wagen, geschmückt mit den taktischen Zeichen des Schwarzen Korps. Ulla war daheim!

Uralte Eichen stellten die sehr deutsche Kulisse. Auf einem Hügel, zu dem beiderseits Freitreppen emporführten, lag der Hochsitz der Eyckes, im Prunkstil der Wilhelminischen Ära (imitierte Renaissance), mit Türmchen, Zinnen, Erkern, Blindgiebeln und ähnlichem Zierat. Rohziegelwerk und Sandsteinornamentik. Der Komplex hatte ursprünglich einem irrsinnig reichen Mann aus der Schaumweindynastie Springorum gehört; der letzte Besitzer vor den Eyckes war der Reichstreuhänder der Arbeit für die Saarpfalz gewesen, ein Herr Will Fette, der eine Zeit lang jeden Sommer wiedergekommen war, um die gepriesene Sole des Heilbades auf sich wirken zu lassen.

Auf dem Flaggenmast vor dem Hauptgebäude hing ein schwarzer Wimpel mit dem weißen Reichsadler: die Bannfahne des Jungvolks. Faul flatterte sie im Wind. Höllriegl erinnerte sich, gehört zu haben, dass Ullas Tochter Erda bei den Jungmaiden Scharführerin war.

Ein Lakai in Schwarz und Falb verbeugte sich vor dem Gyromantiker, der, nun wieder stramm zusammengerissen, federnden Schrittes die Terrasse betrat. Es war ein knochiger, flachsblonder, fast weißhaariger Mensch mit Adlernase und hervortretendem Adamsapfel, von albinohaftem Äußeren und aristokratischer Haltung – vermutlich dem alten Adel zugehörig, der bei den neuen Herren Dienste verrichten durfte. Die Halle lag im Halbdunkel, und die ans Tageslicht gewöhnten Augen konnten fürs Erste nicht viel ausnehmen. In einer fernen Ecke saßen zwei Männer, Hut auf, an einem Tisch und tranken Bier aus Humpen. Sie verstummten, nahmen jedoch von dem Eintretenden keine Notiz. Höllriegl schien es, dass sie fleischige, rote, brutale Gesichter hatten.

Der Albino sagte mit angenehm lispelnder Stimme: »Frau von Eycke ist nicht zu Hause. Der Herr möge sich nach oben verfügen.« Und mit einer Geste, die ausdrückte, dass Höllriegl ihm folgen solle, ging er voran.

Die mit dunklem Holz getäfelte Halle war hoch und geräumig wie ein Hangar, Höllriegl kannte sie von seinem ersten Besuch. Riesige, unkenntlich gewordene Familienbilder, eins neben dem andern, bedeckten die Wände, als seien diese die Seiten einer Briefmarkensammlung. In den Nischen standen entweder mannshohe japanische Vasen oder klobige Neurenaissanceschränke, deren Füllungen sinnigerweise mit verblassten, auf Seide gemalten Chinalandschaften bespannt waren. Alles hier schien statuenhaft, museal, zusammengetragen wie Beutegut, hatte theatralisches Unmaß und Anmaßendes. Das Fensterglas, bunt und bleigefasst, Kriegsszenen darstellend (man konnte die *Dicke Berta*, Krupps Riesenmörser, erkennen), ließ das herbstliche Licht verbluten; die Holztreppe, auf der sie zu einem offenen Saal emporstiegen, war so breit, dass man bequem in Zehnerreihen hätte hinaufmarschieren können. Der labyrinthische Bau mit seinen Söllern, Altanen und Gängen war von oben bis unten mit bleichen Büsten und bronzenen Hermen vollgeräumt, mit Hirschgeweihen, ausgestopften Elchköpfen und Bärenhäuten. Auf den Kaminsimsen standen Modelle altertümlicher Hanseschiffe. Alles war von solider, betont konservativer Pracht; das Bestreben, Tradition und Reichtum zu zeigen und malerisch zu wirken, war nicht zu verkennen. Die Einrichtung erinnerte an eine in Architektur umgesetzte Wagner-Oper.

Der Lakai ließ Höllriegl in dem halbrunden Vorraum allein, der zu Frau von Eyckes Privatgemächern führte. Er könne ungesäumt mit der Arbeit beginnen, niemand würde ihn stören. Falls er irgendwas nötig habe, möge er getrost klingeln (»Getrost« hatte das Fossil gesagt). »Frau von Eycke wird nicht so bald zurück sein, sie ist nach Tisch ausgeritten.«

Das Mobiliar in Ullas Zimmern – die Höllriegl nun rasch durchschritt, wobei er das einzige offene Fenster schloss – war von der gleichen faustdicken Romantik wie das der übrigen Räume. Trotzdem machten sie auf Höllriegl einen weit wohnlicheren Eindruck. Vielleicht weil hier, sehr im Gegensatz zur austellungshaften Ordnung draußen, ein munteres Kunterbunt von Gebrauchsdingen herrschte, was dem Ganzen den Anstrich wilder Improvisation, Schlamperei, ja geradezu weiblicher Zuchtlosigkeit gab. Laden waren aufgerissen und nicht wieder geschlossen worden. Schränke standen offen, sodass man deren ungeordnetes Inneres sehen konnte (was etwas Schamloses, die Schamlosigkeit von Eingeweiden, hatte). Auf den Fauteuils lagen hingestreute Kleidungsstücke, darunter, wie Höllriegl es durchzuckte, auch intime. Auf dem Boden des mittleren und größten Zimmers mit der überbreiten Couch und dem mächtigen Führerbild ihr zu Häupten hatte sich ein lachsfarbener, schillernder Schlüpfer selbstständig gemacht, an dem noch Seidenstrümpfe hingen. Das über die Couch gebreitete Tigerfell war mit Romanheften, Papiertaschentüchern und Briefen bedeckt. Zu Füßen des ovalen, um die Mittelachse drehbaren Stehspiegels, der genau auf das Bett gerichtet war, hatte Frau von Eycke einen bezaubernden Wirrwarr von kosmetischen Utensilien angerichtet. In eine Ecke waren Reitstiefel geschleudert worden.

Höllriegl nahm diese Details mit einem einzigen trunkenen Blick in sich auf, er war ein quicker und scharfer Beobachter. Er stand im Schlafgemach seiner

Bernsteinhexe und schloss einige Herzschläge lang die Augen, ganz dem süßen Schwindel hingegeben, den die Strahlung ihres Fleisches hervorrief. Es war so, als läge sie schon in seinen Armen. Dass sie ein solches Durcheinander zurückgelassen hatte, konnte einen besonderen Grund haben. Oder hatte sie ihn und seinen Auftrag vergessen? War es ihr Temperament, war es Laune, Zügellosigkeit – Missachtung seiner Person? Auch das würde zu Ullas *Stallburschenmanieren* passen, wie die Leute es ausdrückten. Höllriegl aber dachte erschauernd an Amazonisches.

Obzwar er sich bemühte, nicht hinzusehen, zog es ihn mit geheimer Macht zu dem Schlüpfer hin. Dieser war nicht mehr ganz sauber, doch gerade das machte ihn in Höllriegls Augen anziehend. Mit einer Erregung, der er nun nicht mehr Herr zu werden vermochte, ergriff Höllriegl das elastische Ding und vergrub sein Gesicht darin. Dem Gürtel entströmte der herbsäuerliche Geruch von Juchten, Haut und Schweiß. Er roch Frau. Höllriegl presste ihn an seine Lippen, biss in das Gewebe und sog daran. Dann warf er ihn hastig zu Boden, denn er hörte kleine, schnelle Schritte sich nähern.

Eine südländisch aussehende Zofe, jung und zierlich, tauchte auf, zeigte sich über Höllriegls Anwesenheit in perlender Weise entsetzt (ihr Kauderwelsch klang nach italienischer Muttersprache), rang angesichts des Chaos die Hände und schickte sich an, das Zimmer in oberflächliche Ordnung zu bringen.

Höllriegl erklärte ihr in so einfachen Worten wie möglich den Zweck seines Hierseins – die Kleine verstand von dem Kribskrabs kein Wort, sondern kicherte bloß unaufhörlich – und bat energisch, allein gelassen zu werden. Worauf das Zöfchen mit anmutig-verdutztem Mienenspiel verschwand. Es bedurfte keines weiteren Beweises: Ullas Personal hatte von seinem Besuch keine Ahnung. Und der Lakai war vermutlich vom Schlossvogt, der Höllriegl den Auftrag telefonisch übermittelt hatte, unterrichtet worden. Frau von Eycke hatte ihn vergessen!

Der Mantiker, nunmehr abgelenkt und ernüchtert und darum der erforderlichen Konzentration eher zugänglich, legte den Mantel ab und entnahm seiner Aktenmappe den Bernsteinkreisel. Ein paar Minuten würden vergehen, bis das Gerät sich eingeschwungen hatte. Am Ende des Haarfadens (es war rotgoldenes Frauenhaar) machte er eine Schlaufe und steckte den rechten Zeigefinger hindurch. Dabei nahm er eine lockere, aber aufrechte Haltung ein, die freie Hand legte er mit gespreizten Fingern aufs Kreuzbein. Am Kopfende der Couch stand in schwerem Silberrahmen ein Foto des vogelköpfigen Herrn von Eycke in Ostubaf-Uniform. Höllriegl hielt den Kreisel hoch über das Bild, und nach einer Weile begann der Bernstein zu schwingen, zunächst in winzigen Flügen, sodann stetig in größeren. Wie erwartet, schwang das Werkzeug alsbald in vollen linksgedrehten Kreisen, nur war anfangs das Pendelmonogramm nicht deutlich, sondern in seinen Linien verwirrt, weil Schwingungen in verschiedener Anzahl und in verschiedener Richtung erfolgten, bis die reine Kreisgestalt erreicht war. Über den Bildnissen Erdas und Manfreds, die daneben auf dem Nachtkästchen standen, verhielt das Pendel sich ähnlich. Die Emanation des Kindlichen zwang jedoch das Gerät, zuletzt in schöne linksgedrehte Ellipsen einzuschwenken.

Das Zimmer war erfüllt von Ullas enormer Strahlung. Je mehr die Pendlerei fortschritt, desto deutlicher wurde Höllriegl sich dessen bewusst, bis er fast betäubt war von den Kräften ihres großen und starken Geschlechts. Und mit einem Mal überkam ihn wieder jenes Angstgefühl, das ihn immer erfasste, wenn er mit Ullas Od in besonders enge Wunschverbindung trat. Das Gefühl einer drohenden Gefahr wurde in diesem Augenblick eins mit der grausigen Empfindung, die ihn heute in der Kapelle der Residenz überfallen hatte. Plötzlich war ihm wieder alles gegenwärtig. (Sonderbar, dass er nicht früher daran gedacht hatte.) Etwas Uraltes, Gefahrvolles, Schmutziges war ihm da nahe gekommen, und das Bild des altertümlichen Kults, den er mit angesehen hatte, vermischte sich mit dem Bild einer herrischen Schönheit, welche Pferde zuschandenritt und Männer in ekelerregender Weise erniedrigte.

Höllriegl fasste die Schleife des Haarfadens fester, also zwischen Daumen und Zeigefinger, und näherte das Pendulum der Couch. Die Hauptschwingung zeigte schon nach Sekunden den gedrückten Kreis, die Ellipse – das Anzeichen des Weibtums. Nicht lange, denn schon fing das Pendel an, sich in Form einer Geraden zu bewegen – das Fell mochte daran schuld sein –, schwenkte hierauf in verschiedenen Richtungen gegen den Meridian ein und schwang schließlich klar in rechtsgedrehten Zirkeln. Der Nachweis für das Vorhandensein von Wasseradern, vielleicht von stehendem Wasser in den Erdtiefen unter dem Haus schien erbracht. Um sicherzugehen, wiederholte Höllriegl den Versum linkshändig – mit gleichem Ergebnis. Nun wechselte er das Gerät, nahm das aus Nickel und Kupfer zusammengepolte leichte Kontrollpendel und setzte den Versuch fort. Das Instrument zeigte die Anfangsschwingungen viel deutlicher und wie in verwickelten Monogrammformen, ging aber bald zu eindeutig rechtsgedrehten Kreisen über. Nach kurzer Zeit ermüdete Höllriegls Sehvermögen, das neue Pendel bereitete ihm Kopfschmerzen. Er brach die Mutung ab. Die Couch musste verschoben, in einen andern Raum, womöglich in einen andern Flügel gebracht werden. (Oder sollte man versuchsweise ein Entstörgerät einbauen?) Auch das Vorkommen ähnlich strahlender Stoffe unter dem Haus, etwa Kohle oder Erze, war nicht ausgeschlossen.

Der Pendler ging bedächtig, andächtig sogar, durch Ullas Gemächer, es waren ihrer sechs, und tastete nach Erdstrahlen. Für ihn gab es keinen Zweifel mehr: Dieser Teil des Schlosses lag im Bereich einer üblen Wasser-, vielleicht mineralischen Emanation. Mit ihr kämpfte das Od des herrschsüchtigen Weibes, denn von Ullas Wesen ging richtiges Hexenfluid aus, ein Zauberhauch, der nicht nur auf Mannsleute teuflische Wirkung ausübte, sondern sich auch den Kräften der Naturumgebung widersetzte. Die dabei entstehenden Ströme und Spannungen (welche Höllriegl schon verspürte, wenn er nur Abbildungen der Bernsteinhexe in den Zeitungen betrachtete) konnten sehr wohl Ullas hysterische Zustände verursachen. Vor Niederschrift des Gutachtens sollte jedenfalls die heutige Mutung noch mit einem besonders feinen Odometer überprüft werden – genauere Schlüsse waren da nötig.

Eine Skizze musste angefertigt, der Umzug in einen andern Trakt sorgfältig erwogen werden. Immer wieder wanderte Höllriegl durch die Zimmerflucht, blieb gesenkten Kopfes und mit halb geschlossenen Augen stehen, um mithilfe der Pendel die Erdstrahlen auf sich wirken zu lassen. Dennoch geriet er immer mehr unter Ullas Einfluss. Ihre Widerstrahlen waren so dominant, dass Höllriegl, als er sich zum Skizzieren hinsetzte, von einer prickelnd wollüstigen Erregung durchflutet wurde, die jede Vernunftregung versiegen ließ. Hingabe! Hingabe! Mit fahriger Hand begann er zu zeichnen, lief zwischendurch verstört durch die Räume, kramte wie ein Dieb in Ullas Sachen, drückte – was ihm selber sofort albern vorkam – eine Hemdhose (eine von der warmen, winterlichen Sorte) leidenschaftlich ans pochende Herz, geriet beim Herumwandern auch an eine Tapetentür, deren gläsernen Knopf er drehte, worauf sie ihm den Weg in eine luxuriös eingerichtete Toilette in Schwarz mit Rosenkranzmuster und großen, verstellbaren Spiegeln freigab. An der Innentür war ein alter Holzstich befestigt, der Marterszenen zeigte, zum Beispiel – wie eine Inschrift besagte – die Handhabung des Spanischen Würgeisens, der Pommerschen Mütze und des Gespickten Hasen an nackten, muskulösen Männern. Daneben hing ein Vormerkkalender; manche Tage wiesen Bleistiftstriche auf, andere wieder Nullen. Vor dem Bidet seiner Bernsteinhexe fiel Höllriegl in die Knie, umarmte das kühle Oval und bedeckte den Sitz mit wilden Küssen.

Ein Gedanke blitzte in seinem umnebelten Hirn auf, ein Gedanke von solchem Aberwitz, dass es ihn schauderte. Wie, wenn er des Führers Weistum mit Ullas Weibtum an Strahlenkraft sich messen ließ! Eine metaphysische Probe, eine magische Operation! Männlichstes und Weiblichstes gegeneinander! Heliogermanentum im Ringkampf mit chthonisch-ostischen Urgewalten, Zio-Zeus gegen Hel-Kalypso! Das war Kühnheit, Tollheit, dieser Versuch war eine Versuchung der Götter! Während er das dachte, glaubte er, die Midgardschlange mit ihrem Schwanz den Boden peitschen zu hören. Das abgründigste Experiment, das je gewagt werden könnte – abgesehen von den politischen und persönlichen Folgen! Doch niemand würde ihn sehen, niemand davon erfahren. Es musste sofort – auf der Stelle – geschehen!

Er eilte in den anstoßenden Schlafraum und stieg auf die Couch, deren Polsterung von schwelgerischer Weichheit war. Am ganzen Körper scheppernd nahm er das Bild des Führers von der Wand und legte es verkehrt, mit der Fotoreproduktion nach unten, auf den Pfühl und das Tigerfell – auf die Stelle, wo Ullas Körper sich sichtbar eingedrückt hatte. Dann holte er das Ni-Cu-Lot aus der Rocktasche und ließ es über dem Bild tanzen. Sekunden, Minuten keuchender Spannung – da erschien im Schwingungsbild des Pendels eine starke Reizzone. Rasch trat das siderische Lot in die Schwingungen der über dem Führerbild kreisenden Ionenbahnen ein, denn Fotos sind nicht toter Abklatsch, sondern elektromagnetische Reflexe der Wesenseinheit des Abkonterfeiten, wie die Pendelwissenschaft längst nachweisen konnte. Außerdem kam hier noch hinzu, dass Adolf Hitler selbst das Pendel von Männern des Volkes in Empfang genommen und mit genialer Einfühlungsfähigkeit erfolgreich gyromantisch gearbeitet hatte – vonseiten des Führers war also kein störender Einfluss zu befürchten.

Nach jedem Schwingungsgang ließ Höllriegl das Lot kurze Zeit in der Innenfläche der linken Hand aufsitzen, eine schnelle, fast mechanische Prozedur. Der Griff bezweckte, störende Odansammlungen aus dem Pendelkörper abzuleiten. Diesmal musste mit allen Sicherheiten vorgegangen werden, es galt einem großen Wagnis!

Das Pendel verhielt sich seltsam. Als Indikator von Seele und Geist war es dem feinfühligen Werkzeug gegeben, universell alles anzuzeigen, was von ihm verlangt wurde. Höllriegls Verlangen war nun, zu sehen, wie der gewaltigste Mann, den die Erde je getragen hatte, dem herrlichsten Weib, das es gab, seinen Willen aufzwang. Des Führers titanischer Wille musste sich das Fleisch der Amazone untertan machen.

Der Gyros erzitterte unter dem Ansturm gegensätzlicher Mächte. Wirbelnde Kreise, zuerst im Sinne des Uhrzeigers – dann kurz die Vertikale, auf Höllriegls Herz gerichtet. Nach wenigen Umschwüngen die Waagrechte, also Verneinung. Und wieder der Zirkel, dieses Mal rückläufig. Eigentlich hätte diese Figur Höllriegl befriedigen müssen, weil das Schwingungsfeld harmonisch abgeschlossen war – das Kreuzeszeichen war deutlich sichtbar gewesen. Die Waagrechte, in der Figur ungemein ausgeprägt, bedeutete Negation, Absage und – Verbot! Schwächlich dagegen die lotrechten Schwingungen: Anscheinend mischte sich da Höllriegls Eros ein und stritt – lächerliches Unterfangen! – mit den Kräften, die von dem Bild ausgingen. Das Ganze mochte besagen: Ulla war ihm, Höllriegl, verwehrt; sie stand im Kreuzfeuer von Gewalten, die sich auf einer anderen Ebene abspielten. Das Verbotszeichen, auch Gefahr ankündigend, hatte er genau gesehen.

Eine lähmende Stimmung überkam ihn, der Versuch ging trotzdem weiter. Mehrmals beschrieb das Pendel die gleichen Bahnen, und immer reiner, gewissermaßen entschlackt, zeigte sich die Kreuzesfigur, zuletzt schnell in ein Mal- oder Multiplikationszeichen übergehend. Wenn man dieses als das *andere Kreuz*, das Andreas-Kreuz, auslegte, so bedeutete es, dass der Schwingungsträger, also der Führer, ein Wesen von höchstem Weistum war, das bereits mit dem Jenseits in Verbindung stand. Das Kreuz- und das Malzeichen zusammen bedeuteten den Tod. Der Führer war vom Tode gezeichnet – riss er Ulla mit sich?

Alles wurde Höllriegl jetzt erschreckend klar, er brauchte sich nur aus der Kombination herauszuhalten. Die Todesfigur betraf ausdrücklich den Führer, Ulla hatte dabei den Katalysator abgegeben. Über dem Führer stand das Zeichen des Todes – wann würde er in den ewigen Schatten treten? Er lag im Sterben oder war schon tot; doch selbst im Tode hatte er über das Leben Gewalt – das Leben, das in Höllriegls Experiment durch das Weibliche, durch Ulla, versinnbildlicht wurde. Ihr Sterne, stürzet herab!

Wie vor den Kopf geschlagen, abwesend, von einer Kälte ergriffen, in der er nur die Kälte des Grabes erkennen konnte, brachte er das Bild wieder an seinen Platz. Er sprang von der Couch, das Blut pochte schwer in den schmerzenden Schläfen, sein Körper war schweißbedeckt, die Zähne klapperten vor nervöser Überspannung. Schritte, harte, männliche Schritte wurden hörbar und kamen näher. Draußen balgten sich Hunde, jaulten und bellten. Höllriegl lief zum Fenster, plötzlich hatte er wieder jenes Gefühl der Leere, der Automatik in den Beinen. Im Hof führten gerade zwei Knechte ein in Decken gehülltes Pferd in den Stall. Als er zurücktrat, sah er sich Frau von Eycke gegenüber.

Sie schien erhitzt und ein wenig außer Atem. Den Reithut wirbelte sie irgendwohin und schüttelte das ungebärdige Haar aus der Stirn. Sie trat sofort vor den Spiegel, wobei sie dem Pendler einen Blick unbestimmbaren Ausdrucks aus ihren schrägen Augen zuwarf. Dieser stand da, das Gesicht von einer Blutwelle übergossen, die ihm augenblicklich die *Grabeskälte* aus den Adern jagte.

»Ooch, Hauptstellenleiter Dürriegl …«, sagte Ulla gedehnt, das »r« fremdartig und wie spöttisch rollend, während sie ihr Spiegelbild musterte. »Heil Hitler!« (Dies auf Höllriegls hackenknallenden Deutschen Gruß.) »Ich erinnere mich – Sie sind unser Pendler. Haben Sie was gefunden?« Wieder dieser komische Unterton – oder wars nur Einbildung? Keine Spur von Verlegenheit wegen ihrer Vergesslichkeit, wegen der Unordnung. Sie drehte sich abrupt um und streckte ihm die Hand entgegen.

Höllriegl beugte sich darüber, um die dünnen Finger zu küssen. Doch mit einem Ruck entzog ihm Ulla die Hand, sodass seine Verbeugung wenig chevaleresk, eher bedientenmäßig ausfiel. Ein warmer Wohlgeruch kam auf ihn zu, hüllte ihn ein.

»Gnädige Frau«, sagte er in seiner sonoren, charmanten, ostmärkischen Art, die ihm sogleich unendlich dumm und miserabel vorkam, »ich hatte den Auftrag … ich wurde gestern angerufen, um zwei hier zu sein. Verzeihen Sie, dass ich so … eingedrungen bin.«

»Ooch, schon gut, Herr —«

»Höllriegl.«

»Richtich: Höllriegl.« Unbekümmert streifte sie die Jacke ab. Unter der nach Herrenart geschnittenen, oben weit offenen Hemdbluse wölbten sich, elastisch schaukelnd, die Brüste. Das Hemd zeigte unter den Achseln nasse Flecke.

Etwas Fürchterliches, Nichtwiedergutzumachendes geschah jetzt. Höllriegl war mit einem erstickten Schrei, in dem sich ein ganzer Satz, ein Geständnis Luft zu machen versuchte, vor Frau von Eycke niedergestürzt. Mit aller Kraft zog er die jäh Erstarrte an sich, umarmte, betastete dreist ihren Unterleib (nie würde er die pralle Fülle des Gesäßes vergessen!), küsste den unter den hautengen Reithose sich vorwölbenden Venushügel und verbiss sich stöhnend in das, was Gewebe und zugleich Fleisch war, in etwas Blutwarmes, Weiches, Quellendes, scharf nach Pferd und Lederzeug Riechendes.

Im selben Augenblick spürte Höllriegl, dem Ulla sich entwunden hatte, einen brennenden Schmerz über Stirn und Wange laufen. Die Bernsteinhexe hatte zugeschlagen, stumm, vehement, gezielt, die Reitpeitsche war dabei ihrer Hand entglitten. Als Höllriegl sich erheben wollte, traf ihn der zweite Schlag, diesmal mit dem Stiel, das rechte Auge war gestreift worden. Wie von Sinnen taumelte der Geprügelte, Halbgeblendete aus dem Zimmer, keuchend tastete er sich durch endlos scheinende Gänge und über Stiegen – er hätte später nicht zu sagen gewusst, wie er aus dem Labyrinth entwichen und zu seinem Wagen gelangt war, oder ob jemand den schmachvollen Rückzug gesehen hatte. Die Tränen kamen ihm, als er den Anlasser betätigte. Er ließ den Motor warmlaufen und legte den Gang ein. Seine Mappe? Die war mit den Pendeln oben liegen geblieben; nur den Mantel hatte er aufgerafft. Würde Ulla reden?

SEINE ERINNERUNG AN die Heimfahrt war lückenhaft. Er wusste später nur, dass er, vor Wut, Scham oder Wehleidigkeit schluchzend (niemand hätte ihn so sehen dürfen!), ein Kampflied aus illegalen HJ-Tagen in ewiger Wiederholung vor sich hingelallt hatte. »Auf, auf, zum Kampf sind wir geboren – Auf, auf, zum Kampf fürs Vaterland – Dem Adolf Hitler haben wirs geschworen – Dem Adolf Hitler reichen wir die Hand.« Gedankenlos ließ er sich von dem verlegen feixenden Burjak den Mantel abnehmen und die Stiefel ausziehen. Da nun sowieso alles wurscht war, bemühte er sich erst gar nicht, vor der Hundeseele von einem Leibeigenen den Herrenmenschen zu spielen. Er war todmüde, zermürbt, innerlich zerfetzt. Würde Ulla reden, würde Ulla reden, würde Ulla reden?

Er trat ans Fenster, wie es seine Gewohnheit war, und sah hinaus, ohne irgendetwas wahrzunehmen. Die Stirn brannte höllisch. Plötzlich erschien auf dem Hausdach drüben die gewohnte Leuchtschrift, und das brachte ihn wieder in die Wirklichkeit zurück. »DIE PARTEI DENKT FÜR DICH« las er, und dieses Schlagwort, zugleich allbekanntes Pausenzeichen des Langen Lulatsch, des Funkturmsenders der Reichshauptstadt, erfüllte ihn mit Genugtuung und Trost.

Burjak kam mit zwei Briefen, ein Bote vom Parteihaus hatte sie eingeworfen. Der Untermensch sah dabei so auffällig an Höllriegls misshandelter Stirn vorbei, dass es peinlich war. Kurierpost. Der eine Umschlag enthielt den für die Fahrt nach Berlin bestimmten Marschbefehl, mit der Auflage, sich bei Ostuf Hirnchristl, Tiergartenstraße vier, zur weiteren Dienstverwendung zu melden. Die übliche Erlaubnis zum Passieren der *kleinen* Sperrzonen B und D war eingetragen. (Blöde Formsache das!) Als Reisetag hatte man den Sonntag datiert; es konnte Anstände geben, wenn er erst am Montag fuhr. Der Quartierschein war mit einer Woche befristet, die Einweisung lautete auf eine Pension Zweenemann, Uhland-Eck. – Dem zweiten Kuvert, die Adresse war handgeschrieben, entnahm er einen Privatbrief. Steifes Papier in Heliotrop, süßlich duftend. Überlange Buchstaben, Kurrent- und Lateinschrift gemischt. In Berlin datiert. »Lieber Pg. Höllriegl! Ich höre zufällig – fragen Sie nicht, von wem –, dass Sie sich hier aufhalten sollen. Versäumen Sie bitte nicht, FREIßlerhorst 82–57 anzuläuten, am besten morgens bis acht. Oder GNEIsenau 69–11, Klappe 272, bis 17 Uhr. Möchte Sie sehen. Mit Deutschem Gruß! Anselma Geldens, geb. von Eycke. PS.: Ich hoffe, Sie werden nicht wieder aufs falsche Pferd setzen!«

Es war Herrn von Eyckes *exotische* Schwester. Der Brief verwirrte ihn. War das »falsche Pferd« politisch oder privatim zu verstehen? Jedenfalls ein Wink mit dem Zaunpfahl. Bezog sich die Bemerkung auf Ulla? Der Ton war etwas anzüglich.

Die irgendwie nur mit halbem Bewusstsein verlebten Abendstunden des Katastrophentages, sie dehnten sich ins Endlose, waren damit ausgefüllt, dass Höllriegl, dösig am Diwan liegend, Löcher in die Luft stierte. Er hatte nach innerem Kampf einige jener Beruhigungspillen geschluckt, die, obwohl offiziell streng verpönt, unter der Bevölkerung massenhaft verbreitet waren. Oder er setzte sich ans Pianino, um wie einst in der Linzer Zeit wild draufloszuphantasieren, in seiner romantischen Art mit viel Pedal und virtuosen Läufen, wobei ihm Tränen in den Augen standen. Zwischendurch machte er sich Kompressen; im Zimmer roch es nach essigsaurer Tonerde. Von Zeit zu Zeit drang dumpfer Trommelwirbel zu ihm. Kam das von der Straße oder durch die Wände? Der Striemen war blutrot, das Auge geschwollen und schwärzlich verfärbt. Die Umschläge mussten morgen pausenlos fortgesetzt werden, wollte er am Montag halbwegs passabel aussehen. Würde Ulla reden?

Wieder Trommelschlag, und jetzt gleich darauf das Röhren der Luren, lang gezogen, schrecklich, als sei das Weltende da, die Ragnarökr, die große Verfinsterung der Götter. Was war das? Das war mehr als eine Sonderbotschaft an die Nation, wie er nun endlich begriff. Sein Herzschlag setzte aus, er hatte das Gefühl von Nackensteife, der Druck im Hinterkopf wurde unerträglich, der Zimmerboden schwankte unter seinen Füßen, bäumte sich vor ihm auf. Er hatte den Drang, zu erbrechen.

Sofort schaltete er das Fernsehgerät ein; es war genau 22 Uhr. Auf dem Bildschirm erschien der Reichsminister für Volksaufklärung und Propaganda, sein Bild sah verzerrt aus, die Grenzen zwischen den Helligkeitsstufen waren unnatürlich konturiert. Hohlwangig, übernächtig, den schmalen, wie gemeißelten

Kopf etwas gesenkt, eine ungeheure Konzentration und Willensanspannung in den Zügen – er schien Höllriegl und jedermann tief ins Herz zu sehen –, sprach er mit trauertiefer Stimme nur den einen Satz:

»Deutsches Volk! Der Führer ist in die ewige Walhall eingegangen.«

Das Bild verschwand wie ein Phantom. Und wieder Trommeln und der Ruf der Luren. Dann hörte man eine Stimme sagen: »Uuanta sâr sô sih diu sêla – in den sind arheuit – enti si den lihhamun – likkan lâzzit – sô quimit ein heri – fona hinilzungalon – diê pringent sia sâr – ûf in himilô rîhhi – darî ist lîp âno tôd – lioht âno finstrî – selida âno sorgûn –«

Höllriegl lag auf den Knien, in der Stille hörte er sein Herz hämmern.

DER ERZJUD DES DRITTEN REICHS

»Very likely these Martians will make pets of some of them;
train them to do tricks – who knows? – get sentimental over
the pet boy who grew up and had to be killed.
And some, maybe, they will train to hunt us.«
»No«, I cried, »that's impossible! No human being –«
»What's the good of going on with such lies?«
said the artilleryman. »There's men who'd do it cheerful.
What nonsense to pretend there isn't!«

H. G. Wells, The War of the Worlds

DEN GANZEN SONNTAG hatte es wie aus Kannen geschüttet, und jetzt – Montagmittag – nieselte es. So trostlos und verhangen war es noch nie gewesen. Das Elementarereignis, gewaltig wie keines in der Geschichte des Abendlandes, hatte den Erdkreis erschüttert. Eine Lähmung, fremdartig und lauernd, wie es Höllriegl erschien, war über die Welt gekommen. Zugleich mochte diese Erstarrung alleräußerste Angespanntheit sein. Noch wagte niemand die Frage, was nun geschehen würde – sie schwebte aber auf allen Lippen. Einer von Höllriegls Nachbarn in Heydrich, ein gewisser Doktor Senkpiehl, seines Zeichens Nervenarzt, war am Fernsprecher – Höllriegl hatte nicht einen Schritt vor die Tür getan – deutlicher geworden; er sprach von katatonischen Zuständen, spastischer Lähmung, Stupor und dergleichen. Also spürten es auch die anderen, nur erklärte sichs jeder auf seine Weise. »Irgendwas liegt in der Luft«, hatte der Mann gesagt, und es war nicht klar, ob er die undurchsichtige Lage im Fernen Osten meinte.

Trotz allem konnte Höllriegl, sosehr es ihn auch ärgerte, ja kränkte, keine richtige Trauer empfinden. Und doch gelüstete es ihn nach Schmerz. Er hatte den Führer bis zuletzt abgöttisch geliebt – nicht anders als einst, da er, ein junger, namenloser illegaler Kämpfer der Ostmark, gegen das Regime von Juden, Freimaurern und Pfäfflingen angetreten war. Doch Adolf Hitler war nicht mehr, Odin hatte seinen Meldegänger zum großen Rapport nach Walhall gerufen. Weiter wollte, weiter konnte Höllriegl nicht denken. Und sonderbar: In all diesen weltentscheidenden Stunden empfand er so etwas wie eine kleine Erleichterung. Nun würde nämlich die Bernsteinhexe bestimmt nicht reden. Das große Geschehen, das jedem Volksgenossen ans Herz griff, das die führende Macht der Welt in tiefste Trauer versetzte, würde den kleinen, hässlichen Vorfall vergessen lassen.

Die Nässe ging einem durch Mark und Bein. Höllriegl hasste die fade Wärme im Wagen, weshalb er die Heizung nicht eingeschaltet hatte. Nur schrittweise kam er durch die elektronisch gesteuerten Straßensperren rund um den Zoo. Die Reichshauptstadt ertrank in schwarzem Tuch. Aus Fenstern und Löchern hingen vom Wind zu Stricken gedrehte, klatschnasse Trauerfahnen. (Sämtliche Dienststellen von Partei und Wehrmacht in allen Teilen der Welt hatten den Befehl »Hisst Flagge!« erhalten.) Schwarzer Flor umhüllte die Standarten und auf halbmast gehissten Reichsflaggen und Sturmbanner. Alles sah fetzig aus, keineswegs würdevoll, es war von gespenstiger Lustigkeit. Die Fahnen schaukelten wie Gehenkte auf ihren Stangen und Stöcken. Viele Passanten trugen dunkle Kleidung, man sah auch tiefverschleierte Frauen. Bei dem Wetter gab es nur wenig Leute in den Straßen, dafür aber umso mehr Autos. Sonst war nichts Besonderes zu merken, außer, dass die Schupos zu zweit patrouillierten und an allen wichtigen Kreuzungen Bereitschaftskommandos des NSKK den Verkehr überwachten.

Höllriegl war die halbe Nacht gefahren, er fuhr gern bei Nacht. Er war in die stillen, einsamen Rasthäuser an der nächtlichen Autobahn verliebt, mit ihren verschlafenen Kellnerinnen (die er, er wusste nicht recht warum, *verwunschene Prinzessinnen* getauft hatte) und dem warmen Kaffeedunst. Man traf dort um diese Zeit nur die Fahrer von Fernlastern und Kontrollpersonal der Sperrzonen, wortkarges, verdrossenes Volk. Diesmal – er war zweimal stehen geblieben – hatte überall beklommenes Schweigen geherrscht; jeder schien mit seinen Gedanken beschäftigt zu sein. In der Nähe von Eichmannstadt, das Rasthaus hatte die Gestalt einer Windmühle und war urgemütlich eingerichtet, schien ihn die Kellnerin, eine fahle, flachsblonde Ziege mit roten Lidrändern und einem Basedow, von der Theke aus mit aufdringlichen Blicken zu verfolgen. Manchmal unterbrach sie ihre Strickarbeit und sah verstohlen auf seine Stirn. (Das Kainszeichen!) Er war der einzige Gast in der Stube. Als er austreten ging, machte sie sich in dem engen Gang zu schaffen und drückte sich an ihm vorbei – eine stumme Szene –, sodass man, ob man wollte oder nicht, ihre Magerkeit, aber auch den auffallend großen, schwammigen Busen spüren musste. Während er in dem Abort sein Geschäftchen verrichtete, war es ihm, als lausche sie an der Tür. Es war jedoch Täuschung, die verwunschene Prinzessin saß wieder vor der Espressomaschine und glotzte in ihre Handarbeit. Beim Weggehen grüßte er wie immer mit seinem schlampigen »Heitla«. Das Mädchen strich die Münzen zusammen und murmelte wie geistesabwesend »Gutn Tach«.

Er spürte keine Müdigkeit, das Nachtfahren war er gewohnt; außerdem hatte er infolge der Beruhigungsmittel den halben Sonntag verdöst, nur ein wenig für den *Kyffhäuser-Boten* vorgearbeitet und Anfragen erledigt. Das Haus in der Tiergartenstraße wollte er sich schnell ansehen, ehe er zur Pension am Uhland-Eck fuhr, für die er die Einweisung hatte.

Der abgebrochene Turm der Gedächtniskirche, auch er ein Siegesmal nach der großen Brandnacht, ragte in einen Himmel ohne Ende und ohne Details. Es wurde so düster, dass die Autos ihre Nebelscheinwerfer leuchten ließen.

Zähflüssiger Verkehr trug Höllriegls Wagen über den Landwehrkanal, dessen Wasser sich rußschwarz und ölig unter der Brücke durchschob. Am Ende der Graf-Spee-Straße tauchten im Nebel die ersten Bäume des Tiergartens auf. Höllriegl fuhr an einem geschlossenen, mit Hoheitszeichen und schwarzem Tuch dekorierten Kino vorbei, in dem man noch am Sonnabend den Karl-May-Film »Im Reiche des silbernen Löwen« gespielt hatte. Ein fast körperlicher Schmerz durchzuckte ihn. Wie jedes Schulkind wusste, hatte der Führer gerade dieses Buch sehr geliebt.

Glücklich, dass er doch Trauer empfinden konnte, bog er um die Ecke und war nun in der Tiergartenstraße, wo der Verkehr sich etwas lockerer anließ. Im ganzen Tiergartenviertel durften allein die Wagen von Hoheitsträgern parken, und auch dies nur mit streng kontrollierter Sondererlaubnis. Der Marschbefehl, den er schon mehrmals hatte vorweisen müssen, würde wohl genügen.

Tiergartenstraße vier. Ein riesiger Kasten, achtstöckig, mit auffällig erneuerter Fassade, betont schlicht, andeutungsweise monumentalisiert. Bräunlicher Anstrich, also Amts-Charakter. Eine einzige umflorte Flagge auf halbmast: die der Raumschifffahrt des NSFK.

Sein geübter Blick glitt rasch die Hauswand entlang. Das mächtige, von dorischen Säulen flankierte Portal, das wie ein Tempeltor aussah, war geschlossen. Keine Wache sichtbar. Hinter den meisten Fenstern brannte Neonlicht dem Tag die Augen aus. Auf der andern Straßenseite war ein Untermenschen-Einsatztrupp damit beschäftigt, in einer Parklichtung ein Transparent aufzurichten, das den Führer in Rednerpose darstellte.

Höllriegl stieg aus dem Wagen, um die Schilder am Eingang besser lesen zu können. Deutsche Denkmaschinen K. G. (daneben das Zahnrad der DAF mit den obligaten 100 %) – Hauptamt für Leibesübungen, Gau Groß-Berlin – Keough & Sons, Pearl Cultivators and Exporteurs, Hongkong/Kobe – Beschlussstelle in Rechtsangelegenheiten des Reichsbundes Deutscher Christen e. V. – Ing. Leodegar Schwemmle, Maschinelle Erdbewegung – Der Amtsleiter des Naturschutzgebietes Schorfheide – Schlesische Zellwolle Aktiengesellschaft – Kohlmorgen & Hassebrauk, Großhandel mit Pelzen – Deutsche Raumfront: Der Beauftragte für die Verbreitung von NS-Gedankengut im Weltall – Meguscher & Meschuger Limited, Kapuskasing–Albuquerque–Toowoomba–Stanleyville – Fachgruppe Stellmacher- und Karosseriebauhandwerk – Jagdgau Kurmark: Der Gaujägermeister – Joachim Troxbömker, Pflegedienst für Pkw und Omnibusse – Zentraleinlaufstelle für Ehrenzeichengesuche – Deutsche Reichsbank Ost, Verwaltung Wolgagau – Reichsschule für Luftaufsicht und Strahlenschutz [*das war offenbar seine Dienststelle*] – Schwester Huldre, Sondergeschäft für Haut-Fachtum – Einbringungsstelle für Ehestandsdarlehen, Gau Weser–Ems – Schriftleitung des Gärtnerischen Arbeitskalenders – Madame de Saint-Punt, Voraussagen – Anmeldeamt für Patente, Gebrauchsmuster und Warenzeichen.

Einige der Schilder waren neu, die nasse Bronze glänzte rosig. Andere wieder schienen aus früherer Zeit zu sein. Das Haus beherbergte also auch Privatfirmen.

Als er am Volant saß, um zur Uhland-Straße zurückzufahren, ging es ihm wieder durch den Kopf, was Schwerdtfeger gesagt hatte: »Geheime Reichssache«. Und wie war die andere Bemerkung gewesen? Man würde den obersten Sterndeuter einspannen … Damit konnte nur der einstige Stellvertreter des Führers gemeint sein – dessen Amt mit seinen fünf Unterämtern gab es schon lange nicht mehr, noch Reichsleiter Martin Bormann hatte es selbst seinerzeit aufgelöst –, der nach der Befreiung aus britischer Haft und einem hochnotpeinlichen Verfahren beim Obersten Parteigericht plötzlich vom Erdboden verschwunden war. Schizophrenie? Man munkelte so was. Jedenfalls ein lebender Leichnam (der vielleicht seine Liebhaberei, die Astrologie, weiterpflegen durfte). War der wieder auferstanden? Erstaunlich. Oder hatte der Romanfritze nur eine jener symbolischen Floskeln einfließen lassen, die man gebrauchte, um seine Zugehörigkeit zum »Inneren Kreis« anzudeuten? Dazu hatte ein einfacher Volksgenosse nicht den Schlüssel.

Und noch etwas. Von wem und durch welche Winkelzüge hatte Frau Anselma – wie war doch ihr angeheirateter Name? – erfahren, dass er, Höllriegl, in Berlin sein werde? Vielleicht wusste sie mehr, wusste zum Beispiel, wo und für wen er arbeiten würde.

HÖLLRIEGL HATTE MIT Anselma Geldens für 13.30 Uhr (das Lokal konnte dann nicht mehr so voll sein) ein Stelldichein in einer dänischen Imbissstube am oberen Ku-Damm ausgemacht. In dem dämmerigen langen Schlauch mit den blütenweiß gedeckten, kleinen Tischen und der ambrafarbenen Beleuchtung fühlte er sich auf Anhieb wohl. Er hatte eine lauschige Ecke für zwei ergattert und fixierte erwartungsvoll den Eingang. Kellner, südländisch aussehend, eilten lautlos hin und her, die gedämpften Stimmen der Gäste, der Klang von Essbesteck und Geschirr, das Geräusch des Entkorkens – es war alles wie immer. Eine heile, friedliche, unendlich gesicherte Welt! Er fühlte sich nicht nur wohl, er fühlte sich himmlisch, und leise pfiff er durch die Zähne. In dem quasi-antiken Spiegel gegenüber erschien sein von träge hängendem Tabaksrauch umwölkter Kopf. (»… Schaut eigentlich recht gut aus …«)

Plötzlich spürte er eine Hand auf der Schulter. Sich umdrehend, sah er Frau Geldens vor sich, klein und zierlich. »Ich komme meuchlings«, sagte sie lächelnd zu dem aufspringenden Höllriegl. »Auf der Straßenseite fand ich keinen Parkplatz – musste daher über den Hinterhof. Wie geht es Ihnen?«

Er küsste angedeutet die zartgegliederte Hand und half ihr aus dem Pelzpaletot. (Etwas Besonderes – Affenhaar?) Der kindliche Nacken schimmerte wie Elfenbein, unter dem bubenhaft kurz geschnittenen dunklen Haar gewahrte Höllriegl mit jähem Entzücken Anselmas schmale, edelgeformte Ohren. Ein schwüler Duft entströmte ihren Kleidern, intensiv herb, irgendwie modrig. So rochen sterbende Blumen. Frau Geldens trug selbstverständlich Nationaltrauer.

Höllriegl hatte Herrn von Eyckes Schwester nur zwei- oder dreimal kurz gesehen. Einmal in Radebeul, dann bei Empfängen. In seiner Erinnerung war sie eine puppenhafte, kränkelnde, ständig frierende Person; sie musste lungensüchtig oder leberleidend sein. Wie er erfuhr, hatte sie jahrelang in Insulinde gelebt, als Gattin eines Stahlwerksvertreters holländischer Abkunft. Mijnheer Geldens lebte nicht mehr. »Zwei Dinge machen wir uns gleich aus«, sagte sie mit unbestimmt neckendem Unterton. »Sie fragen mich nicht, von wem ich weiß, dass Sie nach Berlin kommen würden, und ich frage Sie nicht, woher Sie die Schramme und das schöne Auge haben. Einverstanden?«

Mechanisch auf ihr konventionelles Geplapper antwortend, beobachtete er sie unaufhörlich, als er zwei vegetarische Platten und Fruchtsäfte bestellte. Anselma war feinknochig, ihr Teint blass, fleckig und durchscheinend, so als sei die Haut um eine Nuance zu hell und zu glänzend um die Gelenke gespannt. Nervöse, elegante Gesten. Eine niedrige, intelligente Stirn. Merkwürdig, das Gesicht sah im Profil anders aus als von vorn: Anselma war doppelgesichtig, wie die Schlange doppelzüngig ist. Ihre Stimme hatte einen weichen, sinnlichen Klang, jedoch nicht warm-sinnlich, sondern kalt, sogar glasig kalt. Es war unvorstellbar, dass die Stimme auch laut sein könnte. Diese Frau wirkte kindhaft, unentwickelt, zugleich aber ältlich (der zart verknitterte Mund!); sie mochte jünger als Ulla sein, war aber schon merkbar im Verblühen. Und dieses Verblühen verbarg sie nicht; im Gegenteil: Sie unterstrich es durch ihr Parfüm, durch manche gleichsam unabsichtliche Hinweise in der Kleidung.

Anselmas Augen! Es waren jedoch nicht die Augen, wie er feststellte, die einen gefangen nahmen. Die Iris war braungrün gesprenkelt, ein stechender, saugender Glanz ging von den Pupillen aus. Was einen sofort und hauptsächlich fesselte, war der starre, durchdringende, wissende, *alte* Blick. In dem schmalen Gesicht mit den leicht welkenden Wangen erschienen die Augen übergroß.

Sie sprachen über alles Mögliche, während sie aßen. Beide waren sie Anhänger der Deutschen Naturheilkunde, deren Ahnherr Bilz in Radebeul war. Im Zusammenhang mit der dortigen Naturärztetagung, bei der sie einander kennengelernt hatten, kam Anselma kurz auf ihre Schwägerin zu sprechen; sie schien nicht sonderlich gut mit ihr zu stehen.

»Ulla ist eine aufgenordete Fassadenschönheit, dabei mehr Slawin als Germanin. Sie ist ungeheuer vital, ich-besessen, wussten Sie das? Ob Erik mit ihr glücklich ist? Ich ahne es nicht. Mein Bruder ist sehr verschlossen, geht ganz in der Politik auf ...«

Sie lenkte schnell von dem familiären Thema ab, wobei sie Höllriegl einen Moment lang misstrauisch anblinzelte. Für die *Pendlerei* zeigte sie sich interessiert, wie schon damals in Radebeul. Er müsse auch zu ihr pendeln kommen. Komisch, unmerklich glitten sie in ein neckisches, sogar zweideutiges Wortgeplänkel hinein. Es war, als entkleideten sie sich voreinander – in allen Ehren natürlich (»Nudistenparadies«). Höllriegl prunkte unvermittelt und eher dämlich mit seinem mythologischen Wissen, rezitierte Verse aus der Wälsungensage, aus *Helgakvidha Hundingsbana* (»In uralten Tagen, als Adler sungen ...«) und dem *Sigrdrîfumâl*. Dann ging er zum frontalen Angriff über.

»Sie haben doch sicher einen reizenden asischen Ehrennamen«, sagte er augenzwinkernd. Und anzüglich setzte er hinzu: »Oder einen erotischen?« Er musterte sie dreist, zu dreist, wie ihm vorkam, weshalb er seine Blicke schnell neutralisierte.

»Ich heiße Kostbera, aber ich würde lieber Knêfrödh, die Kniefertige, heißen.« Ihr Blick glitt über seine Schultern, hatte etwas Demütiges und zugleich Unkeusches. Sie sah ihm von unten starr in die Augen. Er erwiderte den Blick – niemand senkte die Augen. Es entstand eine Pause, die der Engel des Schweigens, eines höchst unheiligen Schweigens, langsam durchschritt.

»Sie *sind* eine Kostbare, der Name passt. Noch besser wäre Hyrr, die Flamme, oder Ridhill oder Svâsudhr, Süßesud«, sagte er, weiter mythologisches Süßholz raspelnd. »Und mich gelüstet es nach Ihrem Sevafiöll. Für mich sind Sie Sinfiötli, Sinfessel, die Sinnenfessel.«

»Sie verwechseln alles, werfen alles durcheinander.« Anselmas Spott war sanft und wohlklingend. »Ridhill ist Schwirrl, Reginns Schwert, also – pfui – etwas Sächliches. Ich kann doch nur die Scheide sein. Und Sinfessel ist ein Mann, Siegmunds Sohn und Enkelsohn des Wälsung aus dem ›Sinfiötlalok‹ – Sie wissen, das ist jenes verloren gegangene Heldenlied, das Herms Niel in der blödesten Weise veropert hat …« Und plötzlich sang sie mit weicher Stimme: »Sohn, lass den Bart es seihen.«

Sie hatte die eddischen Lieder sehr gut intus. Dagegen war er ein Waisenknabe.

»Trotzdem: Ich nenne Sie Sinnenfessel.«

Ein wohliger Schauer durchrieselte ihn, es prickelte in den Adern wie Schaumwein. Anselma war eine Zauberische, eine Fengin. Von ihrem Körper mit dem geschwellten kleinen Busen gingen warme Wellen aus. Seine Nerven vibrierten unter diesem Ansturm.

Das Gespräch wandte sich wieder harmloseren Dingen zu. Frau Geldens arbeitete im Auswärtigen Amt, in der Wirtschaftspolitischen Abteilung. Sie war im Referat für das Reichsschutzgebiet Insulinde angestellt, das bekanntlich gefährdetster Boden war, weil eine Enklave in dem von den Japsen kontrollierten Teil der Welt. Anselmas Kenntnis von Land und Leuten machte sie zu einer gesuchten Kraft; sie sprach außer Holländisch noch fließend Malayisch, auch ein wenig Chinesisch, Japanisch und Pidgin-Englisch. Nahe der Wilhelmstraße, wo ihr Büro lag, bewohnte sie im obersten Stockwerk eines wieder aufgebauten Hauses eine sehr elegante, anscheinend geräumige Dreizimmerwohnung mit Dachterrasse – sie zeigte Aufnahmen –, etwas bizarr eingerichtet, mit Exotik garniert. Sie hauste dort mit ihrem leibeigenen chinesischen Koch, den sie seinerzeit aus der Südsee mitgebracht hatte.

Höllriegl versuchte immer wieder, sich in die intime Sphäre zurückzutasten; vor allem wollte er dahinterkommen, ob sie in der Reichshauptstadt irgendwelche »Beziehungen« unterhielt. Anselma antwortete zuerst ausweichend oder ironisch, dann ließ sie durchblicken, dass sie einflussreiche Gönner und Freunde habe. So kannte sie einen Neffen des ehemaligen Reichssportführers von Tschammer und Osten, der in der Reichsfilmprüfungsstelle einen leitenden Posten innehatte; sie sprach von ihrer Freundschaft – ein dehnbarer Begriff – zu einem Generalleutnant Hansjoachim von Geyl-Aufseser, zurzeit Abteilungsleiter GIF beim OKH, im Range eines Generalinspekturs, der den Führernachwuchs des Heeres betreute; sie ließ auch den Namen Bonhoeffer fallen – das bedeutete Wirtschaftsführung; schließlich erwähnte sie, dass sie einen

Zugang zur Präsidialkanzlei des Führers hatte. Mehr wollte Höllriegl nicht wissen. Er erstarb vor Ehrfurcht.

Ein einziges Mal berührten sie flüchtig das Todesproblem. Anselma glaubte, im Gegensatz zu Höllriegl, nicht an ein Fortbestehen nach dem Tode, auch nicht an ein Weiterleben der Seele des Führers. Der Mensch käme aus dem Nichts und müsse wieder dorthin zurück. (Höllriegl wunderte sich im Geheimen über Anselmas Mut, solche von der offiziellen Lehre stark abweichende Ideen so offen vor einem Halbfremden auszusprechen; die extremen Rassisten, Werwölflinge, NATMAT-Anhänger und so weiter leugneten allerdings gleichfalls ein Fortleben nach dem Tode.) Für Anselma war jetzt das deutsche Volk in seiner Gesamtheit dazu berufen, Träger der *Führerseele* zu werden, das Herrenvolk würde gewissermaßen zum *mystischen Leib* Adolphi Hitler. Mehr sagte sie nicht darüber – vielleicht war es ein Zugeständnis an Höllriegls romantische Art. Dieser kehrte nämlich noch allzu gern in die hehre Vorwelt der Asen und Wanen heim, glaubte natürlich nicht mehr an deren metaphysische Existenz, immerhin aber an die Ideen, die sie verkörperten. So glaubte er an den heiligen Samen der Askr Yggdrasill, aus dem das Ewige Deutsche Volk erblüht war. Doch dieses konventionelle Glaubensschema, in allen Schulen gelehrt, konnte Anselmas spöttischem Blick nicht standhalten.

Als hätten sie sich verabredet, wurde über den Tod des Führers kein Wort mehr verloren; das war gut. Heilige Scheu, vielleicht war es Vorsicht, hielt sie davor zurück. Auch die Frage der Nachfolge, der Folgen überhaupt, ließ man besser aus dem Spiel. Anselma erwähnte nur ein Gerücht, das sich in Parteikreisen der Reichshauptstadt eingenistet hatte, wonach der Führer auf dem Sterbebett sein politisches Vermächtnis auf Band gesprochen habe, das Tonband aber verschwunden sei; es war mehr als wahrscheinlich, dass der *Waldteufel* das Testament an sich genommen hatte. Vor dem *Waldteufel*, so genannt nach dem im Krieg gegen die Titos von ihm aufgezogenen historischen *Unternehmen Waldteufel* der Ustascha und deren *Hiwis* – Hilfswilligen –, zitterten alle ohne Ausnahme. Dieser Deutschkroate, dessen richtigen Namen niemand kannte, hatte es verstanden, seine doppelte Schlüsselstellung in der Partei zu einer uneinnehmbaren Festung auszubauen. Er war Stabsleiter im Amt des – übrigens unter ungeklärten Umständen – verstorbenen Martin Bormann gewesen. Nach dessen Tod (oder Verschwinden) übernahm er das verwaiste Amt, wobei er Bormanns Chefadjutanten kaltstellte; gleichzeitig ernannte ihn der Führer zum Chef der Reichskanzlei, obwohl Ivo Köpfler – dies sein politischer Tarnname – alles andere eher als Berufsdiplomat war. Köpfler, Reichsorganisationsleiter der NSDAP, Chef der Reichskanzlei und Reichsminister ohne Geschäftsbereich, war nach Adolf Hitler der mächtigste Mann im Staat. Keiner hatte so wie er das Ohr des Führers besessen.

Und noch etwas erzählte Frau Geldens, etwas ziemlich Schlimmes. Unmittelbar nachdem Hitlers Tod weltweit ruchbar geworden war, kam es in den Vereinigten Gefolgschaften von Amerika (United Vassal States of America), und zwar hauptsächlich in den »Apemen Reservations« (AMR) und »Apemen Camps« (AMC) des Südens, zu blutigen Unruhen. Wie die Untermenschen in den Besitz der Nachricht kommen konnten, war ein Rätsel, denn seit der Machtergreifung durch den Dreierrat des K-K-K und der Wiederherstellung des Sklavereistatuts, wie es vor der berüchtigten »Emancipation Proclamation« bestanden hatte, waren die schon von Haus aus rigorosen Absperrungsmaßnahmen bis zum äußersten verschärft worden. An zwei Punkten – Anselma entfaltete einen Zettel mit Notizen –, in Neosho, Missouri, und Wickliffe, Kentucky, war es sogar zu offenen Revolten gekommen. Politische Verbrecher und farbige Äfflinge hatten die Lagermannschaft niedergemacht und – fast nicht zu glauben! – ein Depot von Laser-Waffen erbrochen. In Wickliffe sei ein ehemaliger Negerpfarrer der Rädelsführer gewesen. »Den Halunken haben die Minutemen geschnappt, verkehrt an einen Baumast gehängt und langsam geröstet. Der Bursche soll dabei Psalmen, jüdische natürlich, geplärrt haben.« Diese an sich belanglosen Vorgänge habe man im Rundfunk und in den Zeitungen verschwiegen. Nur in der internen Parteiberichterstattung, die ihr fallweise zugänglich sei, habe man auf die Vorkommnisse hingewiesen.

»Apropos: rösten«, sagte sie lächelnd. »Im Ertüchtigungskurs für Fortgeschrittene, den ich zurzeit besuche, übrigens aus rein taktischen Gründen, ist unlängst eine glänzende Filmstaffel eingesetzt worden, die Sie sehen müssten. Neues Schulungsmaterial, lauter Amateurfilme. Besonders einer hat mir imponiert. Es wurde da die Enthauptung renitenter Untermenschen nach der Handbeilmethode gezeigt, in allen Phasen und in Nahaufnahme. Eine *händische* Hinrichtung also, wie man sie bekanntlich nur noch zu Abschreckungszwecken vornimmt. Bei einem stiernackigen bulgarischen Häftling, der ein deutschblütiges Mädchen mit Liebesanträgen verfolgt hatte, wollte der Kopf absolut nicht herunter. Der Henker, sichtlich einer von diesen dienstverpflichteten Justizidioten, musste dreimal zuhacken, ehe der Kerl starb. Dann ein anderes Filmchen: Strafvollzug an weiblichem Material auf dem Scheiterhaufen. Diesmal war auch

Ton dabei. Ein Knüller! Die Schreie hätten Sie hören sollen, als die Füße zu brutzeln begannen. Es ist unglaublich, wie wehleidig die Leute sind!«

Anselmas Augen glitzerten, sie war sozusagen ganz Auge. »Mit ›wehleidig‹ meine ich die Damen aus meinem Ressort. Zuerst drängen sie sich dazu, dann machen sie schlapp. Der einen wurde totenübel, sie kotzte Lumpen und machte sich während der Vorstellung an. Eine andere verdrehte die Augen, als habe sie die Fallsucht, führte auf noch und noch – obwohl sie schon den Sonderkurs hinter sich hatte. Alles Hysterie natürlich, es fehlt denen nichts als …«

Wieder fixierte sie ihn träg und lauernd. Höllriegl senkte nicht die Augen, doch es strengte an. Es war wie eine lange geheime Berührung. »Was werden die erst sagen, wenn die nächste Staffel drankommt. Verhöre und das ›Abspritzen‹ von Renitenten. Zeitlupenaufnahmen und Erdrosselungen mit der Drahtschlinge am Fleischerhaken, die Arbeit mit der Garrotte, oder – vielleicht das Schönste! – unsere Experimente in den geschlossenen Abteilungen, LSD-25 und so.«

Mit solchem oder ähnlichem Geplauder schlugen sie die Zeit tot. Höllriegl spürte genussvoll, wie sie einander näherkamen, sich in Gedanken betasteten. Anselma war alles andere als sein Typ, sein Herz lechzte nach nordischen Lichtgestalten, nach heldischen Frauenwesen mit starken Gesäßen (jäh dachte er an Ulla, wie weh das tat!), aber Anselmas Charme, eine Mischung von tropischer Gehirnlichkeit und jener neuen schneidig-sachlichen Art, die er so sehr bewunderte, weil er sie sich nicht zu eigen machen konnte (»bin zu altmodisch«), hatte es ihm nach diesem Mittagessen angetan. Sie war unzweifelhaft eine Frau von ganz alter Rasse, eine echte von Eycke. Und er? Was war er? Eine Promenadenmischung.

Als sie sich trennten, versprach er, sie »sofort« wieder anzurufen. »Heute Abend bin ich vergeben«, sagte sie, »aber morgen … vielleicht …« Ihr Blick lief wieder, wonnige Spuren hinterlassend, über seinen Körper. »Als braver Ostmärker haben Sie natürlich den Heldennamen eines Ostgotenkönigs gewählt, nur geht es bei der Eroberung Roms manchmal nicht ohne blaues Auge ab. Totila ist eigentlich ein Kneipname; mein Vater, sein Korps waren die Wormser ›Schwarzen Germanen‹, nannte sich so auf dem Paukboden.« Und nach einer Weile mit doppelsinnigem Tonfall: »Sie sollten Moldwerf heißen, Maulwurf …«

Die gepflegte Kinderhand ruhte feinknochig, fast knochenlos, in seiner begehrlichen Männerpranke – zuckte, als er sie, diesmal nicht angedeutet, küsste.

ES WAR SO trübe wie zuvor, ein ewig dunkler Novembertag. Gegenüber dem Haus Tiergartenstraße vier arbeitete der grau uniformierte Einsatztrupp an dem Transparent. Höllriegl kontrollierte die Zeit und betrat das Gebäude, seine Schritte waren zackig wie immer. Die Ziersäulen der Außenfront setzten sich nach hinten fort.

In der Portierloge, die nun ein Wachlokal war und einem kleinen Heerlager glich, nannte er seinen Namen und den seines Kontaktmannes. Er bekam einen Passierschein mit aufgestempelter Zeit. Das Haus wimmelte von Uniformierten. Auf jedem Treppenabsatz standen Wachen wie schwarze Statuen, lange Kerls, den leeren Blick ins Leere gerichtet.

Ostuf Hirnchristl, ein käsegesichtiger, dünner Mensch mit schütterem Haarwuchs, blondem Schnurrbärtchen und fliehendem Kinn, warf einen Blick auf den Passierschein, dann begrüßte er den engeren Landsmann lebhaft. »Fesch, dass da san!« Er war sofort *im Bild*.

»Ja, Ihre Pendlerei soll heut am Abend stattfinden, wir wern Sie um sechse abholn. Sie wohnen [*Blick auf den Passierschein*] in der Pension der Frau Zweenemann am Uhland-Eck. Hoffe, dass Ihnen nix ausmacht, wenns in an Grünen Heini fahrn. Sie dürfn nämlich nicht wissen, wohin die Fahrt geht. Befehl!«

Hirnchristl sprang hinter dem festungsartigen Schreibtisch wie ein Gummiball hin und her, dabei mit den Armen unablässig fuchtelnde Bewegungen machend, als sei er ein Verkehrspolizist an einer belebten Kreuzung. Auf dem Tisch vor ihm standen drei Telefone, ein rotes, ein schwarzes, ein weißes; sie klingelten abwechselnd. Gespräche mit diesem *Landsmann* waren wohl nur im Telegrammstil oder bruchstückweise zu führen.

Das Amtszimmer enthielt einen runden Tisch, zwei Lederfauteuils und ein Sofa. Hirnchristl gegenüber, an der Schreibmaschine, saß ein ältliches Wesen mit vorgeschriebener Knüzchenfrisur. Ein Büroraum wie tausend andere. Auch das kalte Neonlicht, das Führerbild mit dem Trauerflor und ein paar Blattpflanzen, Letztere Ergebnis des DAF-Befehls »Schafft sonnige Arbeitsstätten«, gehörten dazu. An der Wand in klobiger Wehrmachtgotik der vertraute Spruch »DIE PARTEI DENKT FÜR DICH« (er hatte das Schlagwort der NSV »Die Partei sorgt für dich« längst verdrängt).

»Wanns mit der Pendlerei fertig sind, brauchen Sie sich nicht mehr persönlich herbemühn – rufns mich einfach vor der Nachhausfahrt an, und i gib die Meldung höhern Orts weiter.« Nach einer Telefonierpause: »Wir hättn nur no an Patienten für Sie … Is Ihnen der Name Gundlfinger ein Begriff? I mein den

Philosophen oder was er is – Awa leckmimoasch!« Das Götzzitat, selbstverständlich gemurmelt, bezog sich auf ein Klingeln des roten Apparats. Ungeachtet des Kraftausdrucks benahm sich der Obersturmführer sofort äußerst zackig und dienstlich; im Nu hatte er seine zwanglose Art abgelegt. »Jawöllja! Wird gemacht! ... Dreckige Himmelfahrt, hahahaha! ... Jawöll!« Und so fort.

Wieder zu Höllriegl gewendet: »Kennens den Gundlfinger?« Höllriegl bejahte. Natürlich kannte er den Namen. Erst unlängst hatte er in einem Schulungsheft für Amtswalter eine auszugsweise veröffentlichte Abhandlung des großen Mannes gelesen, er erinnerte sich jetzt genau. Wie hatte der Titel gelautet? *Über die Humanität des KL-Strafvollzugs* oder so ähnlich.

»Bei diesem Professor Gundlfinger solls aa a bissl pendeln. Ein Herr [*Hirnchristl schaute in seinem Vormerkkalender nach*] von Schwerdtfeger, hohes Viech in der Reichsschrifttumskammer, hat Sie dorthin protescheit. Allerhand Hochachtung, Sie habn net schlechte Verbindungen.« Telefonierpause. »Awa wie kommens dorthin? Der Herr Professor wohnt ganz in der Einschicht, wartens, in [*Hirnchristl blätterte wieder in dem Kalender*] Sauckelruh ob Rundstedt, Villa Walpurgis, Brocken-Nähe. Bis Magdeburg hamms die Autobahn, von dort über Halberstadt und Wernigerode Hauptverkehrsstraßen. Der Harz liegt ja net grad auf Ihrem Weg. Awa schauns, dass Sies irgendwie schaffen. Es ist ziemlich egal, wanns hinkommen – aufm Rückweg halt. Hier die Fernsprechnummer des Herrn Professor, samt der Vorwählnummer. Übrigens, der hat aa an Telex, was sagns!«

Wie das alles klappte, am Schnürchen ging! Höllriegl kam sich wie eine Schachfigur vor, die ein unsichtbarer Spieler von einem Feld aufs andere schob. Dieser Gedanke hatte etwas Beruhigendes, es war gut so. Alles war gut. Manchmal war es schön, nicht denken zu müssen. Andere – die Mächtigen – taten das für einen. Eine heile Welt.

Das Schreibfräulein vermerkte die Besuchszeit auf dem Zettel, und Ostuf Hirnchristl machte seine Paraphe. Höllriegl empfahl sich, die Hacken zusammenschlagend und den rechten Arm hochschnellend – auch sein Gegenüber nahm Haltung an, schob augenblicks das schwächliche Kinn vor, wobei die blassen Augen einen stählernen Glanz bekamen.

Auf der Treppe, als er an den Wachen vorbei in die Tiefe stieg, überfiel ihn plötzlich eine entsetzliche Müdigkeit, es war, als sei flüssiges Blei in seinen Adern. Immerhin, er hatte noch Zeit zum Ausruhen. Nur schnell zurück zur Pension.

In seinem Zimmer – einem überheizten, beengenden Raum von lähmender Unpersönlichkeit – warf er sich angekleidet auf die Ottomane und schlief sofort ein. Es war kein erquickender Schlummer. Besonders quälte ihn eine Traumszene, die in mehreren Phasen, mit vertauschten Personen, immer wiederkehrte. Ein schwarzbärtiger, einäugiger Mensch in Mantel und Schlapphut, einen Schlachtschussapparat in der Hand und umringt von Metzgergesellen mit blutbespritzten Schürzen, versuchte ein gefesseltes Pferd – Höllriegl wusste, dass es eine Stute war – zu töten. Wenn man aber genauer hinsah, war zu merken, dass die Stute ein nacktes Weib war, hellhäutig, mit weizenblonden Zöpfen und strammen Formen – die Fesseln schnitten tief ins Fleisch. Höllriegl wollte hinstürzen, das Opfer befreien, da warfen die Schlächter sich auf ihn und banden ihn an einem anderen Holzblock fest. Der Mann mit der leeren Augenhöhle war verschwunden, an seiner statt schwang nun die nackte, blonde Frau, ihrer Fesseln ledig, ein Messer, das sie auf einem altmodischen Schleifstein mit Fußbetrieb schärfte, wie Höllriegl ihn in der Kindheit bei herumziehenden Scherenschleifern gesehen hatte. Es war aber nicht die schöne Amazone von vorhin, sondern ein fahles, knochiges, aufgeblondetes Geschöpf mit rotgeränderten Basedow-Augen und ballonartigen Brüsten. Sie näherte sich ihm mit neugieriger Miene und schnitt langsam seine Kehle durch. Höllriegl wollte schreien, konnte aber nur gurgeln, glucksen. Ein Blutstrom brach aus seinem Mund …

Er erwachte, es war ein Viertel vor sechs. Druckgefühl und Schmerzen im Hinterkopf. Er ließ etwas Wasser ins Waschbecken rinnen und wusch sich das heiße, trockene Gesicht. Dann nahm er zwei Pendel aus dem Koffer, auch eine Rute. Er prüfte die Geräte sorgfältig und mit innerer Sammlung. Als er fertig war, läutete es. Im Vorzimmer standen zwei Männer in Zivil. Wie sehen Wächter (oder Wärter) aus? Sie sehen nach nichts aus, und das ist ihr Signalement. Wortlos begleiteten sie Höllriegl zum Wagen, der an der Ecke wartete. Wind hatte sich inzwischen aufgemacht und stäubte einem feinen Regen ins Gesicht. Gräuliches Wetter! Die hell erleuchtete Straße war menschenleer.

Es war ein dunkelgrüner Polizeiwagen mit blauen Lichtern, in dem man *per Schub* befördert wurde. Einer der Männer öffnete die Tür in der Rückwand und half Höllriegl einsteigen. Keine Fenster, nur schmale gedeckte Öffnungen ohne Sichtmöglichkeit. Auf die Holzbank hatte man einen Polster gelegt. Rührend, er war Nobelhäftling. Die Tür klappte zu, man ließ ihn in dem trüb erhellten Abteil allein.

Als das Gefährt sich zu bewegen anfing, griff Höllriegl – fast gedankenlos, rein mechanisch – unter den Sitz. Gab es hier Auspuffrohre ins Wageninnere? Er fand nichts. Das war also kein Himmelfahrtswagen.

Die Fahrt dauerte etwa eine halbe Stunde. Vielleicht hätte ein hellhöriger Berliner sagen können, in welche Richtung die Reise ging. Höllriegl kannte aber das Berliner Pflaster zu wenig, auch nach den Straßengeräuschen konnte er sich nicht orientieren. Zweimal hörte er Züge der S-Bahn über Viadukte donnern. Dann wurde es draußen stiller, nur der eigene Motor war zu hören. Durch die Schlitze drang frische, kalte Luft herein. Sie roch würzig – oder kam es ihm nur so vor?

Der Wagen fuhr langsam über einen spürbar kurvenreichen Weg. Dann hielt er. Die Tür flog auf, und der Wächter stieg, grell angestrahlt, ins Kupee. »Ich habe Auftrag, Ihnen die Augen zu verbinden«, sagte der Mann und tat es. Er half Höllriegl beim Aussteigen, legte dann dessen rechte Hand auf seine Schulter und ging mit kleinen Schritten voran. Durch die Binde drang Licht.

»Achtung – Stufen!«

So gingen sie eine Weile, der Mann dirigierte mit sparsamen Sätzen. Wüstenhaft trockene Hitze schlug ihm entgegen, wieder sickerte Licht, diesmal schwächeres, durch die Binde. Nachdem sie eine knarrende Holztreppe emporgestiegen und durch mehrere Zimmer – oder Säle – gegangen waren, machte der Wächter halt.

»Hier bleiben Sie«, sagte er etwas barsch und nahm Höllriegl die Binde von den Augen. »Sie werden abgeholt.« Er verschwand.

Höllriegl befand sich in einem hohen, saalartigen Gemach mit dicht verhängten Fenstern. Die gelblichen Vorhänge aus irgendeinem schweren Material sahen aus wie Wachs. Der Raum erstrahlte dunkel in Gelb und Gold. Ein Kandelaber (war er aus Ebenholz?) verbreitete diffuses Licht. Die Umrisse von barocken, sichtlich kostbaren Möbeln traten aus dem Halbdunkel. Alles war mehr zu ahnen als zu sehen. Von den Bildern an den Wänden ging ein seltsamer Glanz aus.

Noch immer stand Höllriegl dort, wo der Wächter ihn hingestellt hatte. Mit äußerster Sorgfalt musterte er jeden Winkel des Zimmers. Er witterte Gefahr. Wo war er? Hier konnte man ihn leicht beobachten, es gab Vorhänge, und die Bilder konnten Sehschlitze sein. Er nahm absichtlich eine ungezwungene Haltung an und entspannte die Gesichtsmuskeln. Rute und Pendel legte er auf ein Tischchen und wanderte lässig, doch jederzeit bereit, in Deckung zu gehen, durchs Zimmer. War er in eine Falle geraten?

Sonderbar, die Bilder in ihren verschnörkelten Rahmen leuchteten auch in den abgedunkelten Nischen. Er ging näher hin, sein Befremden wuchs. Sie waren in raffinierter Weise von innen her erleuchtet, stellten samt und sonders Reptilien dar, Tiere von phantastischer Gestalt und unüberbietbarer Scheußlichkeit. Manche standen halb aufgerichtet auf den Hinterbeinen, andere wieder liefen auf allen vieren. Ihre Klauen und Zähne sahen wie lange Dolche aus, die krötenähnlichen, stachelbewehrten Köpfe waren eine Agonie. Alle diese Echsen hatten einen erschreckend altertümlichen Habitus, in dem flirrenden Licht schienen sie zu kriechen, ihre Häupter zu bewegen. Die Bilder (oder Diapositive) waren beschriftet. »Varanosaurus aus dem Perm von Texas« stand unter einem, »Seymouria, Oberkarbon« unter einem andern. Ein molchartiges Wesen mit tückisch glotzenden Augen und scharf gezähnten Kiefern hieß »Baphetes« und war als »Stegokephales Amphibium, Oldred, Canada« gekennzeichnet. Es gab auch krokodilähnliches Getier, das mit gespreiteten Flughäuten über fremdartigem Buschwerk zu kreisen schien. Höllriegl ging von Bild zu Bild – die Darstellungen waren zierlich gerahmt, als handle es sich um amouröse Szenen aus dem Rokoko – und betrachtete mit leichtem Schauder die Sammlung. War er in einem naturhistorischen Kabinett? War der Hausherr, wer immer es sein mochte, ein Liebhaber von ausgestorbenen Bestien, war er Urweltforscher?

Höllriegls Unruhe wuchs. Wo befand er sich? Mit einem Sprung erreichte er das nächstgelegene Fenster und zog den Vorhang zur Seite. Entsetzt prallte er zurück, als gleißend bläuliches Licht in seine Augen stach. Das Gebäude schien überall von Scheinwerfern angestrahlt zu werden. Geblendet tastete er sich zu dem Tischchen hin, auf dem seine Geräte lagen. Er vermeinte, die Silhouette von Baumwipfeln gesehen zu haben.

Weil halb blind, hatte er nicht bemerkt, dass jemand ins Zimmer gekommen war. Der Mann rührte sich nicht. Erst als Höllriegl mit ihm fast zusammengestoßen wäre, machte er eine feierliche Verbeugung, schob im Hintergrund eine Portiere weg, öffnete die dahinter verborgen gewesene Tapetentür und ließ Höllriegl, der Rute und Pendel an sich genommen hatte, eintreten.

Jene Wüstenhitze, die ihm schon zuvor auf die Nerven gegangen war, schlug ihm gleich einer Brandung entgegen. Die Luft war außerordentlich trocken und hatte den Geruch von Ozon. Höllriegl spürte in dem Augenblick, da er die Schwelle überschritt, die Nähe von Krankheit und Tod. Ein Sterbezimmer, das war klar.

Man konnte nicht allzu viel sehen; das aber, was man sah, machte den Eindruck des Weiblichen, ja Weibischen. Auch hier war alles in dumpfem, eingesunkenem Gelb gehalten. Wolkenstores vor den Fenstern. Auf einem geschwungen gebauten, niedrigen Bett, das wie eine flache schwarze Muschel aussah – darüber ein Betthimmel –, lag ein Mann, besser: ein Herr mit geschlossenen Augen. Ein silberner Leuchter spendete ruhiges Licht. Die Kerzen – Höllriegl zählte sieben Stück – waren schon herabgebrannt.

Der Kopf des Herrn ruhte anmutig auf dem Pfühl auf, seine Hände, die aus Spitzenmanschetten lugten, glitten zuckend über das Laken. Trotz der Wärme war ein Federbett über den Unterkörper des Kranken gebreitet worden. Des Mannes Atem ging schnell.

Höllriegl staunte über die Schönheit des Sterbenden. Ein falbes Antlitz von römischem Schnitt, gemmenhafter Schärfe, mit dunkelgrünen Schatten um Augen und Mund. Die Hände waren von geradezu überirdischer Schönheit. Wäre nicht der orientalische Zug gewesen, der sich in dem Gesicht vordrängte, so hätte man an einen Augustus denken können, dessen letzte Stunde gekommen war. Die hohe, schmale Stirn umrahmte schwarzes, glattes Haar. Trotzdem: Es war ein Greis, der da vor ihm lag.

Hier kam seine Kunst, kam jede Kunst zu spät. Wozu hatte man ihn herbemüht? Was würde es nützen, wenn er den Einfluss von Erdstrahlen feststellte? (Dass das Bett in einer schlimmen Zone stand, war mit Händen zu greifen.) Der Odem des Todes erfüllte das Zimmer, war stetig und stark. Höllriegl wunderte sich, dass die Kerzenflammen nicht flackerten.

Langsam öffnete der majestätische Herr die Augen und blickte Höllriegl lange und wie aus weiter Ferne an. In dem Blick lag Trauer. Dann winkte der Herr ihn zu sich heran. Höllriegl setzte sich auf einen Hocker, und sogleich begann der Kranke rasch und lispelnd zu sprechen, doch die Mundbewegungen zerstörten im Nu die Harmonie des edlen Gesichts, sie verwandelten es in eine Grimasse, in eine Unzahl von Grimassen. Höllriegl erkannte blitzartig, dass es Äffisches war, das sich dieses Gesichts bemächtigt hatte. Hier starb kein Angehöriger der Herrenrasse, sondern ein Äffling, ein Tschandale.

Der Mann sprach so leise, dass Höllriegl nahe zu ihm heranrücken musste. Die Artikulation war scharf und zischelnd wie die eines sprechenden Papageis. Das Gesicht etwas abgewendet, schien der Sterbende damit sagen zu wollen: Ich habe einen üblen Atem.

»– hat geheißen Hersch Glasel und is gewesen Thora-Schrajber«, verstand Höllriegl, »ich besuchte die Schul in … (es klang wie Rustschuk), und noch heut schüttelt mich der Ekel, wenn ich an meine Glaubensgenossen denk, die mit mir die Schulbank gedrückt haben. Sie haben alle entsetzlich nach Knofel und Schweißfießen gestunken und nach knofliger, schweißiger Gelehrsamkeit. Diese stinkende Büffelei aus der Ordnung Seraim, aus der Ordnung Naschim, aus der Ordnung Nesikin! Wer zwohundert Zuz besitzt, der nehme weder Nachlese noch Vergessenes, noch Armenzehn … Wer fuffzich Zuz besitzt und damit Handel treibt, der nehme nicht … Und so weiter. Achtung, ich wer gleich schpajben! Auch die Töchter Israels, denen wir unter die Röcke gegriffen haben, haben gestunken nach Knofel … Firnemlich is Knoblich vermeg inseres Talmud ein gesind Essen … zu finferlei Samen is Knoblich gesind, sonderlich den Jieden … Später hab ichs gewusst: Dieser Gestank is nicht gewesen Knofel, er is gewesen die Ausdienstung von rassisch Minderwertigen –«

Höllriegl erstarrte. Der Äffling war – ein Jud! Wie lange schon hatte er keinen Juden mehr gesehen! Weder weiße noch schwarze Juden gab es mehr, sie hatten längst zu bestehen aufgehört. Der *Jud* war zu einem Begriff der Ontogenie, zu einem geschichtlichen, abstrakten Wort geworden, Juden gab es nur noch in ausgestopftem Zustand in den naturhistorischen Museen, wo man sie als eine vom eigentlichen Menschenstamm abgespaltete Entartungsfrucht von Hominiden zur Schau stellte, als tierdämonischen Typ, den die Menschheit auf ihrem Weg zu leibseelischer Selbstverwirklichung, zu apollinischen Gipfeln, aus sich entlassen hatte. (Immer wieder strömte ja *Tier* aus, um den nordischen Licht- und Heldenmenschen zu verwirklichen!) Einzelne Juden, die der Endlösung, dem sogenannten Unternehmen Günther, entgangen sein mochten, hatten sich vielleicht noch irgendwo in den Tschandalensperrgebieten verkrochen, in Schlupflöchern an den äußersten Grenzen der Zivilisation – immer seltener aber hörte man von Einzelaktionen des SD, Ausräucherungen und dergleichen. Nicht einmal jüdische Mischlinge gab es mehr, denn nach dem Sieg der pan-arischen Richtung in der Partei war die Auslese für die UmL aufgrund der verschärften Durchführungsverordnungen zum Reichsgesetz »Schutz des deutschen oder artverwandten Blutes und der deutschen Ehre« vorgenommen worden, man hatte also die Judenmischlinge ersten und zweiten Grades den Dringlichkeitsstufen V und VI zugeordnet, sie waren unmittelbar nach den Zigeunern, Freimaurern, Bibelforschern und von Erbgesundheitsgerichten verurteilten Personen *zum Handkuss* gekommen. So hatte man sie auch für jene berühmten Versuche zur Erforschung des Rassegeruchs aufgebraucht, die auf ewig mit dem Namen Traugott von Globke-Lynar verknüpft waren.

Und nun dieser Jud … mitten in der Reichshauptstadt … in offenbar wichtiger Position! »Eine sehr hochgestellte Persönlichkeit – geheime Reichssache.« Träumte er? War das noch wirklich? War nicht alles schon Wahnsinn? Höllriegl hab, du musst in die maßgeblichen Zirkel auf andere Weis hinein, mit den Maurern angebandelt – und es is mir gelungen! Der Aufwerber, der miese Baldower, hat seinem Herzen einen Stoß gegeben, er is damals Meister vom Stuhle gewesen bei der ›Humanitas‹ in Bukarest und hat an seine Brüder in Sibiu über mich geschrieben und zwei Bürgen aufgetrieben, und so bin ich denn mit einigem Geschmus in die Loge ›Zu den drei gekrönten Sternen‹ aufgenommen worden. Ich war ja wirklich ein Suchender, wenn auch in einem andern Sinn! Der Tag meiner Rezeption war mein Geburtstag, der fünfundzwanzigste – die Festivität werd ich nicht vergessen, die brennenden Kerzen, die vielen Blumen, die Ansprachen! Weder nackend noch bekleidet, weder beschuht noch barfuß, allen Metalls beraubt und mit verbundenen Augen wurde ich nach der Türe der Loge geleitet … Überhaupt, wenn ich zurückdenk an meine Lehrlingszeit, so ist alles eitel Glanz und Freude! Die Arbeiten ersten Grades, die Angelobungen, das Fest der Lichteinbringung, die alten Pflichten. Alles, alles! Was ist die Glock? – Hoch Zwölfe. Woran arbeiten die Brüder Lehrlinge? – Am rohen Stein. Wie klopfen die Lehrlinge? – Mit zwei geschwinden Schlägen und einem langen. Habt ihr einen Schlüssel zu den Geheimnissen? – Ja. Wo verwahrt ihr ihn? – In einer knöchernen Büchse, die nur durch elfenbeinerne Schlüssel kann geöffnet und verschlossen werden. Hängt er oder liegt er? – Er hängt. Woran hängt er? – An einem Taue, neun Zoll lang oder einen Spann. Von welchem Material ist er? – Er ist von keinem Metall, sondern eine Zunge von gutem Gerücht, so gut hinter eines Bruders Rücken, als vor seinem Angesicht … – Fuffzehn Johr danach war ich dem Heydrich seine rechte Hand beim Einrichten der Logenmuseen –«

Der Kranke schien ins Phantasieren zu geraten, seine Hände glitten unruhig über die Decke, unablässig, als wollten sie etwas glatt streichen oder in Ordnung bringen. Hatte er eine Droge geschluckt? Sein Gesicht leuchtete. Warum war er, Höllriegl, dazu ausersehen, dem Äffling die Beichte abzunehmen? Der Mann beichtete ja – im Angesicht des Todes! Er, Höllriegl, würde sich hüten, auch nur ein Wort dazu zu sagen. Wahrscheinlich lief schon die ganze Zeit irgendwo ein Tonband, das die Beichte aufzeichnete.

»– durch meine maurerischen Beziehzach. Ich kriegte bei Blank die Vollmacht und bin nach Wien gegangen, die Blank-Leute hatten da grad a Expositur aufgemacht, am Josefsplatz in einem hochherrschaftlichen Palais, um beim großen Fischzug der Seipel-Sanierung dabeizusein. – Nach einem Johr hab ich die Prokura gehabt – Blitzkarriere, was? Unser Bankarzt, ein gewisser Sturdza – aus dem bekannten Bojarengeschlecht – macht mich da bei einem Bankett mit einer echten Vacarescu bekannt, die während dem Krieg ihre Finger in der Rohö gehabt hat und ein paar Habsburger kannte – eine ältere, aber umso süßere Person, korpulent, das hab ich gern gehabt, und mit viel Moos, das hatte ich noch lieber. Marina ist eigentlich meine erste große Liebe gewesen, meine Liebe und Leidenschaft – und ich die ihre! Ich hab nach dem Schkandal in Hermannstadt prompt meinen Namen gewexelt, das heißt, ich hab mich in Bukarest von einem Herrn Heliade de Abreu adoptieren lassen, was natürlich ein paar Lappen gekostet hat, der Dowidl hat mir den neuen Papa verschafft. Es machte sich bezahlt. Aus dem klaanen Naftali Stern wurde, hast es nix gesehen, ein Herr Vasile de Abreu – und später, als mir der Boden zu haiß geworden is in Wien, ein Baron Demeter de Souza Dantas. Es is aber erst die Vacarescu gewesen, die einen wirklichen Herrn aus mir gemacht hat, einen Herrenmenschen – sie war mein Dämon, mein guter Geist, sie machte einen glühenden Antisemiten aus mir, einen Judenhasser, das is ihre große Sach gewesen! Ich verschlang die *Protokolle der Weisen von Zion*, die haben mir die Augen geöffnet über die Weltherrschaft der Knofelstinker. Die Protokolle und die Vacarescu! Ich verwischte alle Spuren meiner Abstammung, hab mich sogar operieren lassen, beschaffte mir falsche Papiere, Taufschein etcetera. – Übrigens, die Vacarescu hatte meinen Geruch gern, die Perverslerin! Ich hab die Fäden aufgenommen nach Bukarest, zu Codreanu von der Eisernen Garde, zum Professor Cuza, dem Begründer der Antisemitischen Liga in Rumänien, zu einem Fürsten Sturdza, einem Vetter des Bankarztes, der Oberst in der königlichen Armee war und davon geträumt hat, zusammen mit den Altslawen, der Nationalen Bauernpartei und unzufriedenen Militärs die Donaufürstentümer wiederaufzurichten und die Hohenzollern aus dem Land zu jagen. – In Budapest bin ich bei den Erwachenden ein und ausgegangen, in Wien freundete ich mich mit dem Lanz von Liebenfels an, mit Frodi Ingolson Wehrmann, mit einem Herrn Wölfl, ich hab Verbindung gehabt mit den Neutemplern, trat als Fra Walthari auf, besuchte Röhm und Rosenberg und unterstützte mit Geldern, die ich den Jieden abgenommen hatte, den Eher-Verlag. – Ich bins gewesen, der den Doktor Juchtengoiserer, Hauptschriftleiter der ›Dötz‹ in Wien, mit den maßgeblichen nationalen Kreisen in Tschechien, Polen, Ungarn und Serbien zusammengebracht hat, zwecks Gleichschaltung der antisemitischen Propaganda im Osten und in den Sukzessionsstaaten, und bald bin ich am Schalthebel der völkischen Bewegung überhaupt gesessen. Ich hab erworben den ›Kikeriki‹ und den ›Eisernen Kehrbesen‹, ich habe meine Händ in der Mordsache Bettauer gehabt, in der Femegeschichte Cornelius Zimmer, in hundert Affären. – Ich hab Ihnen schon gesagt, dass ich a scheener Bursch gewesen bin – meine Geschäfte hab ich alle über die Weiber gemacht, die mir nachgelaufen sind, haufenweis! Mein erster Abschuss ist der Laszlo Brodfeld gewesen, Produktenhandel en gros und Hochgradmaurer, dem seine Frau war immer ganz toll nach mir, also die Person, übrigens blöd wie die Nacht, hat mir die Stenos von den vertraulichen Sitzungen mit seinen Gesellschaftern besorgt, es war der Agro-Joint, der über sowjetische Stellen Importe landwirtschaftlicher Produkte abgewickelt hat. Der Brodfeld is effektiv als Binkljud aus Kowno nach Wien gekommen, mit zwaa linke Fieß, und hat beim Bosel angefangen. Also, durch den Brodfeld lern ich den Präsidenten des Zentralrats der russischen Gesellschaft ORT, einen Herrn Golde, kennen, durch Golde den mächtigen Jankel Lewin aus Minsk und den Rachmiel Weinstein, damals stellvertretender Direktor der russischen Staatsbank, durch Weinstein den Plantheoretiker, wos er gewesen is, Warngolz und seine Freundin Esther Frumkin etcetera, etcetera. Sie werden lachen – es war hauptsächlich sowjetisches Geld, mit dem ich die Jieden umbrachte. Den russischen Staat konnte ich nix erschüttern, aber die sowjetischen Jieden hab ich dem Stalin ans Messer geliefert. Ich importierte nämlich, als Gegenleistung, den allermodernsten Antisemitismus nach Russland. – Aber mein Ehrgeiz wars, die schwarzen Kartelle in die Händ zu kriegen, das Preiskartell, das Produktionskartell und das Kontingentierungskartell. Bald hab ich von Wien aus den ganzen Lebensmittelzwischenhandel kontrolliert – zwecks Tarnung bin ich noch immer Prokurist bei der seligen Marmarosch gewesen. Als mich die Wirtschaftspolizei des Herrn Schober hat hoppnehmen wollen, bin ich verduftet ins Ausland, meine Büros haben vorübergehend in Zagreb, in Krakau, in Augsburg, einmal auch in Lourdes, dann in Turin gearbeitet – in Italien hab ich hohe Gönner in der faschistischen Partei gehabt. Und während ich die Biecher von Chamberlain, Evola, Feder, Eckart und Rosenberg verschlungen hab, hab ich sie alle hineingelegt, die lieben Brieder und Schwestern, hab ich gemacht meine Geschäfte mit Sammy Lewitas und Chaim Windholz, mit Leib Bronstein und Naomi Diamond, mit Oscher Seydenstikker und Feitel Horvát, mit Markus Loew und Elia Shapiro, mit Anschel Pollak und Judko Kamelhar, mit Motje Spinkus und Moss Umschaden, mit Benno Tartakower und Woochele Naglstock, mit Paolo Handler und Schejndl Feierstein, mit Eisig Zwickl und Riwke Tausend, mit Maxl Reichwein und Nathan Korkes, mit Baruch Weintraub und Arpád Koritschoner, mit Heimann Ehrenfest und Jazek Kraus, mit Mojsche Zylberlast und Bernard Wahrhaftig, mit Aaron Margulies und Sima Finkelkrut, mit Itzig

Liebgold und Marcel Pineles, mit Jitro Pasternak und Tibi Segal, mit Osias Zukor und Schmul Fischl, mit Sonja Lurje und Gerson Rubinstein, mit Brocha Leiser und Sandel Oblat, mit Pinkus Baargeld und Salo Passweg, mit Vasa Nunberg und Alice Printemps, mit Jyttel Lekach und José Engel, mit Berthold Dunkelblum und Geilchen Askenazi, mit Lazar Sax und Lupu Kavka, mit Denny Fürbringer und Pessel Germany, mit Sprinze Feuchtwang und Nathan Pick, mit Alice Strangelove und Naum Saloschin, mit Mendel Sternhieb und Guillermo Schön, mit Bobby Medina und Rochel Sigelberg, mit Esti Cohen und Sigi Schwanz, mit Tobias Szántó und Chajin Lorber, mit Eli Hegedüs und Milkele Löbl, mit Abel Kolischer und Jehudo Lipschitz, mit Margo Popper und Jaffe Szâmuely, mit Ljew Finger und Etta Perlmutter, mit Akiba Rappaport und Imre Gutherz, mit Dora Lampl und Boris Altar, mit Ernö Zobelsohn und Eisler Szigfridné, mit Schlomo Axelrad und Jakob Rajcher, mit Osias Vorhand und Manoli Katz, mit Uri Aschdod und Maurice Ornstein, mit Ethel Szafir und Menahem Schattensegel, mit Max Perelman und Jacques Rubin, mit Ignaz Wachtel und Jella Strajsand, mit Gebirol Rinderbrust und Belasco Sinai, mit —«

Die Namen brachen wie ein Blutstrom aus dem Mund des Beichtenden. Er wand sich in schweren Krämpfen, das Gesicht vor Hass und Ekel verzerrt. Höllriegl, von der Wüstenhitze und dem Wortschwall benommen, lauschte angestrengt.

»— ich ruinierte einen nach dem andern, systematisch! Am liebsten die Logenbrieder. Ich hab schon damals nach den Sternen des internationalen Geschäfts gegriffen. Mein Geld hatte ich in allen großen Transaktionen stecken. Natierlich hab ich längst nicht mehr de Souza Dantas geheißen, sondern schon wieder ganz anders, ich hab immer viele Namen gehabt, auch jiedische – wegen der Anpassung –, dann Geheimnamen, Ganovennamen, Künstlernamen. Auf dem Londoner und New Yorker Effektenmarkt kannte man mich unter Ferry Westphal, im Diamantenhandel war ich ein Mijnheer Jochen Schuller tot Peursum, im Quebracho- und Ylang-Ylang-Geschäft ein Senhor Lafayette de Carvalho e Silva, im binnendeutschen Werkzeugmaschinenhandel ein schlichter Herr Philip Guttentag, im internationalen Geschäft mit den Freuden der Liebe ein Professor Raúl Araujo-Jorge, im Religionsgeschäft ein Monsignore Gottlieb Verhune, in der Haute Couture hab ich Baron Louis de Guldenstubbe geheißen, auf den Produktenbörsen Lajos Biró oder Antal Danzer, im Geschäft mit Yoga-Sachen und Aphrodisiaka Horakali Mitra, und einmal – bei der Fusionierung von zwei Börsenanimierblättern in Rom – bin ich, wos sogen Se, als Dame aufgetreten, unter dem Namen einer Contessa Monique Muszinski-Vetséra, und ein Verwandter des Duce hat mich, rein irrtümlich, mit Anträgen verfolgt. Nur für die Alliance Israélite in Paris bin ich immer der klaane, unbekannte Naftali Stern geblieben, genannt der Güldene. – Natürlich hab ich immer wieder schwer zugesetzt, besonders der große Market Crash in Amerika hat mir fast das Genick gebrochen. Langsam hab ich meine Teams aus dem Devisengeschäft herausgezogen, überhaupt, mein Fehler war, ich hab mich zu sehr zersplittert, ich musste was Solides in die Händ bekommen, etwas, was halbwegs krisenfest war. Um diese Zeit hat mich auch die Marina verlassen, sie hat mir schon vorher x-mal das Haxl gestellt, will sagen: Hörner aufgesetzt – mit den dümmsten Gojim, weil ich nur meine Geschäfte im Kopf gehabt hab, halewaj! Ich setzte, Se wern lachen, auf Bergbau und Politik. Der Bergbau hatte die internationale Schlagseite, die Politik die nationale. Ich bin ins Kupfergeschäft hineingetreten, wie man in eine Drecklacke tritt. Zuerst warens ganz bescheidene Sachen – Cu vom Rio Tinto, Cu von Ishiwaki, von Anaconda, von Braden etcetera –, aber drei Johr später war ich federführend für den ganzen Ersatzteilhandel im daitschen Elektrogeschäft. Damals intensivierte ich wieder meine Beziehzach zu Ludendorff, zu Hugenberg, zu Eher, zu Seldte, zum VB, das heißt zu Rosenberg. Für alle diese Leut war ich der Hannsgeorg Grünewald, hatte ein Eins-A nordisches Aussehen, alles prima Scheenheits-Chirurgie, meine Ahnentafel ging über Matthias, meinen Urahn, weit hinaus. Fast zurück bis Armin, dem Cherusker. Lachen Sie doch! Mein erstes Geschenk an Göring zum Beispiel ist ein echter Grünewald gewesen, nebbich Erbstückl von meiner Familie, den ein früherer Spezl von mir fabriziert hatte, gewesener Direktor der Amstelbank und später, nach dem Creditanstalt-Schkandal in Wien, Bilderrestaurator, in seiner Art ein Genie, sog ich Ihnen! Natürlich hätt ich ebenso gut nachweisen können, dass der Großvater von Göring eigentlich ein Handlee aus Tarnopol gewesen ist und Geringer gehaißen hat. – Den Goebbels hab ich durch den Fiedler perseenlich kennengelernt, in einer Bezirksfiehrerversammlung in Berlin-Nord, wo ich eingeschmuggelt worden bin durch den Fiedler und wo der Goebbels, damaliger Gauleiter von Berlin, davon gesprochen hat, wie schlecht die Spendenaktion vorwärtsgeht. Es fehlt überall am nötigsten, sagte er. Da bin ich aufgestanden, ein schlichter daitscher Mann, und hab gefragt, was der Herr Gauleiter broocht. No, er broochte viel, aber er hats bekommen! Seinen berühmten Sportpalastfeldzug hat niemand anderer finanziert als Hannsgeorg Grünewald. Das hat mir der große Jupp nie vergessen, eine Zeit lang war er mein Intimus. Und im

›Kaiserhof‹ war ich der Intimus des Fiehrers, Jahve, lass ihn selig ruhn. – Auch in der Freimaurerregierung in Prag hab ich meine Freinderln sitzen gehabt, sie nannten mich pikanterweise Horst Wessely. Einer, ein gewisser Doktor Vouk, hat mir regelmäßig die Geheimberichte geschickt, die an die auswärtigen tschechischen Stellen gegangen sind. Von mir gingen sie direkt ans ›Kaiserhof‹, und vom Fiehrer direkt an Konrad Henlein. – Beim Hugerl vulgo Hugenberg hatte ich ein glänzendes Entree durch die Gelsenkirchener, durch die Gute-Hoffnung, durch die Braunkohle-Benzin, durch Joachimstal, durch die Union Minière – mein gutes Geld is geflossen in die Händ des Stahlhelm, ich zog die Harzburger Front auf, fädelte die Begegnung des Fiehrers mit Thyssen und Kirdorf ein, ich – ich allein! – gründete das Kuratorium zur Aktion Hitler-Spende der Schwerindustrie, das später für den Wahlsieg der Bewegung so entscheidend geworden is – ich hab finanziert den Rachefeldzug wegen dem Herbert Norkus, ich hab es über meine Geschäftsfreinde durchgesetzt, dass der Fiehrer – Hitlerleben! – als braunschweigischer Regierungsrat die Einbürgerung bekommen hat – in der Weimarer Scheißrepublik! Ich wars, Hannsgeorg Grünewald, der seine Händ gehabt hat im Rathenau-Mord, in andern Sachen, ich hab finanzieren helfen den ersten großen Daitschlandflug des Fiehrers, wurde bei Himmlers eingeführt, den Heydrich lernt' ich gleich nach der Niederschlagung der Röhm-Revolte kennen, ich hab ihm aamol für seine Sammlung eine Erstausgabe des Fischer'schen Katechismus der Johannis-Freimaurerei geschenkt – Hobby, was das war! Auf dem internationalen Sektor hab ich über unsre Züricher Holding die Broken Hill und Harmony, die Alpine-Montan, Western Deep, Western Reefs, Geduld und die Pyramid Group beeinflusst. Ein gewisser Schisgal, eigentlich Portfolio-Analyst bei einer New Yorker Investmentfirma, a klaaner Außenseiter, brachte uns – unwahrscheinliches Masl! – ins nordamerikanische Erzgeschäft, mit der Zeit hammer den ganzen Booz Pool in den Griff bekommen, rutschten so-tospeak bergauf – und damals hab ich mich zum ersten Mal für Uranium intressiert – Ich, besser gesogt: Meine Strohmänner bei der Edsel Zhivago Keitei Goshi Kaisha, Tokio und Osaka, streckten ihre Pratzen bis ins nördliche Saskatchewan aus, wir hamm geschürft Uran am Slave River und am Lake Athabaska, wir hamm entdeckt neue Vorkommen in Wapawekka und hamm gegründet Uranium City und Port Radium. Wir hamm geschürft überall, in Südafrika, Australien, New Mexico, Utah, Wyoming, Colorado, Arizona, Tennessee. Ich kann Ihnen sogen, wir waren wie besoffen – die besten Johre meines Lebens bin ich vom Uran besoffen gewest, hab ich für den großen Uran-Boom gearbeitet, für den dritten und für den vierten Boom! U3O8, hehehehe! Was hat man damals gewusst von U^{235}, von U^{238} und von Pu^{239}, überhaupt von der ganzen transuranischen Raserei? Nix! Aber wenn ich nur am *Rand* aufgetaucht bin, hat die Börse von Johannesburg gewackelt, und gezittert hat die Union Steel, gezittert hat die Union Minière und die übrige Mischpoche von Capetown bis Schinkolobwe, und am Copper Belt hammse ziemlich hörbar in die Hosen geschissen. Und ich bin der Erschte gewest, der bei Fünfkirchen geschürft hat, dort, wo sie später Uran-Varos hingebaut haben. Joachimstal war längst erschöpft – also hammer in Aue, in Johanngeorgenstadt, in Falkenstein, in Schneeberg und drieben im thüringischen Henneburg geschürft. Sie sind, herich, Winschelrutengänger – schauen Sie sich diese Hände an, es sind goldene Hände, diamantene Hände, Radium-Hände, Uranium-Hände, Plutonium-Hände! –«

Der Kranke richtete sich halb auf und streckte seine bleichen, blau geäderten, mit Leberflecken bedeckten Hände, die nervös vibrierten, Höllriegl entgegen, wobei er die Finger anmutig spreizte. Die Gebärde hatte etwas Kindliches, Beschwörendes.

»– mit diesen Händen und mit meinem sechsten Sinn hab ich überall dort gegraben, wo der Boden fündig gewesen is. Da könnense mit ihren Ruten und Pendeln einpacken. Mit meinem sechsten Sinn! Gewisst zu klopfen wo! Als der Fiehrer an die Macht gekommen is, bin ich bereits Herr aller wichtigen metallurgischen Erze gewesen – wenigstens in Mitropa. Meine Herrschaft über den Erzmarkt war unbeschränkt. Ich hab schon immer davon geträumt, meinem Fiehrer den Hammer in die Faust zu geben, aus dem die Blitze zucken! Ich hab einen naichen Namen angenommen, den letzten, den Namen Thor, Egmond Thor, und bei dem bin ich geblieben und auch bei meinem nebbich asischen Ehrennamen Gullrond, dos is Goldrand – Sie sehen also Herrn Egmond Gullrond Thor vor sich, und ich bin der Mann, der dem daitschen Volk den Atomhammer geschmiedet hat, mit dem es in letzter Stund seine Widersacher zerschmetterte. Nachdem ich alles Große hab, hab ich jetzt eine Schwäche für alles Klaane. Ich bin mehr der Seniorchef einer ganz klaanen Erzimportfirma – *Meguscher und Meschuger Limited* – aber auf meinem Schreibtisch laufen die Fäden des ganzen Erzhandels der Welt zusammen. Ich bin auch der Mann, der die Jieden kapores hat gehen lassen, kapores für immer! Als der Fiehrer an der Macht gewesen ist, hab ich mich nicht mehr damit begnügt, einzelne Jiedchen oder Jiedenfirmen zu vernichten, nein, ich bin aufs Ganze gegangen, mein Bester, uffs Janze! Ich hab zuerst dafür gesorgt – über meine Mittelsmänner beim Rat der daitschen Jieden, aber auch, mühselige Kleinarbeit, über die Kultusgemeinden, dass sich insere Lait in Sicherheit gewiegt haben und im Land geblieben sind – wie in einer Mausefalle! Sie haben nämlich zuerst geglaubt, sie können auch mit dem Fiehrerleben ins Geschäft kommen. – Dann ist gekommen der erste große Schlag: die Kristallnacht! Und dann hat es nur noch Schläge gesetzt, ununterbrochen, Schläge, Schläge, Schläge. Und Jiedchen hab ich mir gekooft, Jiedchen, sag ich Ihnen, klaane Funktionäre, die haben für billiges Geld oder a halbes Versprechen ihre Rassegenossen ans Messer geliefert, dass es a Fraid war! Da waaß ma, was Todesangst is! Die Szenen! Für mich war es Balsam! Ich bin damals immer wieder mit dem Heydrich zusammengekommen, wir haben uns beraten, wie wir die noch heilen Synagogen und Logenhaiser am besten in Museen verwandeln, in Abschreckungsmuseen! Zu Lehr- und Schulungszwecken fürs daitsche Volk. Ich hab die Wanderausstellung ›Der Ewige Jude‹ mitorganisiert. Ich bin ieberall und nirgends gewesen. Ich hab natierlich meine Doubles gehabt, im Reich und im Ausland. Mein Lieblingsdouble war ein engerer Landsmann von mir, ein gewisser Doktor Demeter Barbu aus Cluj, gewesener Arzt und Psychosyphilitiker, Freud-Schüler und so weiter. Der war schon vor 1933 in meine Dienste getreten, der gute Barbu – ich hab ihn hauptsächlich dazu benutzt, überall dort als mein Alter Ego aufzutreten, wo es drauf angekommen is, die geschäftlichen Gegner durch psychologische Schmonzes hineinzulegen! Köpfchen! Barbu war da unnachahmlich! Köpfchen wie ne Biene! Er hat mir zum Verwechseln ähnlich geschaut, er hat bis aufs Letzte meine Art zu reden kopiert, meine Gesten, die äußere Ähnlichkeit ist nach zwei kosmetischen Operationen noch erstaunlicher gewest. Ich hatte ihn gern, das kann ich sogn. Auf mein Art gern. Er hat dick verdient bei mir. Leider hat er mit der Zeit zu viel gewisst. Viel zu viel! Und er war wissbegierig – doos is immer schlecht. Gottseidank war er ein großer Weiberheld, so wie ich frieher aamol. In Athen hab ich ihm eine Airasierin zugefiehrt, sweet seventeen, wozu hat ma seine Verbindungen zu den bedaitendsten Liebesmärkten der Welt! A Weiberl, sog ich Ihnen! Die hat schon wahre Bullen aufs Kraiz gelegt. Zwaa Johr Liebesleben mit der Klaanen ham den Herrn Doktor vollkommen fertig gemacht, er war körperlich und geistig so fertig, dass er nur von Nervenklinik zu Nervenklinik sein Leben fristen hat können. Dann hab ich ihm das Madl plötzlich entzogen, auf Nimmerwiedersehn! Das hat er nix ausgehalten und sich daraufhin a Kugel durchs Köpfchen gejagt anstatt dass er froh gewesen wär, der Trottel! – Er hat mir herzlich leidgetan, der liebe, gute Doktor Barbu. Die schlechten Nerven sind an allem fiel wieder der mattsüßliche Geruch im Zimmer auf, den er zuerst für Ozon gehalten hatte. Es war jener Rassegeruch der Juden, auch der gepflegten, dessen chemische Formel Freiherr von Globke-Lynar gefunden hatte.

»– bin ich eingetreten, als Stift, in die Marmarosch Blank Banca. Der Filialleiter, ein gewisser Dowidl Aufwerber, a Junggesell, nahm sich meiner besonders an. Ich war, müssen Sie wissen, a scheenes Jingl, der Dowidl is gewesen a Homo – einmal sind wir erwischt worden am Klo –, dem Dowidl seine Sekretärin, Ilka hat sie geheißen, sie war in ihn verknallt, reißt die Tür auf, die wir vergessen haben zuzuriegeln – das Geserres hätten Se hören sollen, es hat einen Mordsschkandal gegeben, weil die blöde Gans getratscht hat, der Aufwerber is versetzt worden in die Zentrale nach Bukarest, mich haben sie gesteckt nach Ploeşti und später nach Hermannstadt, was geheißen hat auf Rumänisch Sibiu. Dort war ich Valutenkassier, dann Hauptkassierer, trotz meiner jungen Johr! Alles hat damals gekooft und verkooft, es war noch nicht lang nach dem Krieg, in Ungarn is grad der Bela Kun ans Ruder gekommen, die Währungen waren einen Tinnef wert, auch der Leu is gepurzelt, die Krone, die Kč. Die erste Gojte, die ich mir anlachte, is gewesen die Tochter von einem Industriellen in Kronstadt, GraugJuss und Spritzguss, selbstredend Siebenbürger Sachse, ein Madl mit Vergißmeinnichtaugen, dicke blonde Zöpf, Gretlfrisur, lange Beine und primissima Busität. Neunzehn! Appetitlich! Die hat nix nach Knofel gestunken –«

Vor Höllriegls geistigem Auge (sofern es in diesem Fall geistig genannt werden darf) erschienen spontan üppige Formen, die ihn von des Äfflings Geschwafel ablenkten. Das Gefühl von Wundsein, das ihn dabei ergriff, dauerte an. Er sah starr und blind dem Kranken ins Gesicht, der ohne Unterlass scharf und zischelnd flüsterte.

»– der zweite Schkandal is noch ärger gewesen, ich hatte der Gojte heimlich Geld geborgt zum Spekulieren, das mir der Alte dann Leu für Leu hat ersetzen müssen – trotzdem er den Judenbuben hinausgeworfen hat. Die Siebenbürger Sachsen dürfen nur untereinander verkehren und heiraten, wehe, wenn amol ein Sachse mit aner Rumänin oder mit aner Zigeunerin oder gar mit aner Jiedin ein Techtelmechtel hat, der is ausgestoßen aus der Sippe, wenn er das fremdrassige Madl nicht stehen lasst. Also gut, die Gojte – Christa ist ihr Name gewesen – hat sich zuerst umbringen wollen wegen der Schand und auch wegen dem vielen Geld, das sie verspekuliert hat, dann hat sie sich aber doch noch einen derheiratet, prima Arier, mit Pinke-Pinke natürlich, und den stinkerten Judenbengel vergessen. Ich hab aus Bestemm gegen die Mischpoche und weil ich mir gesagt schuld. Als wir an seinem Grab gestanden sind, hab ich direkt das Gefühl gehabt, jetzt lassen sie mich hinunter. Er is doch mein anderes Ich gewest – sogar die Weibergeschichten hat er mir nachgemacht. Außerdem – er war Arier. Und an Ariern hab ich mich nur vergriffen, wenns absolut notwendig gewesen is. Aber der Barbu hat sich sein Grab selber geschaufelt …«

Das Gesicht des Äfflings war aschfahl geworden, wahrscheinlich schwanden die Kräfte. Er packte Höllriegl an den Händen und zog den Widerstrebenden ruckartig zu sich hin. Heiser flüsternd:

»– doch auch dos is zum Guten, wie Nachum aus Ginzo zu sogen pflegte. Die Unterwelt ist ein Prachtkleid für den, dessen Vorrat am Ende ist, so stehts geschrieben.« – Was hab ich gewollt? Den Rhein zum Jordan machen. – Wie sogt doch Schelomoh in seiner Weisheit? Zu jeder Zeit mögen deine Kleider weiß sein, und deinem Haupte mangle es nie an Öl. Ich hab die Jieden kapores gehn lassen, dos is wohr. Aber es ist gewest eine Brit ben habtarim. Das groiße Opfer! Das groiße Opfer, das ich hab dargebracht, is lechem Elohim gewest – Blut und Fett, wie sichs gehört, damit Jahve dick wird und auch die Seifenfabrikanten wos verdienen! – Es gibt einen, der viel stärker is als der Gott der Knofelstinker – Odin! Und Hitlerleben is der wahre Meschicha – Vater Rhein und Vater Jordan – sehnse, ich hab zwo Väter, aber es gibt nur den Ha-Elohim, und der is Odin – Odin is auch El Olam, nur er, nur er! Hitlerleben, er soll sich mihen, war ein Abgesandter der Götter, der wahren, der starken Götter – und ich, Egmond Thor, hab ihm gegeben den Mjöllnir in die Hand, aus dem die Blitze zucken – die Bombe is gefallen auf London, die Hauptstadt der Maurer und Jieden, die Hure Babylon, die auf den Wassern sitzt, ich hab gegeben dem Fiehrer den groißen Atomhammer, auf dass er sie zerschmettere, die Ganovim, die Erzhalunken, die greifen haben wollen nach der Weltherrschaft, die Knofelstinker, der Meschicha hat geschlogen die Fainde des auserwählten Volkes, wos sind die Daitschen – und die groiße Bombe is gewest Odin, der erschlogen hat den klaanen Jahve, und Jahve hat ausgespuckt aus sich die zehn Sefiroth und is krepiert. Jahve is krepiert, heernse mich? Tot für immer! Jede Sefira ist tot – Kether, Chochma, Bina, Chessed, Din, Tifereth, Nezach, Hod, Jessod, Malchuth, alles tot! Odin hat zerbrochen die Gefäße – und ein neues Zimzum is gekommen, das Reich der Asen in all seiner Herrlichkeit – die Kelipoth sind ausgeschwitzt worden, und ich hab helfen derfen dabei, ich, der klaane Naftali Stern, genannt der Güldene – a Kerndl Salz im Ozean – ich hab helfen derfen –«

Wieder wand sich der Sterbende in schrecklichen Krämpfen. Diesmal schienen es Schmerzen zu sein, die ihn gepackt hatten und nicht mehr losließen. Der Körper zuckte, die Hände fuhren unaufhörlich über die Bettdecke – wie Scheibenwischer, dachte Höllriegl. Das Gesicht war nass von Schweiß. Die Lippen bewegten sich mechanisch, die Rede jedoch erstickte in einem gutturalen Chchchchchchchchch.

Was war da noch zu tun? Höllriegl stand auf, verharrte einen Augenblick unschlüssig. Die Auflösung mochte nahe sein. Einen Bedienten rufen, einen Arzt! Etwas tun! Und plötzlich verdichtete sich das Gefühl von Beklommenheit, das ihn während der Beichte des Juden beherrscht hatte, zur klaren Erkenntnis der Gefahr, in der er sich befand.

Warum war just er dazu ausersehen worden, einem Sterbenden die Beichte abzunehmen? War es Zufall oder war alles abgekartet und berechnet? Dass man ihn zum Auspendeln herbestellt hatte, konnte nur ein Irrtum irgendeiner Befehlsstelle sein, die unrichtige oder überholte Berichte erhalten hatte. Dergleichen kam vor. Oder war es kein Irrtum, sondern Vorwand gewesen? Oder sonst was Fatales? Wollte man ihn prüfen? Man! Wer? Hatte er Feinde, geheime Gegner? War er in den Fängen der Feme seiner Fachschaft?

Wieder überfiel ihn der Schrecken, in eine Falle geraten zu sein. Aber wer um Himmels willen sollte ein Interesse daran haben, ihn, den kleinen, unbekannten, loyalen Parteigenossen, in eine Falle zu locken? Wer stand dahinter – die Eyckes? Wollte man ihn aus Gründen, die er nicht kannte und nie kennen würde, verderben? Der Befehl, nach Berlin zu kommen, war ihm zu einem Zeitpunkt gegeben worden, wo die verhängnisvolle Begegnung mit Frau von Eycke noch nicht stattgefunden hatte. Oder war das Experiment bei den Eyckes auch nur arrangiert worden, um ihn in Versuchung zu führen? Hatte man den peinlichen Ausgang vorausgesehen? Waren die Behörden allwissend? Und Anselma? Was war mit Anselma? Sie schien weit mehr zu wissen, als er glauben wollte …

Während diese Fragen mit fieberhafter Hast durch sein Gehirn jagten, sah er sich nach allen Seiten um. Hatte man ihn umstellt? Dass die Villa schwer bewacht war, hatte er zuvor gesehen. Wie kam er hier wieder raus? Ein Fluchtversuch wäre sinnlos gewesen. Außerdem: Wohin fliehen? Also abwarten – dem Diener läuten.

Der Kranke stöhnte laut und warf sich auf seinem Lager herum. Wieder schien er Höllriegl zu sich heranwinken zu wollen, doch dieser nahm keine Notiz davon.

Ein Bedienter – es war jener, der Höllriegl vorgelassen hatte – stand im Zimmer, Lautlosigkeit schien hier oberstes Gebot. Er beugte sich über den Kranken, verschwand ebenso plötzlich, wie er gekommen, und brachte gleich darauf auf einem Tablett eine sichtlich schon vorbereitete Injektionsspritze. Morphium? Höllriegl fühlte sich unbeobachtet.

Wo war die Tür? Er fand sie, raffte sein Werkzeug zusammen, drückte gegen sie, die leicht aufging. Draußen stand der Wächter.

»Sind Sie fertig?«, fragte der Mann.

»Jawoll.« Was hätte er auch sagen sollen.

Der Wächter band ihm die schwarze Schärpe um den Kopf und ging langsam voran. Höllriegl, die Hand auf der Schulter des Blindenführers, folgte mit kleinen, unsicheren Schritten. Der Weg war diesmal viel länger – oder war das Täuschung? Höllriegl, mit seinen wilden Gedanken allein, bewegte sich wie ein gehorsamer Mechanismus. Unten half man ihm in den Wagen.

Wo würde man ihn hinbringen? Die Fahrt ging pfeilschnell vonstatten, kam ihm aber trotzdem endlos vor. Seine Gedanken drehten sich immerfort im Kreis … die Eyckes … Hirnchristl … Anselma … der Äffling … Ulla … Schwerdtfeger … Anselma … der Äffling … Ulla …

Als man ihn aussteigen hieß, sah er zu seiner Erleichterung, dass der Wagen vor der Pension Zweenemann stand.

ES WAR HALB neun, vielleicht war Hirnchristl noch im Amt. Höllriegl ließ es keine Ruhe, er wollte sofort Meldung erstatten, zugleich Aufklärung verlangen. (Hirnchristl würde sich freilich dumm stellen.) Reichsschule für Luftaufsicht und Strahlenschutz, so hatte die Dienststelle geheißen. Er fand die Nummer, wählte.

»Hier ist der Torwart von Tiergartenstraße vier.«

»Heil Hitler! Bitte geben Sie mir Ostuf Hirnchristl, falls er noch im Hause ist.« Keine Antwort. Höllriegl vernahm fernes Stimmengewirr, Gelächter.

»Wie saachtense soll der Mann heißen?«

»Obersturmführer Hirn-christl. Ich buchstabiere …«

»Doller Name, nie von jehört. In welcher Dienststelle soll der Herr Obersturmführa arbeiten?«

»Luftaufsicht und Strahlenschutz.«

»Augenblick mal!« Das ferne Gelächter artete zu einem an- und abschwellenden Gebrüll aus. Die Stimme war wieder da. »Obersturmführa Jehirn-kristell hieramts völlich unbekannt. Ein Herr dieses Namens hat da nie jearbeitet, existiert jarnich. Muss wolln Irrtum vorliechen. Heil!«

Höllriegl legte – ziemlich fassungslos – den Hörer in die Gabel zurück. Er war wütend. Was wurde da gespielt, wollte man ihn zum Narren halten? Es blieb nichts übrig, als anderntags genauer nachzuforschen, und zwar an Ort und Stelle. War dieser Hirnchristl ein Hirngespinst?

Höllriegl setzte sich an den Schreibtisch und fing an, in seiner ordentlichen Handschrift den Bericht abzufassen. Er war über die ersten Zeilen noch nicht hinaus, als das Haustelefon schnarrte. Eine fette, belegte Stimme meldete sich: Frau Zweenemann. »Bitte in den Speisesaal zum Gemeinschaftsempfang zu kommen – Sonderbotschaft an die Nation aus dem Reichsrat – wird in wenigen Minuten übertragen.«

Der Speisesaal war ein öder, aus Sparwut trübselig beleuchteter Raum mit wachstuchüberzogenen Tischen. Auf jedem Tisch stand die gleiche billige Vase mit Kunstblumen. Ein paar Pensionsgäste waren schon da und saßen stumm auf den reihenweise angeordneten Stühlen, andere trudelten frostig herein. Die Herren sahen samt und sonders wie Provinzonkel aus (und waren es wohl auch), die Damen wie Angestellte von Mutterberatungsstellen. Alle machten besorgte, abweisende Mienen, die meisten trugen Nationaltrauer. Höllriegl, der seine Uniform anhatte, der einzige Farbfleck in dem Schwarz und Grau dieser Menschen mit den übermüdeten Gesichtern.

Auf dem bläulich wabernden Fernsehschirm – das Gerät auf einem Postament unter dem mit schwarzem Flor drapierten Führerbild – erschienen Bildausschnitte aus dem Reichsrat, von einem unablässig und gedämpft redenden Sprecher kommentiert. Das Kameraauge tastete, wie üblich, die riesige Gefolgschaftshalle ab; sie hatte die Form eines altgermanischen Metsaales und war mit Schilden, Hörnern, strohernen Glücksrädern und den historischen Standarten der nationalen Erhebung geschmückt. Hier waren in den letzten Jahren die größten Entscheidungen der Geschichte gefallen – die Halle selbst war Vorbild für Abertausende Gemeinschaftshallen in der Weltweite des Großgermanischen Reiches. Der Anblick begeisterte Höllriegl stets aufs Neue. In diesem Saal wurde die Vergangenheit einer großen Nation lebendig, das Adelige, die Tradition der Haltung und des Geistes, der ewigen Vorbilder, der hohen Ahnen.

Die Sitzordnung der Reichsräte war streng. Nach Rang und Namen waren die Männer von den Toren nach dem Hochsitz hingeordnet, wie es die Überlieferung vorschrieb. In Tornähe saßen die niedrigeren, in Hochsitznähe die höheren und höchsten Ränge. Die Kamera brachte in Schwebeaufnahmen und kühnen

Schwenkungen den einen oder andern der Reichsedlen ins Bild. Der Hochsitz war noch leer. Über ihm das mit dem Hoheitszeichen verhüllte Bild des Führers, darüber in Gold der Adler. Eine Zweimannwache, wie aus schwarzem Erz, stand dort, die verwaiste Führerstandarte in Händen. Einen ungewohnten Anblick boten die vielen SS-Männer, sie trugen ihre Laser-Pistolen umgehängt, die wie optische Instrumente aussahen. Die Waffenträger waren hinter den Bänken der Hauskarle postiert – unbewegte Idole einer Macht, wie sie auf Erden noch nie erschienen war.

Wenn der Sprecher eine Atempause machte, hörte man nur Räuspern und das Knarren der Bänke. Niemand wagte ein Wort, alles wartete mit zurückgestauter Erregung auf das, was kommen würde. Der Blutadel des Germanischen Weltreichs, die »fylgd«, auch »hird« genannt, war versammelt; einen erkrankten Gefolgsmann hatte man sogar auf der Tragbahre hereingebracht. Soeben nahmen die Reichsräte – sie waren, wie jedermann bemerken konnte, nicht vollzählig – auf den Bänken rund um den Hochsitz des Führers die Plätze ein, um, wie der Kommentator mit vor Ehrfurcht ersterbender Stimme erklärte, eine Botschaft entgegenzunehmen, die bestimmend sein würde für die weiteren Geschicke der Menschheit. An die Übertragung angeschlossen waren alle großen Netzwerke der Welt, Richtstrahler und Relaisketten übermittelten Wort und Bild in die entlegensten Gebiete. Um zu zeigen, dass der Sitzung globale Bedeutung zukäme, wurden Ausschnitte von gleichzeitig stattfindenden Großkundgebungen in Rom, Madrid, Paris, Neu-London, Corpus Christi, Buenos Aires, Pretoria in den Saal hineingespiegelt und in die Sendung eingeblendet. Man sah geschichtliche Größen, wie den Führer des Bretonischen Freistaates Déat und den greisen Laval, Vidkun Quisling, General Wlassow und Sir Oswald Mosley, den Kanzler von Burgund Léon Degrelle, den Caudillo, Mussolinis Nachfolger Vinciguerra und den Vorsitzenden des Dreierrates der Kukluxer, Senator Brad Gusto Fazlollah, vor der Kamera posieren. Es wurden auch Ausschnitte von einem Appell im Weiheraum der Wewelsburg bei Paderborn gezeigt, wo der Reichsverweser für die Westgebiete Opferkuch seine Vasallen aufgeboten hatte. Ein malerisches Bild bot der Osten; so erschienen Szenen aus einer Versammlung der Reichsfronvögte im Kreml und von einem unter freiem Himmel abgehaltenen Aufgebot, das der Jessaul Pschischtsche, oberster Ataman der Autonomen Kosakenherrschaften am Kuban, in der Hauptstadt Mazeppa einberufen , wobei ganze Sotnien im Scheinwerferlicht an dem Jessaul vorübergaloppierten.

Als die Luren ertönten – es war eine bis dahin noch nie gehörte Intrada –, wandten sich aller Augen dem großen Hallentor gegenüber dem Hochsitz zu. Jupitersonnen flammten auf. Im selben Augenblick betrat ein schmächtiger Mann unbestimmbaren Alters den Saal, er hatte keine Suite. Er war bartlos und hohlwangig, der kleine Mund eingefallen, so als fehlten die Zähne. Die Gesichtshaut war gelblich, ledrig, künstlich gebräunt, das Haar dünn, schütter, farblos und weit aus der Stirn zurückgewichen. Der Mann trug Röhrenstiefel und eine einfache, schwarze, ziemlich schlecht sitzende SS-Uniform ohne jedes Rangabzeichen. Sein Gehaben war zwar militärisch, aber ohne die übliche Zackigkeit. Ein Wald von emporgereckten Armen schnellte ihm entgegen, die Köpfe der Reichsedlen und Hauskarle drehten sich, als er rasch und mit hoch erhobener Rechten durch das Spalier der Mannen auf den Hochsitz zuschritt. Er hatte eine Mappe unterm Arm. Höllriegl sah mit Befremden, ja mit dem Gefühl, als berühre er etwas Gefährliches und dabei Ekles, dass die schwarzen Recken ihre Laser in Anschlag gebracht hatten.

Plötzlich jauchzte eine Jünglingsstimme auf, und es war ein heller, rasender Schrei, der sich da erhob und sich vielfach in den Wölbungen der Halle brach: »Heil Köpfler!« Mit brausenden, nicht enden wollenden Heilrufen stimmte die Gefolgschaft des Reichsrats ein, der Saal erbebte in seinen Grundfesten, und aus dem Chaos wilder, ekstatischer Schreie formte sich ein Massenchor, der taktmäßig »Köpf-lér! Köpf-lér! Köpf-lér! Köpf-lér!« brüllte. Der schmächtige Mann schien sich um das Getobe nicht zu kümmern. Lange verharrte er vor der umflorten Führerstandarte in stiller Trauer. Dann nahm er auf dem Hochsitz Platz, und sofort schwenkte der mit Fernsehkameras gespickte Kran an ihn heran und brachte in blitzschnell wechselnden Aufnahmen seine Person, das Gesicht, die billig aussehende Plastikmappe (sie war abgetragen) ins Bild. Die Stellung, die Köpfler auf dem Hochsitz einnahm, war eigenartig; es sah aus, als wollte er jeden Augenblick aufspringen.

Wer war dieser Mann? Alle kannten seinen hohen Rang, seine Verdienste, seine Schlüsselstellung in der Partei; man wusste auch, dass er zu den treuesten Paladinen des Führers gehört hatte. Woher, aus welcher Versenkung er einst gekommen war, hätte niemand mit Sicherheit zu sagen gewusst. Es hieß, er stamme aus Kroatien, worauf auch sein Vorname Ivo deute, und wäre in den »Jahren der Ehrlosigkeit« (gemeint ist die Zeit nach Versailles) als arbeitsloser Buchhalter zur Bewegung gestoßen. Bereits im Range eines SA-Standartenführers habe er aktiv an der Röhm-Revolte teilgenommen, sei aber, statt sofort erschossen zu werden, mit anderen Mitverschworenen von einem Sondertribunal des SA-Gerichtsamtes zum Tod durch Enthaupten verurteilt worden – im Gefängnis habe er dann den Namen Köpfler angenommen, den Spitznamen der Fallbeilkandidaten. In letzter Minute, Köpfler hatte bereits das Papierhemd angehabt, wäre ihm eine wundersame Errettung zuteilgeworden: Aus unbekannten und unerfindlichen Gründen wurde er vom damaligen Stabschef der SA – es war Lutze – aus der Haft befreit und dem Führer »zur besonderen Verwendung« überstellt. Ivo Köpflers weiterer Lebensweg – er war inzwischen zur SS hinübergewechselt – lag im Dunkeln. Erst im Fronteinsatz, als Initiator des bekannten, gegen die jugoslawischen Guerillas gerichteten »Unternehmens Waldteufel«, machte er wieder von sich reden. Diesen Kleinkrieg führte er mit solchem Fanatismus und so vorbildlicher Grausamkeit, dass fortan sein Name ein fast legendärer Begriff war, insbesondere unter den Werwolfkadern. Doch bald tauchte Köpfler wieder im Zwielicht unter. Man sagte von ihm, er wäre einer der Stillen im Land, und in der Parteispitze nannte man ihn nur den »Spurenverwischer«. Im Volksmund aber lebte er unter dem Namen »Waldteufel« weiter, auch schätzte man seinen asischen Zunamen »Schreckenshelm« (der »Oegishialmr« der Eddalieder). Zuletzt hatte er, noch unter Martin Bormann und als dessen Stabsleiter und engster Vertrauter, an der Liquidation des Amtes des Stellvertreters des Führers mitgearbeitet und war – wir haben es bereits erwähnt – nach Bormanns Ableben zum allmächtigen Reichsleiter, Chef der Reichskanzlei und Reichsminister aufgestiegen. Bis jetzt die schnellste und steilste Karriere im Tausendjährigen Reich der Deutschen!

Das fuhr Höllriegl durch den Kopf, als er – wie die anderen Pensionsgäste – mit erhobener Rechten vor dem Bildschirm strammstand. Langsam legte sich der Begeisterungstaumel im Metsaal des Reichsrats, aber einzelne Schreie gellten noch immer zackig durch die Halle. Man sah, dass Köpfler ein Tonband aus der Mappe nahm, es – sitzend – dem Reichsminister für Volksaufklärung und Propaganda übergab, der es eigenhändig mit allen Zeichen der Ehrfurcht in das bereitgestellte Magnetophon einlegte. Nach dem Tumult wirkte die Stille, die wie auf Kommando eintrat, noch feierlicher, noch unheimlicher. Es war des Führers Stimme, die jetzt den weiten Saal und über die Grenzen des Reichs hinaus die Welt erfüllte. Markig wie eh und je klang sie, und die Gefolgsleute lauschten mit offenem Mund in erstarrten Gruppen.

»Deutsches Volk! Ich fühle die letzte Stunde herannahen. Bald werde ich in Walhall Meldung erstatten über meine Taten und die der ruhmbedeckten

Deutschen Nation. Seit ich 1914 als Freiwilliger meine Kraft im Ersten, dem Reich aufgezwungenen Weltkrieg einsetzte, ist ein Halbjahrhundert vergangen. In diesen fünf Jahrzehnten haben mich bei all meinem Denken, Handeln und Leben nur die Liebe und Treue zu meinem Volk geleitet. Sie gaben mir Kraft, schwerste Entschlüsse zu fassen, schwerste Aufgaben zu lösen, wie sie bisher noch keinem Sterblichen gestellt worden sind. Die Frucht aller meiner Anstrengungen, der Deutschen Nation den ihr gebührenden Platz an der Sonne zu erkämpfen, ist der herrlichste Sieg unserer Geschichte gewesen, ein Sieg, wie ihn noch nie ein Volk zu erringen vermochte. Dieser Sieg hat die Herrschaft jener internationalen Staatsmänner für immer beseitigt, die entweder jüdischer Herkunft waren oder für jüdische Interessen arbeiteten. Ich habe den Befehl gegeben, das internationale Judentum von dieser Erde zu tilgen, und ich habe auch den Befehl gegeben, dass jene Nationen, die sich zu Handlangern der jüdischen Weltverschwörung machten, zusammen mit allen rassisch Minderwertigen – Farbigen, Tschandalen und Äfflingen – dem germanischen Herrenvolk, der zur Weltherrschaft berufenen Blau-Blond-Rasse, und allen jenen, die an unserer Seite stritten und für den Sieg unermessliche Opfer brachten, botmäßig zu sein haben in alle Ewigkeit.

Ich sterbe mit freudigem Herzen angesichts der mir bewussten ungeheuren Taten und Leistungen unserer Soldaten im letzten Krieg, der gigantischen Aufbauarbeit der Partei und aller ihrer Gliederungen im Frieden, der herzbewegenden Leistungen unserer Frauen und Mütter – ich sterbe freudig angesichts der Taten unserer Bauern und der Arbeiter der Stirn und der Faust und des in der Geschichte einmaligen Einsatzes unserer Jugend, die meinen Namen trägt. Dass ich ihnen allen meinen aus tiefstem Herzen kommenden Dank ausspreche, ist ebenso selbstverständlich wie mein Wunsch, dass sie auch im Frieden den Kampf unter keinen Umständen aufgeben mögen, sondern ihn gegen den Feind, wann und wo immer er sich regen sollte, und sei es selbst in den eigenen Reihen, mit jener fanatischen Hingabe und Entschlossenheit weiterführen, die zu Sinnbildern unserer Bewegung geworden sind. Den Führern unserer Armee im Reich, in den besetzten Gebieten und in Übersee, der Marine, der Luftwaffe und der bereits mit jungem Ruhm bekränzten Raumschifffahrt befehle ich, mit allen zu Gebote stehenden Mitteln den Geist der Truppe im nationalsozialistischen Sinne zu stärken. Der Partei und allen ihren Gliederungen, vom Reichsminister bis zum jüngsten Pimpf, befehle ich, der Truppe mit leuchtendem Beispiel voranzugehen und Tag und Nacht einsatzbereit zu sein, wenn neuerlich eine Zeit der Prüfung kommen sollte. Seid wachsam, deutsche Männer und Frauen! Ich sehe im Fernen Osten drohendes Gewölk aufsteigen. Dort scheint eine Clique von Verrätern am Werk zu sein, das heldenhafte japanische Volk, das Schulter an Schulter mit uns den Sieg erstritten hat und nun China und die Mongolei, den Pazifik und den fünften Erdteil – die Magna Iaponica – beherrscht, von unserer Seite zu reißen. Wohl wurde der größte Sieg der deutschen Geschichte und der Weltgeschichte erfochten, doch es gilt, die Früchte dieser Ruhmestat zu bewahren und ein Jahrtausend heraufzuführen, das noch späte Geschlechter das heroische nennen werden.

Um den Bestand der Deutschen Nation und des Abendlandes im Innern zu festigen und zu sichern, stoße im vor meinem Tode den früheren Reichsmarschall Tycho Unseld, den unwürdigen Nachfolger meines verewigten Frontkameraden Hermann Göring, aus der Partei aus und entziehe ihm alle Rechte, die sich aus dem Erlass vom 29. Juni 1951 sowie aus meiner Reichsratserklärung vom 1. September 1953 ergeben könnten. An seine Stelle tritt Reichsleiter Ivo Köpfler, nach meinem Tode der Führer der Partei und des Staates, der auch ab sofort den Oberbefehl über alle deutschen Streitkräfte zu Wasser, zu Lande, in der Luft und im Weltraum übernimmt.

Ich stoße ferner vor meinem Tode den früheren Reichsführer SS und Reichsminister des Innern Manfred Diebold aus der Partei sowie aus allen Staatsämtern aus. Ich ernenne an seiner Stelle den Gauleiter Gernot Firbas zum Reichsführer SS und Chef der Deutschen Polizei und den Gauleiter Uwe Heckroth zum Reichsminister des Innern. Unseld und Diebold haben nachgewiesenermaßen Verrat an der Nation begangen, indem sie wiederholt versuchten, meine Autorität zu untergraben, die weltanschauliche Ausrichtung von Partei und Wehrmacht zu zersetzen, Zwietracht zu säen und entgegen dem Gesetz die Macht im Staate an sich zu reißen. Sie haben dadurch dem gesamten Volk, insbesondere seinem politischen Willensträger, der Nationalsozialistischen Deutschen Arbeiterpartei, unabsehbaren Schaden zugefügt, gänzlich abgesehen von der Treulosigkeit gegenüber meiner Person. Ich erkläre die beiden Verräter für vogelfrei und verhänge über ihre Sippe Haft und Haftung. Das gesamte Vermögen der Ehrlosen verfällt dem Reichsschatz.

Um dem deutschen Volk eine aus tatkräftigen Männern zusammengesetzte Regierung zu geben, die die Verpflichtung erfüllt, das Germanische Weltreich und die unter seinem Schutz stehenden Nationen gegen jeden äußeren und inneren Feind zu schützen, ernenne ich als Führer des Reiches mit heutigem Tage folgende Personen zu Mitgliedern des neuen Kabinetts: meinen Nachfolger Reichsmarschall Ivo Köpfler zum Parteichef mit den Befugnissen des Reichspräsidenten, des Reichskanzlers und des Reichskriegsministers; den Staatssekretär Gandolf Henke zum Reichsminister des Auswärtigen; den Gauleiter Uwe Heckroth zum Reichsminister des Innern; den Präsidenten des Volksgerichtshofes DDDr. Dieter Loeffelholz zum Reichsminister der Justiz; den Präsidenten der Physikalisch-Technischen Reichsanstalt Jörg Luyken zum Reichsminister für Wissenschaft, Erziehung und Volksbildung; den SS-Obergruppenführer Karlmann Hassenteufel zum Reichsminister für Volksaufklärung und Propaganda; den Präsidenten des Reichsfinanzhofs Adelbert von Bergius zum Reichsminister der Finanzen; den Gauleiter Gernot Firbas zum Reichsführer SS und Chef der Deutschen Polizei; den Reichstreuhänder der Arbeit für die deutschen Ostgebiete Gerd Landsittel zum Reichsminister für das Frondienstwesen; den Reichskabinettsrat Heimo Graf Neckartailfingen zum Reichswirtschaftsminister; den Erbhofbauern SS-Brigadeführer Ernstwalter Sausele zum Reichsminister für Ernährung und Landwirtschaft; den Generaloberstabsarzt und Chef des gesamten Versuchs- und Forschungswesens in den Untermenschenlagern, Dr. Wilfried Dodeshöner zum Reichsminister für Volksgesundheit; den Generalleutnant Wolf von Rudeloff zum Reichsminister für die Rüstung; den Obergeneralarbeitsführer Dietrich Herklotz zum Reichsarbeitsminister; den Generalinspekteur für das deutsche Straßenwesen Kurt Tucholke zum Reichsverkehrsminister; den SS-Brigadeführer Giselher Weidanz zum Staatsminister und Chef der Reichskanzlei; den Gebietsjungvolkführer Dr. Hatto Lienhard zum Reichsminister für Raumordnung; den Präsidenten des Reichspostzentralamtes Rainer Wirth zum Reichspostminister; den Ministerialdirigenten Tankred von Westerfrölke zum Staatsminister und Chef der Präsidialkanzlei des Führers und Reichskanzlers; den Reichsleiter Freiherrn von Wittdorp zum Reichsminister und Präsidenten des Geheimen Kabinettsrats; und den Hauptdienstleiter Gotthold Auffahrt zum Reichsminister für kirchliche Angelegenheiten. Die Ernennungen treten mit dem Tage der Verkündigung durch Parteigenossen Köpfler in Kraft. Für die nichtbestätigten, abtretenden Reichsminister, denen ich hiermit meinen Dank und den Dank der Nation ausspreche, werden sich andere würdige Aufgaben finden.

Mögen die neuen Männer hart sein, aber niemals ungerecht. Mögen sie Kühnheit und Mut zum Ratgeber ihres Handelns erheben und die Ehre der Nation über alles stellen, was es gibt. Mögen sie sich immardar bewusst sein, dass unsere Aufgabe, die Kultur des Abendlandes unter germanischer Vorherrschaft für alle Zukunft zu sichern, die Arbeit kommender Jahrhunderte darstellt, die jeden Einzelnen verpflichtet, stets dem gemeinsamen Interesse zu dienen und demgegenüber seine eigenen Vorteile hintanzusetzen. Von allen Volksgenossen, allen Nationalsozialisten, Männern und Frauen, von allen Soldaten der Wehrmacht verlange ich, dass sie dem neuen Führer, meinem Nachfolger, und seiner Regierung treu und gehorsam sein werden bis in den Tod. Vor allem verpflichte ich die Führung der Nation und die gesamte Volksgemeinschaft zur peinlichen Einhaltung der Rassegesetze und zum unbarmherzigen Widerstand gegen alle jene, die sich den Segnungen der Neuen Ordnung verschließen, diese zu untergraben versuchen und damit den Bestand und das Gedeihen der abendländischen Kultur infrage stellen. – Auf dem Berghof bei Berchtesgaden, gegeben den 3. November 196…«

Die Dolmetscher in ihren schalldichten Kabinen hatten die Führerrede auszugsweise in allen Weltsprachen verlautbart, wobei die Worte des Originals immer wieder in die Übertragungen eingeblendet wurden. Kaum war Hitlers Botschaft verklungen, schnellte Köpfler in die Höhe und sagte mit hoher, schneidender Stimme – die Großaufnahme zeigte seinen magnetischen Blick: »Meine Volks- und Parteigenossen! Die von Adolf Hitler aus der Partei und ihren Ämtern ausgestoßenen ehemaligen Mitglieder des Reichsrats Unseld und Diebold sind flüchtig und zurzeit noch unbekannten Aufenthalts. Als der mit der Partei- und Reichsführung betraute Garant für Sicherheit und Ordnung befehle ich allen Gefolgsleuten in Partei und Wehrmacht, darüber hinaus jedem Volksgenossen, die flüchtigen Landesverräter stellig zu machen und sie entweder der Reichsgerichtsbarkeit zu übergeben oder, falls es die Sachlage erfordert, sogleich an Ort und Stelle zu richten.

Um ferner zu gewährleisten, dass meine Befehle schlagartig durchgeführt werden, entbinde ich den nach dem Letzten Willen Adolf Hitlers zum Reichsführer SS und Chef der Deutschen Polizei bestellten Gauleiter Gernot Firbas von seinen Pflichten und übernehme bis auf Weiteres selber diese Agenden.

Außerdem stelle ich alle Werwolfverbände unter meinen Oberbefehl.

Der verewigte Führer und Weltreichsgründer wird sein Grab im Kyffhäuser finden. Der genaue Zeitpunkt steht noch nicht fest, er wird zur gegebenen Stunde verlautbart werden. Bis zu diesem nicht mehr fernen Tage bleibt die von mir verfügte Nationaltrauer in den Grenzen des Großgermanischen Reiches und aller seiner Schutz- und Trutzgebiete in vollem Umfang aufrecht.

Heil Deutschland!«

Wiederum donnernde, nicht enden wollende Heilrufe. »Heil Köpfler!«, »Heil dem neuen Führer!«, »Heil Germanien!« Die Übertragung auf die Netzwerke der außerdeutschen Welt war bei der Ansprache Köpflers abgeschaltet worden. Dort sprachen jetzt die Führer und Unterführer zu ihren Völkern.

Die Lieder der Nation waren nur in der Frühzeit der großen Siege mit solcher Begeisterung gesungen worden. Trunken vor Stolz und Glück ging Höllriegl in sein Zimmer zurück. Das große Gelage, das im Reichsrat nach jeder Sitzung stattfand – in Erinnerung an die einstigen Bürgerbräuabende gehörte es zum Weckruf-Ritual –, ersparte er sich. Auch die übrigen Pensionsgäste gingen auseinander, man sprach kein Wort. Lange konnte er vor Erregung nicht einschlafen. Und erst sehr spät kam ihm zum Bewusstsein, dass ihn manches an dieser Kundgebung mit geheimem Widerwillen, ja mit Angst und Schaudern erfüllt hatte.

NAPHTHALIN

Ever have I been, and shal, how-so I wende,
Outher to live or dye, your humble trewe;
Ye been to me my ginning and myn ende,
Sonne of the sterre bright and clere of hewe,
Alwey in oon to love yow freshly newe,
By god and by my trouthe, is myn entente;
To live or dye, I wol it never repente!

Chaucer zugeschrieben

RÄTSELHAFTES GESCHAH. Es war am frühen Morgen, Höllriegl schrieb gerade seinen Bericht ins Reine, als Anselma anrief. Sie war ihm mit dem Anruf zuvorgekommen, was ihn zuerst mit jäher Wonne erfüllte. Ihre Stimme klang spröde, aus Nervosität versprach sie sich sogar ein paar Mal. Er möge mit ihr zu Mittag essen, abends sei es ungewiss. Und weil sie wenig Zeit habe, werde sie ihn in der Kantine des Auswärtigen Amtes erwarten. »Wenn ich es dienstlich schaffen kann, so sehen wir uns auch abends – bei mir zu einem chinesischen Nachtmahl. Vergessen Sie dann nicht, Ihre Pendel mitzubringen …« Höllriegl war es kribbelig zumute, leise pfiff er durch die Zähne. Das Abenteuer, mehr war es wohl nicht, ging weiter.

Seinem *gelegentlichen* Mädchen, einer in Heydrich beschäftigten Damenfriseurin, schrieb er ein paar gutgelaunte Zeilen, ebenso an Kummernuss. Aber gut gelaunt war er eigentlich nicht. Dann setzte er sich in den Wagen und fuhr zur Tiergartenstraße vier. Es war noch immer trüb, nur regnete es kaum. Der Verkehr schien weniger dicht zu sein. Kalter Wind hatte sich aufgemacht, der wohltat. Berliner Wetter, wie er es mochte.

Dem Torwart von T 4 sagte er bloß, er wolle zum Diensthabenden der Reichsschule für Strahlenschutz. Noch auf der Stiege, als er an den erstarrten Wachen vorbeikam, war er ganz sicher, Hirnchristl anzutreffen. Er ließ sich melden und musste eine Weile warten. Endlich wurde er vorgelassen. An dem Schreibtisch mit den drei Telefonen amtierte ein junger, resolut wirkender Mensch in Zivil. Der leugnete strikt und schneidig, einen Obersturmführer Hirn-kristell (wie die Leute den Namen komisch aussprachen!) zu kennen. »Ich tue hier seit gestern Dienst – mein Amtsvorgänger hieß Pribilla.«

Bei so absichtlicher Sturheit hätte es wenig Sinn gehabt, in den Mann zu dringen. Die Tippmamsell war noch die von gestern, oder war es eine andere? Sie schauten alle gleich aus. Die Frau sah mit stumpfem Gesichtsausdruck an ihm vorbei, sodass er die Lust verlor, sie anzusprechen. Er behielt den Bericht in der Tasche, murmelte eine Entschuldigung (was er sich ersparen hätte können, denn niemand beachtete ihn mehr) und ließ den Passierschein abstempeln. Er ging ohne Gruß, kam sich wie verloren vor. Und wieder hatte er das Gefühl unbestimmten Bedrohtseins, diesmal besonders stark. Er beschleunigte seine Schritte. Den Zettel mit Gundlfingers Adresse trug er noch bei sich. Der wenigstens war greifbar.

Im Flur der Pension begegnete ihm Frau Zweenemann, sie hatte entzündete Augen und schlug den Blick vor ihm nieder. Höllriegl ermunterte sie in seiner burschikosen Art zum Reden. Ihr Bruder, erzählte sie stockend und im Flüsterton, sei seit gestern Mittag abgängig. Ein Mann, pünktlich wie die Uhr. Und so akkurat! (Sie führte, seit dem Tod ihres Mannes, mit ihm die Pension.) Der Bruder hatte die Absicht gehabt, in die nahe gelegene Filiale der Reichsbank zu gehen, um Geld abzuheben – seither fehlte von ihm jede Spur. In der Bank hatte man ihn angeblich nicht gesehen. »Die Leute dort benahmen sich so konfus und in ihren Aussagen so widersprechend, dass ich stracks zur Polizei lief – Geld war nicht abgehoben worden. Auf der Wachstube nahm man meine Abgängigkeitsanzeige mit Indolenz entgegen, kaum dass man mich richtig ausfragte. – Sie haben Albert geholt, sie haben Albert geholt!« Vor Angst und Aufregung hatte die Witwe ein nasses Gesicht, ihre Hände zitterten heftig, und Höllriegl bemerkte, wie sie die Fingernägel immer wieder in die Handflächen grub.

»Seit Sonnabend verschwinden Menschen stündlich«, flüsterte sie, »man holt sie von der Arbeit, sie kommen einfach nicht wieder. Es sind meist kleine Leute, die verschwinden, Arbeiter, kleine Angestellte ... Der Werwolf ist an der Arbeit.« Sie sah sich nach allen Seiten um, obwohl ihre Stimme kaum hörbar war. »Armer, armer Albert! Ich seh ihn nimmer!« Jetzt brach sie wirklich in Tränen aus.

Menschen verschwanden spurlos! Und noch etwas anderes beunruhigte ihn, etwas, das mit den Ereignissen nichts zu tun hatte. Schon im Sommer war im ganzen Reichsgebiet und überall in Europa das Nutz- und Trinkwasser knapp gewesen. Als wäre plötzlich alles Wasser versiegt. Seit Langem hatte es keinen so glühheißen Sommer mehr gegeben, und im Herbst sickerten sogar Nachrichten über katastrophale Missernten durch. Die Behörden hatten strengstes Wassersparen angeordnet, und diese Maßnahmen wurden auch nicht gemildert, als Mitte Oktober ausgiebige Regenfälle einsetzten. In der Pension fand Höllriegl Aufschriften mit dem Parteibefehl »Volksgenossen! Spart deutsches Wasser!« Und als er nach der Begegnung mit Frau Zweenemann in sein Zimmer kam, sah er über dem Waschbecken ein Täfelchen hängen, auf dem zu lesen stand, dass bis auf Widerruf zwischen 10 und 16 Uhr und zwischen 20 und 4 Uhr früh das Wasser abgesperrt werden würde. Er fand die Schüssel halb mit Wasser gefüllt, es hatte einen schwach lehmigen Stich, und auf dem Bord standen zwei Flaschen Mineralwasser.

Nochmals las er seinen Bericht genau durch. Für wen hatte er ihn geschrieben? Diese Frage, immer wieder auftauchend, erschütterte sein Vertrauen. Wo war die Ordnung, wo die heile Welt? Versagte die Führung? Befehle wurden gegeben, die irgendwo in der Luft, im leeren Raum hängen blieben. Was war das nur, um Gottes willen? Höllriegl erinnerte sich Wort für Wort an sein Gespräch mit Schwerdtfeger. Dann der Marschbefehl, auch der war Wirklichkeit. Und der Brief Anselmas: »Ich hoffe, Sie werden nicht immer aufs falsche Pferd setzen.« Anselma konnte ja gesprächsweise von Schwerdtfeger gehört haben, dass er, Höllriegl, nach Berlin beordert würde. Der Romanfritze ging überall ein und aus, gewiss auch im Auswärtigen – und Anselma war eine reizvolle Frau. Hirnchristl ist sogleich im Bild gewesen; wer immer die Weisung gegeben hatte, diese musste einen bestimmten Dienstweg gegangen sein, das war klar. Dann die Beichte des Juden! (Höllriegl hatte sie im Bericht nicht gänzlich verschwiegen, sondern sie andeutungsweise als das Produkt einer kranken Phantasie hingestellt.) Dort war er jedenfalls viel zu spät hingeschickt worden, ein Seelsorger hätte besser gepasst. Am einfachsten, er steckte den Bericht in einen Umschlag und adressierte ihn an die betreffende Dienststelle von T 4 – aufs Geratewohl. Mochten sie damit tun, was sie wollten. Für ihn war der Auftrag erledigt. Oder sollte er Anselma ins Vertrauen ziehen? Den Gedanken verwarf Höllriegl ebenso schnell, wie er gekommen war.

Kritisch musterte er sich im Toilettespiegel – das blaue Auge prangte in unverminderter Schönheit. Ulla! Ulla! Die war verloren für immer, ehe er noch gewagt hatte, sie zu gewinnen. Das Ganze war Wahnsinn gewesen. Er musste sich Ulla aus dem Herzen reißen, wenns auch noch so schmerzte. Anselma aber konnte er vielleicht –? Sie war Ullas Schwägerin, eine von Eycke. Es wäre eine süße Rache an Ulla, wenn er … wenn Anselma! Sein Herz pochte schneller, als er an Frau Geldens dachte, an ihren schlaffen Körper, ihre exotische Art …

Er vertrödelte die restliche Zeit. Irgendwie hatte er eine Scheu, auszugehen. Als sei er in seinen vier Wänden sicherer. Oder sollte er, entgegen der Einweisung, in ein anderes Hotel umziehen, mehrmals den Wohnort wechseln? Natürlich alles Trugschluss – wenn die einen holen wollten, so holten sie einen.

DAS AUSWÄRTIGE AMT war nach dem Wiederaufbau der Bombenruine ins alte Quartier zurückgekehrt: Wilhelmstraße 74-76. Höllriegl musste durch eine dreifache Sperre von Wachen, überall wimmelte es von SS in eisgrauen Regenmänteln. Er ließ sich einen Passierschein geben, fragte nach der Kantine und ging quer über einen mit Überfallsautos und Panzerspähwagen angefüllten Hof. Die Truppe trug ihre Waffen auffällig zur Schau. In einem der Nebenräume des rauchigen, lärmenden Lokals sah er Anselma sitzen, kindlich und dunkel. Sie saß dort mit einer jungen Person, Kollegin vielleicht, die sich erhob, als Höllriegl näher kam.

Er grüßte zackig, was Anselma ein flüchtiges Lächeln entlockte. Sie schien heute kalt und fern gerückt, oder war es die ungemütliche, halbdienstliche Umgebung, die sie dazu zwang? Ohne Unterlass strömten Leute herein oder gingen weg. Scharen von laut schwatzenden Mädchen, viele in Uniform, saßen da an langen Tischen, die Bedienung war geschäftsmäßig, es gab nur Kellnerinnen. Von Trauer war wenig zu merken, wenn man von den dunklen Kleidern absah. Auch die gestrige Reichsratssitzung schien keinen Eindruck hinterlassen zu haben. Das Leben der Eintagsfliegen ging seinen Gang.

Die tausendköpfige Gefolgschaft des Amtes musste in vier halbstündigen Turnussen abgefertigt werden. Anselma sagte gleich, sie könne nicht viel länger bleiben. Höllriegl löste sich einen Speisebon, sie aßen schnell und einsilbig.

Die jüngsten Geschehnisse hatten ihn so durcheinandergebracht, dass er alle Vorsicht vergaß, ja dem Instinkt des In-Deckung-Gehens, der ihm zur zweiten Natur geworden war, zuwiderhandelte. Den Lärm der essenden und schwatzenden Umgebung empfand er als schützende Kulisse. Sollte man ihn doch beobachten? Es war alles egal. Anselmas Unnahbarkeit reizte ihn; wenn sie nicht hersah, verschlang er sie mit bewundernden Blicken. Er fand sie heute besonders hübsch, und ihre Hübschheit tat unbestimmt weh. Sie hatte bläuliche Schatten unter den Augen – was hatte sie gestern getrieben? Auch diese Frau würde er nicht erringen! Zwar – ihr Anruf hatte ihn glücklich gemacht, für eine Weile konnte er Ulla vergessen ...

Als sie mit dem Essen fertig waren, berührte er wie unabsichtlich ihre Hand. Da sie sie nicht wegzog, barg er sie in der seinen. Die Wärme ihres Blutes erregte ihn. »Ich mag Sie schrecklich gern, Anselma, ich möchte Sie ...« Er sah leidenschaftlich in ihre Augen, die plötzlich, so schien es, einen Ausdruck von Hingabe hatten. Trotz der Wurstigkeit, die ihn beseelte, erschrak er über seine Kühnheit – zum ersten Mal hatte er Frau Geldens beim Vornamen genannt. Impulsiv rückte sie einen Moment an ihn heran, auch für sie schien die Umgebung zu versinken. Ihre Gesichter waren einander nahe. Anselmas Hand begann in der seinen zu zucken, doch schon zog sie sie zurück.

»Ich denke, Sie lieben Ulla.« Das war offen. Direkter Angriff.

»Ja ... ich verehre Frau von Eycke ... verehre sie sehr. Wie ein Idol«, log Höllriegl, und log auch wieder nicht. »Ich stelle sie sehr hoch.« Er wich Anselmas

Blick aus, der nicht ohne Ironie war. An der Saalwand gegenüber sah man eine frisch übertünchte, noch leserliche Inschrift in der verschnörkelten Art, wie man sie in altdeutschen Weinstuben antrifft. »ABENDLÄNDISCH DENKEN, DEUTSCH HANDELN« stand da.

»Was wollen Sie von mir?« Eine Frage von schimmernder Kälte.

»Ich will *Sie*! Sie gefallen mir!« Wieder langte er nach ihrer flüchtigen Hand. »Ich liebe Sie, ich liebe Sie! Ich liebe alles an Ihnen, Ihre Kraft, Ihre Rasse, Ihr Od – mit Ihnen könnt' ich glücklich sein. Ich wars nie, seit ich denken kann. Von Ihnen geht Stärke aus, sieghafte Zuversicht! Sie machen mich stark und gläubig. Sie sind eine herrliche Frau! Sie sind anders als die andern … so besonders … eine Herrin!« Er spürte die Abgedroschenheit dieser Worte, aber seine Stimme war vor Erregung tief und schmerzlich.

Anselma musterte ihn aufmerksam, sie lächelte über so viel Torheit, ihre Augen ließen ihn nicht los. »Ich fürchte, ich bin nicht das geeignete Objekt für Ihre Wünsche. Ich bin nüchtern, nicht so romantisch. Sie sind ein altmodischer Typ, Sie packen gern Gefühlskisten aus. Aber – auch Sie gefallen mir, Sie haben mir schon in Radebeul gefallen, damals, als Sie nur Augen für Ulla hatten – und zugleich gefallen Sie mir auch nicht. Sie sind ein zu weicher Mensch, Sie lassen sich zu viel gehen – das ist wider unsere Art, passt nicht in unsere Zeit! Vielleicht sind Sie gar *menschlich*? Pfui Teufel! Übrigens, an Ihre sogenannte Liebe glaub ich nicht. Das Wort Liebe sollte nur gebraucht werden, wenn es gilt, die Art, die Rasse zu erhalten. Was wissen *Sie* davon? Liebe, wie Sie es meinen, gibt es nicht – in Ihrem alten, romantischen Sinn –, hats nie gegeben! Das ist ja, als würden Klamotten ausgelüftet. Es riecht nach Naphthalin. Wissen Sie, es gibt nur Einsamkeit, die gibts wirklich! Man sucht sich seinen Partner fürs Bett, nicht mehr! Um nicht mehr so einsam sein zu müssen, außerdem macht es Spaß. Sie suchen eine Frau, weil Sie vor sich selbst davonlaufen möchten, oder? Oder weil Ihre Drüsen noch zu jung und stürmisch sind. Haben Sie kein Mädchen, mein Armer? [*Pause. Er verschlang sie mit seinen Blicken, Stück für Stück.*] Ich gefalle Ihnen – ja?«

Die Frage war entwaffnend. (Herrgott, sie konnte kokett sein!) Höllriegl fasste Anselmas widerstrebende Hand und küsste die feinen Knöchel. Er hatte den Wunsch, diese Hand, die sich fest geschlossen hatte, zu öffnen, aufzubrechen, das Innere zu küssen. Sie erriet seine Absicht und wisperte: »Geben Sie acht, wir sind nicht allein.« Ungeachtet dieser Warnung, die ja auch für sie selber galt, versenkten sich beider Blicke ineinander – so tief, so lange, so verzehrend, dass rundherum alles schemenhaft wurde. Ein insulares Stadium war erreicht, extreme Zweisamkeit. Anselmas Gesicht wurde ernst, hingebend, ihre Augen bettelten.

»Sinfessel, ich liebe Sie! Ich will Sie!«, sagte er leise.

»Ich heiße Knêfrōdh.«

»O nein, *ich* bin es, der auf den Knien liegt – vor Ihnen! Ich bete Sie an! Sie können mit mir alles tun, was Sie wollen. Tun Sie es doch! Ich liebe Sie!«

»Liebe? Sie meinen die Drüsensache, die sich Liebe nennt? Sie möchten mich haben, und ich möchte Sie – vielleicht. Das ist alles.« Anselma log nicht, ihre Augen logen nicht.

Höllriegl suchte in seiner Verwirrung nach Worten. »In mir ist eine so große Spannung! Ich bin glücklich, Sie machen mich glücklich, und ich bin auch unglücklich. Ich bin so gespannt – nach Ihnen, Anselma!« Er wusste, dass es Lust war, was er begehrte, Geborgenheit, Betäubung, Flucht. Er schämte sich und versuchte gar nicht, es zu verbergen. »Mit Ihnen könnt' ich sterben!«

»Im Bett? Um nach Walhall einzugehen? Dort aber müssten wir uns trennen – Sie gehören in die Männerabteilung.« Anselmas Augen änderten die Farbe. Spöttisches, braungrünes Feuer. Saugender Glanz. Er witterte, was ihn an ihr so erregte. Ihre Unberechenbarkeit, ihre Kindlichkeit. Ihre Intelligenz und Grausamkeit, ihre Rasse.

»Nach Walhall oder zu Hel, zu den ewigen Göttern oder ins Totenreich! Überallhin! Nur mit Ihnen, mit Ihnen, Sinfessel!«

»Glauben Sie wirklich an diesen Mumpitz? Das kann man ja nur Pimpfen erzählen. Mit dem Tod ist alles aus, Ihre Asen und Wanen sind Ammenmärchen. Es gibt nichts außer dem Augenblick, in dem wir leben! Und es gibt nichts außer der Nation! Um leben und herrschen zu können, muss man hart sein, beinhart – hören Sie! Es ist alles nur eine Frage der Macht. Nach uns die Sintflut! Ich dürste [*Anselmas Augen glänzten fanatisch*] nach einer neuen Zeit! Das Dritte Reich wäre sowieso bald an Altersschwäche verendet. Sehen Sie sich doch diese schlappe SS an, diese gemütliche Gestapo, diesen fetten, aufgeblähten, vergreisten SD! Diese Routine-Folterungen! Diese Idyllen in den Untermenschenlagern! Alles Entartung! Und dann das schlechte Gewissen in allem und jedem! Das Reichssymbol ist nicht mehr der Adler, sondern die Schlafspritze. Es geht uns zu gut, wir sind fett und faul geworden. Groß waren die Germanen immer nur im Untergang! Als ich ein Gör war, betete ich zu Frauja. [*Höllriegl verstand: Anselma gebrauchte das von Wulfila in seiner Bibelübersetzung verwendete gotische Wort für Jesus, um diesen verhassten jüdischen Namen nicht aussprechen zu müssen.*] Dann aber habe ich ihn gekreuzigt jeden Tag! Wir Kinder spielten Kreuzigung, und ich erfand die schlimmsten Martern für den Wanderprediger aus Galiläa. Heute würde ich am liebsten Odin kreuzigen und den ganzen dämlichen Götterhimmel in die Luft sprengen, wo nur Met gesoffen und auf der Bärenhaut geschlafen wird. Sie sind bestürzt. Das hätten Sie nicht von mir erwartet. Was denn? – Es kommt eine neue, harte, männliche Zeit – wir werden wieder kämpfen müssen bis aufs Messer, statt nach Pöstchen zu jagen! Diese alt gewordenen Parteitrottel verlassen sich auf unsere Unüberwindlichkeit, auf die Atomwissenschaft, auf Laser, die Raketen und diese lächerlichen Satelliten. Sie träumen vom Mirakel der neuen Wunderwaffe, während sie sich im Bett umdrehen und einen Furz lassen. Ich aber sage Ihnen: Es kommt die Zeit der Dschungel und der Menschenfresserei, und sie kommt schnell, da wird wieder mit dem Klappmesser in der Hand gekämpft, Mann gegen Mann, Weib gegen Weib, und hinter uns die Wand!«

»Wissen Sie, dass in manchen Gebieten Amerikas die Hölle los ist?«, fragte sie nach einer Weile lauernd. »In mindestens zwei Pazifikstaaten der Vereinigten Gefolgschaften ist die Miliz mit allem Drum und Dran zu den Aufständischen übergegangen. Das wussten wir gestern noch nicht – jetzt wissen wirs. Aber das ist nicht alles. Heute früh las ich im Amt die Meldung – zufällig, sie war ein Irrläufer –, dass die gelben Affen von Australien aus unaufhörlich Aufklärungseinsätze fliegen, bis nach Nevada hinein! Wer soll sie daran hindern? – Warum ich Ihnen das sage? Um Sie hart zu machen, hart für das Kommende! Landgraf, werde hart! Es sind keine Staatsgeheimnisse, die ich da ausplaudere, in den Abendnachrichten werden Sie noch andere Dinge hören. Mit dem ewigen Vertuschen, mit der Volksverblödung ist es endgültig vorbei – Köpfler hat schonungslose Offenheit befohlen. Es sieht so aus, als würden die Japse auf breiter Front eine amphibische Großoperation an der amerikanischen Westküste vorbereiten. Im nördlichen Pazifik und in der Beringsee hüpfen sie wie Kröten von Insel zu Insel, und die australische Ostküste starrt bekanntlich von RAK-Abschussrampen. Banzai! Das wird ein Spaß werden! Mich sollte es nicht wundern, wenn der Soka Gakkai schon morgen in Kalifornien, in Seattle, Vancouver, Nome, Dutch Harbour landet – kein Schuss wird dabei fallen, in den Benighted States werden sie höchstens zu Frauja beten und Bibelsprüche zitieren. Es war die größte Dummheit der alten Reichsführung, unsere Truppe drüben zu vermindern und sich auf die berühmten Specknacken und die Kukluxer zu verlassen. Nun können wir zusehen, wie die Minutemen mit der Revolte im Land samt den gelben Affen fertig werden. Die Japse werden nicht zögern, die Untermenschenlager und AMR aufzumachen. Und Asien? Insulinde können wir schon jetzt abschreiben, und in Tibet drehen sich die Gebetsmühlen ausschließlich für den Sieg der japanischen Sache.«

Sie beugte sich ganz nahe zu ihm und flüsterte, indem sie ihn mit starren Augen ansah (er sog ihren Atem ein): »Die Zeit des Dahindämmerns ist vorüber! Ist Ihnen bekannt, dass elf der neuen Minister aus dem Werwolf kommen? Endlich! Jetzt wird rücksichtslos durchgegriffen, aufgeräumt, entrümpelt! Ich erwarte, dass auch Sie aufs richtige Pferd setzen ...«

Anselma hatte in beschwörendem Ton gesprochen, wegen des Lärms waren ihre Worte nur schwer verständlich. Mit solchem Freimut gab sie sich in seine Hand – wollte sie das? Ihre Augen glühten wie trübe Lichter, der Blick hatte etwas Blindes, Unmenschliches. Wolfslichter! Solche Augen hatte er schon gesehen, immer wieder. Es war der Blick der jungen Werwölfe. Es war der Schlangenblick des NATMAT. Es war der Blick der neuen Ketzer, der Todesverächter, der Todsüchtigen.

Betroffen sagte er: »Anselma, wahrscheinlich haben Sie mit allem recht, was Sie sagen. Doch es gehört nicht hierher. Ich kann jetzt an nichts andres denken als an Sie! Ich bin Ihr Sklave! Sie sind meine Göttin! Ich möchte vor Ihnen im Staub knien, Sie anschaun, Sie anbeten!«

»Phrasen, Phrasen, machen Sie sich doch nicht lächerlich! Wenn Sie mich einmal gehabt haben, vergessen Sie mich schnell, Sie Romantiker! Ich gefalle Ihnen, und Sie gefallen mir. Das ist wie ein Kontrakt, wie ein Geschäft. Ich spürte schon gestern, dass Sie mich wollen – zuerst waren Sie nur neugierig. Wir sind irgendwie aufeinander angewiesen. Ich verkaufe Ihnen mein Ding, und Sie verkaufen mir Ihres. Ein Warenaustausch, weiter nichts. Wir kommen zusammen, um es zu tun – eine Interessengemeinschaft. Was wollen Sie da mit Ihrer komischen Liebe? – Ich muss gehen, sollte schon oben sein.«

»Anselma, warum sprechen Sie so? Sie wissen, dass das nicht wahr ist. Liebe ist – etwas Wirkliches, Edles! Ich fühle so viel für Sie! Sie sind herrlich, wunderbar! Liebe ist keine Handelsware, kein Tauschartikel. Wenn Sie sich mir schenken, verkaufen Sie sich doch nicht. Vielleicht ist das Ihre Einstellung bei anderen Männern, Sie haben wohl allerhand erlebt. An meine Liebe müssen Sie glauben! Natürlich will ich Sie! Ich begehre Sie mit Haut und Haar! Aber ich würde Sie nicht wollen, wenn ich Sie nicht lieben könnte. Ich verehre Sie, bewundere Sie! Ich weiß nicht, wieso ich das nicht schon damals gesehen habe, aber Sie waren so kühl, so sachlich! Und Ihr Bruder, die vielen Menschen –«

Anselma hatte sich erhoben. Sie lächelte, es konnte ein glückliches oder ein nachsichtiges Lächeln sein. »Sehen wir uns heute Abend? Ich werde mich freimachen können. Nur weiß ich nicht, wann ich loskomme. Bringen Sie bitte Ihre … Rute mit. Sollte ich noch nicht zu Hause sein, machen Sie sichs bequem. Ko Won, mein Diener, einfach Ko gerufen, wird Sie erwarten. Um sieben. Ists recht? Neuenburger Straße 38, fünf Treppen hoch, beim U-Bahnhof Hallesches Tor.«

Schweigend gingen sie über den Hof, er begleitete sie bis zum Paternoster. Einen Moment lang waren sie in einem Seitengang allein. Anselma schmiegte sich impulsiv an ihn, die Knospen ihrer Brust zeichneten sich dabei plötzlich unter der schwarzen Seidenbluse scharf ab. Er wollte ihren Mund küssen, sie wehrte ab, er küsste ihre Hände, da kamen auch schon Leute. Sie sprang in den Aufzug, Höllriegl sah sie langsam nach oben entschweben, mit einem verzehrenden Blick umfing er ihre Gestalt.

WÄHREND DIE SONN- und Montagszeitungen noch ausschließlich Bilderserien über den Tod des greisen Führers gebracht hatten – man konnte Adolf Hitler auf den Gipfeln seines triumphalen Lebens sehen und im Gegensatz dazu den mit der Blutfahne vom November 23 bedeckten Leichnam, aufgebahrt im Arbeitszimmer auf dem Berghof, später in der Reichskanzlei –, trat dieses Ereignis nunmehr gegenüber der historischen Reichsratssitzung etwas zurück. Zwar waren noch immer die schwarzumrandeten Blätter voll von Adolf dem Großen (wie die Geschichtsschreiber den Unsterblichen schon jetzt nannten) und seinen Kriegen und Reichsgründungen, doch zeigte sich die Tendenz, den großen Alten allmählich in einen legendären Hintergrund zu rücken und seinen Nachfolger mehr und mehr hervortreten zu lassen, zum Beispiel im Gefolge oder an der Seite des Führers bei wichtigen Staatsakten der Vergangenheit oder Arm in Arm mit ihm bei Spaziergängen. Eine suggestive erste Seite hatte die Kontinentalausgabe des *Völkischen Beobachters* vom Dienstag (Morgenblatt); Höllriegl las sie mit Ergriffenheit in einem der Presseschaukästen der NSDAP. Sie zeigte in Riesenlettern das einem pythischen Triumphgesang des Pindaros nachgebildete, »An Adolf Hitler in den Sternen« überschriebene Gedicht aus der Feder des dreifachen Nationalpreisträgers Edwin Erwein Zwinger, in dem zum Schluss unverhohlen auf Köpfler als den »gewaltigen Erben des Weltreichs« angespielt wurde (»erhoben das wagende Haupt, auf das die Ruhmeskränze warten …«), umrahmt von Treuebezeigungen sämtlicher Mitglieder der Germanischen Akademie für Dichtung und Wahrheit in Weimar.

Neben solchen Geschehnissen erschien es fast belanglos, dass am Sonnabend früh, also noch vor Hitlers Todesstunde, ein neuer Kosmonautenflug, es war der 36. Mehrpersonenflug, vom Raketengelände Peenemünde aus unternommen worden war. Diesmal hatte man wieder Untermenschen gewählt, was darauf hindeutete, dass ein besonders gewagtes Experiment bevorstand. »WvB Baldur XXXVI«, diese Bezeichnung trug die Raumkapsel, hatte zuerst auch brav geantwortet, und ihre vier Insassen (man kannte nur deren UmL-Nummern) hatten alle Befehle, die ihnen von den Bodenstationen aus zugerufen wurden, prompt und klaglos ausgeführt. Doch plötzlich löste sich das Raumschiff aus der vorberechneten Kreisbahn und strebte mit zunehmender Geschwindigkeit aus dem Schwerefeld der Erde hinaus. Es begann, laut versteckten Berichten in den Dienstagblättern, zu schlingern und hierauf schneller und schneller um die eigene Achse zu rotieren, das Piepsen wurde immer schwächer. Eine Stunde lang hatte der Rundfunk Dienstag früh, statt des obligaten Morgenturnens, die Befehle von Peenemünde und das antwortende Röcheln der Kosmonauten übertragen. Es war bei Todesstrafe verboten, solche Abhärtungssendungen abzuschalten.

Nun verfolgten den Volksgenossen von allen Plakatwänden und Litfaßsäulen Köpflers fanatische Augen, die Multiplikation dieses Blicks war gigantisch. Über Nacht hatte man auch Reihenbilder von der Reichsratssitzung und dem nachfolgenden Gelage angeschlagen, ebenso das rote Fahndungsblatt der Staatspolizei, Unseld und Diebold betreffend. Höllriegl hatte keine Lust, schon jetzt in die Pension zurückzukehren, und so schlenderte er, verführerischen Gedanken nachhängend, weiter. Zerstreut überflog er im Vorbeigehen die Balkenlettern der Aufmacher in den Zeitungen, er war von Anselma zu sehr erfüllt. Eine bleiche Sonne, Mond am Tag, zeigte sich flüchtig hinter winterlichem Gewölk; es war kalt, in der Luft lag der Geruch von Schnee. An der Ecke Wilhelmstraße–Leipziger Straße, vor dem Eingang zum atomsicheren Tiefbunker, ragte einer jener Lautsprechertürme auf, die wie Menhire aussehen. Eben wurde der Mittagsbericht wiederholt. Ein paar Passanten blieben stehen und schauten ziellos in die Luft. Dann aber sahen sie einander an.

»– griffen Tiefflieger unbekannter Nationalität unsere Bergwerksanlagen in Little America an. Durch Bordwaffenbeschuss gingen neun Mann des antarktischen Einsatzes verloren. Der Sachschaden ist gering. – Im Weddell-Meer überflogen Aufklärer in großer Höhe einen Konvoi von Erztransportern. – In den

Gewässern vor Kaiser-Wilhelms-Land wurden von Küstenwachtschiffen einige Kleinst-U-Boote des japanischen Nata-Typs gesichtet und unter Feuer genommen. – Verstärkungen für die im Ribbentrop-Sund stationierte Schutztruppe wurden aus Ushuaia, Punta Arenas und von den Falkland-Inseln in die Antarktis geflogen. – Im Raum von Juan Fernandez ist Sonntag das unter der Reichsflagge fahrende mexikanische Frachtmotorschiff ›Tezcatlipoca‹ von Düsenjägern ohne Hoheitszeichen beschossen worden. Brandmunition und Napalmbomben setzten das Schiff in Flammen, das binnen einer Stunde sank. Ein kleiner Teil der Besatzung, darunter drei Reichsangehörige, konnten sich nach Mas Afuera retten. – Das OKM-Südpazifik hat mit sofortiger Wirkung für die unter deutscher Flagge oder für deutsche Rechnung eingesetzte Küstenschifffahrt Geleitschutz zu Wasser und in der Luft angeordnet. Den Reedereien wurde bekannt gegeben, dass ab sofort die verschärften Konvoi-Bestimmungen für sämtliche Transporte der Versorgungsstufen I und II zwischen 5 Grad nördlicher und 55 Grad südlicher Breite in Geltung stehen. – Einheiten der im Südatlantik stationierten Vierten Nu-Rak-Tauchbootflotte sind von ihren Stützpunkten zu Operationen im südpazifischen Raum ausgelaufen. – Auf der Höhe der Galapagos-Inseln ist der chilenische Frachter ›Esperanza‹ von schnellen Einheiten unserer Seestreitkräfte angehalten worden. Die Besatzung des Schiffes, durchwegs getarnte japanische Commando Raids und Sabotagetrupps, wurde nach heftiger Gegenwehr niedergemacht. – Die Schutzmacht des Reiches auf vorgeschobenen Stützpunkten des süd- und nordpazifischen Ozeans wird zurzeit durch starke LL-Kräfte ergänzt und weiter ausgebaut. – Ein größerer Verband der Reichskriegsmarine, dem auch Flugzeugträger angehören, führt längs der Küste von Baja California Operationen durch. – In den Chocolate Mountains, Südkalifornien, hatte unser SD an mehreren Punkten Gefechtsberührung mit Vernichtungstruppen der Aufständischen in Partisanenart. – Am Stadtrand von Sacramento gelang es Einheiten der berüchtigten Freikorps ›Abe Lincoln‹ und ›George Washington‹ unter japanischer Luftunterstützung, Einbrüche in die Stellungen der Minutemen zu erzielen. Die Einbrüche konnten noch nicht abgeriegelt werden, loyale Miliz und Minutemen kämpfen mit beispielloser Todesverachtung. Die feindliche Luftwaffe scheute vor Losteinsatz nicht zurück. In Vergeltung dieser Maßnahme hat MM-General Snedeker Befehl gegeben, keine Gefangenen zu machen. Die schweren Kämpfe dauern an. Der Versuch, durch Langstreckenraketen des konventionellen Typs den Boulderdamm in Nevada zu zerstören, ist gescheitert. In Boulder City wurden große Verheerungen angerichtet, der Ausfall unter der Zivilbevölkerung ist beträchtlich. Militärische Objekte wurden nicht getroffen. Unsere Raketenwaffe setzte sofort zum Gegenschlag an. In Sydney, Newcastle und Brisbane, ferner in Christchurch, Wellington und Auckland wurden in der vergangenen Nacht Wohnviertel durch Thor und Ausra dem Erdboden gleichgemacht. Unsere Luftaufklärung hat heute Morgen weitgehende Zerstörungen an militärischen Anlagen, so an mobilen Abschussrampen in Wollongong und Parramatta bei Sydney, festgestellt. – Das war der Schluss der Auslandsmeldungen von 12 Uhr mittags. – Und nun einige Verlautbarungen: Die beiden flüchtigen Hochverräter Unseld und Diebold dürften sich in der Umgebung der Reichshauptstadt verborgen halten. Wir geben die folgende genaue Personsbeschreibung –«

Höllriegl erbebte im Innersten. Das war der Krieg, und kein örtlich begrenzter mehr. Aufgrund dieser Nachrichten und auch dessen, was Anselma ihm gesagt hatte, konnte kein Zweifel sein: Der Krieg hatte schon vor Tagen, vielleicht sogar Wochen begonnen. Jetzt erst verstand er die Warnung im Testament des Führers – sie war nicht für die Zukunft, sondern für die Gegenwart, für diesen Augenblick bestimmt.

Plötzlich war er trunken vor Stolz und Glück. Kampf! Ja, von alldem hatte er keine Ahnung gehabt, niemand hatte eine Ahnung. Nur die Eingeweihten, zum Beispiel Schwerdtfeger, hatten alles gewusst. Kampf! Nun würden wieder die Idisi, die Walküren, zu Häupten der Krieger schweben. Endlich gab es Kampf … und wenn die Welt voll Teufel wär! Vielleicht war all das mit ein Grund für das Unbegreifliche gewesen, dass ein Befehl – wie im Falle seiner Beorderung nach Berlin in die Irre gehen konnte, dass man höheren Orts vorübergehend den Kopf verloren hatte. In seiner Eigensucht mit privaten, allzu privaten Dingen beschäftigt, hatte er sich, wenngleich nicht lange, außerhalb der Volksgemeinschaft befunden. Wie recht doch Anselma hatte! Es gab nichts als die Nation! Es gab nichts »außer dem Augenblick, in dem wir leben«! Es gab nichts als gehorchen – was immer von einem verlangt wurde!

Der Einzelne konnte sowieso nichts Selbstständiges tun, sagte er sich, als er durch den dichter werdenden Verkehr zum Ku-Damm zurückfuhr. Jeder musste auf seinem Platz sein – die Reihen dicht geschlossen. Auf einmal hatte er Eile, nach Haus zu kommen. Das Raketengeplänkel im Stillen Ozean war nur der Anfang. Schon morgen konnte das Kerngebiet des Reiches getroffen werden, es lag, wie jedes Kind wusste, in Reichweite der japanischen Langstreckenraketen, auch jener Kamikaze-Bomber, die nur einen Mann Besatzung hatten. Vorläufig beschränkte man sich noch auf konventionelle Waffen, aber schon morgen – morgen konnte der Atomkrieg ausbrechen! Merkwürdig, dieser Gedanke erfüllte ihn nicht mit Schrecken, im Gegenteil: Er jubelte innerlich auf. Die große Entscheidung war nahe! Jetzt kam alles drauf an, wer schneller war, wer den ersten vernichtenden Schlag führte. Köpfler würde auf alle Fälle schneller sein und dem Reich auch über jene Gebiete, die zurzeit noch die Japse kontrollierten, die Herrschaft sichern. Das wäre dann die totale, ungeteilte Weltherrschaft. Heil dem neuen Führer!

Eines war sicher: Er musste sofort nach Heydrich zurück. Nur diesen einen Abend wollte er noch für sich haben, für sich und Anselma. Anselma, die Herrliche, Starke! Und Ulla? Wo mochte sie sein, was mochte sie tun? Dass er immer den Weibern verfiel! Die Bernsteinhexe war eine Unerreichbare, und sie würde es bleiben. Anselma aber – die war was Greifbares, Irdisches, man konnte sie betasten, in seinen Armen halten, küssen, vielleicht auch besitzen! Welche Wonne! Wilde Erregung packte ihn, wenn er an ihren Körper dachte.

SOLLTE DER KRIEG sich den Reichsgrenzen nähern, und das konnte blitzschnell geschehen, so war es gut, in Heydrich zu sein. Vielleicht wartete schon die Einberufung, auch die Partei würde ihn brauchen. In der Stunde der Bewährung musste jeder seinen Mann stellen.

Klar, er wollte die Route über den Harz nehmen. Sauckelruh ob Rundstedt, Villa Walpurgis. Alles war notiert, auch des Professors Telefonnummer. Der kleine Umweg konnte nicht schaden. Allerdings: Im Marschbefehl war die Route, auch der Rückweg, genau angegeben. Höllriegl zögerte – hielt den Wagen an. Dann tat er etwas, an das er sich in den nächsten Tagen noch oft erinnerte und immer mit einem unangenehmen Gefühl. Anhand der Straßenkarte änderte er die maschingeschriebene Eintragung ab und machte eine unleserliche Kraxen dazu. Die Sperrgebiete kannte er genau, er würde sie umfahren. Außerdem durfte er B und D passieren; C wahrscheinlich auch, obwohl diese Zone – vielleicht irrtümlich – weggelassen worden war.

In der Pension überflog er zuerst seinen Bericht. Eine ordentliche Sache das. Mitten im Lesen klopfte es. Frau Zweenemann, die seinem fragenden Blick ausgewichen war, als er sie an der Tür begrüßt hatte, sagte draußen: »Heute Abend ist totale Verdunkelung. Taschenlampen für die Gäste liegen im Vorzimmer!«

Höllriegl suchte Hirnchristls Zettel heraus und wählte die Nummer. Er war neugierig und etwas nervös. Gundlfinger, diese Berühmtheit, sein Kunde! Es ergab sich, dass er nur bis Sauckelruh durchwählen konnte; das Postfräulein, es sprach mit fremdartigem Akzent (wohl eine Auslandsdeutsche), sagte was von Störung, er würde aber die Verbindung mit Villa Walpurgis sogleich bekommen. Pause. Höllriegl wartete auf das gewisse Knacksen, das Zeichen, dass die DHW, die Deutsche Hörwacht, sich eingeschaltet hatte. Er lauschte angestrengt. Nichts. (Viele Volksgenossen, auch er, schalteten die DHW meist freiwillig ein – dafür gab es eine eigene reichseinheitliche Rufnummer –, eingedenk des Parteispruchs »Freund hört mit« und des Spottworts »Die Partei hat lange Ohren«.) Kein Knacksen. Glücksfall, Zufall. Oder war das verdächtige Geräusch beseitigt worden? Nach einer Weile ertönte das übliche leise Tuten, die Verbindung war hergestellt. Eine helle Stimme: »Wer ist am Fernmund?«

Höllriegl nannte Dienstgrad und Namen. Kurz schilderte er den Zweck seines Anrufs. – »Ja, warten Sie bitte, bleiben Sie am Pörneit.«

O weh, man sprach dort Mutterdeutsch, da hieß es aufpassen. Nach einigen Minuten wieder die helle, reine Stimme: »Der Inarteram lässt sagen, die Sache sei ihm gänsixer, er habe nie Auftrag gegeben, hier zu oblingen ... Bitte, warten Sie einen Sanis oder zwei –«

Höllriegl freute sich über diese Stimme, die einem Kind oder einer ganz jungen Frau gehören mochte. Die Beklommenheit von vorhin war gewichen.

Gänsixer – an das Wort erinnerte er sich gut. Er hatte es wiederholt in den Schulungsbriefen der »Odischen Lohe« gelesen, wo es auch eine Unterrichtsecke für Mutterdeutsch gab, eine nach Lautstand, Inhalt und Sinnbildern aus germanischen und mundartlichen Wurzeln gebildete Hochsprache, deren Anhänger, wahre Fanatiker, die immer unanschaulicher und dürrer werdende, genormte Verwaltungssprache des Dritten Reiches, das sogenannte »Kummerdeutsch«, bekämpften – mit wenig Aussicht, sich je durchzusetzen, denn in Parteikreisen wurde über die Sektierer gelächelt. »Gänsixer« hieß so viel wie *mysteriös*, hatte einen spöttischen Beiklang und war aus »Gänsehaut« und »jemandem ein X für ein U vormachen« hergeleitet.

»– der Inarteram lässt sagen, er habe nichts dagegen, wenn Sie kommen. Fahren Sie ein Brufart? Wenn ja, dann örten Sie in Sauckelruh an und kommen zu uns herauf zu Fuß oder auf dem Walf – Sie erhalten Leih-Walfe beim Eigenulf Schicketanz, wiederhole: Schicketanz, An der Pfordten 3. In Sauckelruh haben Sie ein Daruh, die Illatümer dort sind zwar klein, aber quemvoll. Es gibt auch eine Freunat, die aber ist järtig, sie däunern daher besser im Daruh, dort hat auch Ihr Brufi gleich trefflichen Aranau. Das Pörnamt sagte, Sie sprächen aus Berlin? Und fahren wann?«

»Ich fahre morgen und bin voraussichtlich am Nachmittag in Sauckelruh. Wenns erlaubt ist, würde im am Donnerstag früh bei Herrn Professor vorsprechen ...«

»Der Inarteram arbeitet zurzeit an einer neuen Mögesicht, er lebt äußerst zurückgezogen, doch Ocka und Hingult an den Lebensvorgängen sind ihm geblieben. Kommen Sie also! Der Inarteram wird inzwischen die Eurate befragen, den Beison, das Hellau, den Rann, den Riesert, den Mönerich, den Jahrureu, die Himelor und den Neunis. – Donnerstag trifft sich gut, da ist Hörewart, und der Inarteram spricht zu den Besuchern von nah und fern. Er behörwartet aber nur die Wussal ...«

Höllriegl hätte hier das Gespräch abbrechen können, doch er weidete sich an der goldenen Stimme am anderen Ende des Drahtes. »Mit wem spreche ich?«

»Ich bin der Beiward des Inarteram. Eigentlich erwisse ich die Galm, ich hobautalle die Saidunt, das Amsod, das Häminupf und [*fröhliches Lachen und Überraschungspause*] den Lipping. Diese Galminge spiele ich wirklich durgel. Sind Sie auch Galmer?«

Es musste ein Kind sein, wahrscheinlich ein Junge. Diese Unbefangenheit! Beiward? Das konnte wohl nur Assistent bedeuten – der Assistent eines berühmten »Inarteram« ein Kind?

»Ja, ich spiele Klavier.«

»Oh, das Rausod! Wie lange schon? Sind Sie ringoß? Lieben Sie auch das Porab, das Manigum? Im besuchte das Galmweisedom, beendete es aber nicht, zum großen Schmerz meiner Wissander. Ich wollte Garald-Rausothar werden – oder Manigand. Ich glaube, dass ich das Junod dazu gehabt hätte. Jetzt habe ich mich ganz der Inartenis verschrieben – ein Audiweil! – Heute ist Plötzaus, im ganzen Reichsgebiet, wissen Sie es schon? Geben Sie acht! Doch ich halte Sie auf. Pörnen kostet Münze. Sind sie reich? Wie reich sind Sie?«

»Ich bin arm«, sagte Höllriegl und musste lächeln.

HÖLLRIEGL BENÜTZTE DIE U-Bahn; der Verdunkelung wegen hatte er den Wagen zurückgelassen. Am Bahnsteig Uhland-Straße gab es nur wenige Wartende, fröstelnd standen sie in der Zugluft herum. Der Verkehr war gedrosselt worden. Man hatte Höllriegl gesagt, dies wäre nach langer Pause wieder die erste Totalverdunkelungsübung. (War es überhaupt eine *Übung*?) Wer nicht unbedingt fortmusste, blieb lieber daheim.

Eine Streife in Zivil hielt ihn an. Er zeigte die Papiere. Wehrpass, Ahnenpass, I-Karte mit Finger- und Handballenabdrücken, Partei- und Schriftwartausweise, auch den Marschbefehl – eine ganze Sammlung. Als die drei behandschuhten, barsch amtierenden Männer mit berufsmäßig argwöhnischen Blicken die Kontrolle beendet hatten – beim Marschbefehl hatte ihm der Herzschlag gestockt –, fuhr der Zug ein. Er kam sich gedemütigt vor, irgendwie lächerlich mit seinen Chrysanthemen. Eine romantische Huldigung, wie sie nicht für Anselma passte. Wie hatte sie gesagt? Naphthalin …

Verdüstert setzte er sich in dem fast leeren Waggon in eine Ecke und las mechanisch die Reklamen oder fingerte an dem Haarpendel herum, das er in der Rocktasche trug. Merkwürdig, die Freude an Anselma nahm ab, je mehr er sich ihrem Wohnort näherte. Was war los?

Wittenberg-Platz. – Nollendorf-Platz. – Gleisdreieck. – Hallesches Tor. Er musste aussteigen.

Zwischen den Tunnels der U-Bahn und den Straßen ober Tage, deren Nächtigkeit nur von den Glühwürmchen spärlicher Taschenlampen belebt wurde, war kaum ein Unterschied. Langsam und unsicher ging er seines Weges, ein Lautsprecher am Halleschen Tor brüllte gerade die Schlusstakte der »Peer-Gynt-Suite« ins Leere. Menschen glitten schemenhaft an ihm vorbei, die blicklosen Häuser ragten wie Mausoleen in eine Höhe, die kein Ende hatte.

Langsam und unsicher bewegten sich auch, mit abgeblendeten Scheinwerfern, die wenigen Autos. Als er die Lindenstraße überquerte, um in die Nauenburger Straße einzubiegen, gewahrte er wieder eine Streife, die mit ihren blauen Blinklichtern bösartig funkelte. Instinktiv wich er aus, mit einer missmutigen, ja angewiderten Reaktion, über die er sich keine Rechenschaft geben konnte. Diesmal war es eine Wehrmachtstreife gewesen. Auf dem nachtdunklen Himmel zeichneten sich, wie ziehender Speichel, tastende Lichtstrahlen ab. Im Süden war der Himmel von ihnen geradezu gegittert.

Die warme, matte Beleuchtung im Flur von Anselmas Wohnhaus begrüßte er mit einem Seufzer der Erleichterung. Die Nacht draußen schien voller Drohungen zu sein, hier war man geborgen. Er nahm nicht den Aufzug, sondern stieg (Beintraining!) die Treppe hinauf, wobei er sich auf Anselma zu konzentrieren versuchte. Ein elegantes, sichtlich ganz neues Haus; die Lichtfalle am Eingang und die schwarzen Luftschutzrollos störten ein wenig den anheimelnden Eindruck. Zwei Burschen mit irgendwelchen Armbinden, eigentlich noch richtige Buben, kamen ihm entgegen, die einen älteren Herrn begleiteten. Der

Herr hatte weder Mantel noch Hut, auch keine Krawatte. Höllriegl grüßte – keine Antwort.

An der Tür mit Anselmas Visitenkarte läutete er, worauf drinnen schlurfende Schritte hörbar wurden und jemand durchs Guckloch sah. Höllriegl nannte seinen Namen. Ein weißhaariger Chinese mit Nickelbrille und schütterem Kinnbärtchen öffnete unter vielen kleinen Bücklingen. Der zierliche Mann in seinem blusenartigen Anzug von halbeuropäischem Schnitt lächelte unentwegt und zeigte dabei dunkelgelbe, keulenförmige, weit auseinanderstehende Zähne. Die Hände hielt er in den Ärmeln verborgen. Ko Won sah eher wie ein Gelehrter aus, nicht wie ein Diener.

Dem mit zirpender Stimme vorgetragenen Wortschwall aus Deutsch, Pidgin-Englisch und vermutlich Chinesisch entnahm Höllriegl bloß, dass die »Missis« noch nicht zu Hause sei, aber bald kommen werde. Ko führte Höllriegl ins anstoßende Wohngemach, das sogleich durch mehrere bizarr geformte Beleuchtungskörper aus Bast und dünner hellgrauer Seide gedämpft erleuchtet wurde. Höllriegl hatte gestern die Räume im Foto gesehen. Sie waren in fernöstlichem Geschmack eingerichtet und wirkten kühl und beinah kahl, die Holzwände schienen verschiebbar zu sein. Im Sitzzimmer gab es außer der breiten Couch und einem niedrigen Tisch mit Hockern keine Möbel. Ein einziger, sichtlich alter Holzstich in Kakemono-Art und mehrere grimmig aussehende Kriegermasken aus rotbraunem glänzendem Holz hingen an den Wänden. In einer Ecke stand eine Vase mit großen sandfarbenen Disteln. Keine Bilder – kein Führerbild! – keine Bücher, nichts.

Ko Won bedeutete Höllriegl unter reizenden Verbeugungen, sichs einstweilen auf der Couch bequem zu machen. Aus dem Ordnen der blass violetten Winterastern, die Höllriegl ihm übergeben hatte, machte er eine kleine Zeremonie. Dann legte er fürsorglich und väterlich kichernd Polster zurecht, sagte »da Missis, da Gentleman« und »kabu-wake, kabu-wake in Japanese flower language«. Sein Benehmen hatte etwas amüsant Zweideutiges, so zeigte er mehrmals auf eine bestimmte Stelle des Ruhebetts, streichelte sie, wobei er immer wieder »Missis« sagte und »hon-kate« und »da Blume sein, gute Stellung« und »da Gentleman, Seite von Missis, oh, good position, lovie-lovie, Missis lieben das«. Und: »Da Seite liegen, und Missis so, Blume da, much lovie-lovie …«

Ko verließ das Zimmer, nachdem er in einer Schale Süßigkeiten angeboten hatte. Seine Worte, mehr noch seine Gesten, hatten Höllriegl erregt. Wie sehr erwartete er nun Anselma! Die Pulse flogen, er wälzte sich auf der Couch herum, schnupperte an den Polstern und an der Decke, die Anselmas altmodischen Geruch ausströmten: den süßen Geruch von modernden Blumen.

Er stand auf und ging im Zimmer auf und ab. Es war schwer, dieser nervösen Erregung Herr zu werden. Warum war sie noch nicht da? Wo war sie nur? Heute Mittag hatte sie Schatten unter den Augen gehabt, gestern Abend war sie ausgewesen! Sinfiötli! Sinfessel! Er kämpfte mühsam eine eifersüchtige Regung (wie lächerlich!) nieder und vertiefte sich in das Hängebild; es stellte in verblichenen Farben eine Szene in einem Tümpel dar, mit Gräsern, Libellen, Schnecken, Wasserkäfern, einer Blindschleiche. Als er es ein wenig aufrollte, sah er, dass in der Nische dahinter ein Fernsehgerät verborgen war. Die Masken, vielleicht malayischer Herkunft, hatten offene Augenschlitze und breite, platte Nasen; sie ließen sich nicht von den Wänden nehmen.

Er kostete von dem süßen Zeug. Es schmeckte vage nach Pistazien, aber potenziert süß, und ließ einen scharf brennenden Geschmack im Munde zurück, wie Pfeffer.

Das Pendel! Er setzte sich, schloss die Augen, um sich zu entspannen, und nahm das geknotete Frauenhaar – es stammte von Ingrid, seiner Heydricher *Gelegentlichen* – zwischen Zeigefinger und Daumen. Nicht möglich, das dumpfe Begehren, das ihn wie ein Meer erfüllte, auch nur für Sekunden auszuschalten, wenn er an »Sinfiötli« dachte. Er erweckte ihr Bild, klar und schmerzhaft in den Konturen stand es vor ihm – und doch seltsam wesenlos. Nur Anselmas Körperlichkeit lebte in ihm, er konnte an nichts als an ihr Geschlecht denken, an alle möglichen Arten ihrer Liebe. Immer wieder versuchte er, sich leer vom Denken zu machen und nur zu beobachten. Seine Hände zitterten mehr und mehr, je länger er an sie dachte, das leichte Ringpendel schoss fahrig herum, und als er sich bemühte, die Hand ruhig zu halten und Anselmas Od in sich aufzunehmen, wurden die mantischen Schwingungen nur noch verkrampfter und verwischter. Keine Beschwingtheit ging von ihnen aus, bloß Lähmung.

Bei Ulla hatte er das Gefühl gehabt, es mit einem elementaren Wesen zu tun zu haben. Es war Hingabe – abstrakte Hingabe – an eine Macht, vor der er ein Hauch war. Hier aber, im Verlauf dieses Pendelversuchs, trat nichts als nackte Gier zutage, Gier nach Vergewaltigung des Weibchens, dem er ebenbürtig, wenn es ihm nicht unterlegen war, weil es, wie er spürte, Wohlgefallen an ihm hatte. Höllriegl ahnte, dass er durch seine Männlichkeit, ja sogar mit seiner »romantischen« Art Eindruck auf Anselma machen konnte, und das gab ihm Sicherheit. Zugleich aber wusste er, dass diese Selbstsicherheit Trug war – mit ihrer

Kälte, ihrer Intelligenz, ihrer Rasse, ihrem Spott (besonders ihrem Spott!) konnte sie leicht ein Spielchen mit ihm treiben. Insgeheim fürchtete er sie; doch auch diese Furcht zog ihn in ihren Bann. In manchem hatte sie mit der Bernsteinhexe eine vage Ähnlichkeit, nur war Anselma von altem Blut, edler Rasse, außerdem hatte sie kränkliche Nerven. Er war im Innersten davon überzeugt, dass er sie sich gefügig machen konnte, wenn er nur wollte; aber es fröstelte ihn bei dem Gedanken, dieser Frau, die ein so grausames Geschlechtswesen war, zu verfallen. Er stand auf und steckte das Pendel in die Tasche. Schließlich war er hergekommen, um Anselmas Schwäche auszunützen. Nur einen Abend lang. Morgen musste er fort.

Er spähte in den langen, schmalen Korridor hinaus. Am Ende des Ganges hörte er Ko in der Küche hantieren; diese war, wie er gesehen hatte, winzig, eher ein Verschlag, die richtige Kitchenette einer Junggesellin. Endlich! Schritte auf dem Flur, Schritte, die sich der Wohnungstür zu nähern schienen; es war ihm, als flüstere draußen wer oder lache unterdrückt, das war wohl nur Sinnestäuschung, denn nichts rührte sich. Anselma war es also nicht gewesen.

Leise zog er sich ins Zimmer zurück und schob den schweren Wintervorhang zur Seite, der die ganze Vorderwand bedeckte; das Licht hatte er vorher ausgeknipst. Die breite Glastür, die zum Vorschein kam, führte zur Terrasse, diese mochte im Sommer als Dachgarten dienen. Es war stockfinster, nur die Lichtkegel der Luftabwehr betasteten den niedrigen Himmel. Plötzlich hörte er wieder Schritte, leichte Schritte, diesmal im Vorraum. Anselmas Stimme! Und Ko Won antwortend.

Das Blut schoss ihm zum Herzen, das unregelmäßig zu hämmern begann. Er warf den Vorhang zu, drehte das Licht an und lugte durch den Türspalt. Nichts. Anselma war anscheinend ins Badezimmer gegangen, Höllriegl horchte angestrengt. Er hielt sogar den Atem an, weil das Geräusch des Atmens dumpf in seinen Ohren dröhnte. Und da vernahm er, wie sie in der Stille ihren Urin ließ, das Zischeln des Strahls war deutlich zu hören, ein Papier abriss und die Spülung betätigte. Mit maßlos geschärften Sinnen hörte er, dass sie sich ihrer Kleider entledigte; die Wände schienen jeden Laut durchzulassen. Dann rauschte Wasser in die Wanne, nur wenig – Duschen war ja verboten. Sie wusch sich.

Höllriegl stand noch an der Tür, als Anselma eintrat; sie trug einen dunklen Kimono, der orangen geflammt war. Aufstöhnend schlüpfte sie, ein zierlicher Feuersalamander, in seine Arme. Er spürte ihren kindlichen, wasserkühlen, sich ihm entgegenwölbenden Körper, genoss ihre suchenden Hände, die ihn in Besitz nahmen, ihren weit geöffneten, züngelnden Mund. Unter dem Kimono war Anselma, bis auf Strumpfbandgürtel und Strümpfe, nackt. Das Gewand glitt zu Boden, als er sie auf die Couch warf. Oh! Ihre Schultern und Achselhöhlen, die Brüste mit den steifen schwarzen Zitzen, der bräunliche Aufklaff der Scham! Am liebsten wäre er im Rausch in die Knie gesunken, hätte er sich damit nicht zu blamieren gefürchtet. (Anselmas Hingabe erforderte Strategie.) Er sog den Geruch ihres Geschlechts ein, nahm alles an ihr in Besitz, mit raffendem und rasendem Begehren und naiver Entdeckerfreude, die ihre Geilheit aufstachelten. Sie redeten nicht, das Geräusch saugender Küsse, unartikulierter Laute erfüllte das Zimmer. Höllriegls Mund suchte alle Öffnungen ihres Leibes. Seine Küsse gingen bald in Bisse über. Er spürte ihr festes, elastisches Fleisch zwischen den Zähnen, ihre leisen Schreie genoss er wie nichts. In den Augenblicken höchsten Genusses hatte Anselmas Gesicht den Ausdruck einer schwer Gefolterten; einmal sagte er es ihr, und sie antwortete mit brennendem Blick: »Foltere mich ... weiter, weiter!« Sie erreichten gemeinsam den ersten Gipfel – und versanken sofort wieder in neu heranbrandende Wellen der Lust.

Anselma liebte auch *kleine* Zärtlichkeiten, die sie, Ko Won nachäffend, »little lovie-lovie« nannte. Besonders eine war es, die seine Sinne streichelte. Sie befahl ihm, ihre Augen zu küssen, und tat er es, so öffnete sie langsam die Lider, und Höllriegls Zunge glitt über ihre kalten, glatten, feuchten Augäpfel. Auch das Innere ihrer Nase, die fein flatternden Nüstern hatten eine geheime Liebesbedeutung.

»Little lovie-lovie.«

Als sie genug hatten, kleideten sie sich notdürftig an. Anselma gongte.

Ko Won erschien zufrieden schmunzelnd und trug nacheinander die Platten herein, auf denen in Schälchen und Näpfchen das Abendessen angerichtet war. Anselma aß, wie sie sagte, nicht immer vegetarisch; nur Höllriegl zuliebe hatte sie angeordnet, Fleisch wegzulassen. (Er war gewitzt – ihren Spott voraussehend, verschwieg er, dass der junge Illegale abstinent, Nichtraucher und Vegetarier geworden war, um dem Führer auch darin nachzueifern; das hatte sich bis jetzt gehalten.)

Ko brachte zuerst ungesüßte frische Ananasscheiben, hierauf eingelegten Tientsin-Kohl, als weiteres Gericht Kantoneser Nudeln, den Tagliatti ähnlich, mit getrockneten, in warmem Wasser eingeweichten Champignons und jungen Zwiebeln. (Höllriegl wollte alles erklärt haben.) Zu jedem Gang gab es Sojasauce. Als Nachtisch servierte der Koch gebratenen Reis und Litschinüsse. Getrunken wurde in kleinen Schlucken warmer Reiswein, den Anselma auch – little lovie-lovie – aus ihrem in Höllriegls Mund sprudeln ließ.

Seine Blumen bemerkte sie erst, oder tat so, als sie schon beim Dessert waren. Ein spöttischer Zug kräuselte wie eine flüchtige Welle die Glätte ihres Gesichts, die Lachfalten um den Mund zeichneten sich um eine Spur schärfer ab. Höllriegl hatte nicht erwartet, dass sie sich für die Aufmerksamkeit bedanken werde. Zu seiner Genugtuung dankte sie, sogar mit einem Ausdruck in den Augen, der sinnend und zugleich sinnlich war.

»… dass Sie daran gedacht haben! Lieben Sie mich?« (Sie waren zum »Sie« zurückgekehrt.)

»Ja, Anselma, mit Haut und Haar!«

»Bitte, machen wir doch wieder eine Nummer. Oder zwei. Oder drei. Viele! Ich hab Sehnsucht! Komm!«

Ohne seine Antwort abzuwarten, war sie aufgestanden und hatte den Kimono abgeworfen. Sie trat ganz dicht an den Sitzenden heran. Er umfing sie mit aller Kraft, küsste immer wieder die geheimen Schatzkammern ihres Körpers. Ah, Anselmas Geruch und Geschmack, dieser feine, altjüngferliche Duft welkender Kränze! Der angedeutete Geruch ihrer Ausscheidungen! Sie zog ihn zu sich aufs Bett.

Ihre Liebkosungen waren nicht mehr so wild wie zuvor. Sie taten alles mit Überlegung und raunten einander zu, wie sie es tun würden. Höllriegl schreckte vor nichts zurück – vor nichts, was Anselma verlangte oder was er sich ausdachte. Langsam ermatteten sie. Sie waren satt und müde, und auch die Müdigkeit machte ihnen Freude; dankbar schmiegte sie sich an ihn, leckte ihn wie ein zufriedenes Tier. (Sie benahm sich auch nicht anders als die meisten.) Und so glitten sie in einen halben Traumzustand hinüber.

»Es war Notdurft«, sagte Anselma nach einer Weile.

»Nein, es ist Liebe«, widersprach er. Lange Pause. Sie schien zu schlafen.

»Es ist Begierde, Lust, es ist ein Kitzel, weiter nichts. Ich hatte ein paar Kollegen eingeladen, um uns zuzusehen …«

Höllriegl schnellte empor. Alles in ihm zog sich zusammen, jeder Muskel vibrierte, es überlief ihn eisig. Sie war wahnsinnig!

»Was hast du gesagt?«

»Ich habe Freunde vom Amt eingeladen – zum Zusehen«, wiederholte sie ruhig und ohne Spott. »Dort, die Masken an der Wand, durch ihre Augenschlitze kann man zuschauen, vom Nebenzimmer aus. Diesmal war ich an der Reihe. Gestern wars eine andere. Wir suchen uns kräftige Kerle aus, die auch nett sind.«

Er rührte sich nicht, Entsetzen lähmte jede Reaktion. Sein Gesichtsausdruck reizte sie zum Lachen. »Nimms nicht tragisch! Macht ihr so was nicht in der Provinz?« Jetzt unverhüllter Spott.

»Hur!«

Als sie ihn anrührte, zuckte er zurück. Ekel! Die Seligkeit zuvor und nun der Abgrund! Es wurde ihm speiübel, Kälte kroch prickelnd von den Zehen herauf in die Beine. Auf einmal fror ihn, er zitterte vor Kälte. Wortlos stand er auf, kleidete sich an. Er vermied es, zu ihr hinzusehen, was etwas Verkrampftes hatte. Er war lächerlich, alles war lächerlich. Einen Herzschlag lang dachte er an Ingrid – das war der Rückzug, vielleicht die Rettung. Das Letzte, was er noch hatte. Ingrid!

»Nehmen Sie es nicht tragisch! Bleiben wir Freunde. Sie haben ja dabei ohnehin nur an Ulla gedacht, stimmts? Ulla hat Sie abgewiesen, das ist nicht schwer zu erraten. Vielleicht war sie gerade nicht bei Laune, oder Sie haben es dumm angestellt. Sonst ist meine liebe Schwägerin nicht so.«

Er antwortete nicht. Ekel, Lähmung, Ekel. Plötzlich heulten draußen die Sirenen auf. Alarm! Es war Alarmstufe Eins, das Signal, in die Tiefbunker zu gehen. Ohne Vorwarnung, also Ernst, keine Übung! Atomgefahr. Ein Überfall.

Das eintönig hohe Heulen zerriss die Luft. Nun sah Höllriegl zu Anselma hinüber, die in ihrer schauerlichen Nacktheit noch immer auf der Couch lag. Man wechselte erschrockene Blicke. Anselma sprang auf, raffte den Kimono an sich und verschwand.

Ungeheuerliches war geschehen. Seit Sonnabend hatte sich alles verändert. Erniedrigung folgte auf Erniedrigung. Der Schlag, den Anselma ihm versetzt hatte, war viel ärger als Ullas Züchtigung. Jetzt war alles gleichgültig, mochte eine Bombe sie alle vernichten. Er war am Ende.

Erstarrt blieb er sitzen – Sekunden, Minuten, Stunden? Die Zeit verödete, versandete. Das Sirenengeheul sank mit misstönendem Abschwellen zu einem grässlichen Miauen herab. Und erstarb.

In der darauffolgenden Stille, die unheimlich war, hörte er, wie aus dem Lautsprecher im Vorzimmer eine Durchsage kam. Im Korridor stand Anselma in Strahlenanzug und Pelz, Ko trug den vorschriftsmäßig gepackten Luftschutzkoffer und den Schutzhelm seiner Herrin.

»Kommen Sie – rasch!«

Die Mitteilung wurde wiederholt: »Alle Volksgenossen des Hauses Neuenburger Straße 38 gehen in den Tiefbunker. Schutzanzüge fassen. Die Leibeigenen vergattern sich in der Waschküche vor der Befehlsstelle. Weitere Weisungen um 22.05 Uhr. Ende der Durchsage.« Es war der Blockwart, zugleich Luftschutz-Kapo, der über das Hausnetz sprach.

Jetzt erst bemerkte Höllriegl vier Personen, eigentlich Schatten von Personen, die auf Anselma und ihn gewartet hatten. Sie standen schon im Flur, ein Herr und drei Damen, eine von ihnen von zwergigem Wuchs. Im dämmrigen Alarmblaulicht des Stiegentraktes, es war eine Beleuchtung wie am Meeresgrund, sah alles unwirklich aus, die Gesichter waren kreidig, mit tiefen Schatten, die Mundbewegungen verzerrt und ohne Sprache. Anselmas schneidiger Befehlston beherrschte die Gruppe. »Ihr fasst eure Schutzanzüge im Bunker«, sagte sie zu ihnen, es waren vermutlich die Amtskollegen. Schweigend gingen sie alle hinunter, die Damen trippelten mit ihren eleganten Hüfchen, jedermann wich den Blicken des andern aus. Als sie im Erdgeschoß waren, unterbrach Anselma noch einmal die Stille: »Ko, du gehen mit Herrin in Bunker – nicht Keller!« Frau Geldens konnte sichs offenbar leisten, einem Befehl der Luftschutzleitung zuwiderzuhandeln.

Sie passierten hermetisch abschließbare, schottartige Sicherheitszellen, besser: Sie wurden da langsam durchgeschleust, nachdem sie in Strahlenschutzanzüge geschlüpft waren und Maskenhelme erhalten hatten, die ihnen das Aussehen eines mit einem Vogel Greif gekreuzten Rüsseltieres verliehen. Nur Ko ging leer aus. In dem hallenartig gewölbten Bunkersitzraum, der anbetrachts der Örtlichkeit fast bequem eingerichtet war – Höllriegl gewahrte mit freudiger Aufwallung, dass man vergessen hatte, das große Hitler-Bild zu entfernen –, sahen sie sich einer geisterhaften Gesellschaft gegenüber. Manche probierten die Vogelmasken und gackerten dabei oder schnüffelten laut durch den Rüssel, andere wieder bewunderten sich in ihren aschfarbenen Anzügen, die bei den Damen auf Taille gearbeitet waren. Mit Geigerzählern ausgerüstete und bewaffnete Luftschutzhelfer eilten geschäftig hin und her. Das Licht war auch hier stark gedrosselt worden, doch hätte man zur Not lesen können. Im Allgemeinen unterhielt man sich wispernd. Von Zeit zu Zeit gab der Luftschutz irgendwelche Befehle durch, die sich auf das Hilfspersonal und die Leibeigenen bezogen.

Höllriegl war der Schock von vorhin dermaßen in die Glieder gefahren, dass er, vom Gefühl absoluter Wurstigkeit durchdrungen, alles um sich her nur ganz mechanisch aufnahm. Anselma, die neben ihm Platz genommen hatte und so tat, als wäre nichts vorgefallen, übersah er geflissentlich; bei dem Gedanken an ihren Körper, ihre Hingabe fror ihn. Er hörte dem leisen Geplauder zu, das sich um den überfallartigen Angriff auf die Reichshauptstadt, das offensichtliche Versagen des Radarwarnsystems und die politische und militärische Weltlage drehte, wie sie sich nach des Führers Ableben und Köpflers Machtübernahme ergeben hatte. Aus jedem Wort sprachen Zuversicht, Siegeswille, Vertrauen in die neue Führung, in Partei und Wehrmacht. Das Großgermanische Reich war eine Weltmacht, die nicht mehr zerschlagen werden konnte. Andere Ansichten gab es nicht; und hätte es sie gegeben, wären sie nicht laut geworden.

Es entging Höllriegl nicht, dass die drei Damen ihn mit Blicken streiften, aus denen unverhohlene Sympathie und Begehrlichkeit sprachen. Besonders die Zwergin, eine Verwachsene unbestimmbaren Alters mit schönem Gesicht und glühenden Werwolfaugen, verschlang ihn mit ihren Blicken, wenn die andern wegsahen. Um die peinliche Situation nicht auf die Spitze zu treiben, nahm er, Unbefangenheit heuchelnd, an der Unterhaltung teil, allerdings recht einsilbig. Den toten Führer musste man geflissentlich aus dem Spiel lassen – diese Tendenz war nun allgemein – und die neue Staatsführung, also Köpfler und sein Werwolfgefolge, über alles stellen. Den Gesprächen konnte er entnehmen, dass der Herr und eine der Damen (Höllriegl war den vieren nicht vorgestellt worden) miteinander verheiratet waren, ein Fernsehansagerpaar, das früher am Strand von Sylt die polyglotte Reklameansage besorgt hatte. Sie honigblond und ebenso süß, mit jenen mütterlich-wogenden Formen, die bei der Deutschen Fernsehwelle und den übrigen vom Reich kontrollierten Sendern auf den Zentimeter genau vorgeschrieben waren. Er ein schlaksiger, breitschultriger Mann, der gutturales Deutsch sprach, mit dunklem Teint, energischen Gesichtszügen und melierten Schläfen, eine genormte Ski-Schönheit, wie sie in den Sportillustrierten immer wieder abgebildet war. Trotz der gedämpften Beleuchtung trug er eine nachtschwarze Sonnenbrille. Auch seinen Namen erfuhr Höllriegl: Monnikendam; er war Holländer, jedoch längst Reichsbürger, ein Freund von Anselmas verstorbenem Gatten. Die Monnikendams arbeiteten, da sie schichtweise frei hatten, nebenberuflich in der Abteilung von Frau Geldens. Ferner stellte sich heraus, dass die Bucklige eine Art politischer Schlüsselstellung im Gefolgschaftswesen des Amtes innehatte und die vierte, ein junges Mädchen – Höllriegl erinnerte sich jetzt, sie an Anselmas Mittagstisch gesehen zu haben –, ebenfalls im Auswärtigen beschäftigt war, eine dünne, braunhaarige Schwedin, deren Wohlgestalt und Gehaben an ein Mannequin erinnerten; sie wurde Helle gerufen. Ko Won kauerte auf dem Betonboden und beschäftigte sich lächelnd mit einer Solopartie Mah-dschong (Höllriegl kannte das Spiel).

Es schien hier stillschweigende Übereinkunft zu sein, keinerlei Anspielungen auf Dinge zu machen, wie sie die vier in Anselmas Wohnung beobachtet hatten. Aber ihre Blicke waren beredt genug. Höllriegls Phantasie gaukelte ihm vor, dass sie sich, durch die gebotenen Szenen angeregt, im Nebenzimmer einer Orgie hauptsächlich lesbischer Art hingegeben hatten (drei Weiber gegen einen Mann!). Theoretisch war jede erotische Betätigung, die nicht auf Fortpflanzung abzielte, offiziell verboten; und Abweichungen von der geschlechtlichen Norm wurden, wenn sie zur Kenntnis der Partei oder der NSGZS (NS-Gemeinschaft Zucht und Sitte) gelangten, strengstens geahndet. Trotz aller Vorsicht flog aber hin und wieder doch eine Orgie auf (man nannte derlei Vergnügungen Songs, den Ausdruck hatte Minne geprägt), und dies war dann der willkommene Anlass zu einem Schauprozess, bei dem mit aller wünschenswerten Deutlichkeit die intimste Schmutzwäsche vor den Volksgenossen gewaschen wurde. In der Praxis – besonders wenn es einflussreiche Persönlichkeiten betraf – sah man meist über solche Verfehlungen hinweg, selbst dann, wenn die weiblichen Lustobjekte Minderrassige oder sogar Leibeigene waren. Die vier hatten also ihren Song gehabt. Höllriegl konnte das egal sein – er hatte sich bereits weitgehend an ihre Mitwisserschaft gewöhnt.

Von draußen sickerten nur spärliche Nachrichten durch. Der Luftschutzkommandant des Blocks war zweifellos bestrebt, nicht zu viel zu sagen, um eine Panik unter den Eingeschlossenen zu verhindern. Die Nervosität steigerte sich aber, als Gerüchte umliefen, dass nicht nur der Raum von Großberlin, sondern auch das weitere Reichsgebiet mit einer gewissen Anzahl von ferngesteuerten Langstreckenraketen belegt worden war, wobei großer Sachschaden entstanden sei und auch viele Todesopfer zu beklagen wären. Im Bunker spürte man keine Detonation, nur einmal hatte die Erde leicht gezittert. In den Pausen zwischen den nichtssagenden Verlautbarungen der Blockleitung wurden flotte Märsche gesendet, darunter bevorzugt »Wir Wölfe heulen zur Nacht«, Köpflers Lieblingsmarsch. Schließlich schaltete die Befehlsstelle auf den Rundfunk um, und die Hausgemeinschaft hörte folgende lakonische Meldung:

»Über dem Stadtgebiet von Großberlin explodierten zwei Langstreckenraketen des Banzai-Typs mit konventioneller Sprengwirkung, eine dritte fiel in den Wannsee. Der Sachschaden ist erheblich. Die S-Bahn-Verbindung über Spandau-West nach Staaken wurde an mehreren Stellen unterbrochen, ebenso wurden die U-Bahn-Tunnels zwischen Alexanderplatz und Schönhauser Allee und zwischen Spittelmarkt und Bahnhof Stadtmitte teilweise zerstört. Aus dem übrigen

Reichsgebiet werden Einschläge im Raum von Kassel, Paderborn und Bielefeld sowie am Mittelrhein und im ostpommerschen Raum gemeldet. Einzelheiten stehen noch aus. In der Lübecker Bucht gingen vor Haffkrug-Scharbeutz zwei Feindgeschoße ins Meer. Bis jetzt kann mit Sicherheit gesagt werden, dass es sich bei dem heimtückischen Angriff auf das Reich um Waffen mit konventionellen, also nichtnuklearen oder bazillentragenden Sprengköpfen handelt. Radioaktive Strahlung wurde in keinem der Zielgebiete festgestellt. Vergeltungsschläge von weltweitem Ausmaß sind im Gange.«

Als der Rundfunksprecher geendet hatte, meldete sich die LS-Befehlsstelle: »Für Großberlin wird in Kürze Entwarnung gegeben. Die Hausgemeinschaft verlässt in disziplinierter Haltung und vorbildlich guter Stimmung den Bunker. Schutzanzüge und Masken sind nach oben mitzubringen. Ende der Durchsage.«

Die vorbildlich gute Stimmung – es verbreitete sich faktisch eine kümmerliche Fröhlichkeit unter den Hausgenossen, weil die Meldungen nur von »konventionellen« Sprengkörpern gesprochen hatten – und den kleinen Wirbel in den Schleusen benützte Höllriegl, um in der Dunkelheit ohne Abschied das Weite zu suchen. Es war Flucht. Anselma hatte, vielleicht unwissentlich, es unterlassen, ihn ihren Freunden vorzustellen. War er ein Lakai, ein Leibeigener? Ihr Leib war sein Eigen gewesen, der seine ihr Eigen. Sie waren quitt. Er wollte sie nie mehr wiedersehen und auch Ulla nicht. Mit den stolzen Eyckes hatte er Pech gehabt – er gehörte zur Unterklasse. Doch als er über all das nachdachte, fühlte er einen dumpfen Schmerz wie von einer ungreifbaren Wunde.

Die verdunkelten Straßen unter dem brandig gefleckten Himmel, die Farbe erinnerte ihn an das nachgedunkelte Führerbild zu Hause, belebten sich nach und nach mit Glühwürmchen. Ein merkwürdig süßlicher Stickgeruch lag in der Luft. Er hörte fernes Gebrüll, das sich rasch näherte, bis es einem die Ohren betäubte. Lastwagen, einer hinter dem andern, mehr und mehr, rasten mit aufgeblendeten Scheinwerfern an ihm vorbei, als er über einen größeren Platz ging, es musste der Blücher-Platz sein. Die Wagen waren vollgepfropft mit jungen Leuten, die in zackigem Rhythmus immerfort nur ein Wort brüllten: »Ausrá! – Ausrá! – Ausrá! – Ausrá! – Ausrá!« Höllriegl verstand: Ausra war eine der furchtbarsten Vernichtungswaffen des Reiches, eine Rakete der Langstreckengruppe, nach der altbaltischen Göttin der Morgenröte Ausra benannt – zugleich aber bedeutete das Wort, militärisch abgekürzt, *ausradieren* (im letzten Krieg hatte man *coventrisieren* gesagt).

Er fand den U-Bahn-Betrieb eingestellt, und so musste er zu Fuß gehen. Es war beschwerlich; ein paar Mal wurde er durch Streifen und Sperren aufgehalten. Je mehr er Anselma aus seinen Gedanken auszutilgen suchte, desto stärker, schmerzlicher, schneidender wurde der Wunsch, sie wiederzusehen, sie zu besitzen, den ihm angetanen Schimpf zu rächen. War das nicht lachhaft? Er nahm die Sache viel zu ernst. Solche Spiele gehörten zur gehobenen Unterhaltung gewisser Kreise, die sich langweilten. Anselma verkehrte in diesen Kreisen, musste sich anpassen, wenn sie oben bleiben wollte. Möglicherweise zwang man sie dazu. Dass er überhaupt nach Beweggründen für ihre Handlungsweise suchte! War das nicht schon halbes Verzeihen und Vergessen? »Bleiben wir Freunde«, hatte sie gesagt.

»Ausrá! – Ausrá! – Ausrá!«

IN DEN KATAKOMBEN

Was liegt da für ein Erdwurm und beschaut sich inwendig?

Das Märchen vom Krautesel

ES EREIGNETE SICH hinter Schicklgrube, einem Dörfchen an der Landstraße von Schlewecke nach Bad Harzburg. Über Nacht waren die kleinen Sperrzonen verlegt worden, und Höllriegl, der wie erinnerlich nur für diese eine Passiererlaubnis hatte, musste den Umweg über Helmstedt, Braunschweig, Salzgitter und die Freie Reichsstadt Goslar machen. Verkehr und Gegenverkehr waren auf der Autobahn spärlich gewesen, auf der Überholspur hätte man kampieren können. Es fehlten vor allem die Fernlaster, sie waren zum Großteil eingezogen worden. Auch mit Personenwagen wurden nur dringendste Fahrten unternommen. Und hoch in den Lüften dröhnte es leise, ohne Unterlass.

Nach dem Wetter der letzten Woche überraschte ein für die Jahreszeit ungewöhnlich warmer Tag, die Sonne blinzelte durchs Gewölk und ließ die Vorberge des Oberharzes in feuchtem Braun erglänzen. Die Luft war perlmutterfarben und blendete. Nachdem Höllriegl das in einer Mulde liegende Dorf hinter sich gelassen hatte, sah er ein mächtiges Bauwerk auf einem Hügel aufragen, der terrassenförmig zu einem fast wasserlosen Teich abfiel. Er hielt mit quietschenden Bremsen und betrachtete den Bau – zweifellos eine jener Totenburgen, die der Führer nach dem Sieg hatte errichten lassen. Eine Kette solcher Ehrenmale für die gefallenen Helden zog sich von der Biscaya über Ytemest, dem ehemaligen Hammerfest, und Erzengelstadt, am Ural und Kaukasus entlang, bis in den griechischen Süden. Die Totenburgen waren alle gleich, sie wirkten durch ihre archaischen Maße, ihre düstere Majestät. Rundum die Anlagen, kleine Eichenhaine, bemooste Steintreppen, aus Quadern gefügte Ständer mit den pfannenartigen Bronzeschalen für die Ehrenflamme, der Weiher – das alles war genormt. Das Mal hatte die Form eines Torbogens, grau und klotzig wie ein Hochbunker.

Höllriegl war feierlich zumute. Immer wenn der Tod ihm nahe kam, in Gesprächen oder auf Friedhöfen, überfiel ihn diese unmännliche, rührselige Stimmung; seine Augen wurden dann nass, und er musste krampfhaft schlucken. Das Denkmal erinnerte ihn an Böcklins »Toteninsel«, die zu Haus in der guten Stube gehangen hatte. Mit Wehmut gedachte er seiner Eltern, besonders der Mutter, sie ruhten schon lange im Grab.

Dann aber blitzte Ullas weißer Leib in seinen Gedanken auf, und sofort musste er auch an Anselma denken. Wie oft schon heute! Eine Dame war frühmorgens am Telefon gewesen, als er reisefertig im Wagen saß. Frau Zweenemann hatte versucht, ihn zurückzurufen, er aber war losgefahren. Anselma sollte nur wissen, dass es keine Brücke mehr gab. (Kindischer Trotz!)

Auf der langen Fahrt, die nun folgte, mit ihren häufigen Aufenthalten, Kontrollen, Durchmusterungen – nur WW-Leute, Werwölfe in Zivil, besorgten den Straßenüberwachungsdienst, das NSKK war anscheinend aus dem Verkehr gezogen worden –, hatte er Anselma immer wieder die Meinung gesagt. Es setzte Worte wie Peitschenhiebe. Eine Anselma aus Luft, eine Anselma, die nicht antwortete! Und dennoch traf ihn dann und wann der warme Wohlgeruch ihrer Haut, hörte er ihre leise, harte Stimme, spürte er eine Hand, die sich feinknochig auf seine Rechte legte, wenn er allzu schneidig in eine Kurve ging.

Anselma! Je mehr er sich in seine Wut und Verachtung hineinsteigerte, desto stärker fühlte er seine Ohnmacht. Sie war ein Wesen mit dem Instinkt eines intelligenten Tieres, unangreifbar, weil unbegreiflich, nur in der Gegenwart lebend. Sie führte ein quasi punktförmiges Dasein. Hatte sie überhaupt ein Gedächtnis, einen Merks für das, was man Geschichte nennt? Anselma reagierte immer richtig, immer todsicher, eben weil sie ein Tier war. Ein Tier, mit dem schneidenden Verstand eines ... Chirurgen, aber mit dem Gemüt einer Hur. Sie war – ja, das war das richtige Wort –, sie war eine Metze! Warum hatte er ihr dieses Wort nicht ins Gesicht geschleudert? Hur war so gewöhnlich! Anselma konnte die Dinge öffnen, bloßlegen, ihre Anatomie zeigen, dass einem ganz schlecht wurde. Wie bei einer Operation mit vollem Bewusstsein. Sie war sicher so grausam wie ein Kind. Und so gefährlich. (Höllriegl mochte Kinder nicht, sie hatten ihm manchmal übel mitgespielt.) Wahrscheinlich riss sie Spinnen die Beine aus, wenn sie sich langweilte, und den Fliegen die Flügel. Das hätte sie gern auch mit ihm versucht!

Er drehte das Radio an, irgendwo würde er doch ernste Musik erwischen, die zu dem Totenmal passte. Flüchtig ärgerte er sich: Angesichts der Helden, die für Führer und Reich gefallen waren, hatte er nichts als Weibergeschichten im Kopf.

Keine Musik außer Märschen – von allen Sendern aber die gleichen Nachrichten und Durchsagen, das ging schon seit der Früh so, die Durchsagen oft in jenem verschlüsselten Wortsinn, der nur von bestimmten höheren Parteistellen verstanden wurde. Im Nachrichtendienst hatte sich über Nacht ein gewisser Pöbelton breitgemacht: Die militärische Sachlichkeit war rüder Propaganda gewichen; die Ansager hatten sichtlich Auftrag, den Text so hasserfüllt wie möglich vorzulesen.

»– Frühwarnnetz Thule meldete heute früh den Anflug mehrerer Fernlenkwaffen des Typs Wakaihito, die vom ballistischen Kurs abgedrängt werden konnten und in der arktischen Wüste zerschellten. – Zwischen den ehemaligen Städten Omsk und Semipalatinsk setzte der heimtückische Feind aus der Luft Guerillas und Kamikaze-Kommandos ab, die, verstärkt durch ostische Untermenschen, unsere weit vorgeschobenen Wehrdörfer östlich des Irtisch angriffen. Erbarmungslose Kämpfe, meist von Mann zu Mann, sind im Gange. Der Gegner führt aus der Luft unablässig neue Kräfte heran. Die Grenzburg Ragnar Lodbrok ging nach ruhmreicher Gegenwehr verloren, der entmenschte Feind verwendete Lost-Lost. Überall, wo die schlitzäugigen Schakale Fuß fassen, öffnen sie die Strafalag. Das OKW-Transural hat daher Befehl gegeben, die Um-Lager zu liquidieren und keine Gefangenen zu machen, sondern das Tschandalengewürm, wo immer es hervorkriecht, zu zertreten. – Achtung! Achtung! Onkel Theodor ruft Annemariechen … Edelweiß zwo … Edelweiß zwo … An sämtliche Stellen … Kopf oder Adler … Adler oder Kopf … Kopf oder Adler. Die pazifische Luftmacht des Reiches führte in der vergangenen Nacht pausenlos Vernichtungsschläge gegen die japanischen Inseln und das chinesische Festland, gegen Insulinde und das von den gelben Affen besetzte Australien. Singapur ist ein Flammenmeer, Kobe und Osaka haben zu bestehen aufgehört. Einheiten sinojapanischer Fallschirmjäger sind über dem Reichsschutzgebiet Hongkong abgesprungen. Unsere tapfere Truppe hatte an vielen Punkten Berührung mit dem zahlenmäßig weit überlegen Feind, der sich wie eine Mörderbande aufführt. Den Japsen gelang es, sich auf der Halbinsel Kaulung und in der Bai von Siwan festzusetzen. Siwan fiel nach heldenhaftem Kampf in die Hände des Gegners. – Abwehrkommandos der 2. und 8. Luftflotte haben an der amerikanischen Westküste zwischen 40 und 60 Grad nördlicher Breite zahlreiche amphibische Operationen des Feindes vereitelt, nur in der Estero-Bucht, in San Diego und Agua Caliente konnte er mithilfe verräterischer amerikanischer Kräfte seine Brückenköpfe erweitern. – Unübersichtliche Lage in Mittelkalifornien und an der Nevada-Front. – Der bekanntlich seit einem Jahr in einer Kölner neurologischen Klinik in Behandlung gewesene Dalai-Lama ist heute Nacht einer Gehirnembolie erlegen. Der lebende Gott der Tibetaner, dessen Schizophrenie als unheilbar erkannt worden war, hat ein Alter von 40 Jahren erreicht. – Im Burischen Freistaat sind an einzelnen, weit auseinanderliegenden Punkten, so im Raum von Pietermaritzburg, in Wepener und Mafeteng, Basutoland, ferner in der Nieuwveld, erbitterte Buschkämpfe zwischen burischen Wehrbauern und schwarzen Äfflingen, die sich mit Waffen versorgen konnten, ausgebrochen. Die schwarzen Bestien verübten unsagbare Gräueltaten an wehrlosen Weißen, vor allem an Frauen und Kindern. Schnelle Einheiten unserer Schutztruppe sowie V-Brigaden des Afrikaner Broederbond und der Buren-SS sind in das Aufstandsgebiet unterwegs. General Gert van Boutzelaar erließ einen Tagesbefehl an das Freikorps ›Ohm Krüger‹ – über dem Alenuihaha-Kanal wurde in den gestrigen Abendstunden von einem unserer dort operierenden U-Boote ein Feindbomber abgeschossen, wobei es zu nuklearer Entladung kam. Hawaii und Maui sind zu strahlenverseuchten Sperrgebieten erklärt worden. Damit ist der Beweis erbracht, dass die Kriegsverbrecherclique des Soka Gakkai im Begriffe ist, das Germanische Weltreich und dessen Verbündete mit Kernwaffen anzugreifen, eine weltgeschichtliche Herausforderung, die das deutsche Volk nicht ungesühnt lassen darf. Seit heute null Uhr deutscher Zeit wird mit der gleichen Waffe zurückgeschlagen. Ivo Köpfler hat die in Grönland und im kanadischen Raum stationierten Bomberverbände des Strategischen Lufteinsatzes Nord angewiesen, auf Feindkurs zu gehen und zu einem bestimmten Zeitpunkt und über bestimmten Zielen Kernsprengköpfe im Trajekt zu entsichern. An dem Blitzunternehmen sind vornehmlich Totenkopfeinheiten der 16. und 17. Luftflotte beteiligt. Die volle Verantwortung für diese Maßnahme trifft den Feind. – Heidehopsassa, heidehopsassa … Was macht Tante Ute mit ihrer Schute im Böhmerwald? … Geburtstagsgeschenk gut angekommen, Torte noch in genießbarem Zustand. – Die 2. Inter-RAK-Division ist an zwei Standorten heute früh aus der Luft angegriffen worden. Der strategische Schaden ist unbedeutend. Zwölf Feindbomber des Überschalltyps wurden durch Einsatz taktischer Laser-Waffen vernichtet. – Wegen Vorbereitung der Begräbnisfeierlichkeiten für Adolf Hitler im Kyffhäusergebirge wird ab sofort das Geviert Kelbra-Hackpfüffel-Rottleberode-Heydrich, Landkreis Goldene Aue, bis auf Widerruf zur Sperrzone Eins-A erklärt. Nur ständig dort Wohnhaften und Besitzern der Ausweise WW-12.000 und RAD-III sowie standortgebundenen Wehrmachtsangehörigen und Parteidienstverpflichteten ist der Zutritt gestattet. Dieses Gebiet wird nach dem Willen Ivo Köpflers das künftige Nationalheiligtum des deutschen Volkes beherbergen. – Die Verhaftung der beiden zu Vogelfreien erklärten flüchtigen Landesverräter Unseld und Diebold steht unmittelbar bevor. Die beiden Schwerverbrecher sind eingekreist, und ihre Unschädlichmachung ist nur noch eine Frage von Stunden. – Alle das Reichsgebiet und seine Protektorate betreffenden Straßenkarten, Maßstabgrenze 1:200.000, sind bei der nächstgelegenen Parteidienststelle abzuliefern. Ausnahmefälle müssen jeweils geklärt und genauest überprüft werden. Für das gesamte Reichsgebiet entfällt bis auf Weiteres der amtliche Wetterbericht. Wir geben nun die endgültigen Zahlen der WHW-Spendenaufbringung vom Sonntag –«

Das Radio, auf leise gestellt, babbelte unentwegt weiter. Die politisch wichtigste Meldung war ohne Frage, dass der Feind den Kernwaffenkrieg also doch entfesselt hatte. Dies erschütterte Höllriegl nur wenig, er hatte es, wie so viele Volksgenossen, insgeheim erwartet (diese gelben Teufel!). Immerhin konnte auch das engere Reichsgebiet davon betroffen werden, falls die elektronischen Schutzwälle nicht standhielten. Und was das bedeutete, zeigte England, das sich nach der atomaren Austilgung Londons im Frühjahr 1945 wirtschaftlich noch immer nicht erholt hatte.

Im Augenblick und für die nächste Zukunft war für ihn fast wichtiger, dass sein Wohnort in das Nationale Schutzgebiet eingemeindet worden war, somit zu den gesperrten Zonen gehörte. Das hatte zwar keine unmittelbare Bedeutung, denn er arbeitete ja in Heydrich im parteiamtlichen Heileinsatz. Aber später! Der mühsam errungene Kundenstock musste flöten gehen. Und würde man ihn, den dienstverpflichteten Ostmärker, bei gutem Wind nicht wieder abschieben wollen?

Höllriegl stieg aus dem Wagen und atmete mit Behagen die ländlich würzige Luft ein. Keine Seele weit und breit, wie friedlich war die Welt! Nur hoch oben das leise Dröhnen. Er stellte sich am Straßenrand hin und begann eine Tiefatmung, wie die Naturheilkunde sie vorschreibt. Schon nach wenigen Minuten fühlte er sich entspannt und gekräftigt. In seiner Konzentrationsübung hatte er nicht gemerkt, dass das Dröhnen stärker geworden war und sich nun förmlich auf ihn herabstürzte. Aufblickend gewahrte er über sich ein Jagdflugzeug, das wie einer jener vorsintflutlichen Stukas steil in die Tiefe, also direkt auf ihn zuschoss, knapp über dem Boden hochschnellte und dann beinah senkrecht nach oben stieg, alle Manöver mit blitzartiger Präzision ausführend. Als Amtswalter typenbewandert, erkannte er die neue Nih-156-D deutschamerikanischer Machart, den »fortgeschrittensten Mehrzweck-Jäger mit Allwetter-Zuverlässigkeit« – Höllriegl erinnerte sich genau an die betreffende Stelle in der »Wehrkunde für den Deutschen Amtswalter« –, der sowohl im Luftkampf wie für Luft-Boden-Einsatz, für Tiefangriff und Aufklärung gleicherweise brillant verwendet werden konnte. Als die Maschine, aus allen Düsen und Poren brüllend und urplötzlich zur Mücke einschrumpfend, wie ein wilder, stinkender Spuk verstoben war, formten noch Höllriegls Lippen mechanisch den auswendig gelernten Satz: »Dieses höchst zuverlässige Flugzeug, das jederzeit und nahezu überall startbereit ist, hat alle aufgrund vieler Windkanalversuche vorausberechneten Leistungen erfüllt und übertroffen. Die mit Laser bestückte Nih(il)-156D(eath) ist die wirksamste Angriffswaffe in der Hand der Neuen Weltordnung ...«Er lächelte glücklich; die kleine Episode hatte ihn gestärkt und mit neuer Zuversicht erfüllt.

Mit Schwung eilte er die breiten Steinfliesen hinan, die zur untersten Terrasse der Totenburg führten. Aus der Nähe besehen, machten die Anlagen einen verrotteten Eindruck. Der Weiher war nichts als ein überwachsener Tümpel. Überall stand dürr gewordenes Distelzeug, und mannshohe, schmutzigbraune Klettenwälder umwucherten die rissigen Säulen und Mauern. Der Beton zeigte da und dort das Stahlskelett. Die steinernen Bänke, die zu Besinnlichkeit und Andacht einluden, waren zum Teil eingestürzt und nicht wiederhergestellt worden. Auf der Stirnseite der obersten Terrassenmauer, unter dem rostigen Aar, fand Höllriegl die verwitterte Inschrift: MÖGEN JAHRTAUSENDE VERGEHEN / SO WIRD MAN NIE VON HELDENTUM REDEN UND SAGEN DÜRFEN / OHNE DER DEUTSCHEN HEERE ZU GEDENKEN / DANN WIRD AUS DEM SCHLEIER DER VERGANGENHEIT HERAUS DIE EISERNE FRONT DES GRAUEN STAHLHELMS SICHTBAR WERDEN / NICHT WANKEND UND NICHT WEICHEND / EIN MAHNMAL DER UNSTERBLICHKEIT / SOLANGE ABER DEUTSCHE LEBEN / WERDEN SIE BEDENKEN / DASZ DIES EINST SÖHNE IHRES VOLKES WAREN. ADOLF HITLER / MEIN KAMPF. Der Name des Führers war mit frischer schwarzer Farbe überschmiert. Jemand hatte mittels einer Schablone HEIL DEM DEUTSCHEN WW hingepinselt – darunter den offenen Wolfsrachen.

Die Büberei stieß ihn ab. Augenblicklich waren Stolz und Freude dahin. Von dunklen Ahnungen bedrängt – auch die Sonne hatte sich versteckt –, umwanderte er sinnend das Denkmal. Wie man nun sehen konnte, setzte sich der aufgeschüttete Hügel auf der der Straße abgekehrten Seite in einer natürlichen, bewaldeten Bodenschwelle fort.

Er ließ sich nieder, um ein wenig zu verschnaufen, legte sich auf den Rücken, wobei er mit den Händen seinen Hinterkopf massierte. Wieder dieser ekelhafte nervöse Nackenschmerz, diese Steifheit in den Halswirbeln! Höllriegl war sich bewusst, dass irgendwas Gewaltiges, Unberechenbares im deutschen Volk geschah, in den Tiefen und Abertiefen der Volksseele, das zu neuem Aufbruch drängte. Wie einst, wie 1933! Zwietracht, in diesem weltgeschichtlichen Augenblick!? Es waren Tage einer furchtbaren Entscheidung, drinnen und draußen. Auch Tage der Entscheidung für ihn, für jeden einzelnen Volksgenossen. Wohin gehörte er, wohin wollte er gehören? Zur alten Garde, die sich um den toten Führer und sein Erbe scharte, oder zu den Neuen? Ich hoffe, Sie werden nicht immer aufs falsche Pferd setzen, hatte Anselma gesagt. Sollte er, wie sie, mit den Werwölfen heulen?

Sich aufstützend, sah er, dass die Erde dort unten in der Senke lebendig geworden war. Eine graue Masse im grauen Wintergras bewegte sich langsam auf den Ort zu, wo er lag. Was war das nur? Eine Schweineherde? Man hätte es glauben können. Er strengte sein Gehör an, um das Grunzen zu hören. Es klang eher wie Murren oder Gemurmel. Nein, es waren Menschen! Aber Menschen, die auf allen vieren gingen.

Höllriegl hatte schon gehört und gelesen, dass Biologen und Neurochirurgen in den UmL tolle Versuche begonnen hatten, mit dem Fernziel, den Menschen, genauer: eine gewisse Sorte Mensch, wieder zum Tier zurückzuentwickeln. Der Königsgedanke dabei war, dass eine höchstgezüchtete Herrenrasse, aus Edlen und Freien bestehend, ein nordisch heiler Blutadel, die Welt global beherrschen sollte, in der Herrschaft gestützt von eigens herangebildeten Vasallenvölkern, indes unterhalb dieser Völker von Dienstmannen und Lehensleuten die Erde nur noch von Tierarten, Tieren aller Intelligenzgrade und Entwicklungsstufen, bewohnt sein sollte. Das vorerst aus ganz minderwertigem oder verbrecherischem Tschandalenmaterial gewonnene Menschenvieh, beziehungsweise der Tiermensch, sollte eine besondere, ganz eigenartige Stellung in der Hierarchie der Säugetiere einnehmen. Die Tiermenschen waren für ein extremes Roboter- und Herdendasein bestimmt; soziologisch betrachtet, würden sie zwischen dem Haustier und der Maschine stehen. Die Maschine hatte sowohl die schwierigsten Denkaufgaben wie auch die schwere Massenarbeit zu bewältigen, der Tiermensch die niedrigste Fron zu verrichten, zu deren Durchführung noch so etwas wie Instinkt nötig war. (Das Ich des Menschen zu brechen, sein Denkvermögen in primitiven Instinkt zu verwandeln, ihn geschichtslos zu machen und die Triebe überwuchern zu lassen, diese Aufgabe hatte die Lobotomie.) Das ganze Konzept war zum Teil aus der weitverbreiteten Angst entstanden, die immer höher entwickelten, immer schwerer beherrschbaren Maschinen könnten sich eines Tages der Kontrolle durch die Oligarchie entziehen, sich sozusagen selbstständig machen, selbstständig zu denken und zu handeln beginnen. Diese Gefahr bestand bei genetisch veränderten Untermenschen nicht – niemals würden sie selbstständig denken oder handeln, sie waren in allen ihren Lebensäußerungen automatenhafter als Maschinen und daher weniger gefährlich. Sklaven kamen auch billiger, man konnte sie leichter in Massen vernichten, ja sie dazu bringen, sich gegenseitig zu vernichten. In den Kreisen der Lebensreformer des NATMAT träumte man von dem Tag, da die Kultur nur noch aus den Reservationen der Viehvölker einerseits und hochentwickelten Maschinenparks anderseits bestehen würde – dies alles den Eliten untertan, die schon jetzt in den Reinzuchtkolonien, auf den Trutzburgen der SS und in den Walhallen der Ariosophen im Werden waren. Wie jedermann wusste, steckten die Experimente zur Züchtung des Tiermenschen noch in den Kinderschuhen, und allgemein wurde bedauert, dass man die Juden vorschnell und so total ausgerottet hatte; sie wären wahrscheinlich das ideale Versuchsvolk für solche Pläne gewesen.

Höllriegl kam plötzlich ein Satz in den Sinn, der sich ihm seinerzeit, als er für eine seiner Prüfungen büffeln musste, unauslöschlich eingeprägt hatte: »Der Untermensch – jene biologisch scheinbar völlig gleichgeartete Naturschöpfung mit Händen, Füßen und einer Art von Gehirn, mit Augen und Mund – ist doch eine ganz andere, eine furchtbare Kreatur, ist nur ein Wurf zum Menschen hin, mit menschenähnlichen Gesichtszügen – geistig, seelisch jedoch tiefer stehend als jedes Tier.« Er hatte auch gehört, dass man, bevor die gewissen Eingriffe in den Schädel gemacht wurden, Versuchsgruppen von Untermenschen jahrelang in ganz niedrigen Koben gefangen hielt, wie die Säue, wo sie, in ihrem Kot erstickend, ja ihn fressend, so lange zusammengepfercht blieben, bis die Überlebenden begannen, statt gebückt zu gehen, auf allen vieren zu kriechen oder sich rutschend fortzubewegen. Diese Fortbewegungsart wurde später zur Gewohnheit. Es bildete sich nämlich während der Koben-Zeit eine Versteifung – oder Verkrümmung – des Rückgrats heraus, auch eine Umstellung oder Anpassung der Muskulatur an die neue Gangart, sodass solche Wesen sich nur schwer wieder auf die Hinterbeine zu stellen, also aufrecht zu gehen, vermochten. Zugleich nahmen die Vierfüßler allmählich das Äußere und Gehaben von Tieren an. Vom eigentlichen Endprodukt der Versuchsreihen, die zurzeit in der ganzen abendländischen Welt unter den Deckbezeichnungen »Nilpferd«, »Thutmosis« und »Ka« (»Ka« war für die davon Betroffenen absolut tödlich) durchgeführt wurden, war man leider noch meilenweit entfernt, obwohl einzelne Ergebnisse, wie im *Kyffhäuser-Boten* einmal zu lesen stand, »zu schönen Hoffnungen berechtigten«.

Höllriegl hatte die künstlichen Bestien noch nie gesehen. Ja, im Innersten sträubte er sich dagegen, an die Möglichkeit oder gar Verwirklichung der bewussten Experimente zu glauben; sie waren zwar ein offenes Geheimnis und in den dem Amtswalter und Heilgehilfen zugänglichen rassentheoretischen Schulungsbriefen vage und schönfärbend besprochen worden. Vom weltanschaulichen Standpunkt aus konnte er sie nicht ablehnen, das sagte er sich immer wieder, denn in seinen Vorstellungen von einer heldischen Hierarchie und einer idealisierten Götterwelt gab es gleichfalls ein Herrschen und Beherrschtwerden, ein Töten und Getötetwerden, eine Höherentwicklung der Art auf Kosten der Niederen, gab es Eudämonen und Kakodämonen. Als aber nun die Tiermenschen langsam den Hügel heraufkamen, auf ihn zukrochen, zuerst der Horror ihres Gestanks, den eine Brise herwehte, dann der schauderhafte Anblick ihrer verkrümmten und verwahrlosten Körper in ihm ein Ekel- und Schwindelgefühl sondergleichen hervorriefen, sah er, dass ein biochirurgischer Traum Gestalt angenommen hatte.

Wie erstarrt blieb er liegen, und unwillkürlich tastete er nach dem Genickfänger, der einzigen Waffe, die er bei sich trug. (Als Amtswalter war ihm befohlen, auf Reisen eine Pistole zu tragen, doch er hatte sie im Wagen gelassen.) Die nur in der Behaarung unterschiedenen, vor Schmutz starrenden, mit asbestfarbenen Kitteln oder Resten von solchen bekleideten Bestien schienen friedfertig zu sein. Nichts Menschliches haftete ihnen mehr an. Die Schnauzen am Boden – oder waren es noch Nasen und Münder? –, so zogen sie, mit den Köpfen zum heiseren Singsang nickend, ihres Weges. Als eines der Tiere ihn abzuschnüffeln begann, holte er, am ganzen Leibe zitternd, zum Schlag aus. Die Kreatur, vielleicht hatte sie einmal ein Menschengesicht gehabt, wich kreischend zurück, der Stimme nach eine Frau, wobei sie ihre abgefaulten Zähne zeigte – es war aber eine Art Lachen. Die übrige Herde beachtete ihn kaum.

Plötzlich wurde Höllriegl sich eines Umstandes bewusst, der wie schriller Alarm auf seine Nerven wirkte. Mit einem Satz sprang er auf. Wo waren die Wärter, die Wachen? Kein Uniformierter zu sehen. Die Horde schien sich selbst überlassen – wäre sie ein Arbeitstrupp im Einsatz, würde sie Bewachung haben. Die Tiermenschen folgten völlig frei einem Wesen, das sich in Aussehen und Getue in nichts von ihnen unterschied, nur dass es, wie unter einer schweren Last, halb aufrecht einherschwankte. Es schien der Kapo zu sein, zugleich der Vorbeter. Das Wesen, es war von grotesker Hässlichkeit, betete so etwas wie eine Litanei herunter, in die die grausige Gefolgschaft von Zeit zu Zeit halb murmelnd, halb singend einstimmte.

Der eine oder andere Wortklang kam Höllriegl vertraut vor; er horchte schärfer hin – ja, es war Tschechisch. Es war tschechisches Versuchsmaterial! Bei der Aussiedlung der Tschechen aus dem ehemaligen Protektorat, dem jetzigen Reichsgau Böhmen und Mähren, waren nur ausgesuchte Intelligenzgruppen zurückbehalten worden, die man fallweise an UmL, Biolabors und die Versuchsanstalten der

Rak-Gelände Peenemünde und Beydritten überstellte – für kriegswichtige Experimente. Das tschechische Volk als solches hatte man, ebenso wie die Bevölkerung des einstigen Generalgouvernements Polen, auf die vier russischen Warägerprovinzen (parteiintern hießen sie richtiger Fronvogteien) verteilt, wo es für die deutsche Wehrbauernschaft Leibeigenenarbeit zu verrichten hatte und unmittelbar der Befehlsgewalt des Reichsvogts SS für den Osteinsatz unterstand.

Tschechisch! Als Kind hatte Höllriegl einige Sommer in Südböhmen verbracht, auf einem Meierhof in der Budweiser Gegend. Er war damals von zarter Konstitution und häufig krank gewesen, und seine deutschböhmische Mutter hatte ihn aus Angst, er werde lungenkrank werden, zu Verwandten auf eine »poustka« oder »jednota« geschickt, damit er in der kräftigenden Luft der Nadelwälder und bei kuhwarmer Milch stärker und gesünder werde. (Was er auch wurde.) In der stockböhmischen Gegend lernte der Knabe sehr rasch die Umgangssprache, ja die frommen Verwandten schickten ihn allsonntäglich in die nahe Dorfkirche zum Ministrieren, weil er sich die teils lateinischen, teils tschechischen Gebete leicht merkte. Und auch später behielt er einige Kenntnisse des Tschechischen bei.

»— duše má Boha, Boha silného živého, a řiká«, verstand Höllriegl. Beim Psalmodieren warf der Vorbeter die Arme immer wieder in die Höhe. »Skoro-liž Půjdu, a ukážu se před obličejem Božím?«

Heiser, mühsam die Worte formend, fiel der Chor ein: »Slzy mé jsou mi místo chleba dnem i nocí, když mi říkají každého dne – kdež jest Bůh tvůj?«

Wieder rief der Chorführer, und der Speichel spritzte ihm im Eifer von den Lefzen: »Sud' mne, Bože, a zasad' se o mou při – od národu nemilosrdného, a od člověka lstivého a nepravého vytrhni mne.«

Und abermals sagten die Tiere im Trott mit nickenden Häuptern: »Nebo ty jsi Bůh mé síly. Proč pro soužení od nepřítele ve smutku mám ustavičně choditi?«

Trotz den rauen, zerrissenen Lauten verstand Höllriegl jedes Wort. Es war wie ein Zuruf, wie ein Lichtstrahl aus einer fernen Zeit. Es mussten die Psalmen sein oder Ähnliches. Er war mehr erstaunt als erschüttert. Also war das Licht in diesen Kreaturen noch nicht ganz erloschen, das menschliche Licht!

Vielleicht konnten sie sich nicht mehr miteinander verständigen – gemeinsam beten aber konnten sie.

»Abych přstoupil k oltáři Božimu, k Bohu silnému radostnému –« Das Geleier verwehte, als die Herde jenseits des Hügels war. Traumverloren verharrte Höllriegl mit hängender Kinnlade. Er sah sich klein und schwächlich in der Kirche von Bukovsko stehen, im weißen Kragen, mit dem roten Ministrantenkittel angetan. Seine gescheitelten Haare rochen nach Klettenwurzelöl. Er sah den blassrosa Anstrich des Kirchenschiffs, die Heiligen und Engel aus glänzend bemaltem Gips, die Fuchsien in den Töpfen. Von der Decke blickte das schreckhaft aufgerissene Vaterauge des Allmächtigen; es war dreieckig. Er sah das graubraune, wurmstichige Holz des Chors und der Bänke, er sah die zinnernen Pfeifen der Orgel, deren Bälge er manchmal treten durfte. Immer roch es nach kaltem Weihrauch und dem abgestandenen Regenwasser in den Fässern unterm Kreuzweg. Er hörte das Summen der Wespen, das Knirschen der Bauernschuhe auf den sandigen Fliesen. Das Ewige Licht leuchtete rubinrot. Er sah vor sich die kleinen, bauchigen Beichtstühle, von denen der Hauch lässlicher Sünden ausging. Feist waren sie, diese sänftenartigen Kästen mit ihren dunkelvioletten, schleißigen Vorhängen, hinter denen das erhitzte Gesicht des Priesters sich verbarg. Und ewig würde er die schrecklichen Sätze auf den Zetteln auswendig wissen, die über den vergitterten Fenstern im Innern der Beichtstühle angeschlagen waren. Casus Ordinario reservati. 1. Perjurium solemniter emissum. 2. Homicidium voluntarium, et procuratio abortus effectu secuto. 3. Copula incestuosa cum consanguineis vel affinibus primi gradus. 4. Incendiarii crimen effectu secuto. – Er verstand die Sätze nicht, sie mussten aber etwas Abscheuliches bedeuten. Wie hatte er das nur vergessen können! Es war ja alles erst gestern gewesen, auch dass er die Boženą im Gestühl auf der Weiberseite hatte knien gesehen, unter den anderen Dörflerinnen im Sonntagsstaat. Božena, die Kindsdirn, sie hätte seine Mutter sein können, die ihm manchmal ihren nackten, dicken, milchweißen Hintern zeigte und vorn das dunkle dreieckige Vlies, ein auf die Spitze gestelltes Auge Gottes und nicht minder schrecklich. Dort saß sie jetzt und verdrehte ihre bigotten Augen nach oben – sie, die ihm immer im Dunkeln auflauerte, ihn abgriff und seine Hand zu einer gemeinen Stelle ihres Leibes führte …

Jäh riss ihn etwas aus der sekundenschnellen Träumerei. Er fühlte sich angestarrt. Richtig, da stand auf der Terrasse unten eine menschliche Gestalt und sah unverwandt zu ihm herauf. Ein Weib, eine junge Frau. In ihren Händen trug sie prall gepackte, sichtlich gewichtige Bündel. Dazu einen Binkel auf dem Rücken, aus dem der Deckel einer Kanne lugte. Ein Mädchen, eine Dörflerin der Kleidung nach, nicht einmal hässlich, nur verwahrlost. Endlich wieder ein aufrecht gehendes Wesen! Aus der Ferne gellten noch die tierischen Schreie des Vorbeters.

Die Dörflerin schien ihn bereits eine Weile beobachtet zu haben. Als er sie ansah, lächelte sie, als habe sie ihn erwartet, nickte und kam mit ihrem Gepäck die Stufen herauf. Sie stieß ein paar Laute aus, wie es Stumme tun, und deutete durch eine Bewegung ihres Körpers an, dass er ihr folgen solle. Sie gingen, das Mädchen voran, Höllriegl, benommen von dem Gesehenen, zögernd hinterdrein. Er folgte ihr um das Heldenmal herum, und sie verließen die Einfriedung.

Am Waldrand blieb die Stumme stehen, um zu rasten. Als Höllriegl sich erbötig machte, ihr eines der Bündel abzunehmen, stieß sie ihn mit aller Kraft zurück. Sie hatte ein wildes, scheues Gehaben, ihre blauen Augen, das Schönste an ihr, blitzten ihn an. Dabei schüttelte sie die hellen Zotteln, und wieder kamen aus ihrem Mund die unverständlichen Laute.

Ein schmaler, überwachsener Pfad führte tief ins Waldinnere. Es war junger Mischwald, schlecht gehalten, das Unterholz stellenweise so dicht, dass sie nur langsam vorwärtskamen. Nasses Laub bedeckte weithin den Boden, der süßliche Herbstgeruch erinnerte Höllriegl an Anselmas Ausdünstung.

Sie gingen und gingen, von Zeit zu Zeit rastete das Mädchen, ohne sich umzusehen. Inmitten der Einsamkeit kamen sie an einer verfallenen Hütte vorbei, um die das Gestrüpp besonders dicht wuchs. Ein halb niedergebrochener Zaun umgab einen kleinen Platz, und Höllriegl sah hohe, mit Unkraut und Laub bedeckte Haufen. Als sie ganz nahe waren, bleckte ihn aus dem aufgerissenen Maul eines ausgegrabenen Pferdeschädels weißes Gebiss an. Die Schinderbude eines Abdeckers ... (Wie hieß doch T 4 früher? Die Reichsabdeckerei!) Der Gedankensprung brachte Höllriegl wieder völlig zu sich zurück. Seine Sinne waren aufs Äußerste angespannt. Er witterte einen Hinterhalt. Und da war auch wieder das ferne Dröhnen hoch über den Baumwipfeln.

Warum zum Teufel folgte er der Stummen? Jetzt könnte er schon längst wieder unterwegs sein. Immerhin, er hatte noch Zeit – trotz dem Umweg, den man ihm aufgezwungen hatte.

Der Wald fiel sanft zu einem verwilderten Tal ab, der Boden wurde sandig, das Unterholz lichtete sich, vereinzelte Föhren wiegten sich im Wind. Sie überquerten verrostete Geleise, zwischen denen Unkraut sprosste, und folgten schließlich einer Schmalspurbahn, deren verfaulte Schwellen immer wieder im Sand verschwanden. Hier fanden sich Fußspuren auf dem nassen Boden, es waren die Abdrücke von Männerschuhen, zwei Paar Stiefel, die mit Hufeisen beschlagen waren, neben einer Spur von Frauenschuhen. Das Tal, noch immer ein unzugängliches Dickicht, weitete sich zu einem Kessel, der wie eine ehemalige Schottergrube aussah. Die Wände waren hoch und steil und oben von dichtem Gebüsch bekrönt. Umgestürzte Förderwägelchen und die Überbleibsel von Arbeiterbaracken versperrten ihnen den Weg, auch eine hohe Geröllhalde musste überklettert werden, ehe sie den Steilhang erreichten. Überall gab es hier kleine Eingänge ins Berginnere, mit Bohlen verschlagen, eingestürzt oder durch Schotterberge verrammelt. Vor einem solchen Eingang, zu dem man sich durch dorniges Buschwerk einen Weg bahnen musste, machte Höllriegls Führerin halt. Der Bretterverschlag erwies sich als Tür, man brauchte bloß bestimmte Balken wegzuschieben, und ein Stollen tat sich auf. Das Mädchen knipste Licht an. Sie mussten gebückt gehen und tief Atem holen, es roch nach Schimmel und gestauter Luft. Der Stollen hatte eine Zimmerung aus schwerem Grubenholz, er war gut gepölzt. Später, als er breiter wurde und abwärts führte, sah Höllriegl, dass Stahlrippen das Bauholz ersetzt hatten. Der Gang mündete in einen geräumigen, ausbetonierten Tunnel, der von elektrischen Birnen notdürftig erhellt war und mit leichtem Gefälle ins Erdinnere weiterführte. Ein scharfer Luftzug – die Brise des Hades – kam den Wanderern entgegen; es war kalt. Hier schien es eine künstliche Lüftung zu geben.

Höllriegl war klar geworden, dass er sich in einer jener unterirdischen Fabriken befand, die vor dem Krieg und während der Luftschlacht über dem Reich für die Rüstung tätig gewesen waren. Ein dichtes Netz solcher Werke unter Tage hatte damals halb Europa überzogen, jede Werkseinheit war mit Ziffern oder Kennbuchstaben bezeichnet worden. Die *Stollenfertigungen* hatten die Auflage gehabt, besonders wichtige und heikle Teile – oft auch nur einen einzigen Teil – einer bestimmten Waffe auf dem Fließband herzustellen und das Fertigprodukt sodann an die nächste Fertigung zum Weiterbau im Erzeugungsring zu leiten. Nur die allerobersten Werksbeamten und Techniker und natürlich auch die Abwehr wussten, um welche Waffe es sich jeweils handelte, wo und wie sie zusammengebaut wurde und nach welchen Plänen die betreffende Ringfertigung arbeitete. Nachdem der Führer den Sieg errungen hatte, wurden die meisten Stollenbetriebe als unzeitgemäß aufgelassen, gesprengt, teils auch in Werksschulen oder Museen verwandelt, einige wenige dienten noch eine Zeit lang als UmL. Wahrscheinlich war dabei manches Werk vergessen worden.

Der Tunnel öffnete sich in ein niedriges, domartiges Gewölbe, von dem mehrere Stollen ausgingen. Hier mussten sie wieder über Schmalspurgeleise, Wechsel und Drehscheiben, und ein Zug, aus einem Dutzend Wägelchen bestehend, stand hier, wohl seit Jahren, für etwaige Hadesgäste bereit.

Aus einem der Zugehstollen trat ein Mann, der sichtlich gewartet hatte. Er war wie ein Mechaniker gekleidet, trug eine gefütterte Lederjacke und Pelzmütze. Höllriegl, seinen Gedanken nachhängend, merkte erst jetzt, wie kalt es war, und dass ihn richtig fror. Der Mann begrüßte die Stumme freundlich und nahm ihr die Binkel ab. Dann händigte er ihr einen Zettel und Geld ein. »Dank dir, Paule«, sagte er, »und komm morgen wieder.« Zugleich machte er ihr ein Zeichen in der Taubstummensprache und schnitt lustige Gesichter. Das Mädchen grinste, stieß ein paar fröhliche Schreie aus und nahm übermütig die Röcke hoch. »Bei dir blitzts ja!«, rief der Mann in seiner kehligen Mundart, aber da war die Stumme schon im Dunkel verschwunden.

»Sie kommen wohl von Professor Gundlfinger?«, fragte der Mechaniker; die Frage schien keine Antwort zu erheischen. Er schulterte die Lasten. »Man erwartet Sie, die Herren sind versammelt. Und die Sache ist zum Abholen fertig.« Seine Aussprache des Deutschen war für einen Arbeiter rein.

Nun machte der Mechaniker den Führer. Wieder gingen sie durch einen langen Stollen, der nicht ausgemauert war, durchquerten eine bis auf wenige Maschinen leere Werkshalle, auch sie eine Katakombe, und tauchten in einem Tunnel unter, der diesmal schräg nach oben führte. Ein Labyrinth! Manchmal stellte der Mann das Gepäck hin und fingerte langwierig an einem Draht oder Leitseil herum, indem er eine Art Reißschiene daran hielt, einmal kürzer, einmal länger. Elektrische Signale? Da der Weg steil wurde, half Höllriegl beim Tragen.

Als sie oben waren, sah sich Höllriegl in einem wohlig durchwärmten, spitzbogigen Gemach mit bis zur Türhöhe reichenden Bücherborden. Im Zwielicht, die Beleuchtung war nicht sichtbar, saßen fünf Männer an einem langen, mit Büchern und Papieren über und über bedeckten Tisch. In ihrer Mitte thronte auf einem erhöhten Sessel mit Armlehnen, die andern um Haupteslänge überragend, ein älterer Mann mit Gelehrtenkopf, zu beiden Seiten hatte er je zwei Herren sitzen. Die Versammlung funkelte Höllriegl aus bebrillten Gesichtern an.

»Das ist Gundlfingers Bote – ein neuer«, sagte der Mechaniker und machte kehrt, die Bündel nachschleppend.

Der Vorsitzende, denn das schien er zu sein, blickte Höllriegl mit gütigem Lächeln an. Er hatte eine spiegelnde Glatze, und der weiße Haarkranz war zu Löckchen aufgekämmt. Seine Gesichtshaut und die Hände hatten die weißliche Farbe von Grottenolmen, auch seine Kollegen waren fahle Gesellen. Er wirkte müde, verschlafen, greisenhaft, von seinem Wesen ging schlaffe Väterlichkeit aus. Höllriegl hatte den Eindruck, einen verhörenden Klinikchef oder Ordinarius vor sich zu haben, und er selbst sei entweder der Patient oder ein Prüfling.

»Soso, Sie sind einer von Gundlfingers Leuten, das legitimiert Sie hinlänglich«, sagte der Mann bedächtig. Er schien Höllriegl von Haus aus wohlgesinnt zu sein. »Ihre Uniform ist eine gute Tarnung. Sonst schickte er uns immer einen jungen Menschen, einen ganz rei-zen-den jungen Mann. Die Arbeit, die Gundlfinger von uns wollte, ist fertig. Es war nicht immer leicht, den Gedankengängen unseres Freundes und Gönners zu folgen. Wir haben uns bemüht, dem Kommentar den Charakter eines fakultativen Gutachtens zu geben. Wissen Sie, um was es geht?«

Höllriegl, der nichts wusste – es war wie bei einem Examen – und auch nicht wusste, wie ihm geschah, er war in diese Bredullje gekommen wie der Pontius ins Credo, riss sich zusammen. »Nein, der Herr Professor hat mich nicht eingeweiht, noch nicht. Ich bin neu im Dienst. Vielleicht tut ers noch …«

Das war kühn. War es auch gescheit? Hier gab es überall Fallstricke. Sollte er nicht Farbe bekennen, die Wahrheit sagen, das Ganze als Missverständnis hinstellen? Dazu wars aber nun zu spät. War er in eine Verschwörung geraten? Es sah so aus. Am besten, er ließ den Vorsitzenden reden und sagte selber nichts.

Die vier Herren sahen Höllriegl um vieles weniger freundlich an als der Redner. Ihre Gesichter waren nach wie vor undurchdringlich, steinern – ironischsteinern. Auch sie hatten den gewissen klinischen Blick, kalt, objektiv, abschätzend und abschätzig. Er war eine Sache, eine Nummer, ein Fall für sie. Höllriegl hasste das – auch schienen sie beharrlich auf sein blaues, jetzt braunes Auge und die Schramme zu starren. Er kam sich wie der Prüfling im anatomischen Hörsaal vor.

Der Hörsaal war hoch und hatte mehr ein kapellenartiges Aussehen. An der Mittelwand über den Büchern hing unter Glas und Rahmen – nicht der Führer! Es war das Bildnis eines weißbärtigen Herrn mit gesenktem Kopf und vergrübeltem Gesicht, seine Haltung drückte tiefe Nachdenklichkeit aus. Unterhalb der Decke lief eine durch Feuchtflecken unterbrochene, schlecht leserliche Inschrift um die Mauern. Erstaunt buchstabierte Höllriegl die Worte: Co ito ergo sum. Und darunter: Flectere s equeo su eros Acheronta movebo. Höllriegl war immer recht gut in Latein gewesen, hatte jedoch viel vergessen. Er las mehrmals, fand die fehlenden Buchstaben nicht, und so blieb ihm schon deshalb der Sinn der Worte verschlossen.

»Ich sehe, Sie lesen die Schrift und sind verwundert, mein Freund«, sagte der Vorsitzende in der ihm eigenen gönnerhaften und zugleich untersuchenden Art, dabei drehte er kokett an seinen Löckchen. »Hm, Couchsituation, infantil, hm. Das Milieu ist neu für Sie, muss neu für Sie sein. Aber vielleicht wird sich Gundlfinger Ihrer noch öfter als Boten in die Unterwelt bedienen. Dass wir Psychoanalytiker sind, wissen Sie. Die letzten, oder wenn Sie wollen: die ersten – wieder die ersten. Die Letzten werden die Ersten sein. Wir sind Psychoanalytiker, die sich aus bekannten Gründen verborgen halten, aber doch mit der Wissenschaft ober Tage, mit Gelehrten aller Länder und Sparten in engem und zumeist erfreulichem Kontakt stehen. Dass wir unterirdisch leben – leben müssen –, hat sogar eine reale symbolische Bedeutung: Unsere Wissenschaft, von der die heutige Jugend nichts mehr weiß, weil sie nichts davon wissen darf, hat mit Unterirdischem, wenn auch – hehe – keineswegs Unirdischem zu tun, mit den verborgenen, unsichtbaren, jedoch stets nachweisbaren Mächten in der Seele des Menschen ...«

Höllriegl erstarrte zu Eis. Das war ja die Widerwärtigkeit selbst! Er erinnerte sich blitzschnell: Als der Führer in Linz eingezogen war, damals, im März 38, um die Ostmark heimzuholen, hatte es in den Straßen und auf den Plätzen Freudenfeuer gegeben. Es waren Freudenfeuer, die bald zu Scheiterhaufen wurden. Eine Wiederholung jenes historischen 10. Mai 1933 vor der Berliner Universität. Die illegale Studenten-SA Oberdonau warf die Bücher von Juden, Freimaurern und Systemlingen in die Flammen; auch er hatte mitgeholfen, die Buchhandlungen auszuräumen. Da waren doch die Werke eines gewissen Freud dabei gewesen! Wie hatte der Feuerspruch der SA gelautet? »Gegen die Schweinereien des Juden Sigmund Freud! Für den Adel der deutschen Seele!« Er wusste es noch haargenau, wie er auch noch alle anderen Sprüche wusste. Und das Schwarze Korps hatte damals die »Psychosyphilitiker« angeprangert und die »Pischiater« lächerlich gemacht. Als er später bei der SS im Heileinsatz war, um sich auf seinen jetzigen Beruf vorzubereiten, hatte er immer wieder von der beispiellosen Schamlosigkeit dieser zersetzenden jüdischen Lehre gehört. Als Gyromant musste er auch die offizielle »Deutsche Seelenkunde« – wie würde Schwerdtfeger sagen? – intus haben. Die hatte er. Diese »Deutsche Seelenkunde«, zweibändig, Verfasser: Bruno Marbod Wammse, Ordinarius für Seelische Tiefenlotung und Betriebssittlichkeit an der Technischen Hochschule zu Hannover, widmete den Obszönitäten Freuds bloß zwei Sätze (Höllriegl hatte sie seinerzeit auswendig gelernt); sie lauteten: »Wie ein giftiger Pilz wucherte zurzeit der tiefsten Schmach des deutschen Volkes die Irrlehre des Wiener Juden Sigi Freud. Mit anderem Unrat und Unflat mistete der Führer auch diesen Saustall aus, als er die Macht übernahm, sehr zum Leidwesen der Jiedlach in aller Welt, die darob ein Wahgeschrei erhoben.«

Das hier war also eine richtige Teufelsverschwörung, kein Zweifel. Und er in der Falle! Wie kam er da mit heiler Haut wieder heraus? Unmöglich ohne fremde Hilfe. Der Vorsitzende sah zwar wie eine Molluske aus, aber die vier Beisitzer schienen, obwohl bejahrt, starke, knochige Kerle zu sein, besonders der eine links außen wirkte wie der Senior eines Ringvereins. Dann der Mechaniker! Und das Labyrinth! Wer weiß, was diese Unterwelt noch an Überraschungen barg! Höllriegl bedauerte heute zum zweiten Mal, das Schießeisen im Wagen vergessen zu haben.

»Falls Sie wiederkommen und ich einmal verhindert sein sollte«, fuhr der Vorsitzende in väterlichem Ton fort, »wird mich einer meiner Mitarbeiter vertreten. Sie alle sprechen gut Deutsch, obwohl sie keine Deutschen sind. Der Herr da [er deutete auf den ihm rechter Hand zunächst Sitzenden] ist Professeur Guy de Saint-Phalle, der Name ist selbstverständlich ein Pseudonym; der Herr neben ihm ist Doktor Géza Fekete-Bino, ehemals Burghölzli; und der Herr dort [er wandte sich dem linken Flügel zu] heißt Toottlewasher, Irving S. Toottlewasher, früher Oxford; der vierte im Bunde ist Senor José Otón Aterga y Gaudemiché (Pseudonym!), einst Inhaber eines Lehrauftrages für experimentelle Psychologie an der Madrider Universität. Sie haben es mit Spezialisten höchsten Ranges zu tun.«

Die Spezialisten rührten sich nicht, keiner lächelte, keiner quittierte die Vorstellung mit einem Kopfnicken. Wie bleiche, versteinerte Götter eines Inquisitionsgerichts saßen sie da, ihre Brillengläser spiegelten ihn nach wie vor an – boshaft, feindselig, wie ihm vorkam.

»Jeder dieser Herren hat berühmte Arbeiten geliefert – ich meine: berühmt in der unterirdischen Fachwelt. So gibt es von Professor Toottlewasher, um nur einige Beispiele zu nennen, eine Untersuchung ›Zur Theorie der menschlichen Aggression‹, die – Sie werden lachen – kein Geringerer als Schultze-Rüssing für sein Lehrbuch benutzte. Denn wir sind ja schon zufrieden, wenn unsere Theorien und Forschungsergebnisse sich oben in gewissen Niederschlägen wiederfinden. Ein weiterer Essay von ihm, ›Allmacht der Gedanken und politische Führung‹, ist auf Umwegen bis in die Reichskanzlei gedrungen und wurde dort an maßgebender Stelle verarbeitet. Ob Sie mich für größenwahnsinnig halten oder nicht – sogar in manchen Führerreden haben wir unsere Argumente entdecken können! Weitere Abhandlungen von Professor Toottlewasher: ›Eine Teufelsneurose im KL Natzweiler‹, ›Amphimixis urethraler und analer Triebregungen‹, ›Ejakulationsphantasien eines wegen Rassenschande Kastrierten‹, ›About Animism in Modern Mass Society‹, ›Über eine typische Form von Koprolalie bei Dietrich Eckart‹ etcetera etcetera. – Doktor Fekete-Bino, vor dem Krieg eine unserer größten Kapazitäten auf dem Gebiet der analytischen Mythenforschung, schrieb im letzten Jahr über ›Genialität und Genitalität‹, ›Das Ding – an sich‹ [der Vorsitzende lächelte fein], ›Oralerotik und Mundart‹, ›Fiktionalismus in der altnordischen Dichtung‹, ›Waberlohe und Keuschheitsgürtel‹ und so weiter. – Auch unseren Freund und Mitarbeiter Guy de Saint-Phalle darf ich einen Seelenforscher von hohen Graden nennen. Seine grundlegende Abhandlung ›Gedanken über die Tabuisierung des weiblichen Genitales‹ ist, nach deren kürzlicher Neufassung, in analytischen Untergrundzirkeln wieder stark im Gespräch, ebenso sind es seine bedeutenden Essays ›Bettnässen und trockener Humor‹, ›Der Analcharakter im Lichte der post-freudschen Seelenforschung‹, ›Versuch einer Strukturanalyse der Grausamkeit‹, welchen Aufsatz wir noch Professor Schultze-Rüssing wie auch Harry Styles Lynn von der University of the South, Sewanee, zur Kenntnis bringen werden, ›Zur Genesis und Dynamik des Führungsanspruchs‹, ›Anticipations des principes de psychoanalyse dans l'œuvre d'un poète naziste‹. Zurzeit beschäftigt sich Saint-Phalle mit einer hochwichtigen Sache; es handelt sich um einen sehr ehrenvollen Auftrag der Professoren Pitigrilli, Kapauner und Hodenbruch vom Museum für Sexologie in Leyden. Die Arbeit betitelt sich ›Der Mutterkuchen als rituelle Mahlzeit bei den Cora-Indianern‹. – Schließlich behandelt unser Freund dort, Blüte des spaniolischen Blut- und Geistesadels, eine Reihe äußerst aktueller Themen, darunter ›Die Ejakulation als Sieg des Urethralen über das Anale‹, ›Das Analogon in der germanischen und jüdischen Sippengeschichte‹, ›Psychopathologie der Landsersprache‹ (ein Auftrag der Germanischen Akademie für Dichtung und Wahrheit in Weimar), ›Zur Frage der Phantomschwangerschaften in Zuchtmutterklöstern‹, ›Der Speer des Pinchas als Penis-Symbol‹, ›Schema einer ätiologischen Therapie akzidenteller Kriegsneurosen‹, ›Das Wesen des heldisch-patrizischen Ideals‹, ›Eine Deckerinnerung in statu nascendi‹, ›Der Begriff Artfremdheit im Pentateuch (hasar hakareb jumat) und in der altdeutschen Sippengeschichte‹, ›Die ödipale Grundlage einer Lohengrin-Vision Adolf Hitlers‹, ›Sind unerlaubte Sexualhandlungen (gilluj arajot) ein Beschwörungsmodus?‹, ›Über die Entstehung des spezifischen BDM-Orgasmus beim Anhören von Führerreden‹ – ich könnte Ihnen noch ein Dutzend solcher Titel aufzählen. Wir dürfen uns sogar rühmen, in den obersten Rängen der Römischen Kirche ständige Geheimmitarbeiter zu haben, zum Beispiel einen sehr hohen Kleriker, den wir nur den Pater Präputius nennen – dieser augustinische Feuergeist lieferte uns zuletzt eine besonders glänzende Studie: ›Anmerkungen zur Psychoanalyse der Schwarzen Messen‹. Ich selbst schreibe im Moment an einer langerwarteten Abhandlung, die den Titel »Einige Widersprüche in ›Die altmexikanische Kriegshieroglyphe atl-tlachinolli‹ von Alice de Tribade« führt. Natürlich sind wir alle arg überlastet. Nicht nur, dass uns Universitäten und Akademien vor schöne Aufgaben stellen, wir tauschen auch unsere Erfahrungen mit anderen analytischen Untergrundzentren aus, wodurch sich eine Überfülle von fruchtbaren Diskussionen und Polemiken, leider aber auch viel persönlicher Hader ergibt. Ich möchte Ihnen nicht verhehlen, dass wir gegenwärtig mit einer mächtigen Gruppe, die sich in den Ruinen von Alt-London verborgen hält und von einer Frau Professor Nebenzahl dirigiert wird, im Streite liegen, was Ihnen vielleicht umso verständlicher sein wird, als dieses Centre sich erdreistet, die Lehren Freuds in nuce zu vertreten und heute sozusagen ab ovo neu zu entwickeln, dabei alle übrigen Centres schwerwiegender Abweichungen von der Generallinie bezichtigt, ja, sie als Abtrünnige, Scharlatane und Anmaßer brandmarkt. Natürlich können wir, die zur alten Garde zählen, da nicht untätig zusehen. Hauptsächlich wir und zwei weitere Centres, die als Noviziatschulen, das eine des Großklosters Megisti Lawra, das andere in Argesi, getarnt sind, führen den Kampf gegen eine verknöcherte Orthodoxie, die längst nicht mehr in unsere Welt passt. Sicher geht bei derlei internen Konflikten viel Zeit und Energie verloren, andrerseits aber trägt der Wettbewerb unter den einzelnen Gruppen dazu bei, unsere wissenschaftliche Autorität zu stärken, unsere Methoden elastisch zu erhalten, die Lehre zu entschlacken und einer finalen, apollinischen Form zuzuführen. – Sie wissen, woran Gundlfinger jetzt arbeitet?«

»Nein«, erwiderte Höllriegl verwirrt. »Ich bin neu am Ort.«

»Verzeihung, Sie sagten es schon.«

Der augenscheinlich etwas altersgeschwätzige, sich selber gern zuhörende Vorsitzende, der wie ein Buch dozierte (Höllriegl mochte solche Leute nicht), redete unbeirrbar weiter.

»Gundlfinger hat nichts Geringeres im Sinn als einen neuen Gottesbeweis, das geht klipp und klar aus der Aufgabe hervor, die er uns gestellt hat. Soweit wir seinen Arbeitsplan kennen, legt er der Spekulation den Ausspruch Pascals zugrunde: Nous ne vivons jamais, nous espérons toujours seulement de vivre. – Was ist denn, was ist denn?«

Diese ärgerliche Zwischenbemerkung bezog sich auf das Verhalten der vier

Beisitzer, die nun nicht mehr Höllriegl, sondern den Vorsitzenden mit ihren Brillengläsern anspiegelten, wobei sie leise mit den Füßen scharrten.

»Die Herren finden, dass ich zu viel rede. Außerdem haben sie Hunger, es ist gleich Mittag. – Dieser Gedanke Pascals, konsequent weitergedacht, führt uns unweigerlich in eine quasi-schizoide Situation hinein, wie sie heutzutage von den Massen tatsächlich erlebt wird. Nämlich: Im Endergebnis ist der Unterschied zwischen Geistesgestörtheit und der sogenannten Normalität geringfügig. Der Schizophrene erlebt das grauenhafte Los der Entfremdung von der Wahrnehmungswelt als sein Schicksal, wogegen der heutige Gesunde, mehr oder minder bewusst, unter dem Erlebniszwang einer traumatischen, von Willkür und Gewalt regierten, unendlich gefährdeten Zeit sich allmählich von der Erscheinungswelt ablöst, sich ablösen muss. Also durch Erkenntnis und Entschluss – das ist der springende Punkt! Und so kommt es zu Erscheinungen, die dem Durchschnittsmenschen von heute – vielleicht auch Ihnen, wenn Sie gestatten – einfach zustoßen, ohne dass er sich dagegen wehren kann. Er rutscht gleichsam in eine künstliche Schizophrenie hinein; das Wachen wird zum Traum und vice versa, der Traum wird zum Trauma …«

»Hunger, Hunger«, murmelte der Chor der Beisitzer und scharrte jetzt lauter mit den Füßen.

»Geduld, meine Freunde, ich läute.« Der Vorsitzende drückte auf einen Klingelknopf. »Es ist durchaus verständlich, dass unser Durchschnittsbürger, da er dem Aggressionstrieb der Machthaber wehrlos ausgesetzt und seines Selbstbestimmungsrechtes, ja überhaupt aller menschlichen Rechte beraubt ist, einen neuen metaphysischen Halt sucht, einen neuen Gott, dessen Existenz er sich allerdings erst beweisen muss. Der Mensch hat Halluzinationen – aber nützt ihm das? In der Halluzination der Gottesvorstellung, im Wunschbild der Vater-Imago, sehen wir immerhin schon das Bestreben, den Teufelskreis des Autismus, in dem der heutige sogenannte Gesunde wie in einem Käfig gefangen sitzt, zu sprengen und seiner Wunschwelt den Charakter des Wirklichen zu erkämpfen. Die Gottesvorstellung gibt ihm in einer erbarmungslosen, unwirtlich gewordenen Welt Trost, und Trost bedeutet Geborgenheit oder deren Illusion, also ein Lustgefühl, einen Lustgewinn – die Gotteshalluzination führt Wunsch und Wirklichkeit zusammen, löst beide ineinander auf. Die Magie zeigt, wie Freud, Rank, Ferenczi und andere nachgewiesen haben, einen ähnlichen Versuch, der Wunschwelt Objektivität zu erobern. Das sind Grundkräfte und letzte Instanzen. Der echte Schizophrene hat der Wirklichkeit jeden Realitätscharakter entzogen, dies natürlich jenseits der Gottesvorstellung – soweit seine Krankheit eben reicht. Der sogenannte Gesunde dagegen kann sich mittels der Gottesvorstellung aus seinem autistischen Gefängnis, in das er sich aus einer viel schrecklicheren Welt geflüchtet hat, befreien. Und weil es eine realistische Revolution unter den heutigen Verhältnissen nicht geben kann, halten wir Gundlfingers Metaphysik für einen politisch revolutionären Akt – wenn unsere jüngsten Informationen nicht trügen, wissen das leider auch die Verfechter des NATMAT –«

Der Mechaniker kam aus einer Seitentür und unterbrach den perlenden Redefluss des Vorsitzenden: »Es ist Punkt zwölf, das Essen ist angerichtet. Ich habe für neun Personen gedeckt.«

»Das heißt«, sagte der Vorsitzende zu Höllriegl, »es ist auch für Sie gedeckt.« Und bevor Höllriegl etwas entgegnen konnte, hatten sich die Herren von ihren Sitzen erhoben und drängten zum Ausgang. Der Vorsitzende fasste Höllriegl freundschaftlich am Arm – »Wer von Gundlfinger kommt, gehört zur Familie … mein Name ist Kofut, Professor Kofut-Eisenach, Pseudonym Cunnilingus«, sagte er leise und gütig und mit jener penetranten Väterlichkeit, die allen Chefs von psychiatrischen Kliniken eigentümlich ist – und geleitete ihn in einen ebenso wohlig temperierten Nebenraum.

Ein frugales, aber überreichliches Essen stand bereit. In der Mitte der langen Tafel, die mit Föhrenzweigen geschmückt war, dampfte der Eintopf in einer irdenen Schüssel. Außer den fünf Gelehrten, Höllriegl und dem Mechaniker waren noch zwei Männer mittleren Alters anwesend, schmutzig, abgerissen und unrasiert, deren entsetzlich eingefallene Gesichter Höllriegl auf Anhieb bekannt vorkamen; nur wusste er nicht, wo er sie hintun sollte. Die beiden trugen braune Uniformen und Schaftstiefel.

Die Tischgesellschaft langte reihum zu, der Vorsitzende machte den Anfang. Das Wasser war frisch und hatte einen angenehm metallischen Geschmack. »Wir haben im Stollen einen Säuerling entdeckt«, erläuterte der Vorsitzende, der Höllriegl an seine Seite gebeten hatte. Es wurde schweigend gegessen, die vier Beisitzer entpuppten sich als Vielfraße.

Die Männer in Uniform hatten einen unsteten Blick; ihr gehetztes Wesen fiel auf, ebenso, dass sie zum Umfallen müde waren. Als man satt war und nur noch, sozusagen zum Nachtisch, Schnitten eines weichen, schwärzlichen Bauernbrotes verzehrte, sagte der Vorsitzende halblaut zu Höllriegl: »Es sind Flüchtlinge, denen wir politisches Asyl gewähren. Wir bemühen uns, sie wieder auf die Beine zu bringen.«

»Wir sind Unseid und Diebold«, sagte einer der Männer unvermittelt und richtete seinen hohläugigen Blick auf Höllriegl; der andere starrte auf den leeren Teller, er hatte den Kopf noch nicht gehoben. Die Worte wirkten auf Höllriegl wie Keulenschläge, es war ihm, als wanke in diesem Augenblick das Gewölbe. »Die Polizei war uns dicht auf den Fersen, da haben diese Menschen hier geholfen.«

»Wir halten sie verborgen, weil sie Werwolf-Gegner sind«, fuhr der Vorsitzende leise fort. »Natürlich sind es keine Verbrecher. Würde der Werwolf an die Macht kommen, wären wir alle geliefert – wir und unsere Freunde oben. Wir halten mit Anti-Werwolf-Kräften in der Partei und Wehrmacht Tuchfühlung, soweit uns das unser Isoliertsein erlaubt. Was sich jetzt abspielt, ist ein historischer Prozess: Jacobiner gegen die Gironde. Wir sind – schon aus Selbsterhaltungstrieb – Girondisten. Nur in unserer Wissenschaft sind wir von jacobinischem Geist erfüllt, wenn Sie wollen.« Nicht einmal in dieser Situation konnte der Professor die dozierende Art lassen; er war durch nichts aus dem Konzept zu bringen.

»Wer immer Sie sind«, sagte der Mann, der zuvor gesprochen hatte, und musterte Höllriegls Uniform (sein Gefährte hielt den Kopf beharrlich gesenkt). »Hören Sie, was ich Ihnen sage, und sagen Sie es weiter. Der Führer ist von Köpfler und seinen Kreaturen ermordet worden, nach und nach vergiftet, in kleinen Dosen. Das Testament, das Köpfler im Reichsrat vordeklamieren ließ, ist vom ersten bis zum letzten Wort erstunken und erlogen – eine plumpe Fälschung und politische Schiebung. Entweder stand der Führer unter Drogeneinwirkung, als er das Testament auf Band sprach, oder ein Stimmfälscher, der in der Reichskanzlei schon öfters beschäftigt worden ist, ein Klempnermeister namens Möldagl aus Ried im Innkreis, Gau Oberdonau, der die Stimme des Führers bis ins Kleinste nachahmen kann, hat das Testament gelesen. Es ist auffallend, dass der Leichnam Hitlers erst zweimal kurz im Fernsehen gezeigt wurde, Sonntag und Dienstag, und zwar aus größerer Entfernung – aufgebahrt im Arbeitszimmer, mit der Ehrenwache, durch die Bank erprobten Werwolfleuten, Handlangern Köpflers. Seither liegt der Führer im geschlossenen Sarg, und der Sarg wird Tag und Nacht scharf bewacht. Köpfler will nichts, als sich und den Werwolf an die Macht bringen. Ein paar ungefährliche Jasager aus dem alten Reichskörper hat er belassen – alles Augenauswischerei. Manche in der Parteispitze wissen das, haben aber nicht den Mut und auch nicht den Willen, die Wahrheit zu sagen. Die Wahrheit wäre der Bürgerkrieg. Der Konflikt mit dem Tenno, der gegen den Willen des Führers vom Zaun gebrochen wurde, zwingt die Partei, den inneren Hader zurückzustellen – und diese Schwäche, dieses Zaudern macht sich Köpfler zunutze. Doch die Abrechnung kommt so sicher wie der Jüngste Tag …«

Der Mann sprach langsam, mit unverkennbar rheinischem Anklang, mühsam die Sätze formend, als habe er eine schwere Zunge. Kein Zweifel, es war Manfred Diebold, der gesprochen hatte. Höllriegl hatte sein Bild da und dort gesehen, obwohl gerade Diebold als Gegner der politischen Bildreklame galt. Diebold, der Reichsführer SS, Nachfolger des verstorbenen Heinrich Himmler, des großen *Heini*, Reichsinnenminister und Chef der Deutschen Polizei, bis zu seiner Absetzung einer der mächtigsten Männer des Weltreichs, vielleicht der Mächtigste nach dem Führer – ein zu Tode Gehetzter!

»Wir heben die Tafel auf«, sagte der Vorsitzende und erhob sich; das Zeichen zum allgemeinen Aufbruch. Höllriegl war von dem Gehörten so durcheinander, dass er wie ein Betrunkener schwankte, der Professor musste ihn stützen. Die vier Beisitzer verschwanden grußlos, nur Diebold gab Höllriegl die Hand und sah dabei weg. »Gott schütze unser Deutschland«, murmelte er.

In der Bibliothek erhielt Höllriegl aus der Hand des Vorsitzenden ein dickes Heft, ein Typoskript. »Unser Gutachten«, erklärte der Professor und zwirbelte seine Löckchen, »eine kollektive Arbeit. Ich denke, Sie binden sichs mit diesen Schnüren auf den Rücken – ja, unter das Hemd … Apropos, Ihre Beule wird schön braun – Parteifarbe, hehehe.« Er wies mit Gönnermiene auf Höllriegls Schandmal. »Wo Sie die auch herhaben – als Angehöriger der Herrenrasse sollten Sie diesen Schimpf nicht auf sich sitzen lassen. Jedenfalls … Sie tragen Ihr Trauma offen zur Schau. Grüßen Sie Gundlfinger von seinem ergebenen Freund Kofut. Und: Ich warne ihn! Er soll so bald wie möglich untertauchen – unter Tage verschwinden. Auch für ihn wirds höchste Zeit!«

Höllriegl versteckte das Gutachten, wie ihm geheißen worden. Als er seine Kleider in Ordnung gebracht hatte, trat der Mechaniker auf ihn zu. »Ich bringe Sie ins Freie«, sagte er und ging voran.

Sie kamen wieder in den zentralen Tunnel, durch den der kalte Wind blies. Höllriegl hörte das ferne Stampfen einer Maschine. Ein Aggregat, eine Lichtmaschine, eine Klimaanlage? Das Ganze war ungeheuerlich! Köpfler ein Mörder! Der engste Vertraute des Führers sein Mörder! Durfte man den beiden – Unseld und Diebold – auch nur eine Sekunde trauen? Sie waren vor allem Volk für ehrlos und vogelfrei erklärt worden. Jedermann hatte das Recht, sie auf der Stelle zu töten. Es war Pflicht, die faule Blase auffliegen zu lassen. Und zwar sofort, im nächsten Dorf!

Im nächsten Dorf? Fraglich, ob es da einen Gendarmerieposten gab, aber es gab beinah in jedem Dorf einen. Und die Dörfler? Wenigstens ein paar unter ihnen mussten mit dem »Labyrinth« Verbindung haben, es mit allem Nötigen versorgen. Den Dörfern der ganzen Umgebung war der Schlupfwinkel dieser Halunken bekannt, anders war es nicht möglich. Dass da nie jemand getratscht hatte! Es war grauenhaft, so grauenhaft wie die Sache selbst! Und wenn noch nie jemand eingeschritten war, so bewies das nur, dass die Verschwörung sehr weite Kreise zog und bereits eine gewisse Macht hatte – gar nicht zu reden von dem Netz der »Untergrundzentren«, die anscheinend weltweit verbreitet waren (wenn der Vorsitzende nicht geprahlt hatte) und mit anerkannten, loyalen Wissenschaftlern »ober Tage« zusammenarbeiteten. Nein, das waren keine harmlosen Narren, das waren gefährliche Verbrecher, die es auf die Sicherheit und den Bestand des Reiches und der asischen Rasse abgesehen hatten.

Die Anzeige durfte man keinesfalls überstürzen, wollte man nicht riskieren, um die Ecke gebracht zu werden. Es war völlig schleierhaft, ob und inwieweit auch Organe der Exekutive, also der Landpolizei, in die Sache verwickelt waren. Der leiseste Verdacht, und man ließ ihn verschwinden! Andrerseits musste rasch zugeschlagen werden, sollten nicht Diebold und Unseld neuerlich durch die Maschen gehen. Es konnte kein Zweifel darüber sein, dass die zwei Schwerverbrecher an andere Untergrundgruppen außerhalb der Reichsgrenzen weitergeschleust werden würden.

Erstaunlich, wie sicher die Herrschaften sich fühlten! Nicht einen Augenblick hatte man daran gedacht, nach seinem Woher und Wohin zu fragen. Dass er mit der Stummen gekommen war, hatte als Ausweis genügt. Und Professor Gundlfinger? Das war ja entsetzlich – auch er, ein bedeutender, von der Partei hundertprozentig anerkannter Denker, eine Leuchte des abendländischen Geistes, wie unlängst im *Kyffhäuser-Boten* gestanden hatte, auch er mit den Verschwörern, diesen Atheisten und Scheißintellektuellen, geheimen Anhängern einer vermeintlich ausgerotteten jüdischen Irrlehre, im Bunde! Gundlfinger ein Verschwörer, vielleicht sogar einer der Hauptverschwörer!

Moment mal, wie war das nur? Er, Höllriegl, hatte den amtlichen Auftrag erhalten, bei dem berühmten Mann zu pendeln. Dieselbe Stelle, die ihn – sinnloserweise – zu dem sterbenden Juden geschickt hatte, hatte ihn auch zu Gundlfinger geschickt. Obersturmführer Hirnchristl …? Warum hatte man in der Tiergartenstraße geleugnet, Hirnchristl je gesehen oder seinen Namen gehört zu haben?

Höllriegls Gedanken verwirrten sich. Automatenhaft folgte er dem Mechaniker, der von Zeit zu Zeit stehen blieb und mit der Reißschiene Kontaktzeichen gab.

War Hirnchristl die Schlüsselfigur in dem Ganzen? Oder ein anderer? Schwerdtfeger? Der hatte ihn ja zu Hirnchristl geschickt (»Netter Kerl, Ostmärker, leidenschaftlicher Nationalsozialist«), auch gab es einen ordnungsgemäßen Marschbefehl, den er in der Tasche trug, vom *Parlament* in Heydrich ausgestellt.

Das Schlimme war, die beiden Landesverräter hatten einen grundehrlichen Eindruck gemacht. War es die Wahrheit, eine grausige Wahrheit, die der Mann gesprochen hatte? Wenn man so nahe dem Tod gewesen ist – und was für einem Tod! –, dann lügt man nicht. Der Führer ermordet? Vergiftet wie eine Ratte? Das Ganze ein Komplott des Werwolfs und seiner Hintermänner?

Nun schritten sie in einem der Zugehstollen bergan, die Zimmerung trat wieder an die Stelle der Stahlrippen. Als der Mechaniker eine verrammelte Tür aufstieß, befanden sie sich vorerst noch nicht im Freien, sondern in einer dämmerigen Höhle, deren Decke herabhing. Höllriegl holte tief Atem, seine Augen mussten sich erst an das grünliche Tageslicht gewöhnen. Er nahm halbgeborstene Mauern mit Sehschlitzen aus, das Material war dicker Beton. Ein Gewirr von Schlingpflanzen und verrosteten Eisenstäben bedeckte innen und außen die Schlitze, sodass nur wenig Licht durchsickern konnte. Es war ein kleiner Luftschutzbunker mitten im Wald, wie sich zeigte; sichtlich hatte man ihn zu sprengen versucht. Wie viele Ausgänge gab es hier noch?

Der Mechaniker beschrieb ihm den Weg, es schien nicht leicht zu sein, aus dem Wald herauszufinden. Höllriegl prägte sich die Wegmarken ein und wiederholte sie. Dann verabschiedete er sich mit seinem mundfaulen »Heitla«.

»Gott befohlen!«, grüßte der Mechaniker und tauchte im Stollen unter.

OBWOHL SICH HÖLLRIEGL den Weg, wie er glaubte, gut gemerkt hatte, verlor er in dem dichten Gehölz bald die Spur. Er orientierte sich mehr nach dem Gefühl, ließ das Tal mit den hochstämmigen Föhren hinter sich und ging, so rasch er in dem Gestrüpp vorwärts konnte, durch den verluderten Jungwald. Eher zufällig kam er auf die Lichtung hinaus, in der er die Schindluderbude des Wasenmeisters gesehen hatte. Er eilte an dem verruchten Ort vorbei, ohne sich umzudrehen. Von da ab war der Pfad, den er mit der Stummen gegangen war, wieder gut zu erkennen, der Baumbestand wurde schütterer, und fast laufend erreichte er den Waldrand. Schweißperlen standen ihm auf Stirn und Wangen. Er lauschte – da war es wieder, das ferne Donnern über den Wolken.

In weitem Bogen umkreiste er das Totenmal. Dort unten stand sein Wagen. Als er am Volant saß, atmete er einige Male tief und gierig die Luft ein. Er war nun fest entschlossen, zunächst das Gutachten bei Gundlfinger abzuliefern, sich unter dem Vorwand eines Pendelversuchs bei dem Philosophen umzusehen und dann erst die Verschwörer anzuzeigen. Wenn Unseld und Diebold der Polizei noch einmal durch die Finger schlüpften – auch gut. Sie waren Nationalsozialisten vom alten Schlag. Wie er, trotz allem! Trotz Anselma und dem Teufel! Aber diese *Seelenforscher*, diese Teufelsintellektuellen! Diese Ratten, die alles annagten! In ihrer Dünkelhaftigkeit hatten sie ihn für einen Idioten gehalten, für einen Waschlappen. Die sollten sich wundern …

Eine peinliche Überraschung! Die Pistole war futsch und auch die Reservemunition. Die Waffe war, hinter Putzlappen versteckt, im Handschuhfach gewesen. Und seine Straßenkarte, in die er den letzten Stand der Sperrzonen eingezeichnet hatte, war ebenfalls fort. Böse Sache das. Nun musste er, ob er wollte oder nicht, die Anzeige erstatten. Sofort! Doch halt, auch das war zu überlegen. Er hatte fahrlässig gehandelt, als er den Wagen unversperrt stehen ließ. Ein Amtswalter musste mehr Vorsicht üben – wie sollte er den Volksgenossen als Beispiel voranleuchten! Seine Vergesslichkeit war strafbar, besonders in solchen Zeiten.

Er sprang mit beiden Füßen aus dem Wagen und klappte die Haube des Kofferraums zurück. Hier fehlte nichts, das sah er auf den ersten Blick. Er öffnete den Koffer, überzeugte sich flüchtig. Auch das Geld war unangetastet. Die Diebe hatten nur das Fach am Armaturenbrett durchsucht. Wütend ließ er den Motor warmlaufen. Das war ihm noch nie passiert, nicht, seit er den Wagen hatte, seit er hier war. (Einmal in Italien, auf einer Urlaubsfahrt, war er beraubt worden.) Musik! Man musste sich beruhigen! Er drehte an den Knöpfen, das Radio blieb stumm. Jemand hatte die Verbindung zur Batterie unterbrochen.

Einen Augenblick dachte er an eine Streife. Unsinn! Die hätte ein Strafmandat oder sonst was Schriftliches hinterlassen. Wer wars also? Eine verdammte Geschichte! Unwillkürlich brachte er das Attentat mit den Tiermenschen in Zusammenhang, und auch mit der Stummen. Paule hatte sie geheißen. Sollte er nach Schicklgrube zurückkehren und den Angeber spielen? Und wieder durchfuhr ihn ein eisiger Schreck: Die Tiermenschen hatten keine Wachmannschaft gehabt.

Stille und Frieden, weit und breit nicht ein Auto zu sehen. Über Nacht war die Welt menschenleer geworden. Im nächsten Dorf, es hieß Belzehude, sah er gezählte zwei Personen auf der Straße. Und überall das gleiche Bild: An den

Häusermauern grellrote Fahndungsblätter mit den Gesichtern der beiden Hochverräter (»Wer immer Sie sind, hören Sie, was ich Ihnen sage … und sagen Sie es weiter …«), da und dort eine Trauerfahne, von Wind und Wetter zerzauste Transparente vor der üblichen Führereiche. Und immer Werwolfzeichen und Köpflers Augen.

Er fuhr langsam, an seinem Tempo hätte man merken können, dass er in Gedanken verloren fuhr. Vor Bad Harzburg mündete die Straße ein, es war, wie er sich erinnerte, die Sechs, die er über Wernigerode gekommen wäre, hätte die Änderung der Sperrzonen nicht den Umweg über Helmstedt, Braunschweig, Salzgitter und Goslar nötig gemacht. Dann hätte er allerdings auch nicht die Bekanntschaft der Ratten gemacht. Was ging ihn das Ganze an? Er war ein schlichter Volksgenosse und kein Politiker. Aber es war seine Pflicht als Parteigenosse, den Verschwörern das Handwerk zu legen.

In Bad Harzburg tankte er, und während sein Blick dem Zeiger der Pumpe folgte, kam er mit der Gehilfin des Tankwartes, einem rundlichen Mädchen aus dem Mansfeldischen (man merkte das an der Färbung des Hochdeutschen), ins Gespräch. Studentin im Arbeitseinsatz, Pharmazeutin. Das Mädchen sagte etwas Phantastisches: »Die Japsen sollen heute früh – warten Sie, wo? – ja, in Irland, in Portugal und auf der Krim gelandet sein, aus der Luft, in Massen!« Woher sie das habe? Im Parteihaus wäre davon gesprochen worden, sie hätte es gehört, als sie die Benzinmarken ablieferte. Übrigens, wisse der Herr schon, dass die Zuteilung für Treibstoffe und Abschmiermittel neuerlich herabgesetzt worden sei, die Quoten hätten sich je Wagenklasse und für alle drei Dringlichkeitsstufen sehr verschlechtert. Schärfste Rationierung! Zuerst das Wasser, jetzt das Benzin. Höllriegl bezahlte, und das Mädchen stempelte den Marschbefehl ab und trug die getankten Liter ein. »Wenn das so weitergeht, müssen wir sperren«, sagte sie, als sie mit einem Lappen über die Scheiben wischte.

Hinter Bad Harzburg – es hatte ihm einen Riss gegeben, als er dort an einem offenen Polizeirevier vorbeigefahren war – fiel plötzlich starker Nebel ein, man konnte kaum die Waldstücke erkennen, die rechts und links zur Chaussee heranrückten. Das Gelände wurde unwirklich. Die Windschutzscheibe glitzerte im gedrosselten Scheinwerferlicht, der Nebel war wie eine fahle, elastische Wand. Die Strecke, die Hirnchristl vorgeschlagen hatte, Hasserode, Friedrichsthal und so weiter, lag auf der anderen Seite des Brockens. Um die Verbindungsstraße nach Rundstedt und Sauckelruh zu erreichen, musste er bis Wohlstand fahren, dort zweigte sie ab und führte nordwestwärts nach Rundstedt hinauf. Der verteuxelte Nebel! Die Straßen hatte er im Kopf – und den Kartendiebstahl musste er auch nicht melden, weil ihm nur eine Übersichtskarte des Altreichs im Maßstab 1 : 1,000.000 geklaut worden war. (Die ominöse Grenze wäre 1 : 200.000 gewesen.) Genauere Karten besaß er wohl, er hatte sie in Heydrich – sie wurden jetzt von der Partei eingezogen, und die Partei wusste schon, warum. Ihm aber, einem Hauptstellenleiter und Heilbehandler, würde man sie lassen.

Auch den Diebstahl der *Faustfeuerwaffe*, so die amtsförmliche Bezeichnung, konnte er verschmerzen und verheimlichen. Es war eine Selbstladepistole aus Wehrmachtbeständen der Vorkriegszeit, eine 6,35, er wollte ohnehin eine neue, modernere anfordern. Das musste nun ruckzuck geschehen. Der Schwager von Kummernuss hatte diese Dinge im *Parlament* über – der würde es sicher auch fressen, wenn er zu Protokoll gab, die Pistole verloren zu haben.

Zwischen Schierke und Wohlstand begegnete er einem einzigen Fahrzeug, einem abgedunkelten Personenbus der Reichspost; nur ein paar Leute saßen drin, wie Puppen. Aber in Wohlstand – das Kaff hatte früher einmal, bis nach dem Sieg, Elend geheißen – lauerte an der Abzweigung nach Rundstedt ein Wagen mit blauen Lichtern. Höllriegl fuhr langsam, *wie auf Eiern*, um die Streife einzuladen, seine Papiere zu überprüfen. Doch niemand kümmerte sich um ihn.

Es ging gemächlich bergauf, die Straße quetschte sich kurvenreich durch das Bergtal, und trotz Nebel und Dunkelheit konnte er sehen, dass es sich mehrmals zu malerischen Schluchten verengte. Wo sonst Wasserstürze rauschen mochten, lief jetzt nur wenig Wasser über die Felsen. Höllriegl kurbelte das Fenster herunter und sog mit geblähten Nüstern die Luft ein, die nach Regen und frisch geschnittenem Nadelholz roch. Die Bergstraße vor ihm glänzte schwarz und schuppig wie eine Schlange. Nach einer Weile kam er an einem Sägewerk vorüber, das luftschutzmäßig verdunkelt war; die Maschinen stampften, und die Sägen kreischten, aber Arbeiter waren nicht zu sehen.

Die ganze Gegend lebte von der Walpurgisnacht, und Höllriegl ergötzte sich an den Versen aus Goethes »Faust«, die dann und wann, zusammen mit einer launigen Hotelreklame, auf Straßentafeln zu lesen waren. Die Tafeln stammten sichtlich aus einer Zeit, da das Harzgebirge noch als touristische Sehenswürdigkeit und Einzugsgebiet klassischer Quellen galt. Goethes »Faust«, die Dichtung eines Erzfreimaurers, Französlings und Plutokratendieners, war mittlerweile arg in Verschiss geraten. Die Partei hatte zwar die Existenz Goethes aus dem Kulturbewusstsein der Nation noch nicht zur Gänze tilgen können, aber man unterschlug ihn nach Kräften, im Schrifttumsunterricht wurde er nur am Rande erwähnt, und in den Napolas stand er überhaupt auf der Abschussliste. Kein Zweifel, der Tag war nicht mehr fern, an dem Goethes Werke ins Feuer neuer heilsamer Scheiterhaufen geworfen würden.

Das Nebelmeer blieb im Tal zurück, der Regen ließ nach. Höllriegl hatte klare Sicht, und so beschleunigte er die Fahrt. Als er in die Landstraße nach Sauckelruh einbog, hörte er das vertraute Geheul von Luftschutzsirenen, und auch in den Tälern unten stöhnte und rumorte es. Das war Rak-Alarm, keine Vorwarnung. In westlicher Richtung flammten am Horizont orangegrelle Blitze auf – Höllriegl bremste den Wagen, der Herzschlag hatte ausgesetzt. Er sah, wie nach einer Weile ein fleckiges Rot die Wolken überzog, sie schienen dort zu glosen, als wäre gerade die Sonne untergegangen. Weiter, weiter!

Soviel in der Dunkelheit auszunehmen war, lag Sauckelruh am Ende eines bewaldeten Tales, die Straße hatte hier ein Ende. Auf dem Hauptplatz war es stockfinster, Autos standen dicht gedrängt nebeneinander, und nur mit Mühe konnte er eine Parklücke finden. Keine Katz zu sehen. Eine Seuche schien das Örtchen überfallen zu haben.

Höllriegl dachte – nicht zum ersten Mal heute – an die goldene Stimme, die er im *Fernmund* vernommen hatte, es schien eine Ewigkeit her zu sein. Insgeheim freute er sich auf die Begegnung, doch es war nicht Neugierde. Gehörte die Stimme einer Frau? Wenn ja, dann musste sie jung und schön sein – und rein. Reinheit! Er sehnte sich danach.

Soweit er die *mutterdeutschen* Ausdrücke verstanden hatte, gab es hier ein paar gute Hotels. Jedoch bei dieser Verdunkelung und Menschenleere etwas Bestimmtes zu suchen, hätte wenig Sinn gehabt. An der Ortseinfahrt war er an einer Tankstelle vorbeigekommen, wahrscheinlich gab es dort auch ein Motel. Nein, er wollte nicht umkehren, er wollte in die nächstbeste Wirtschaft, um etwas zu essen, denn er verspürte Hunger. Vielleicht war auch ein Zimmer frei.

Er sah sich um und knipste die Taschenlampe an. Die Häuser, zum Großteil Villen im Baustil der Wilhelminischen Ära (sie erinnerten an das Springorum-Schloss der Eyckes), waren sorgsam abgedunkelt. Allem Anschein nach Unterkünfte für Sommerfrischler, worauf auch die Namen deuteten: »Zum Brockengespenst«, Pension Trödelhexe, Gasthof zur Teufelskanzel, »Zur Brockenmyrte«, »Zum Hexenaltar«, Villa Baubo, »Zur Blocksbergnacht« und so weiter. Er fand einige ländliche Häuser mit Fachwerkfassaden.

Die Gässchen, die auf den Platz mündeten, waren nachtschwarze Schächte. Höllriegls Schritte hallten auf dem Pflaster. Der Lichtkegel seiner Taschenlampe tastete über Mauern, geschlossene Fensterläden, Gitterzäune. Bei einer Herberge – sie hatte einen verschnörkelten Namen (»Zum Proktophantasmisten« entzifferte er) und machte mit ihren Butzenscheiben den Eindruck einer Bühnendekoration – hielt er an und schlug mit dem Klopfer an die Tür, da sie verschlossen war. Nach mehrmaligem Klopfen, die Schläge dröhnten in der Totenstille, hörte er, dass schlapfende Schritte sich der Tür näherten. Eine dickliche Person, unordentlich gekleidet, wie man sogar in dem düsteren Blaulicht erkennen konnte, musterte ihn misstrauisch.

»Ich möchte ein Zimmer für die Nacht – habt ihr eins frei?«

Das Weib warf die Tür ins Schloss und verriegelte sie. Nach einer Weile – Höllriegl, ärgerlich geworden, wollte schon fort – wurde wieder geöffnet, diesmal von einem Mann, der Kleidung nach der Lohndiener. Neuerliche Musterung von oben bis unten, wobei des Mannes Blicke an Höllriegls Röhrenstiefeln und Uniformbluse haften blieben. »Wir haben nur eine Dachkammer frei, nach hinten hinaus. Das Haus ist besetzt«, sagte der Lohndiener.

»Gut, ich nehme sie. Und kann ich zu essen haben?« Nach dem frostigen Empfang schien die Sache wenig aussichtsreich. Höllriegl setzte sich jedenfalls in die fahl erhellte Schankstube, die bei besserer Beleuchtung ganz hübsch sein mochte.

»Die Köchin kann dem Herrn Rühreier machen«, antwortete der Mann und deutete auf das schwabblige Weib, das, an der Theke lehnend, Höllriegl den Rücken kehrte. »Unser Küchenbetrieb ist für heute eingestellt.«

»Ja, machen Sie schnell die Eier und bringen Sie mir was Trinkbares, Fruchtsaft, irgendetwas.« Er ging wieder auf den Platz hinaus, um sein Köfferchen zu holen. Gut, nicht im Wagen übernachten zu müssen.

Als er zurück war, hörte er die Magd in der Küche herumkramen. Fett brutzelte. Der Fruchtsaft, limonadiges Zeug, das abgestanden schmeckte, erfrischte ihn nicht. Er ging in die Küche und bat um frisches Wasser. Doch Trinkwasser gab es heute nicht mehr, nur Regenwasser zum Waschen.

»Wo sind denn eure Gäste?«, fragte er, um mit dem Weib ins Gespräch zu kommen. Er hoffte, Neues zu erfahren.

»Im Keller.« Abweisend schepperte die Köchin mit dem Geschirr, hier war sichtlich wenig zu machen.

»Gibts was Neues?«, schrie Höllriegl, um das Geklapper zu übertönen. Keine Antwort.

Der Lohndiener, der zugleich die Dienste des Nachtportiers versah, brachte den Meldezettel, und Höllriegl füllte die Rubriken aus. Auch der Mann war absichtsvoll verschlossen. Eine stumpfe, stupide Gesellschaft. Auf Höllriegls Frage machte er nur eine Geste, die bedeuten sollte, dass es überflüssig sei, etwas zu sagen. Dabei seufzte er und hob den Blick zum Himmel.

Dann gingen sie ins Dachgeschoß hinauf. Eine Überraschung – die Mansarde war angenehm möbliert. Eine Schrägwand, einfacher Hausrat, vor dem Fenster ein heller, steifleinener Vorhang. Kein Fließwasser, dafür aber eine ungeheuer einladende Bettstatt – auf diesem Pfühl hatte man sich gut betten. Eine Überraschung war es auch, dass der Lohndiener, nachdem er das Licht ausgeknipst hatte, das Luftschutzrollo hochschnellen ließ und gesprächig wurde: »Von hier aus hat der Herr bei klarem Wetter gute Sicht auf die Schnarcherklippen und die Feuersteine – und kein Gegenüber. Jetzt aber müssen Sie in den Keller. Ich werde bestraft, wenn man uns hier oben antrifft. Es gibt Kontrollen.« Wieder ein vielsagender Blick auf Höllriegls Uniform. »Wann die Entwarnung sein wird, kann ich nicht sagen. Gestern sind wir viereinhalb Stunden im Keller gesessen.« Und als sie auf der Treppe waren, wisperte er: »Unsere Dienstleute, ein Ehepaar aus Ungarn, sind seit Mittag abgängig. Ich wette, sie sind getürmt, man ist hinter ihnen her. Wir beide, ich und Katrin, wir müssen jetzt den Laden allein schmeißen.«

Auch im Keller hatte irgendwer die Lichter stark gedrosselt, was als Luftschutzmaßnahme sinnlos war. Man musste extra durch eine Lichtfalle, und nur wenige Birnen brannten, aber von Strahlenschutz war natürlich keine Rede. Die Gäste, beinah durchwegs Einzelpersonen, saßen verdrossen auf ihren Koffern oder auf Hockern. Sie waren, bis auf eine Wehrmachthelferin in Uniform, angejahrt und stierten mit schlaffen Gesichtern vor sich hin oder lasen trotz der trübseligen Beleuchtung. Eine grauhaarige Dame kritzelte an einem Brief, andere wieder tuschelten miteinander – Laune und Stimmstärke schienen in allen Luftschutzbunkern reichseinheitlich ausgerichtet zu sein. Etwas Fades und zugleich Angespanntes lag in der Luft, wie im Wartezimmer eines Krebsspezialisten. In diesem Keller gab es keine Lautsprecheranlage und daher keine Durchsagen, was Höllriegl verstimmte. Auch hatte niemand ein Kofferradio. Er war begierig, Neues zu hören.

Der Lohndiener ging wieder nach oben, nachdem er sich einen nachttopfähnlichen Stahlhelm, der weiß und gelb bemalt war, aufgesetzt hatte, was ihn als Luftschutzwart auswies. Nun musste er am Radio den Horchposten beziehen. Die Wehrmachthelferin, eine leidlich hübsche, frech aussehende junge Person, las mit hochnäsiger Miene in einem Schmöker; sie hatte Höllriegl nur eines flüchtigen Blickes gewürdigt. Aber das war es nicht, was ihn an ihr unangenehm berührte. Das Mädchen zog ihn an – und stieß ihn zugleich ab. Er hätte nicht sagen können, warum.

Die ihm zunächst sitzenden zwei Herren flüsterten angeregt miteinander. Zuerst versuchte er mitzuhorchen, schließlich schaltete er sich ins Gespräch ein. Der eine war aus dem nahen Aschersleben, Vertreter in Waschmaschinen und Waschmitteln, er stellte sich nicht namentlich vor; der andere war Berliner, wie man am Dialekt erkennen konnte. Dieser zückte sofort eine Visitenkarte, er hieß Clemens Südekum, seines Zeichens Komponist – den Namen hatte Höllriegl schon gehört. Tatsächlich: Der Mann war nach dem Krieg mit einer romantischen Landser-Oper, »Lilli Marleen«, sehr erfolgreich gewesen und hatte volkstümliche Filmmusiken geschrieben, zuletzt die Musik für den Streifen »Auf der Haid, da steht ein Mägdulein« (was alles auf der Karte angegeben war). Er stellte sich auch als prominenter Schallwerker vor, das heißt, er arbeitete für den Schallplattenmarkt. Die beiden wollten gleichfalls zu Gundlfinger – morgen war ja in der Villa Walpurgis allgemeiner Sprechtag. Wie Herr Südekum durchblicken ließ, hatte er vor, Gundlfinger zur Hauptfigur einer *sinfonischen Filmdichtung* zu machen, die in markanten Episoden die Geschichte des Deutschen Denkens abwandeln sollte.

Die Herren schienen gute Beziehungen zu hohen Parteistellen zu haben. Der Waschmaschinenvertreter arbeitete im freiwilligen Einsatz in der Kreiswaltung der DAF und hatte, wie er nicht ohne Stolz erwähnte, im laufenden Jahr den Leistungskampf der deutschen Betriebe in seiner Heimatstadt aufgezogen. Man merkte ihm den besessenen Parteigefolgsmann an, doch schien er – Höllriegl hatte einen sechsten Sinn für derlei Dinge – noch den alten Kadern anzuhängen. Der Musiker, sein glattes Wesen, ewiges Grinsen und geschniegeltes Aussehen erinnerten an den Empfangschef eines Kurhotels, enthielt sich jedes direkten Wortes, seine politische Farbe schien die Farblosigkeit zu sein. (Schnittlauch auf allen Suppen, ein Streber, dachte Höllriegl.) Sonst aber sahen die Herren einander ähnlich wie ein Parteiabzeichen dem andern; sie wären ohne Weiteres miteinander austauschbar gewesen. Die wohlgenährten, gutgefärbten, bebrillten Gesichter, die kugeligen Köpfe – nur hatte der Komponist eine Glatze samt gepflegtem Haarkranz, der Vertreter den militärischen RHS (Reichshaarschnitt) mit Bürste und rechtsseitiger »Lausallee« –, der gewisse Adlerblick, auch alles Übrige: eine Einheitlichkeit, die an die Bildzeitungsfotos der Massen von Nürnberg erinnerte und Höllriegl jedes Mal mit Selbstsicherheit, ja mit Genugtuung erfüllte. Es war eine heile Welt, deren Stärke sich auch in solcher Gleichartigkeit kundtat.

Nachdem die zwei Männer den Neuen, wie es üblich war, eine Weile weltanschaulich abgetastet hatten, wurde der Agent in Waschsachen dem Kameraden Amtswalter gegenüber freimütiger, ja in der Folge recht deutlich. Die letzten Meldungen, die der Mann – er war im Besitz des sogenannten untersten Parteicodes und konnte daher bestimmte Rundfunkmeldungen entschlüsseln – noch in Aschersleben mitgekriegt hatte, bestätigten das, was Höllriegl bereits wusste, jedoch für Gräuelmärchen hielt: Starke sinojapanische Luftlandetruppen operierten mitten in Europa, sie waren ununterbrochen und unangefochten aus schweren Transportmaschinen eines Strato-Typs, den die Abwehr nicht hatte auskundschaften können, über sage und schreibe fünf Punkten des Kontinents abgesetzt worden, man konnte sogar von gut funktionierenden Luftbrücken sprechen: in Evpatoria auf der Krim, bei Badajóz an der spanisch-portugiesischen Grenze, in Armagh (Ulster), bei Oulu in Finnland und zwischen Verona und Mantua. An allen diesen Stellen hatte der Feind Unterstützung und auch Zuzug von der Bevölkerung erhalten, was die Bildung von Stützpunkten und Igelstellungen wie auch bewegliche Operationen überhaupt erst möglich machte. Gegenschläge, Abriegelungen und dergleichen waren zwar sofort erfolgt, nur wisse man über das Schicksal der dort stationierten Kräfte der Wehrmacht und SS nichts Bestimmtes, es sei aber so gut wie sicher, dass auf der Krim der Stuba I (Oberbayern) der SS-Totenkopfverbände-Ost sowie einige Waräger-Einheiten vollständig aufgerieben worden waren, dass in Dublin der von der katholischen Geistlichkeit aufgehetzte Mob das dortige RuSH, das Rasse- und Siedlungshauptamt für den gesamten irischen Freistaat, in Brand gesteckt und die daraus Flüchtenden auf bestialische Weise langsam abgeschlachtet hatte, dass ferner Panzerspitzen der Japse bereits die Vororte von Mailand und in nördlicher Stoßrichtung das Südufer des Gardasees erreicht hatten, nachdem der in Caserma Passalacqua liegende Stab des OB der Heeresgruppe Süd in Feindeshand geraten war. Dabei ging auch das Erste WM-RAK-Kommando, ein bekannt hart schlagendes, höchst mobiles Kommando, verloren. In vielen Städten Venetiens, Friauls und der Lombardei seien die Braunen Häuser angezündet und deren Insassen von der verhetzten Menge gelyncht, alle deutschblütigen Frauen öffentlich zu Tode geschändet worden. Auch faschistische Hilfsmilizen hätten sich an den Plünderungen und Hinrichtungen beteiligt.

Die »Lande der Eidgenossen«, also der Alemannische Gau, den der Führer sowieso immer mit Misstrauen betrachtet hatte, seien gleichfalls in revolutionärer Bewegung, doch waren die betreffenden Nachrichten sogleich weiter verschlüsselt worden und daher unverständlich gewesen.

Höllriegl hörte mit stoischem Gleichmut, ja völliger Gleichgültigkeit zu, als beträfe es Ereignisse, die sich auf dem Mond oder Mars abspielten. Für ihn gab es nicht den geringsten Zweifel: Die Reichsführung würde genau wissen, was nottäte, und im einzig richtigen Moment den globalen Vernichtungsschlag führen. Das Reich verfügte ja allerletzten Endes über bemannte und unbemannte Raumschiffe, die ihre Kernwaffen über jedem beliebigen Punkt der Erde einsetzen konnten. Die Feinde der asischen Weltherrschaft würden dann ein letztes Mal geatmet haben. Tyr, der Gewaltige, Einarmige, hatte das Schwert, so fühlte Höllriegl, zum tödlichen Streich bereits erhoben ...

Aber es gab Schlimmeres. Unter den Verbänden des Strategischen Lufteinsatzes Nord war es in den frühen Morgenstunden des 13. November zu Gehorsamsverweigerungen gekommen. Einheiten der 16. und 17. Luftflotte hatten Köpflers Befehl, Flugbasen, Interrak-Rampen sowie die Rüstungskerngebiete auf Karafuto, Hokkaido und Honshu mit thermonuklearen Waffen anzugreifen, glatt sabotiert. Mehr wisse man nicht.

Wie Höllriegl später aus verlässlicher Quelle erfuhr, war der Kommandant des Bomberverbandes »Fegelein« – es hieß, er sei mit jenem Ritterkreuzträger identisch, der als einfacher Luftwaffenhauptfeldwebel im Frühsommer 1945 die historische Bombe über London ausgeklinkt und seither in freiwilliger Namenlosigkeit gelebt hatte – im Einverständnis mit dem Großteil seiner Kameraden funksprüchlich an das OKL-NA in Smithers (im ehemaligen Britisch-Kolumbien) herangetreten, ihn und seine Mannschaft von der Ausführung dieses *selbstmörderischen* Befehls von *unabsehbarer Tragweite* zu entbinden. In dem Funkspruch machte er auf die weltweiten Folgen aufmerksam, die sich aus der Entfesselung des *uneingeschränkten Kernwaffenkrieges* – als ob es einen eingeschränkten Kernwaffenkrieg geben könnte, so aber lautete die amtliche Bezeichnung – nicht allein für das Reich, die Herrenrasse und deren Verbündete, sondern auch für die ganze Erdbevölkerung (die allerdings weniger wichtig war) ergeben würden. Dieser Entscheidung von Namenlos stimmten binnen kürzester Frist die Befehlshaber von sechs weiteren Luftgeschwadern zu; das gesamte Bodenpersonal und sogar Kampfstaffeln des XXIII. SS-Fliegerkorps, einer Totenkopf-Elitetruppe, schlossen sich der Meuterei an, zweifellos, weil sie gegen Köpfler gerichtet war. Der von diesem persönlich stammende Befehl kam also niemals zur Ausführung, auch schon deshalb nicht, weil jene Pulks, die von der Revolte unberührt geblieben waren, über Kamtschatka durch die Luftabwehr des Gegners zum Abdrehen gezwungen wurden, wobei es infolge massierten Einsatzes von Selbstmord-Jagdfliegern des Soka Gakkai zu schwersten Eigenverlusten kam. Eine H-Bombe geringerer Größenordnung war angeblich durch Abschuss des Trägerflugzeugs über Tigil explodiert und hatte die Stadt vom Erdboden getilgt, weite Strecken der Halbinsel zur feurigen Wüste und das Luftmeer darüber unatembar gemacht. Für ganz Nordostasien galt zurzeit Strahlenalarm I.

Wie Höllriegl in Heydrich weiter erfuhr, war die Meuterei im Nordpazifik für Köpfler der unmittelbare Anlass gewesen, den Kernwaffeneinsatz schlagartig der gesamten Luftmacht des Reiches zu entziehen. Die meuternden Verbände stieß er aus der Luftwaffe aus und erklärte sie für vogelfrei – was einen tragikomischen Nebensinn hatte. (Namenlos verübte Selbstmord.) Es kam zu jenem verhängnisvollen Befehl, der diese Art Kriegführung aus dem dynamischen Konzept herausnahm und sie allein den Interrak-Befehlsstellen übertrug, vor allem jenen auf Heimatboden befindlichen, wie auch den Logistischen Brigaden, die im Altreich direkt dem K-Drei unterstellt waren, also weitgehend unter Werwolf-Einfluss standen. Nur den raketenbestückten Einheiten der U-Boot-Waffe war es weiter erlaubt, den totalen thermonuklearen Krieg fortzuführen, auch durften von gewissen maritimen Basen aus *atomare Sprengköpfe an jede Stelle jedes Kontinents* befördert werden, wie es im Geheimerlass der neuen Führung hieß. Damit war die Luftwaffe in ihrer Gesamtheit schwer brüskiert ...

Soweit dem Erzähler aus Aschersleben, dem wir jetzt wieder das Wort erteilen, bekannt war – sein Bericht, im Flüsterton vorgetragen, hörte sich natürlich keineswegs so zusammenhängend an –, hatte sich die militärische Lage in der westlichen Hemisphäre insofern zugespitzt, als nun die für beide Seiten äußerst verlustreichen Kämpfe an der pazifischen Küste in nahezu allen Gebieten der Vereinigten Gefolgschaften, besonders erbittert im Mittelwesten, wo die Minutemen ihre stärksten Positionen hatten, aber auch, und zwar mit ungeheurem Fanatismus, im Süden und Südosten des Landes, in Mexiko und im karibischen Raum aufgeflammt waren. Beinah überall hatten die Insurgenten durch blitzschnellen Zugriff die Untermenschenlager zu öffnen vermocht, ehe man deren Insassen vernichten konnte. Die Kämpfe, vielerorts in Guerillaform geführt, zeigten eine bis dahin beispiellose Grausamkeit. Überlebende gab es nicht, stunden-, ja tagelange Folterungen wurden ausführlich berichtet. Obwohl es den Ku-Kluxern sichtlich an den Kragen ging (was auch schon daraus hervorging, dass ihre engsten Verbündeten, die Minutemen, in Duluth ein faschistisches Gegenregime installiert hatten, das eine weichere Politik zu verfolgen versprach und seine guten Dienste anbot, im *Konflikt* zwischen den zwei Weltblöcken zu vermitteln), war eine Abordnung der Regierung aus Corpus Christi, dem neuen Regierungssitz, nach Deutschland aufgebrochen, um an den Begräbnisfeierlichkeiten für den verewigten Begründer des Germanischen Weltreichs teilzunehmen. Diese neunköpfige Gruppe war mittlerweile in Berlin eingetroffen.

Was Australien betraf, so hatte sich in manchen Teilen, insbesondere in den großen Küstenstädten von Victoria und New South Wales sowie auf Tasmanien und Neuseeland, die weiße Bevölkerung gegen die japanischen Zwingherren erhoben, wobei sie von der im Südpazifik operierenden Luftmacht und U-Boot-Waffe des Reiches mit Laser-Waffen versorgt wurde. Hier zeichnete sich eine Entwicklung ab, die dem Reich und seinen Verbündeten nützen konnte, obwohl – wie eine verschlüsselte Nachricht besagte – die australischen Aufständischen auch amphibische Stoßaktionen deutscher U-Boote behindert hatten. Klare Fronten waren nicht zu erkennen, alles befand sich im Fluss und hing von den weiteren Auswirkungen der Lage in Amerika und Europa ab.

Höllriegls Blicke wanderten im Kreis umher, tasteten sich von einem Gesicht zum andern, während er dem Geflüster angestrengt lauschte. Es war zum Trübsinnigwerden! Mit solchen Menschen sollte ein Krieg gewonnen werden! Sein Blick blieb wieder an der Wehrmachtshelferin haften, die noch immer mit erstarrtforscher, hochnäsiger Miene in ihrem Fünfpfennigroman las. Und blitzartig kam ihm zum Bewusstsein, warum ihn dieses Gesicht so unangenehm berührt hatte.

Zezette! Die Wehrmachthelferin, obzwar durchaus auf deutsch-arisch-nordisch-asisch aufgemacht, wie es das Brauchtum vorschrieb, erinnerte an Zezette! Zezette aus Martinique – eine dunkle, nein, die dunkelste Episode in seinem Leben, eine schändlich dunkelhäutige Episode, die er gründlich und absichtsvoll aus seinem Gedächtnis gestrichen hatte und von der niemand etwas wissen, ja auch nur ahnen durfte. Ehrverlust und Todesstrafe standen darauf! Zezette aus Martinique! Es war vor sechs Jahren in Paris gewesen, wohin er im Rahmen des Heileinsatzes der SS für kurze Zeit abkommandiert worden war. Täglich musste er da von seinem Hotel, einem ganz schäbigen in der Rue Saint-Denis, wo er eine zweibettige Mansarde bewohnte, mit der Metro zu seiner Kaserne hinaus, in Richtung Pont de Sèvres – Porte Rosenberg, und wieder zurück. Oh, die fade Wärme in den Metrotunnels, der ölige Geruch, das zischende Geräusch, das ferne Rollen. Noch immer sah er, wie vor dem Waggonfenster die mittels Pressluft angetriebenen Verschlussstangen aus ihren Verstecken schlüpften, um die Türen abzusperren, dann wieder, wenn der Zug hielt, zurückglitten, und dass dieser Vorgang – wie beim Beischlaf – sich stets wiederholte. Das schlangenhafte Zischen der Pressluft, das ferne Rollen, die erschlaffende Wärme! Als Angehöriger der Herrenrasse fuhr er selbstverständlich in der Ersten, in die der Franzmann nicht hineindurfte. Die schokoladebraune Zezette stand in der überfüllten Grünen drüben, ans Fenster gepresst, und sah zu ihm herüber. Eine Zauberin, eine Wudu-Magierin! Dem sengenden Glanz dieser Blicke konnte er sich nicht entziehen, er spürte sie noch jetzt tief in seinem Rückenmark. Er wusste es, als wäre es gestern gewesen, und noch immer überrieselte es ihn kitzlig, wenn er an dieses Weibwesen dachte. Zwischen den Stationen – wie hätte er ihre Namen je vergessen können! Barbe Bleue, Lune Perdue, Le-Chien-Qui-Pisse, Brouhaha, Schlageter und Père Pervers hatte er sich in Zezette verknallt – Liebe auf den ersten Blick war es gewesen, das heißt, die Blicke der Dunkelhäutigen hatten ihn behext, vexiert, anders war es nicht denkbar, dass er seine Rasse vergaß. Ein unholder, giftiger Zauber! Er, ein Angehöriger des Herrenvolks, und diese Farbige! In Frédéric-le-Grand war sie ausgestiegen, und er war ihr wie ein Hündchen durch die weitläufigen Gänge der Correspondance nachgelaufen, und sie hatte ihn drüben, auf dem Bahnsteig der Züge nach Carthage und Napoléon-le-Petit, in eine Ecke gedrückt, lächelnd erwartet – die Siegerin! Sie trafen sich dann heimlich, immer wieder und an allen Orten, obgleich sie kaum miteinander reden konnten. Was wusste er sonst von Paris? Er erinnerte sich wirklich nur an den Papiersack, der in seinem Hotelzimmer unter dem Waschtisch gehangen hatte, mit der Aufschrift »Hygiène feminine«. Und aum den Satz wusste er noch genau: »Glissez votre garniture périodique dans ce sachet. Ne jetez rien dans les W. C. – Merci.«

Plötzlich riss ihn ein Wort aus sciner Geistesabwesenheit. Er spitzte die Ohren. »Bundschuh« … Der Bundschuh war ursprünglich eine weltanschauliche Gliederung oder, wie es auch hieß, Wirkordnung des Reichsnährstandes gewesen, ins Leben gerufen, um die deutsche Bauernschaft mit dem jeweilig neu erarbeiteten Gedankengut des Nationalsozialismus zu durchtränken. Später machte sich der Verband, dem nur werktätige Bauern angehören durften, vom Verwaltungsbetrieb des Reichsministeriums für Ernährung und Landwirtschaft mehr oder minder unabhängig und trat im Rahmen der Partei als eigenständige Bewegung auf, mit eigener Presse, eigenen Arbeitsgauämtern, eigenen Diensträngen. Der Bundschuh, straff nach dem Führerprinzip aufgebaut und nach

Landsmannschaften ausgerichtet, erhielt die Befehle vom Reichsbauernführer unmittelbar, wogegen er früher der Abteilung VIII (Neubildung deutschen Bauerntums) des erwähnten Ministeriums unterstanden hatte. Er genoss eine hohe Gerechtsame, war ständig beim Reichserbhofgericht vertreten und hatte in allen Fragen des Bauern- und Bodenrechts mitzuentscheiden.

Wie Höllriegl jetzt hörte, gärte es mächtig im Bundschuh. Die Bauernschaft schien in Spaltung begriffen zu sein; ein Teil, der kleinere, hielt es mit dem Werwolf, ein anderer, der in allerjüngster Zeit das Massenblatt *Der arme Konrad* herausgab, verurteilte in ätzenden Worten Köpflers Politik und forderte eine umstürzende Erneuerung an Haupt und Gliedern. Dieser Teil musste über einen geradezu unheimlichen Anhang – selbst in der Reichsregierung – verfügen, sonst hätte er derlei nie wagen dürfen. Eine Kraftprobe stand bevor, das war mit Händen zu greifen, eine Kraftprobe, die das Weltreich vielleicht in den Grundfesten erschüttern würde. In seiner letzten Ausgabe, die die Form eines Flugblattes hatte, rief *Der arme Konrad* – ein Abriss wurde von dem Herrn aus Aschersleben verstohlen vorgezeigt – die Bauern zu einer Massenkundgebung nach Stolberg am Harz zusammen, dem Geburtsort Thomas Münzers, unweit von hier, wodurch dem strengen Versammlungsverbot der Partei, das auf Kriegsdauer Geltung hatte, offen zuwidergehandelt wurde. In der Nummer wurde rundheraus ein Reichsregiment der Bauern gefordert und die Parole »Notdurft deutscher Nation« verlautbart. An anderer Stelle – das war schon offener Aufruhr – hieß es: »Statt Nation Population!« und »Das Unkraut muss beizeiten ausgerauft werden, noch ehe die Milch in den Körnern steht.« Auch wurde eine strenge, unparteiische Untersuchung der Umstände gefordert, die zum Tode Adolf Hitlers geführt hatten. Dass es der Bundschuh auf ein Äußerstes ankommen ließ, bezeugten die Worte, mit denen der Aufruf schloss, es war ein Zitat aus den Tagen des Bauernkrieges: »Steche, schlage, würge, wer da kann!«

In der Hauptsache schien sich der Widerstand gegen den im sogenannten Führertestament zum Reichsminister für Ernährung und Landwirtschaft ernannten SS-Brigadeführer Sausele, einen verrufenen Werwolfmann, zu richten. Dies deutete der Waschmaschinenverkäufer mit aller gebotenen Vorsicht an, und Südekum fügte hinzu, er wisse es aus verlässlicher Quelle, dass der von Köpfler gegen den Willen des verewigten Führers entmachtete Gauleiter Gernot Firbas, der ursprünglich zum Reichsführer SS ausersehen war, mit der »antlitzlosen« Führung des *Armen Konrad* engste Tuchfühlung halte. Firbas sollte erklärt haben, er werde die Zusammenkunft der bäurischen Landsmannschaften zu Stolberg gegen jedweden Zugriff des Werwolfs zu schützen wissen. Der Gauleiter stützte sich hierbei ohne Zweifel auf gewisse Einheiten der Polizei, besonders der Landgendarmerie, aber auch der SS-Verfügungstruppe und der von Köpfler gemaßregelten Luftwaffe. Unklar war zurzeit die Stellung der Wehrbauern in den Fronvogteien des Ostlandes. Man hatte sie samt und sonders im sogenannten Asgard-Ring zusammengefasst, der weltanschaulich dem NATMAT und Werwolf nahestand. Die Asgardleute waren also eigentlich Werwolfleute. Aufgrund der augenblicklichen Lage – Landungen des Gegners weit im Rücken des Ostwalls und der mittelrussischen Siedlungsgürtel – konnte mit einem Eingreifen der Wehrbauernschaft kaum gerechnet werden. Die bevorstehende Auseinandersetzung im Altreich, darüber waren sich die Herren einig, beschränkte sich auf den radikalen Flügel des Bundschuhs und die Werwolfgruppen.

Das war so ziemlich das Schlimmste, Bedrohlichste. Höllriegl überlief es heiß und kalt. Im eigenen Volk gärte es also. Unter den Bauern, die stets des Führers allertreueste Gefolgschaft gewesen. Nicht zu fassen! Die Herren taten allerdings so, als sei dies nicht erst von gestern.

»Jetzt hamm wa Sie dermaßen volljequasselt«, sagte Südekum zu Höllriegl, »dass ich richtjen Kohldampf habe. Bin zwar uff Diät jesetzt vonne Ärzte wegen meiner Pumpe, aber jetzt so'n Eisbein zu inhalieren mitne Molle, das wär die wahre Wonne. Odern magern Gulasch oder Hering mit Zwiebel. Und ne kühle Blonde. Och! Ich versteh ja nun nich, wieso man mitn kranken Herz kein Eisbein essen …« – In diesem Augenblick wurde die Bunkertür aufgerissen, und aller Augen wandten sich sogleich dem Portier-Lohndiener Luftschutzwart zu, der, den Stahlhelm schief auf dem Kopf, sich augenscheinlich in größter Erregung befand. Mit heiserer Stimme stotterte er in die Stille, die ihn empfing: »Die erste Atombombe ist auf das Reich gefallen … im Raum von Lemgo-Bad Salzuflen … Strahlenalarm!« Augenblicke der Lähmung, Herzschläge setzten aus. Dann aber sprang alles auf und schrie und lief durcheinander. Die Frauen kreischten vor Entsetzen, bloß die briefschreibende Dame blieb sitzen und beobachtete mit dummen, gütigen Augen den Trubel. Sie schien, weil taub oder schwerhörig, nichts verstanden zu haben. Am hysterischesten gebärdete sich die Wehrmachthelferin, sie presste ihre Hände an die Ohren und schrie in höchstem Diskant. In einem abstürzenden Flugzeug hätte es bestimmt nicht ärger zugehen können.

Höllriegl bewahrte eine Ruhe, die ihm selbst nicht geheuer vorkam. Irgendwie war er in den letzten Tagen gefühllos geworden, ihm war alles scheißegal. Alles, was er erlebte, hatte die Qualität eines Traums, den man, ob man will oder nicht, zu

Ende träumen muss. Instinktiv hatte er sich in dem Wirbel an die Wehrmachthelferin herangemacht, die aus Leibeskräften schrie und wie von Sinnen mit den Füßen stampfte. Ihre hochnäsige Miene hatte sich in eine Fratze der Furcht verwandelt.

Aber verteufelt hübsch war das Blitzmädel, schon zuvor waren ihm ihre schlanken, stark behaarten Beine aufgefallen. Unter dem Vorwand, sie zu beruhigen, drückte er sie an sich, was niemand bemerkte; er spürte ihren zitternden Körper, ihre dünnen Arme, er griff verstohlen nach dem festen, elastischen Busen. Schluchzend warf sie sich in seine Arme, in die Arme eines Wildfremden, den sie vorher kaum angesehen hatte.

In dem Lärm konnte sich niemand verständlich machen. Der Luftschutzwart versuchte es einige Male, gab es aber auf. Höllriegl hielt das bebende Blitzmädel an sich gepresst und stammelte begütigende Worte; in der ganzen schrecklichen und jämmerlichen Szene war dieses junge Wesen das einzige Etwas, das zu beschützen einen Sinn hatte. Er sah Südekum und den Mann aus Aschersleben auf den Luftschutzwart einreden. Sie verließen – wie es schien, fluchtartig – den Luftschutzbunker. Irgendwer, eine der ältlichen Frauen, rief plötzlich aus: »Die Partei denkt für dich!« Und schon gab es welche, die das Schlagwort aufnahmen und brüllten: »Die Partei denkt für uns! Die Partei denkt für uns! Die Partei denkt für uns! Die Partei denkt für uns!« Worauf andere antworteten: »Darum danken wir der Partei! Darum danken wir der Partei! Darum danken wir der Partei! Darum danken wir der Partei!« Und plötzlich rief einer: »Heil Köpfler, heil unserm Führer!« Doch niemand nahm den Ruf auf. Wieder erschien der Luftschutzwart, begleitet von Höllriegls Gesprächspartnern. Der Luftschutzwart schwang eine Kuhglocke, die einen lauten, blechernen Ton hatte, und allmählich beruhigten sich die Gemüter. »Ich bitte die Anwesenden, sich als Deutsche zu benehmen«, rief der Vertreter in Waschmaschinen mit seiner mächtigen Ausruferstimme, die zwischen Überredung und Befehl die Waage hielt – eine wirklich verkaufsstarke Stimme und viele goldene Prozente wert. Es wurde sogleich still, nur ein Stimmchen wimmerte wie im Nachhall: »Die Partei denkt für uns!«

»Natürlich denkt die Partei für uns, was denn sonst! Aber jeder Deutsche muss auch handeln können, und zwar vernünftig! – Den Anordnungen des LSW ist unverzüglich Folge zu leisten. Jeder von Ihnen hat Strahlenalarme zum Schweinefüttern mitgemacht, um nicht zu wissen, dass das alleroberste Gebot Ruhe heißt. Also immer mit der Ruhe, Volksgenossen! Kaltes Blut und warme Unterwäsche. Das zweite Gebot heißt: Strahlenschutzanzüge fassen! Die Gefahr einer unmittelbaren Strahleneinwirkung ist im Moment nicht gegeben – trotzdem werden wir uns nach Strahlenschutzanzügen umsehen müssen.«

»Schutzanzüge gibt es zwölf im Haus«, sagte der LSW. »Wir sind aber [*er zählte rasch die Anwesenden*] neunzehn Personen, mit der Köchin. Wer also einen Schutzanzug haben will, der hebe die Hand. Damen haben Vorzug.«

Es waren, die Köchin Katrin inbegriffen, zurzeit elf Frauen in der Pension. Den zwölften Schutzanzug erhielt ein alter Mann. »Ich bringe Ihnen die Montur«, sagte Höllriegl zur Wehrmachthelferin und gab seinen Worten einen heiteren, galanten Klang. Das Mädel hatte sich auf einen Hocker gesetzt und hielt die Beine umklammert. So saß es da und starrte, nach dem Anfall sichtlich todmüde, vor sich hin. Als er mit den Männern die Anzüge holen ging, erinnerte er sich an die unheimlichen grellen Blitze, die er am Westhimmel aufflammen gesehen hatte. Das also war die Bombe gewesen, die Strahlung musste längst den Harz erreicht haben. War es eine kleine Bombe gewesen, so war auf diese Entfernung die Dosis nicht tödlich – nicht unmittelbar tödlich. Außerdem: Ihm konnte es egal sein, scheißegal. Ulla, Anselma und die *Gelegentliche* – wie fern war das alles! Was jetzt zählte, war der Augenblick. Und in diesem Augenblick würde das Reich zurückschlagen. Jetzt! Vielleicht gab es gar keine Feinde mehr. Warum aber hatte man die Bombenexplosion so lange verschwiegen? Höllriegl rechnete nach. Die Blitze hatte er gesehen, als er nach Sauckelruh eingebogen war. Und jetzt war es – unbegreiflich! Die Partei denkt für dich! Die Partei denkt für dich! Die Partei denkt für dich!

Er hörte, wie der Luftschutzwart zu einem der Männer sagte: »Heute mittag wurde der Papst von der SS aus dem Vatikan geholt. Er ist schon in Deutschland – hinter Schloss und Riegel.« (Das war, wie Höllriegl später erfuhr, übertrieben. Man hatte tatsächlich den Papst in Gewahrsam genommen und unter SS-Begleitschutz auf dem Luftweg ins Reich gebracht. Aber im Gefängnis war er nicht, auch war ihm kein Haar gekrümmt worden. Im Gegenteil: Man hatte ihn in eine luxuriöse Nervenklinik eingeliefert – dieselbe, in der auch der Dalai-Lama behandelt worden war –, wo der Heilige Vater unter Aufsicht seines Leibarztes und einiger deutscher Kapazitäten mit Insulin geschockt werden sollte. Bei dieser Gelegenheit hatte Höllriegl auch erfahren, dass der Erzpatriarch der Ostkirchen Parteianwärter gewesen war, aber vor Kurzem zurückgewiesen wurde.)

Als Höllriegl der Wehrmachthelferin den Schutzanzug überbrachte, sah sie ihn wie einen Fremden an. Sie zitterte noch immer, ihre Hände zuckten unaufhörlich. »Ich begleite Sie auf Ihr Zimmer, es hat wenig Sinn, hier unten zu bleiben. Der Keller ist nur sprengbombensicher.« Er half ihr beim Aufstehen und fasste sie unter.

»Noch keine Entwarnung«, sagte der Waschmaschinenmann, der das Kommando an sich gerissen hatte; sein verkaufsstarkes Organ hatte UvD-Ton. Doch der Luftschutzwart ließ die beiden durch die Bunkertür. Er folgte ihnen, Unverständliches murmelnd, er musste ja wieder an sein Horchgerät. Höllriegls Taschenlampe, die Batterie war fast ausgebrannt, beleuchtete die Stufen mit schwachrötlichem Schein.

Sie gingen stumm hinauf, ihre Schatten schwankten auf und nieder. Das Mädchen hatte noch kein Wort gesprochen. Höllriegl presste sie auf der Stiege fester an sich. Als er ihre Brust kneten wollte, sagte sie mit hoher Stimme: »Lassen Sie das!«

Aber vor des Mädchens Tür fanden sich unversehens ihre Lippen. Sie zog ihn in die stockfinstere Stube hinein. »Bleib bei mir«, flüsterte sie, und wieder spürte er ihre Zähne, die laue Nässe ihres Mundes. Dann entschlüpfte sie ihm, und er hörte, wie sie die Uniform auszog. Sie roch unverkennbar nach Wehrmacht, nach Schweiß, nach Lysoform, nach Spinden, nach Mannschaftsstube.

»Zieh dich doch aus«, sagte sie, »und bleib die Nacht bei mir – ich habe Angst. Vielleicht ists das letzte Mal.« Höllriegl sah sie wie einen fahlen Schatten hin und her huschen, sie zündete sich eine Zigarette an und streifte die Unterwäsche ab. Auch er kleidete sich langsam aus. Stille. Als sie sich über das Waschbecken beugte, zog er sie an sich. Sie fühlte sich kühl an, ihre Haut war rau. Vielleicht war sie zwanzig.

»Wie heißt du?«, fragte er, nur um was zu sagen. Sie hatte einen schlanken, sehnigen Körper und feste, starke Brüste. (Zezete war da ganz anders gewesen!) Sie zitterte noch, als fröre sie. Er ließ sie los, und sie fing an, gewisse Stellen ihres Körpers mit Kölnischwasser einzureiben.

»Ich heiße Elke Franken, Elke Angurboda Franken. Angurboda ist die Angstbringerin.« Sie kicherte. »Eine Angstbringerin, die Angst hat – ich bin aus Niederschlesien«, fügte sie hinzu. Sie bot ihm immer wieder ihre Lippen, blies ihm Rauch in den Mund (was ihn zum Husten reizte) und wurde an seinem Körper recht dreist. »Anstecken wirst du dich nicht bei mir – wenns das ist. War erst neulich im Revier, und seither hat mich keiner gehabt.«

Nun war sie für ihn eine Person, nicht mehr nur ein Wesen aus Haut, Haar, Weichteilen und Wärme. Sie wurde dreister, ihre Griffe waren derb.

»Huschhusch ins Bett, mir ist kalt«, sagte sie mit ihrer spröden, kindlichen Stimme.

GUNDLFINGER ARBEITET AN EINEM GOTTESBEWEIS

»Häst du auck'n Knecht? Wie hedd din Knecht?«
»Machmirsrecht.«
»Min Knecht Machmirsrecht, din Knecht Machmirsrecht:
mine Weige Hippodeige, dine Weige Hippodeige: min Kind Grind,
din Kind Grind: min Mann Cham, din Mann
Cham: ick nah Walpe, du nah Walpe; sam, sam,
goh wie dann.«

Kinder- und Hausmärchen
Jacob Grimm und Wilhelm Grimm

ER HATTE ELKE NOCH während der Nacht verlassen. Sie war in seinen Armen eingeschlafen, und ohne sie zu wecken, war er gegangen. Als er zu seiner Mansarde hinaufstieg, hörte er fernes Gebrüll, auch das durch Mark und Bein dringende Gekreisch einer Frauenstimme. Er kümmerte sich wenig darum, auch war er zum Umfallen müd. Wieder überkam ihn das lähmende Gefühl völliger Wurstigkeit, das Bewusstsein, eine Null zu sein. Die Partei denkt für dich! Das Bewusstsein der eigenen Gleichgültigkeit und der Wesenlosigkeit allen Geschehens steigerte sich, als er mechanisch einen Fuß vor den andern setzte, zu dem beängstigenden Gefühl des Sich-entfremdet-Seins. Es war wie ein Schock – er blieb stehen. Alles war mit einem Mal anders, auch er war plötzlich ein anderer. Es kam ihm vor, als hätte ihm jemand einen fremden Kopf aufgesetzt. Er sah, dachte mit dem Kopf eines andern – zugleich verstärkte sich der schmerzhafte Druck in Nacken und Hinterkopf. Alles wurde quälend unwirklich. Er schüttelte sich und massierte mit raschen Strichen seinen Schädel. Die Hauptsache war jetzt, dass man durchkam – irgendwie durchkam.

Draußen war finstere Nacht. Er öffnete das Zimmerfenster und lauschte. Noch immer hörte er in der Ferne die Frau in höchstem Diskant kreischen, unaufhörlich, eine Qual für Ohr und Gemüt; zwischendurch die Schreie des Mannes und den dumpfen Lärm einer Menschenmenge. Auch schien es ihm, als hielte jemand eine Ansprache. Gab es da irgendwo eine Versammlung? Mitten in der Nacht und während eines Luftschutzalarms? Er schloss das Fenster, um die Frauenstimme nicht mehr hören zu müssen, und betätigte den Fensterrollzug. Dann drehte er das Licht an. Wie anheimelnd das Zimmer war, trotz der fahlblauen Beleuchtung.

Jetzt erst sah er, dass ein großes Blatt neben der Tür lag, im Finstern hatte er es nicht bemerkt. Wahrscheinlich war es durch den Spalt ins Zimmer geschoben worden, als er noch bei Elke lag. Er entfaltete es, eine Art Plakat, schwarz gerahmt wie eine Parte. Der hektographierte Text war in Spruchform angeordnet. Mit wachsender Bestürzung las er:

DIE GEMEINSCHAFT DENKE AUSSCHLIESZLICH IN DEN GEGEBENHEITEN IRDISCHEN SEINS / SIE ERKENNE DAS WESEN DER BEGRENZUNG / SIE ERSTREBE KLARHEIT UND TREIBE WISSEN-

SCHAFT / SIE ZERSCHLAGE DEN GOTT.
NACH DER TOTALEN ZERSTÖRUNG KOMME EIN REICH GUTER NORMUNGEN / NUR DAS VON DER GEMEINSCHAFf GEPLANTE WIRKT RECHTENS.
AUS DEM GROSZEN ZUSAMMENBRUCH RETTE ZUNÄCHST DIE ERKENNTNIS / DASZ DEM MENSCHEN KEINE SCHRANKE GESETZT SEI IM GEISTIGEN / UND AUCH KEINE WILLKÜR ERLAUBT IM WIRTSCHAFTEN. FÜHRER SEI KEINER / DU BIST INHALT ALLER.
WIEDER EINFACH WERDEN IM HAUSEN / STRENG EINFACH. WIEDER SITTLICH WERDEN IM DENKEN / STRENG SITTLICH. WIEDER MENSCHLICH WERDEN IM HANDELN / ALLMENSCHLICH. DAS ERWARTEN WIR VON DER KOMMENDEN GESELLSCHAFT / UND DASZ ES KEIN OBEN UND UNTEN GEBE UNTER DEN MENSCHEN.

Der Text wies Rechtschreibfehler auf. Unterzeichnet war das Flugblatt, denn ein solches hatte er wohl vor sich, mit DER ARME KONRAD. Die Unterschrift flankierten zwei gekreuzte schwarze Fahnen.

Höllriegl las die Sätze mehrere Male. Er war starr. Kein Zweifel, jedes Wort verstieß da gegen die höchsten Ideale der Herrenrasse, war gegen das Fundament des Abendlandes, die Neue Ordnung gezielt, gegen Führertum, Führerstaat und rassische Auslese, wider alle sonstigen Glaubenssätze der Partei. Das war offene Rebellion! Dabei hatte er Ähnliches auch in gewissen Aussendungen der NAT-MAT-Leute gelesen – die Extreme berührten sich in scheußlichster Weise! Führer sei keiner! Kein Oben und Unten mehr unter den Menschen! Wahnsinn, alles Wahnsinn! Das war einfach der Abgrund – der Abgrund aller Abgründe! Wer hatte ihm das Flugblatt zugeschoben? Und warum gerade ihm? Hatten es die anderen Pensionsgäste auch erhalten? Das konnte eine Falle sein …

Was sollte er tun? Das Flugblatt bei der Gendarmerie oder beim POL-Leiter der nächstbesten Parteidienststelle abliefern. Das war das einzig Richtige. Man musste eine regelrechte Anzeige erstatten.

Und da fiel ihm wieder schwer aufs Gewissen: Er hatte ja schon einmal eine Anzeige unterlassen – zumindest bis jetzt unterlassen. Er war mit gefährlichen Verschwörern beisammen gewesen, er hatte mit zwei Vogelfreien an einem Tisch gesessen. Wer würde ihm glauben, dass dies Zufall war? Trotzdem: Das alles musste noch gemeldet werden, und zwar unverzüglich! Doch nein, er wollte es im Anschluss an seinen Besuch bei Gundlfinger tun. Wenn dann noch Zeit war. Die Bombe! Der Atomkrieg war ausgebrochen, darüber gab es keinen Zweifel. Aber das schreckte ihn nicht …

Schlecht und recht schlief er, von schweren, seichten Träumen gequält, drei oder vier Stunden. Er hatte den Wecker auf sieben gestellt. Mit bohrenden, klopfenden Kopfschmerzen erwachte er vor acht, das Läuten hatte er verschlafen. Rasch wusch er sich, und das kalte, wenn auch spärliche Wasser tat ihm wohl. Einige tiefe Kniebeugen und etwas Armeschwingen, wie gewohnt. Die Partei denkt für dich! Die Partei denkt für dich! Die Partei denkt für dich! – Er fuhr in die Kleider.

Ein Kommen und Gehen auf den Gängen. Die meisten Pensionsgäste waren schon auf, anscheinend wollten etliche zu Gundlfingers Sprechtag. Elke sah er nicht. Er kritzelte Name, Adresse, einen Gruß (»Und Dank für die schöne Nacht«) auf einen Zettel und schob ihn durch den Türspalt. Dann eilte er in die Wirtsstube hinunter.

Dort saßen schon alle beim Essen, auch Südekum und der Vertreter in Waschsachen. Die meisten aßen aus ihren Luftschutzköfferchen – wohl dem, der jetzt Selbstversorger war. Wortkarg, verdrossen, übernächtig nahm jeder das Frühstück ein. Sogar der Herr aus Aschersleben schien vergessen zu haben, dass er ein verkaufsstarkes Organ hatte. Eine Stimmung wie beim Probefrühstück vor der Magenaushebung. Der Lohndiener ließ sich nicht sehen, nur die Köchin latschte durch die Stube; sie brachte auch Höllriegl das Essen. Er bezahlte Nächtigung samt Frühstück und erntete dafür missmutige Blicke. Sauwirtschaft! Dieses Dreckskaff würde ihn nie mehr wiedersehen.

Bevor er ging, stöberte er in seinem Koffer nach. Rute und Pendel lagen bereit, und das Gutachten der *Unterirdischen* hatte er auch. Dieses würde ihm ein gutes Entree bei Gundlfinger verschaffen – nun konnte er sich auf die »Unterirdischen« ebenso berufen wie auf Schwerdtfeger und Hirnchristl. Eine dieser Empfehlungen würde ihn sicher als vertrauenswürdig ausweisen.

Nebel hüllte ihn ein, als er ins Freie trat. Die Luft war bleiern. Nirgends Leute. Wahrhaftig, die Welt war menschenleer. Auf dem Marktplatz stank es wie in einem Fleischerladen. Rotbraune Lachen da und dort. Ein Köter, zu greisenhaft, um zu bellen, schnüffelte an ihnen herum. Auf einem Holzgestell hingen zwei übel zugerichtete Kadaver – menschenähnliche Wesen. Ohne entsetzt zu sein, eher neugierig, trat Höllriegl näher, vorsichtig darauf bedacht, nicht in die

Pfützen zu treten. Da hingen wirklich ein Mann und eine Frau; obwohl nackt, war ihr Geschlecht nur mit Mühe zu erkennen. (Aha, die Schreie in der Nacht!) Anstelle der Brüste hatte der eine Leichnam tellergroße Fleischwunden, aus der Bauchdecke hingen bläulich die Gedärme. Dem zweiten Opfer waren die Geschlechtsteile angebrannt und die Beine mitgeröstet worden. Beiden Kadavern fehlten die Augen. Höllriegl hatte eine Kindheitserinnerung. Es war auf einem Fischmarkt gewesen. Die Händler hieben den Fischen mit einem Schlegel auf den Kopf und tranchierten sie. Die zerschnittenen Leiber aber sprangen, selbst noch in den Einkaufstaschen der Weiber, hoch und zuckten erbärmlich ... (Dieses Schlachthaus hier wäre ein Fest für Anselma gewesen!)

Um den Hals der Aufgehängten hingen blutgetränkte Pappdeckel mit Aufschriften, die kaum leserlich waren. Höllriegl glaubte, den Namen Istvan zu entziffern. Er erinnerte sich an die Erzählung des Lohndieners. Das Ehepaar aus Ungarn! Es war also erwischt worden. Vermutlich hatten die anderen Leibeigenen der Hinrichtung zusehen müssen. Ein Knüller!

Außer dass er Ekel verspürte, der nun etwas arg wurde wegen des Blutgeruchs –, machte die Sache wenig Eindruck auf ihn. Er stieg in den Wagen und überlegte, ob er ihn im Ort einstellen sollte. Wie hatte das Wesen mit der Glockenstimme gesagt? Es wäre besser, den Wagen in Sauckelruh zurückzulassen – falls er das richtig mitbekommen hatte. Man ginge besser zu Fuß oder liehe sich ein Fahrrad, um zur Walpurgis zu gelangen. Die Glockenstimme hatte ihm einen »Eigenulf« empfohlen, also einen Mechaniker – Automechaniker oder Wagenverleiher. Den Namen hatte er verschwitzt, aber die Adresse wusste er noch: an der Pfordten. Dort wollte er vorsprechen, den Wagen abstellen und das Radio instand setzen lassen. Ohne Nachrichten war er glatt geliefert.

Die Häuser rund um den Platz waren mit Trauerfahnen behängt, die wie schwarze Stricke aussahen. Und überall die roten Fahndungsblätter mit den Köpfen Unselds und Diebolds. Vor der Parteidienststelle – es gab in dem Kaff kein eigenes Parteihaus – machte er halt, um das Flugblatt abzugeben. Auch hier gähnende Leere, die meisten Zimmer waren versperrt. Am Schwarzen Brett las er einen Anschlagzettel mit folgendem Wortlaut: »Entgegen der Gepflogenheit, die da und dort angetroffen wird, Strahlenschutzanzüge in erster Linie an ältere oder kranke Personen auszugeben, wird mit sofortiger Wirkung angeordnet, dass Schutzanzüge im Mangelfalle ausschließlich jenen Volksgenossen zur Verfügung zu stellen sind, die sich im Vollbesitz ihrer Kräfte befinden. Vorrang haben Männer sowie Frauen und Mütter bis 35. Dann kommen in der Reihenfolge ihrer Wichtigkeit für Führer und Reich die älteren Jahrgänge. An letzter Stelle stehen Männer und Frauen über 60 sowie Kranke oder Körperbehinderte. Von dieser Anordnung werden nicht betroffen …« Und nun folgten Blutordensträger, Kriegsversehrte mit hohen Frontauszeichnungen, Trägerinnen des Mutterkreuzes, des Goldenen Parteiabzeichens und so weiter.

Endlich fand er einen weißhaarigen Bullen im Strahlenschutzanzug, der an seinem Schreibtisch döste. Dem erklärte er, wie er das Flugblatt gefunden hatte.

»Jawoll, das kennen wir doch«, mummelte der Mann, er war zahnlos. »Lassen Sie mal sehen. Jeden Tag kommen Volksgenossen und bringen solches Zeug. Wir können die vielen Anzeigen gar nicht mehr bearbeiten – ist auch halb so wichtig. Wichtiger ist, dass wir alle Leibeigenen einfangen, die auf und davon sind. Meine Amtskollegen, die jüngeren, sind hinter ihnen her – um die Polente zu entlasten. Da ist jetzt allerlei zu tun. Bin schon lang im Ruhegenuss gewesen, da holen sie mich wieder. Mein Wohnort ist Hasselfelde, ich mache hier aushilfsweise Journaldienst. Die andern sind alle fort. – Waren Sie heut Nacht dabei? Dolle Sache! Nein? Da haben Sie viel versäumt. Der Zirkus erinnerte mich an die schönsten Zeiten im Generalguvernemang anno vierzich, als ich noch beim SD war …«

Höllriegl ließ den Bullen weiterschwätzen, der nun erst richtig in Fahrt kam. Die Reparaturwerkstätte würde er auch so finden.

In den schmalen, nebligen Gassen drückten sich dann und wann Einheimische scheu am Wagen vorbei. Am Hauptplatz waren alle Läden geschlossen gewesen, hier aber sah er Geschäfte, die bei halb herabgelassenen Rollbalken offen hielten. Frauen hatten sich in langen Schlangen angestellt, und die strahlenschutzartig vermummte Ortspolizei patrouillierte mit umgehängten MP (Laser-Waffen sah man in der Provinz selten) in Dreiergruppen. Schlagartig waren sämtliche VGN-Ia, also die lebenswichtigsten Verbrauchsgüter der Nation, kriegsgemäß rationiert worden. Das klappte vorzüglich, denn in den letzten Jahren hatte es zu Übungs- und Ertüchtigungszwecken immer wieder Notstandsaufgebote im Rahmen des allgemeinen nationalen *Zuteils* gegeben, das heißt blitzartig durchgeführte Rationierungsmaßnahmen, die oft wochenlang in Kraft blieben. Jedes dieser Aufgebote besaß einen eigenen Namen; das letzte hatte »Landgraf, werde hart!« geheißen.

Für den Sonderfall eines plötzlichen Kriegseinsatzes trug Höllriegl stets eine Verpflegskarte IIb bei sich – Kummernuss hatte ihn aus der Verbrauchergruppe IIIa in die nächstbessere hinaufschwindeln können. Ein solcher Sonderfall war jetzt gegeben. Nur fragte er sich, ob man auf die Karte irgendwo irgendwas bekam, siehe sein Erlebnis in der Pension. Es war übrigens Herr Südekum gewesen, der ihm erklärt hatte, die Lebensmittelverteilung im ganzen Reich geschähe auf dem Luftweg und wäre mittels Denkmaschinen so durchgeplant, dass, selbst wenn sehr weite Landstriche, aber auch große Städte durch völlige Verwüstung ausfielen, die Versorgung der nahezu 90 Millionen Volksgenossen eisern klappen müsste. Das ständige Dröhnen in der Luft rühre daher keineswegs von Geschwadern her, die auf Feindkurs gingen, sondern von Transportern der Stratoklasse in pausenlosem VGN-Einsatz. Schon am Montag war die gesamte zivile Luftfahrt des Reiches in den VGN-Notstand eingegliedert worden.

Höllriegl fuhr im Schritt an Häusern in malerischem Fachwerkbau vorbei. Überall waren die sattsam bekannten Lebensmittelaufrufplakate angeschlagen, aber auch Aufschriften gab es wie »Strahlengeschütztes Gemüse« oder »Strahlensichere Backwaren« – alle Notstandsverpackungsvorschriften waren automatisch in Kraft getreten. Das Reich holte sich sein tägliches Brot aus Tiefbunkern und unterirdischen Lagerhäusern, die so groß wie Dörfer sein sollten. So tief drang keine Strahlung, und die Lebensmittel lagerten dort seit Jahren, längst *atomar* verpackt und für den Ernstfall gehortet. Erhebend! Heil!

Der Besitzer jener Autoreparaturwerkstätte, die ihm empfohlen worden war, Schicketanz hieß er, wohnte am Ortsende, und An der Pfordten war eine der Ausfallstraßen von Sauckelruh nach Nordosten. Höllriegl holte den Mann unter einem Lkw hervor, an dem er mit einem Scharwerker, verdächtig ostischer Typ übrigens, arbeitete; so als wäre kein Atomkrieg, als hätte das Reich in der vergangenen Nacht nicht eins abbekommen. Höllriegl gab dem Vorfall mit dem Radio einen harmlosen Anstrich – man konnte nie wissen. Die Reparatur wäre keine große Sache. Und der Wagen würde heute Abend, spätestens morgen früh bestimmt geholt.

»Gibts was Neues?«

»Nur Übles«, sagte Volksgenosse Schicketanz und wischte sich den Schweiß von der blauroten Stirn. »Einige Atomraketen sind zwar beim Anflug unschädlich gemacht worden – doch was wird die nächste Stunde bringen? Wir gehn gar nicht mehr in den Keller, hat ja so keinen Zweck, strahlenverseucht sind wir schon. Aber Köpfler wird es schaffen, wies auch der Adolf geschafft hat. Die Japse kriegen Haue, dass sie Knochen kotzen – klaar, Mensch. Nun müssen Sie mich aber entschuldigen, ich bin mittenmang in der Arbeit. Zum Professor haben Sie den Abschneider da drüben. Sind schon ne Menge Leute vorbeigekommen. Einen Fahrweg gibt es auch.«

Höllriegl setzte sich in Marsch, es fror ihn in der kalten Nebelluft. Er spürte die Übernächtigkeit in allen Gliedern, auch hatte ihn das Mädchen hergenommen. (Angurboda – komischer Name.) Die Aktenmappe unterm Arm, griff er tüchtig aus und verlangsamte seine Schritte erst, als der Weg steil anstieg. Durch den hochstämmigen Fichtenwald wallte Nebel und hing sich in Fetzen an die Äste. Höllriegl dachte nach – wie hatte sein Lehrer in der Volksschule gesagt? Das sogenannte Brockengespenst ist eine Nebelwand, auf die bei besonderen Lichtverhältnissen Schattenbilder geworfen werden …

Der Weg schlängelte sich um bemooste Granittrümmer, und Höllriegl bekam Lust, die Gegend von oben zu betrachten. Rasch erkletterte er einen der Findlinge. Die Sicht war stark behindert, man konnte nur ein paar Schritte weit sehen, aber der Anblick der schlanken und doch mächtigen Stämme, die aus der nebligen Tiefe emporstrebten, erfüllte sein Herz mit Zuversicht und Stolz. (Ein deutscher, ein nordischer, ein asischer Wald!) Auch war ihm wohlig warm. Friede lag über allem. Was war das – Krieg? Doch das ferne, leise Dröhnen, das nun durch die Stille plötzlich wieder an sein Ohr drang, redete eine andere Sprache.

Nach einer Weile – Täfelchen hatten den Weg gewiesen, und allerorten gab es Rastplätze für kurzatmige Leute – kam er auf eine Hochfläche hinaus, über die mit Gekrächz Dohlen strichen. Aus dem Nebel traten die Umrisse eines villenartigen Gebäudes, beim Näherkommen erwies es sich von schauerlicher Bauart. Eine Art Ritterburg, der man die Wehrtürme gekappt hatte. Spitzbogen, Erker, Ziergitter, steile Giebelchen – ein riesiger Traum von der Jahrhundertwende. Höllriegl fühlte sich durch diese Talmiburg sogleich abgestoßen; er fand nämlich nur die Großbauten des Führers schön oder jene hochgiebligen SS-Siedlungen mit ihren mächtigen Vierkanttrakten und weiten Appellplätzen. Gotik war abstruses christliches Zeug, und das ostmärkische Barock haßte er geradezu.

Jetzt tauchten auch Personen aus dem Nebel auf, immer mehr, sie waren den bequemeren Fahrweg heraufgekommen. Man sah Fahrräder und Mopeds, und ein gelähmter Mann betätigte mit weit ausholenden Griffen seinen Rollstuhl. In Gruppen strebte alles einer offenen Pforte zu, an der eine Frau die Gäste in breitem Niedersächsisch begrüßte. Man wurde gebeten, nicht zu lärmen, der Professor predige bereits. Durch eine Einfahrt gelangte man in die Halle, von dort führten Stufen zu der mit Balustersäulen geschmückten Empore. Die ganze Aufmachung rief in Höllriegl gemischte Erinnerungen wach, halb aristokratische, halb amazonische, auf alle Fälle beschämende – die Schramme brannte wieder lichterloh. Nur gab es bei Gundlfinger keine Raumverschwendung, alles hatte gutbürgerliches Maß.

Die Halle war gesteckt voll. Höllriegl konnte sich gerade noch durch den Eingang drücken, die Späterkommenden mussten draußen in der Einfahrt bleiben. Dicht gedrängt standen die Zuhörer, zu andächtigen Statuen erstarrt. Nur wenige hatten auf den paar Steinbänken Platz gefunden, sie waren wohl schon früh gekommen. (In Sauckelruh ging die Rede, dass manche Leute, die immer wieder zu Gundlfinger pilgerten, oft eine ganze Nacht auf Einlass warteten, und dies selbst bei schlechtem Wetter.) Andere wieder hatten Touristenstühle mitgebracht und Sesselpolster oder sich einfach auf den Estrich hingesetzt. Höllriegl, turnerisch gewandt, konnte sich einen Platz auf dem Vorsprung eines Säulenfußes erobern, wobei ihm die Aktenmappe sehr hinderlich war, und von dort aus die Menge überschauen. Vorn, in der ersten Reihe, knieten Frauen, ihre Arme hingen schlaff herab, und den Kopf hielten sie wie in Verzückung gesenkt. Der Aufgang zur Empore war durch ein Seil aus rotem Samt gesperrt.

Trotz aller Vorsicht verursachten die Neuankömmlinge Unruhe und Lärm, aber die Lauschenden nahmen keine Notiz davon. Sie waren zu konzentriert – ähnlich konzentriert, wie Höllriegl es bei ariosophischen Andachtsübungen gesehen hatte, die er zeitweilig zu Schulungszwecken besuchte.

Aber alle diese Dinge, die Einzelbilder der Lauschenden, nahm er erst nach und nach in sich auf. Sein Augenmerk galt vielmehr dem Redner oder Prediger, der oben an der Balustrade stand, die Hände auf sie gestützt, ein Bild professoraler Ruhe. Es war ein untersetzter, stämmiger Mann, vielleicht an die siebzig, mit hoher Stirn, fleischigem Gesicht und schütterem, ergrautem Haar. Starke Nase, dichter, englisch gestutzter Schnurrbart, rosa Backen (wie gelackt!), listig funkelnde Äuglein, die unter fetten Lidern rasch und mit kühlem, abstraktem Ausdruck über die Köpfe der Zuhörer wanderten. Der Mund teigig wie der eines alten Mimen. Gundlfinger trug eine eigentümlich geformte Brille, vielleicht *Hörbrille*. Dieser berühmte Denker hätte ganz gut Sparkassenbeamter in gehobener Stellung, Filialleiter oder so, aus der Provinz sein können, sein Äußeres war durchschnittlich, sogar unscheinbar. Geduld, Milde, Güte, so etwas wie Gemüt gingen von Gundlfinger aus – oder täuschte man sich da nur? Leise tropften seine Worte (schwäbelnder Tonfall) in die Stille; diese runden, blanken, griffigen Wörter hatten etwas allzu Rundes, Blankes und Griffiges, wie Münzen, wie Kleingeld.

Als Höllriegl eine Viertelstunde lang dem Vortrag zugehört hatte, von dem er kaum drei Sätze verstand, beschlich ihn der Verdacht, ein Stoffverkäufer in einem Warenhaus messe behend, zungenfertig, dienstbeflissen seine Meterware ab, drehe sie mit gefälligen Redeblumen der Kundschaft an. Obwohl er, wie gesagt, nichts Greifbares mitbekam – das Thema war ihm zu hoch –, verstärkte sich von Minute zu Minute der Eindruck, dass hier alles, jedes Wort, jeder Satz, vorgefertigt, gestanzt, sorgfältig überlegt und einstudiert sei (einstudiert wie auch Gundlfingers Durchschnittlichkeit) und nun mit der Präzision einer Denkmaschine, die entsprechend programmiert worden war, aus dem Mund herausschnurre.

Befremdend, weil nicht landesüblich, war Gundlfingers Kleidung. Sie erinnerte an die Tracht der Älpler, war andeutungsweise ländlich, schwarz, mit moosgrünen Aufschlägen und Verzierungen; die Jacke aus Loden hatte Hirschhornknöpfe. Ein dunkles, gesticktes Samtkäppchen, wie es einst in Wien das Symbol der Hausbesitzer gewesen war, lag auf der Brüstung. Wahrscheinlich trug Gundlfinger – doch das konnte man eben nur ahnen – dickwollene, gestopfte Socken und statt der Schuhe Schlapfen an den Füßen.

Durch einen plötzlichen Einwurf wurde Höllriegls Aufmerksamkeit wieder auf den Vortrag gelenkt. Eine der kurzen Pausen, die der Philosoph in seine kunstvoll verschachtelten Sätze einbaute, nicht weil er kurzatmig war, sondern um die Schönheit bestimmter Denkornamente nachschimmern zu lassen, hatte eine der Frauen in der vordersten Reihe dazu benützt, um eine Frage zu stellen – eine Frage, die aufhorchen ließ. Die Frau hatte mit gesenktem Kopf gesprochen.

»Ist Gott eine Krankheit?«

»… Gewiss, liebe Volksgenossin, gewiss.« Gundlfingers Miene verriet nicht die geringste Verlegenheit. »Gott *ist* eine Krankheit. Jedoch eine Krankheit, die so vertrackt und so vieldeutig ist, auch so weitschichtig und tiefreichend, dass wir sie als Inbegriff, also in ihrer Hülle und Fülle, als Ganzheit gar nicht zu erfassen imstande sind. Wenn Gott eine Krankheit ist, dann ist jede Art von Religion das dazupassende, wenn auch unvollkommene Heilverfahren – nicht eine Ursachen-, sondern eine Merkmalheilbehandlung, denn die Ursache, die Ur-Sache, die Wurzel der Erkrankung, ihr Um und Auf, kennen wir nicht, sie liegt in jedem Einzelfall woanders, und wir werden sie daher kaum jemals finden.

Versteht man solcherart Gott als unheilbare Krankheit, als schlechthinniges Übel, als Krebsgeschwulst des menschlichen Denkens, dann ist die Vokabel Gott eine Dachbezeichnung für alle jene Leiden, die von IHM ausstrahlen und sich in unserer Körper-Seele bis ins Feinste verästeln. Gott kann in jeder Form von Heimsuchung auftreten, als multiple Sklerose ebenso wie als nervöser Durchfall. Denken Sie bitte vergleichsweise an die vegetative Dystonie – was ist das anders als ein Sammelname, ein Schwammwort, für viele ganz verschiedenartige Unstimmigkeiten im Zusammenspiel des vegetativen Gefüges? Solche Unstimmigkeiten reichen von einfacher Unrast, Unruhe, Unlust bis zu schwersten Bedrückungen und ernsthaften Organausfällen, die manchmal sogar zum Freitod – Sie verzeihen dieses hässliche, mit Recht verpönte, geächtete Wort – führen können. Gott ist unser Körperschicksal, besser: unser leibseelisches Schicksal. Gott ist für jeden etwas anderes, für jeden eine andere Art von Krankheit. Schicksäliges bedeutet unmittelbar Stigmatisierung. Gott ist also von ur-auf jenes Etwas, das uns leiden macht und demgemäß nur mit Leidenschaft erlebt werden kann. Gott ist die Unruhe im Uhrwerk der Schöpfung, eine Krankheit, wenn Sie wollen: ein vegetatives Syndrom, das sich schon vor alters in der Seele des Menschen gebildet hat, ebenso wie es sich immer neu in der Seele unserer Kinder bildet. Man kann nämlich Ihre Frage, liebe Volksgenossin, auch dahin beantworten, dass diese Krankheit zugleich allerhöchste Gesundheit ist. Was heißt denn hier Krankheit, was heißt Gesundheit? Das sind ja nur Spannungserscheinungen ein und desselben Seinszustandes. Unser Volk, unser großes, auserwähltes Volk, scheint zurzeit ganz davon ergriffen zu sein, es lebt in diesem Seinszustand der Krankheit, welcher Gott heißt. Ich frage: Wie spielt sich unser Leben, das Leben unseres Volkes, eigentlich ab? Doch auch als Spannung zwischen Gesundheit und Kranksein ... Gott entsteht in uns wie eine Krankheit, aber doch auch wie deren Korrektiv: die Gesundheit. ER bedeutet also einmal aufgestautes Kranksein, ein andermal aufgestautes Gesundsein. Zugleich aber nennen wir die Spannung, die zwischen diesen beiden leibseelischen Zuständen wie zwischen ungleichnamigen Polen schwingt, Gott, ja, sie ist nichts anderes als ER selbst. Ich weiß von Menschen, die Gott als Krankheit, als eine schwere, empfinden, und wieder von andern, die ihn als Gesundheit erfahren. Wenn ich das sagen darf – es sind die Gottnäheren, die IHN als Krankheit empfinden, ihnen offenbart ER sich in seiner ganzen furchtbaren Leidensmacht. Warum? Weil der an Gott Erkrankte – und das ist jeder! – IHN im Zustand des Krankseins viel innenkräftiger erlebt. Und so dürfen wir vereinfachend sagen: Gott offenbart SEIN SELBST am stärksten, am unmittelbarsten in der Krankheit, also in einer von IHM ausgehenden leibseelischen Erschütterung. Was mit anderen Worten heißt: Unsere Krankheiten sind die Türen, durch welche die Krankheit Gott in uns eintritt. Eben darum empfinden wir IHN als Krankheit, weil ER sich in ihr zu erkennen gibt, sich offenbart im brennenden Dornbusch unserer Schmerzen … Gott identifiziert sich sozusagen mit den Krankheiten der aus IHM entlassenen, von IHM abhängigen Geschöpfe. Wer Schmerzen hat, spürt demnach Gott – Gott, wie ER in ihm arbeitet, in ihm west und – verwest! Gott kann nämlich verwesen! ER ist sterblich! ER stirbt mit uns! Wenn es keinen Menschen mehr geben wird, wird es auch keinen Gott mehr geben. Das ist unser Triumph! Ist Ihnen das klar geworden, liebe Volksgenossin? Für uns Menschen ist Gott die Krankheit zum Tode, ein Missgeschick und Ungemach, ein Unstern, der zwangsläufig unsere Seele erhellt, weil er von ur-auf in uns angezündet ist. Nochmals: eine unheilbare Krankheit! Gott ist nichts anderes als der Weg in die Verwesung, und die Atombombe wird zugleich das Ende der Krankheit Gott sein. Vielleicht sollte die ganze Geschichte, das ganze Ge-schich-te-te des Weltalls, als Gleichnis eines ungeheuren Absterbens gedeutet werden, in dessen Verlauf auch die Krankheit Gott einmal aufgetreten, einmal hervorgebrochen ist und an dessen Ende der Mensch und mit ihm Gott an Altersschwäche eingeht. – Doch ich kehre zum Thema meiner Ansprache zurück, zur Frage: Ist eine gewirbige Hinwendung auf das Welt-Eine möglich? Wäre es denkbar, unter allen Umständen den Bereichen des menschlichen Lebens ihr naturgängig notwendiges und notwendendes Hinziel aufs Welt-Eine zu eröffnen, den Fragen der Erkenntnis das Welt-Eine, das Einheitliche und Ganzeinheitliche der scheinbar unvereinbaren Dinge und Kräfte aufzutun? Wonach ja der Erkenntnis eine einheitliche All-Welt deutlich sein müsste und der Entwicklungsfrage eine einheitliche Welt des Planetären, der menschlichen Einheit … – Ich habe Ihnen schon gesagt, liebe Volksgenossen, dass der Kernsatz unserer Energielehre sowie der Ordinalsatz hierzu das durchgängig Grundsätzliche der Welteinheitlichkeit in Dynamik und Ordnung betreffen, woraufhin alle bezüglichen Lehrmeinungen, Vermutsätze, Eselsbrücken und so weiter sich auszurichten haben. Die Ordnung folgt der Dynamik *vorgängig*, im Ganzen von ihr bestimmt, im Einzelnen durch sie auch bestimmend. Sie vollzieht das in Kräften aufgespannte Geschehen. Sie ist das Ganze des Vielen. Sie ist, wenn das Dynamische, besser: das Bewegliche und zugleich Kräftliche, ein Ur-Erstes war, das Ur-Zweite, zwar das Untergeordnete, Abhängige, aber als solches doch auch das bezüglich Höhere, nämlich wie die späteren

Entwicklungsformen vor den früheren das ›Höhere‹ sind. Sie ist das aus der Dynamik sich Ergebende und ist der Analyse das Ding-Herrschende der Synthese —«

Wieder glitt Höllriegls Denkvermögen an den gemünzten Begriffen des professoral dahinplaudernden Mannes da oben ab. Gundlfingers Sätze verursachten ihm körperliches Unbehagen, Schlingbeschwerden, Kopfweh und leichtes Schwindelgefühl; ja, anflugweise kehrte jener ekelhafte *fremde Kopf* wieder – als sei das alles hier nicht von dieser Welt, nicht eine ihn betreffende Wirklichkeit. Auf einmal verstand er seine eigene Situation nicht mehr, es war ihm, als könne er nicht begreifen, wo er sich befand und was um ihn her vorging. Träumte er? Dachte er mit dem Hirn eines andern? Oder hatte er sich mit Haut und Haar in ein fremdes Wesen verwandelt? Um zu sich zu kommen, fasste er die Zuhörer schärfer ins Auge, doch die Konturen ihrer Gesichter gruben sich nur noch schmerzhafter in sein Bewusstsein, ohne dadurch an Sinn zu gewinnen. Dieses Gefühl kam und ging, kam und ging …

Wieder, wie im Luftschutzkeller der Pension, fiel ihm auf: Es gab hier keine jungen Leute. Gundlfingers Publikum ähnelte dem, das sich in Kaltwasserkuranstalten zu Kniegüssen, Oberaufschlägen und wechselseitigen Fußbädern zusammenfindet, es war ein auf Feigenkaffee und Tiefatmen gedrilltes Publikum, das Trost und Stille und eine besondere Art von Kasteiung suchte. Gundlfinger schien auf diese Flüchtlinge, denn das waren sie allesamt, irgendwie beruhigend zu wirken, er war – wie er, Höllriegl – Heilbehandler, dazu ein Meister des *Täubewesens*, ein Magneter, Einluller, Aufredner, Beschwatzer, Eintäuscher, Anempfinder, kurz: der Doktor Eisenbart persönlich. Das, was er über »Gott« gesagt hatte, war so gewesen, als kratze man sich mit der linken Hand am rechten Ohr. Dabei war der Kerl, wenn er aus irgendwelchen Gründen verständlicher sein wollte, politisch anstößig geworden. Höllriegl hatte vor allem den Satz behalten, dass das deutsche Volk sich zurzeit in einem Zustand des Krankseins – der mit *Gott* umschrieben wurde, es konnte aber auch *Führer* heißen – befände. Hatte Gundlfinger nicht Angst, dass die Geheime Staatspolizei seine Vorträge abhorchte? Wenn er in einer öffentlichen Veranstaltung das Herrenvolk, dessen geistige und körperliche Gesundheit selbstredend als unumstößlich galt, für krank, sogar für schwer krank erklärte, sich demnach Anspielungen zu machen getraute, die einen den Hals kosten konnten, so musste das einen triftigen Grund haben. Höllriegls Laune verdüsterte sich noch mehr, Schweiß brach ihm aus allen Poren. Wo war die heile Welt, seine Welt, wo blieben Ordnung und

Geborgenheit? Er wusste ja, dass das deutsche Volk krank war, eine schwere Krise durchmachte, er fühlte es stärker als andere. Aber er hätte nie gewagt, auch sich selber nicht erlaubt, derlei Dinge in die Öffentlichkeit zu tragen.

»– im Rückgriff auf Voriges, Ur-Voriges, auf *Verinselung* vom Ganzen. Es ergibt dies, in Ansehung der Weltumbildungen, ein erzgewaltig-grundsätzliches, charaktereigenes und bei einiger Einbildungskraft naturschönes Bewegungsspiel vom Ringen der Welten durch ihre Erzeuger, sagen wir: der Atome, aber in Hinsicht auf missverständlich verkannte Lebensumbildungen, die Wege derselben, ein bei Art-Berührung und Art-Entwicklung nur Bewahrsames, wogegen bei Verinselung von der Art oder verinselnder Strebung Störendes, Zerstörendes, das Verinselte letztlich selbst Zerstörendes –«

Die Zuhörerschaft lauschte gebannt, mit frommen, schlaffen Mienen und halb offenen Mäulern. Höllriegl bemerkte in einiger Entfernung den in der Menge eingekeilten Südekum, der, als er Höllriegls Blick auf sich ruhen fühlte, zu ihm herüberblinzelte und durch eine Grimasse – gehobene Brauen und bigottes Verdrehen der Augäpfel – zu erkennen gab, wie sehr er Gundlfinger genoss, und dass er ein gleiches Genießen bei Höllriegl voraussetzte. Der Waschmittelvertreter war nicht zu entdecken, doch sahen die meisten anwesenden Herren wie Waschmittelvertreter aus.

»– sobald das Individuum als Ganzes am Ende seiner Tage eine in ihren Gefügebahnen vernachlässigte Welt ist – indes doch wieder nur, um von vorn, also anfänglich dem prozessierenden Prinzip aufbaulicher Weltbildung und Weltordnung eingereiht zu sein, in seines versinkenden Aufbaus geschichteten Energien. Diesem universaler Welt zugewandten Untergang des Individuums, einem aufwendigen Ereignis von urdramatischer Kraft, das im Hinblick auf die allbewahrsame Welteinheit freilich jedes tragischen Moments oder Motivs entbehrt, bei einiger Kenntnis schon wie bei gläubiger Ruhe das erwähnte Bewegungsspiel vom Ringen der Welten durch ihre Erzeuger, will sagen: der Atome, als ein überatomares Dahingleiten, genauer: als ein unvernichtbar-grundsätzliches Heimgehen des von der Erde abtretenden Individuums erscheinen lässt – diesem Untergang des Individuums also steht zeitlebens der ebenso dem Welt-Universalen zugewendete Aufgang des Individuums entgegen, gewährleistet im Aufgange der Art –«

Gundlfinger nahm die Hände von der Balustrade und machte mit ihnen nach hinten fingernde Bewegungen, worauf ein bis dahin verborgen gewesener Junge vortrat und ihm ein aufgeschlagenes Buch übergab. Das Kind, es mochte etwa fünfzehn Jahre alt sein, war von großer Schönheit. Ein Engelsantlitz, blass, mit anmutig strengem Ausdruck, von halblangen, pagenhaft geschnittenen, dunkelblonden Locken umrahmt. Mehr konnte Höllriegl nicht auffassen, denn schon war die Erscheinung wieder verschwunden. Nur ein Glanzlicht der grauen (oder stahlblauen) Augen erhellte Höllriegls umdüstertes Gemüt; es war ihm, als habe der Knabe einen Moment lang just ihn angesehen.

Der Philosoph las irgendetwas vor, oder er zitierte aus dem Buch. Die Schönheit des Knabengesichts hatte Höllriegl wie ein Blitzstrahl getroffen. Ein Bote aus einer nordisch hellen und heilen Welt! So licht und hehr mochte Siegfried als Kind ausgesehen haben – Siegfried, wenn er zugleich Grieche gewesen wäre. In diesem Kind wurden Walhall und Olymp eins. Alles, der Redner, das Publikum, die Gegenwart – es versank. Das war unwahrscheinlich! Es gab also Schönheit, gepaart mit Reinheit! Es gab ein Engelwesen auf Erden!

Angesichts der Erscheinung – sogleich fiel Höllriegl die Glockenstimme ein – wirkte die Menge rundum noch bedrückender. Und bedrohlich! Das waren ja entsetzliche Visagen, jetzt erst merkte ers. Die Frauen in der vordersten Reihe – hatte er sie nicht schon in Albträumen gesehen? Er erinnerte sich der alten Weiblein in der Kapelle der »Residenz«. Wie die mit ihren patzweichen, tapsigen Händen nach ihm gegriffen hatten – ah! Ekel würgte ihn. Hinaus! Er sah auf eine Dame hinab, die, an die Säule gelehnt, vor ihm stand, sah sie von der Seite an. Was für ein gemeines, begehrliches, aufgeschwemmtes Weibsstück – und diese Glotzaugen, die anhimmelnd zu Gundlfinger emporsahen. Mit ihrer kupfrigen Haut und dem Hängebusen sah sie aus wie ein verrostetes Kriegsschiff der Liebe, wie eine Veteranin des Strichs. Und diese Ausdünstung!

Höllriegl glitt von seinem Standort herunter und drängte wild zum Ausgang. Er musste Gewalt anwenden, sich richtig durchboxen, denn die Leute rührten sich nicht vom Fleck; Gundlfinger, der Magier, der Klugschwätzer, der Betäuberich, hatte sie behext. Wut, gemischt mit Brechreiz, stieg in Höllriegl hoch, er verschonte die Erstarrten nicht mit Püffen und trat roh auf ihren Zehen herum. Eine Luft hatte es hier! Draußen in der Halle lichtete sich das Rudel, er kam nun schneller vorwärts. Da war endlich der Ausgang! Die Nebelluft schlug ihm wie ein Meer von Ozon entgegen. Tief atmete er ein und wieder aus, sein dampfender Atem hing in der Luft.

Schwaches Heulen drang aus dem Tal herauf, es waren die Luftschutzsirenen von Sauckelruh. Die Alarme rissen nicht ab. Höllriegl schlenderte in das nasskalte Nebelchaos hinaus und umkreiste langsam die Lichtung, in der Gundlfingers

Villa stand, dieses Gebäude von banaler Phantastik, das den Namen Walpurgis zu Recht trug. Ihre nebelhaften Umrisse wirkten wie die Dekoration einer Grottenbahn. Höllriegl stöberte Scharen der fetten Vögel auf, die zuvor ihre Kreise gezogen hatten und sich nun schwerfällig zu neuen Flügen erhoben.

Dieser Gundlfinger war ein Dunkelmann, ein Nibelung, das stand für ihn fest. Vielleicht war er mehr – ein Fafnir. Die Ansprache in der Halle, sie war eine Szene aus dem Totenreich gewesen. Fafnir predigt den Schwarzalben. Was aber bewachte dieser Wurm? Der Weisheit Hort? Oder war der Schatz, den er bewachte, ein Knabe – jener Bote von Valhöll mit der Glockenstimme? Hatte er den jungen Siegfried, den Sigurdhr der Eddalieder, gesehen? Es war wie das Aufleuchten des Nordlichts gewesen, und einen Augenblick lang hatte ihn der Glanz der Götterwelt getroffen – mitten ins Herz!

Was würde Anselma zu alldem sagen? Höllriegl sah ihr hochmütiges Gesicht sich zu einer Grimasse verziehen. Hier riechts nach Naphthalin! Der romantische Götterglaube aus der Mottenkiste, das Leben eine Wagner-Oper! (»Glauben Sie wirklich an diesen Mumpitz? Solche Märchen kann man höchstens Pimpfen erzählen …«) Und doch – irgendwas Schönes, Lichtes *musste* es geben! Anselma war hart und schneidig, sie war ein Werwolf. Nicht durch Zufall hatte er ihr als Minnenamen einen Männernamen gegeben: Sinfiötli, Sinfessel. Der passte zu ihr, weiß Gott. Werwölfe, NATMAT, Schreckenshelm – das alles war schwärzeste Finstermacht, es waren Ausgeburten der Erdtiefe wie die Nibelungen. Aber auch Bundschuh und Armer Konrad … Wo war die Mitte, die goldne Mitte? War die Mitte die Partei – der Schoß, aus dem der neue Adel gekommen war, die Wiege des Herrenvolks? Wo er hingriff, fühlte er Morast. Was blieb zum Anhalten? Was blieb ihm noch? Ein Spruch aus dem *Fafnismâl* fiel ihm ein, ein Satz, den er auf einmal tiefer verstand: »… den *Verfallenen* gefährdet *Alles*.« Das war mehr denn je auf ihn gemünzt. Und Ulla? War sie es, von der die Adlerinnen raunten: »Dort stach mit dem Dornen einst durch ihr Gewand / Wodan die Maid, die nach Männern begehrte …« Ulla, dieses Wunder an Schönheit, die Goldbegabte! Sie hatte ihn verschmäht, die Grausame, Grausige! Nie mehr! Nie mehr! Auf seiner Stirn brannte die Schramme wie Waberlohe.

Er sah Leute eilends aus der Villa kommen und im Wald verschwinden. Entweder war der Empfang vorüber oder abgebrochen worden. Er sah auch, dass Gundlfingers Besucher wie vom Erdboden verschluckt wurden. Er preschte durchs Gebüsch – ja, da gab es Eingänge im Waldboden und unter den Findlingen: Bunkermündungen, Höhlen, splittersichere Gräben. Das alles mochte für Buben gut sein, die Judenhatz spielten. Was nützte es gegen tödliche Strahlen?

Nun gleich zurück und alles erledigen. Meldung machen. Ordnungsgemäß. Aber gegen wen? Würde man ihm glauben? Das Ganze kam ihm selber wie ein wüster Traum vor. Doch aus diesem Traum hatte er immerhin etwas sehr Reales in der Hand: das Gutachten der Unterirdischen.

Die Villa war leer. In der Einfahrt, wo sich Gundlfingers Anhänger gedrängt hatten, lief jetzt ein Kätzchen einem Papierfetzen nach, den der Luftzug dahin und dorthin fegte. Höllriegl sah überall Lautsprecher – Gundlfingers Ansprachen konnten auch in den Nebenräumen angehört werden. Das Pförtnerzimmer war unverschlossen; eine Frau, jene, die vorhin die Besucher eingelassen hatte, trank Kaffee, dem Geruch nach Blümchenkaffee. Das Kätzchen, die Frau, das dampfende Getränk – ein Idyll. Die Welt des Krieges versank mit dem Miauen der Sirenen.

In der Gästeliste fand sich unter Donnerstag 10.30 Uhr (kindliche Kurrentschrift) die Eintragung: Ein Herr zum Pendeln hergeschickt aus Berlin. Am Rande hatte jemand ein Fragezeichen dazugemacht. Weiter unten war der Name Südekum mit der Bezeichnung *Musikmacher* eingeschrieben. Es war knapp vor halb elf.

»Der Professor erwartet Sie drüben ... im Knusperhäuschen. Ich werde schellen.«

Höllriegl ließ sich als Neuer den Weg zeigen, der zuerst durch einen grauen, verwilderten Park führte. Dahinter öffnete sich der Wald zu einer schmalen, ebenfalls arg vernachlässigten Allee, an deren Ende ein von kümmerlichen Rasenstücken umgebenes einstöckiges Holzhaus stand. Beim Näherkommen entpuppte es sich als eine Spielerei in Schnitzarbeit. Das »Knusperhäuschen«, schwärzlich und verwittert.

Was für ein Kuriosum! Die den Eingang flankierenden Pfosten hätten indianische Totempfähle sein können, und von den Gesimsen dräute mit gereckten Hälsen das Albtraumgetier gotischer Dome. Die Säulen und Säulchen der Vorderfront waren in mühsamster Schnitzarbeit so ausgenagt, dass sie wie die luftgekühlten Läufe von Schnellfeuerwaffen aussahen.

Auch in den muffigen, halbdunklen Stuben waren die Wände über und über mit Schnitzereien bedeckt, allerorten stand geschnitzter Krimskrams und verludertes Gerümpel herum. Den schwulstig-schwülen Charakter der Deckenverzierungen konnte man in dem staubigen Dämmerlicht nur ahnen, sie wirkten wie Neugebilde. Sämtliche Stile eines Völkerkundemuseums schienen hier zu einer einzigen Scheußlichkeit zu verwachsen. Eine Art indischer Ornamentik herrschte vor, daneben gab es figürliches Zeug, das an Negerplastiken, an Byzanz, an die Idole der Osterinsel, an altslawische Ikonen, an die Steinmetzkunst der Azteken erinnerte.

Höllriegl, den niemand empfing oder anhielt, sah sich die krausen Bildwerke nicht ohne Beklemmung an. Aus den Schnitzereien sprach eine Inbrunst, die er als unreine Brunst empfand. Dieses Unmaß, diese Unrast, dieser Frevelmut des Geistes! Bestürzend auch die Sinnlosigkeit einer hemmungslosen Exhibition! In Höllriegl regte sich der Psychologe.

»Sie sind Alfred aus Berlin.«

Höllriegl drehte sich erschrocken um. Der Professor stand im Strahlenschutzanzug vor ihm und streckte ihm mit breitem Grinsen die Rechte hin. Flüchtiger Blick auf Höllriegls Uniform, ein genauerer auf den Kragenspiegel.

»Sind Sie RAD-Truppführer?«

»Ja, dem Range nach. Ich bin Heilgehilfe – Rutengänger.«

»Ah, stimmt. Der Lebensbaum. Unsere schönste Rune. Ich sehe Sie vertieft … äh … in unsere Kuriositäten. Willkommen jedenfalls in Fausts Studierzimmer! Salamander soll glühen, Undene sich winden, Sylphe verschwinden und so fort. Kommen Sie!«

Sie kletterten eine knarrende Hühnerstiege hinan, und Gundlfinger sagte erläuternd: »Sie sind neu bei uns. Das Ganze hat der Hausmeister – er nannte sich Kastellan – des vorigen Besitzers geschnitzt. Ein Spinner, außerdem ein Kastrat. Sein Zeitvertreib war das Schnitzen. Das Schönste, was er machte, ist eine Wiege – für sein Kind, das er nie hätte zeugen können. Erst vor Kurzem ist er hochbetagt in Privatpflege gestorben, es hat eine Menge Laufereien gekostet, ihn vor der Euthanasie zu bewahren. Da ist sein Bild.«

An der Wand hing eine gerahmte, vergilbte Fotografie. Sie zeigte einen sogenannten Charakterkopf mit Künstlermähne und über der Brust gekreuzten feinen Händen. Glasiger Blick aus vorgewölbten Augen.

»Bitte, mal rinn in die gute Stube.« Auch in Gundlfingers Arbeitszimmer – das war es wohl – wimmelte es von geschnitzten Ungeheuerlichkeiten. Ein roh gezimmerter Tisch, wie man solche in Bauernstuben findet, nahm den meisten Platz ein. Bücher waren nicht zu sehen, dafür aber türmten sich überall, sogar auf dem Fußboden, Schriftstücke und Mappen. Seitlich an der Wand stand unter Glas ein abgestellter Fernschreiber. In einer Ecke grölte fröhlich wie ein

Betrunkener das Radio. Der Professor drehte die Marschmusik auf leise, sodass sie nur noch winselte, und bedeutete seinem Besucher mit malerischer Geste, sich ihm gegenüber zu setzen. Höllriegl nahm sich vor, so wenig wie möglich zu reden und lieber zuzuhören – ein Vorsatz, der sich bald als überflüssig erwies, denn Gundlfinger war sichtlich gewohnt, allein das Wort zu führen.

»Wissen Sie schon von der Katastrophe? Wieso nein? Na, heute gegen Morgen haben zwei weitere Rak-Geschoße des Banzai-Typs das Reichsgebiet getroffen. Eines explodierte im Allgäu, das zweite – leider eine Neutronenbombe – traf das Ostrauer Revier. Die FS-Meldung war nach Schlüssel Zwo-eins-Jot abgefasst, leider aber so schwer verstümmelt, dass ich nichts Näheres herausbekommen konnte. Seitdem schweigt und schweigt mein Telex. Entweder ist die Leitung kaputt, oder – hm! In den zweiten Frühnachrichten haben sie die Treffer schon zugegeben. Es ist Dauerstrahlenalarm …« (Davon hatte Schicketanz nichts gewusst.)

Gundlfinger schaltete am Fernschreibgerät herum. »Noch immer nix«, murmelte er.

»Der Treffer im Allgäu war von großer mechanischer Zerstörungskraft, so sagte der Geheimbericht. Die Neutronenbombe aber – der Anzug da ist gut für den Kostümball, nicht? In Sauckelruh sollen heute früh Flüchtlinge aus dem Lippischen durchgekommen sein. Sie sagen, Deutschland sieht nach dieser ersten Atomnacht aus wie am Ende des Dreißigjährigen Krieges, das wird wohl übertrieben sein. – Übrigens haben auch wir gewaltig zurückgeschlagen. Wenn Sie wollen, ein Trost. Es kommt jetzt – in den allernächsten Stunden – alles drauf an, dass das Gesetz des Handelns wieder bei uns liegt. In den ersten Frühnachrichten, also noch vor Bekanntgabe der Feindtreffer, wurde gesagt, der zweite massierte Angriff auf den sinojapanischen Raum sei geglückt. Ausra-Geschoße, es muss eine ganze Salve gewesen sein, und thermonuklearer Großeinsatz aus der Luft haben auf den japanischen Inseln nördlich des 40. Breitengrades alles Leben vernichtet, ebenso in Mandschukuo und Dschosen. Dort gibt es nicht einmal mehr eine Vegetation. Ein Schocker für die Gelben …«

Pause. Gundlfinger saß vorgeneigt und machte das angestrengte Gesicht eines Schwerhörigen. Er musterte den Besucher unverhohlen von oben bis unten; das Ergebnis der Prüfung schien ihn zu befriedigen.

»Sie kommen, wie ich hoffe, mit guten Nachrichten. Einmal von den Berliner Freunden, dann von Professor Kofut. Haben Sie das Gutachten?«

Höllriegl entnahm seiner Aktentasche die Mappe. »Aus der Tiergartenstraße habe ich keine Nachricht. Man hat mir dort lediglich aufgetragen, bei Ihnen eine gyromantische Untersuchung vorzunehmen. Mein Auftraggeber, oder besser: der Mittelsmann meines Auftraggebers, ist Obersturmführer Hirnchristl.«

»Natürlich, Hirnchristl!« (Auf Höllriegls Auflage ging der Philosoph nicht ein, was seltsam war.) »Wie geht es ihm? Immer sehr beschäftigt. Übrigens – an Ihrem Deutsch merke ich, dass Sie Ostmärker sind – also engerer Landsmann von Hirnchristl …«

Höllriegl schilderte kurz und sachlich das merkwürdige Erlebnis mit dem Obersturmführer. Als er erwähnte, dass in Hirnchristls eigener Abteilung dessen Existenz geleugnet worden war, verfärbte sich das Gesicht des Philosophen. Doch ungeachtet seines Betroffenseins sagte er sofort mit dem ihm eigenen breiten Grinsen: »Sie wissen, Alfred, so was kommt vor – in einem so ungeheuren Betrieb. Da weiß oft die eine Hand nicht, was die andere tut, und der Nachfolger weiß nichts von seinem Vorgänger. Das hat nix zu bedeuten.« (Diese Erklärung war mehr als albern.)

Unbewusst hatte Gundlfingers Redeweise eine ostmärkische Färbung angenommen. Er näselte, was er offenbar für wienerisch-salopp hielt. Vielleicht nahm der Philosoph jeweils sogleich die Farbe seiner Umgebung an – es konnte aber auch ein sehr bewusster Vorgang sein. Das Ostmärkische sprach er nur andeutungsweise und wie ein dilettierender Imitator.

»Was mag mit Karl los sein? Karl – vielleicht kennen Sie ihn unter einem andern Namen – arbeitete früher, unmittelbar vor Ihnen, als Meldegänger bei Psi … Ich warte nämlich im Augenblick auf ein anderes und viel dringenderes Gutachten, diesmal von Kappa. Und Karl war beauftragt, es bis zum Zehnten zu besorgen. Wer aber nicht kam, war er. Auch sonst kein Lebenszeichen, kein Sterbenswörtchen – gar nix. Es wird ihm doch nichts Unmenschliches zugestoßen sein … Wie ich Ihrerseits als bekannt voraussetzen darf, arbeite ich zurzeit an einem Gottesbeweis und mache mir dabei die neuesten Errungenschaften unserer Neunmalklugen zunutze. Von Kappa bräuchte ich eiligst nähere Erläuterungen zum Partikelbild der Strahlung, insoweit sich dieses zur Partikeltheorie in Widerspruch befindet, sowie Auskünfte über den gegenwärtigen Stand der Quantentheorie der Wellenfelder. Ich leite nämlich meinen Gottesbegriff direkt aus der Materiestruktur her – ich hab zwar die Vision, aber in gewissen kniffligen physikalischen Fragen kann mich jeder Waisenknabe an der Nase herumführen … Meine Arbeit ist als modernes Gegenstück zu den ›Theologischen Complementen‹ des Nicolaus Chrypffs gedacht, den man den Kusaner nennt, nur beweise ich das Dasein Gottes aus einer einzigen Formel, einer mathematischen Zentralsonne sozusagen, nämlich der Materie-Gleichung Heisenbergs, wobei das Denkmodell der ›Welt‹ als eines unanschaulichen sphärischen Raumes verlassen und schlagartig, das heißt aufgrund einer kosmogonischen Ableitung, in ein mystisches Anschauen Gottes hinübergewechselt wird – ich kriege das schon hin, Sie können sich drauf verlassen, kein Satz fällt da flach. Schon heute sei verraten, dass jene geheimnisvolle ›Zehn hoch vierzig‹, also die sogenannte Verbindungszahl zwischen Atom und Kosmos, in meiner Beweisführung eine entscheidende Rolle spielen wird, und zwar als Schlüssel, durch den erst der Hinübertritt in das astrale Reich der Gottesschau möglich ist … Können Sie mir folgen?«

»Nein«, gab Höllriegl zu. Er wünschte inständig, wegtreten zu dürfen, seine fragwürdige Mission zu beenden.

»Das macht nix«, sagte der unbeirrbare Gundlfinger. »Ein Jammer, dass Sie die jedem Anfänger in Kosmogonie bekannten fünf Sätze nicht wissen, in denen diese sehr hohe Zahl, eine Eins mit vierzig Nullen, jeweils der Weisheit letzter Schluss ist. Also erstens: Wenn man den Krümmungsradius der Welt – Welt hier als Modell gedacht, ein sphärischer Raum mit dem Krümmungsradius R – durch den Radius eines Elektrons dividiert, so erhält man die Zahl 10 hoch 40 … Zweitens: Wenn wir die Masse der Welt durch die Masse eines Mesons – durchschnittlich ein Zehntel der Protonmasse – dividieren und aus diesem Bruch die Quadratwurzel ziehen, so erhalten wir 10 hoch 40 … Und drittens: Dividiert man das Alter der Welt durch die Zeit, die das Licht zum Durcheilen eines Elektronenradius benötigt, so erhält man wiederum 10 hoch 40 … Viertens: Wenn Sie die sogenannte Elementareinheit für die relativistische Gravitationskonstante durch die sogenannte relativistische Gravitationskonstante dividieren, so erhalten Sie was? Selbstverständlich 10 hoch 40 … Fünftens und letztens: Dividieren wir die Masse eines spontan gewordenen Sterns durch die Masse eines Mesons, erheben dann den Bruch zum Quadrat und ziehen aus diesem Quadrat die Kubikwurzel – so erhalten wir 10 hoch 40! Die Scholastiker glaubten noch, Christus wäre nur 34 Jahre alt geworden, darauf beziehen sich zum Beispiel auch die 34 Kreise im Globusspiel des erwähnten Nicolaus von Cues. Was aber haben meine Freunde von Delta-Epsilon unwiderleglich und ein für alle Mal nachgewiesen: Der Galiläer hat mit genau 40 Jahren den Kreuzestod erlitten. Das ist mehr als bloße Zahlenspielerei, hier kommt eine kosmische Gesetzlichkeit zum Ausdruck … Was halten Sie davon?«

Die Frage war rhetorisch. Höllriegl hätte darauf keine Antwort gewusst. »Haben Sie meine heutige Ansprache gehört?« (Höllriegl nickte.) »Bitte wundern Sie sich nicht, dass ich von dem schönen Vorrecht deutscher Philosophen Gebrauch mache, nämlich mich so auszudrücken, dass kein Mensch außer mir selber den Text versteht. Notabene ist meine Person, mein Name an einen bestimmten Stil gebunden. Ich möchte vor Ihnen nicht verbergen, dass die Partei mit immer scheeleren Augen meine Arbeit betrachtet. Der mir unmittelbar vorgesetzte Philosophie-Offizier an der Friedrich-Schiller-Universität in Jena hat mich bereits zweimal höheren Orts verpfiffen, was ich durch den Baumann unserer dortigen Zelle erfuhr. Für andere Universitätsoffiziere, die im Hause Unter den Linden 69 ein- und ausgehen und das Ohr des Ministers haben – ob auch des neu ernannten Herrn Luyken, entzieht sich meiner Kenntnis –, rieche ich meilenweit nach Schwefel. Ich weiß sehr wohl, dass meine einflussreichsten Gegner im Promi und – burleskerweise – in der Reichsanstalt für Erdbebenforschung sitzen; Letztere ist in Jena zu Hause – begreifen Sie jetzt den Zusammenhang? Ich müsste eine beträchtliche Mattscheibe haben, wenn ich nicht ahnte, dass mich der Werwolf wie die schwarze Pest hasst. Speziell die NATMAT-Leute würden mich am liebsten killen oder in ein UmL stecken, wenn sie die alleinige Macht hätten. Was soll ich Ihnen noch sagen? Der Bundschuh? Da gärts zu sehr, man weiß nicht, was draus wird. Da lob ich mir Ihre Namenlosigkeit! Natürlich halte ich mich über Wasser – aber wie lange noch? Die Hauptüberwachungsstelle für Ariosophie hat ein wachsames Auge und gefügige Kreaturen. Ich kann Ihnen gar nicht sagen, wie mir dieser Krieg gelegen kommt.«

»Professor Kofut ist der Meinung, es sei höchste Zeit, dass Sie unter Tage verschwinden.« Die Warnung war Höllriegl herausgerutscht, es war gegen seine Absicht.

»Der gute Cunnilingus! Wissen Sie, wie mein Asenname lautet? Thiodhvitnîr, das heißt Weltwolfsfisch. Ein guter Name. Ich warte noch zu, warte auf ein Zeichen. Im Übrigen: Was dich nicht brennt, das blase nicht. Mein Gottesbeweis wird, sollte er je fertig werden, niemals unter Köpflers Augen erscheinen können, das ist klar. Zumindest nicht ober Tage und in Europa, Eurasien und den beiden Amerika. Eine Weile hoffe ich noch unbehelligt zu bleiben, falls uns der Krieg diese Weile lässt. Es sieht nicht so aus – wer weiß, ob wir morgen noch leben! Immerhin: Die Partei gibt mir offizielle Aufträge, und ich erfülle sie … Trotzdem! – Mein Gottesbeweis geht, rein formalistisch gesehen, die üblichen, vom Promi gebilligten Wege, ich benütze einwandfreie ariosophische Methoden, nämlich das herkömmliche ontologische, kosmologische und teleologische Schema, ich stütze mich offiziell auf die deutschen Mystiker wie auf die von der Partei geeichte Deutsche Physik. Niemand kann aber noch ahnen, dass ich mir auch keineswegs rassenreine Gedankengänge zu eigen mache – Gedanken, die bei Moseh ben Maimôn, bei Jehuda ha-Levi, Nachmanides, Levi ben Gerson und anderen Peripatetikern und Schrifterklärern auftauchen, nicht davon zu reden, dass ich mich ebenso voll und ganz hinter die Lehren von Freud, Einstein und Niels Bohr stelle. Haben Sie in der Halle meinen jungen Gehilfen Axel gesehen? Ist er nicht das Urbild des germanischen Jünglings, wie es beim Rasse-Günther im Büchel steht? Nun, Axel hat keinen Tropfen arischen Bluts in den Adern, er erhielt bei der Beschneidung den Namen Henoch, sein Vater hieß Isidor Angelson und war Rabbiner, Universitätslehrer in Uppsala, ein berühmter Numismatiker übrigens. Ich rettete sein einziges Kind – was haben Sie?«

»Bitte weiter«, sagte Höllriegl mit heiserer Stimme. Er begann heftig zu zittern, der »fremde Kopf« war wieder da.

»... ich rette Axel buchstäblich aus den Klauen des SD. Die Angelsons, zwei ungewöhnlich schöne Menschen, lebten als U-Boote in Aberdeen, wohin sie sich nach der Gleichschaltung Schwedens aus Haparanda geflüchtet hatten. Ich war gerade bei dem damals viel besprochenen Kongress ›Ariosophie und Metapolitik‹ und lernte das Paar durch einen Kontaktmann kennen. Die beiden wurden fast zur selben Zeit geschnappt, in ein Untermenschenlager gebracht – man brauchte damals viel Versuchsmaterial für die erste Raumflugetappe. Ich nahm mich des Knaben an, ein schottischer Benediktinerpater taufte ihn. Von Axels Vater hörte ich nichts mehr. Aber von der Mutter – soll ich Ihnen sagen, was man mit der Mutter gemacht hat?«

Höllriegl schüttelte wild den Kopf. (Wieder hüpften die zerschnittenen Karpfenleiber in die Luft.)

»Verübeln Sie mir nicht die Abschweifung. Ich wollte nur sagen: Ist Axel alias Henoch Angelson nicht eine glänzende Widerlegung dieser ganzen verdammten Rassentheorie!? Sehen Sie – so ist es auch im Bereich der Philosophie. Das Blut bedeutet nichts, der Geist ist alles ... – Also, ich benütze ziemlich unverhüllt Spinoza, Eliphas Levy, Weininger, Bergson, Oskar Goldberg, den Kardinal Newman. Ein besonderer Abschnitt wird der Frage gewidmet sein, warum Gott dem Gedächtnis der Menschen allmählich entschwunden ist, entschwinden musste, besonders der Menschen, die unter dem globalen System einer Supertyrannis leben – woran sich eine quantenphysikalische Untersuchung des

Gedächtnisses schließt. Wir haben ja fast nur noch Korsakow-Kranke vor uns! Im Verlauf dieser Phänomenologie des Vergessens und seiner biophysikalischen Deutung komme ich speziell auf die Funktion des Übermaschinellen zu sprechen und selbstredend auch auf die diversen Verhaltensweisen jener kompliziertesten Molekülkomplexe, die wir Meme nennen –«

Der Professor erging sich in seinen weitschweifigen Theorien und merkte nicht, dass mit seinem Besucher etwas Merkwürdiges vorgefallen war. Höllriegl war nach vorn gesunken, den Kopf hatte er in die Hände gestützt, seine Gesichtszüge (die Gundlfinger nicht sehen konnte) waren verzerrt. Der Professor hätte glauben können, dass *Alfred* ihm besonders konzentriert zuhöre. Doch Gundlfingers Stimme drang wie aus weiter Ferne an Höllriegls Ohr, die Worte ergaben keinen Sinn, alles wurde zu einem Klangbrei.

»– und zuletzt bin ich zu dem Schluss gekommen, dass Gott vergessen sein wollte –«

»Ja?« Höllriegl fuhr empor. Ja, Gott wollte vergessen sein! Das warst Reinheit? Ein Judenjunge verkörperte sie, verkörperte sie in einem Maß, wie er dies nie für möglich gehalten hätte! Nur in der Musik hatte er Reinheit gefunden – oder sie zu finden geglaubt. Erlebt hatte er sie in Wirklichkeit nie. Henoch Angelson – der Sohn eines schwedischen Rabbiners! Ein Sendling Gottes, ein Götterbote wie Hermodur, einer der Holden von Asgard, aus dem Olymp, aus dem jüdischen oder christlichen Himmel. Egal! Und plötzlich fiel Höllriegl jener Äffling ein – das war vor undenklichen Zeiten gewesen. Wie hatte der Äffling gesagt? Odin ist der … Elohim – oder so ähnlich. Und Vater Rhein und Vater Jordan, sie sind dasselbe. War es so? Höllriegl strengte sein Gedächtnis an, aber je intensiver er nachdachte, desto mehr zerfloss ihm die Erinnerung. Ja, er konnte sich jetzt nicht einmal mehr an das Gesicht des Sterbenden erinnern, auch nicht an das Zimmer. Nur das eine wusste er: Der Äffling war Satan gewesen, Beelzebub, einer von den Juden, wie in der Kampfzeit der Partei »Stürmer« und »Schwarzes Korps« sie an den Pranger gestellt hatten. Axel-Henoch aber war sein Widerpart: Ein Gottgesandter, wie immer dieser Gott hieß. Und das Erschütterndste! Der jüdische Teufel hatte der Partei und dem Führer zum Sieg verholfen, er hatte bei der Ausrottung seiner Rassegenossen mitgetan. Axel aber, der Engel aus Nordland, war von ebendieser Partei verfolgt worden. Hätte es Gundlfinger nicht gegeben, würde Henoch in einem Vernichtungslager geendet haben.

Mit einem Mal sah er Gundlfinger in anderem Licht. Der war zwar sicher ein Scharlatan, ein Mitläufer, ein Arschkriecher, das stand fest – die Umstände hatten ihn dazu gemacht, die fortwährende Nötigung, sich zu tarnen, sich anzupassen. Was immer aber der Philosoph auf dem Kerbholz hatte, es war durch die Rettung Henochs gesühnt.

Höllriegl war so verwirrt und in die eigenen Gedanken verloren, dass er seinem schwatzhaften Gegenüber nicht folgen konnte, auch nicht mochte. Doch plötzlich horchte er auf. Was hatte Gundlfinger gesagt?

»– wenn ich nicht ganz sicher wüsste, dass Victoria regia schon auf Touren läuft. Ein offenes Geheimnis, die Spatzen pfeifen es von allen Dächern. Auch Hirnchristl war, soviel ich weiß, mit wichtigen Durchführungsarbeiten befasst, die Reichsschule für Strahlenschutz hatte eine Sonderauflage. Als es nach dem Tod des Führers brenzlig zu werden anfing, hat er mir – wohl auch andern – ein Fernschreiben geschickt. Warten Sie, ich suche es …«

Gundlfinger kramte in seinen Schriften und förderte eine Papierschlange zutage, von der er Folgendes ablas: »Ich beliefere Kunden meiner Amsterdamer Schwesterfirma mit Diamanten. Die größte Nachfrage besteht heute nach Steinen von ¼ Karat, Durchmesser 4 Millimeter, lupenrein, die ich Ihnen in jeder gewünschten Menge zum Preis von 258 Reichsmark je Stück liefern kann. Weitere Angaben sind überflüssig, denn ich liefere die Ware zum billigsten Rockbottom-Preis direkt an den letzten Abnehmer auf Basis eines ganz kleinen Gewinnes. Aus diesem Grund ist die Ware wirklich preisgünstig. Sie können die Diamanten zur Ansicht erhalten, und Sie sind berechtigt, die Ware innerhalb von zehn Tagen zu prüfen, zu bezahlen oder die Sendung an mich zurückzusenden. Die Anlieferung von Diamanten wird von Tag zu Tag geringer, weil sie ein Naturprodukt sind, das die Natur nur in Millionen Jahren schafft. Daher steigt auch der Preis von Tag zu Tag. Mit meiner Offerte bleibe ich Ihnen 14 Tage im Wort. Heil Hitler – Erdmuthe Budrasch in Firma Harry Urban, Edelsteinimport, Berlin SW 61, Hasenheide 32. – Datiert ist das FS vom 11. November. Das war Montag.«

»Das heißt so viel«, fuhr Gundlfinger nach einer Pause fort, »dass es mit der großen Geheimwaffe Essig ist – von der man ja nur so viel weiß, wie die Regierung braucht, um die ganz Blöden bei der Stange zu halten. Im letzten Krieg haben wir bekanntlich das Wettrennen um das Gotteswunder mit einer halben Nasenlänge gemacht. Unternehmen Mjöllnir. Doch heute gehören Atombomben bereits ins Heeresmuseum, denn was ist das für ein Gotteswunder, das auch die andern im Köcher haben! Und der Osten hat viel mehr im Köcher, als wir ahnen, das gebe ich Ihnen schriftlich. – Aber nun die Anti-Teilchen. Tja, die Anti-Teilchen …«

Natürlich hatte auch Höllriegl von der geheimnisvollen Wunderwaffe gehört, an der angeblich unablässig gearbeitet wurde. Er erinnerte sich, schon vor Monaten in einem Schulungsheft für WH-Ausbildner einen langen Leitaufsatz über dieses Thema gelesen zu haben, von dem er trotz der populärwissenschaftlichen Ausdrucksweise nur einen Bruchteil verstanden hatte. Es war da von einem kontrollierten Zusammenprall der Materie mit sogenannter Anti-Materie die Rede gewesen, von Anti-Atomkernen, Anti-Teilchen und anderen Anti-Dingen. So unklar das Ganze war, so klar war die Schlussfolgerung: Das Reich hatte in der Atomphysik die Führung, und wer sich die Anti-Materie dienstbar zu machen verstand, deren Sprengwirkung die der Atombombe von London um Megazahlen übertraf, der war der absolute Herr der Welt, der musste jeden Zukunftskrieg todsicher gewinnen. Auch Anselma dürfte von der Sache mehr gewusst haben, als sie sich zu sagen erlaubte. Dieser Supersprengstoff war die Waffe des Werwolfs!

»Das heißt aber weiter«, sagte Gundlfinger, während er Hirnchristls Fernschreiben noch einmal durch die Finger gleiten ließ, »dass die gesamte Reichsregierung auf gepackten Koffern sitzt, dass mit dem Abtransport der wichtigsten Geheimarchive via Luftbrücke begonnen wurde und dass auch schon der Rückzug gewisser hoher Herrschaften und ihrer Familien in die Wege geleitet worden ist. Die Goldfasane immer zuerst! Wohin die Reise geht, weiß niemand – nur die Chefpiloten wissen es. Manche meinen, in eine Geheimzone irgendwo am Amazonas, worauf auch der Tarnname der Operation deuten würde; andere wieder sagen, gerade ›Victoria regia‹ sei eine Vexierbezeichnung und weise auf den hohen Norden oder die Antarktis, also auf die Kühlschränke des Reiches, wo seit Jahr und Tag an Tiefbunkern, ja an ganzen Untertagstädten mit Fernheizwerken und allem sonstigen Komfort gebaut wird. Das wissen Sie doch, Alfred?«

Doktor Senkpiehl, Kummernuss und andere hatten tatsächlich manchmal über diese sagenhafte Nordlandfestung gesprochen – sie war als eine Art Gegenstück zur Alpenfestung des letzten Krieges gedacht. Und seine Heydricher Ingrid, die zu den Damen lokaler Funktionäre frisieren ging, hatte auch davon erzählt. Wer wusste aber wirklich etwas darüber? Einer seiner Kunden in Heydrich, Geschäftsführer der Salinengesellschaft, hatte einmal unter vier Augen erklärt, die berühmte Nordlandfestung sei der gleiche Mumpitz wie die Gralsburg.

Gundlfinger lehnte sich mit gespenstischer Behaglichkeit in seinem Drehstuhl zurück und fuhr fort: »Der Zeitpunkt ist insofern nicht ungünstig, als ja die Elite der Herrenrasse bloß eine Weile in atomsicheren Regionen zuzuwarten braucht, bis das Menschengeschlecht durch die tödliche Strahlung völlig verseucht ist – die Neutronenladung von Ostrau ist da nur eine bescheidene Angabe. Nach der Entvölkerung des Planeten wird die Herrenrasse, respektive deren überlebende Elite, aus ihren polaren Tiefbunkern herauskriechen und wieder die totale Diktatur errichten. Über wen? Selbstverständlich über einen Teil ihrer selbst. Denn sie wird sich – ich folge hier einem Konzept der von mir besonders geschätzten Gruppe Tau-Omikron – sogleich in zwei Arten, in zwei Klassen aufspalten: in Führer und Geführte, in Freie und Unfreie, in Herren und Sklaven, in Übermenschen und Untermenschen ... – Es zeigt sich doch ganz klar, dass in dieser Auseinandersetzung zwischen Weiß und Gelb, zwischen Swastika und Shakubuku, die ja nicht nur eine rassische oder geopolitische ist, ein geradezu apokalyptischer Kuddelmuddel eingesetzt hat. Seit gestern gibt es keine klaren Fronten mehr. So kämpfen die Australier zurzeit, bei größter Hitze, mit Zähnen und Klauen gegen die japanischen Zwingherren und werden dabei von uns unterstützt. Es sind die gleichen Weißen, die in Insulinde gegen uns kämpfen, weil dort wir die Zwingherren sind oder waren – denn Insulinde ist ein verlorener Posten. Aber schon morgen werden die nämlichen Weißen Insulinde gegen die Japse zu verteidigen haben ... Natürlich sind das müßige Detailfragen im Schatten des nuklearen Weltkrieges, der sich keinen Deut drum kümmern wird, wer im Augenblick wo regiert. Der Atomkrieg ist nun einmal losgebrochen, hat sich verselbstständigt, und territoriale Gewinne oder Verluste, auch wenn es sich um Kontinente handelt, sind unter dem Aspekt des planetaren Todes lachhaft. – Auch dort, wo noch nicht mit Atombomben operiert wird, schafft der totale Krieg politische Leerräume, die man nicht für möglich gehalten hätte. Es ist, als würfe der Aufruhr das Älteste wieder an die Oberfläche, als gäbe es nach der absoluten Tyrannis keine Zukunftsmusik mehr. Wie ich heute früh im Radio hörte, es war keine deutsche Station, ist in Brasilien der Führerrat gestürzt und mangels einer besseren Alternative wieder das Kaiserreich ausgerufen worden. Dom Pedro redivivus! Die ganze Welt würde lachen, hätte sie im Moment nicht andere Sorgen. Seit 24 Stunden hat Brasilien eine Kaiserin, Enkelin der Gräfin d'Eu und Urenkelin Dom Pedro des Zweiten. Was sagen Sie? Vielleicht sollten analog die Hohenzollern oder die Habsburger, soweit es sie noch gibt, die verwaisten Throne besteigen, soweit es solche noch gibt – während die Fenriswölfe in ihren nordischen. Eishöhlen sich schon die Fangzähne schleifen. – In Afrika kehren die Schwarzen dort, wo sie die Weißen abgemurkst haben, direkt und mit klingendem

Spiel in die Steinzeit zurück, zu ihren läppischen Amuletten, Regenzauberern und Menschenopfern. Das scheint mir ja überhaupt eine erstrebenswerte Kulturstufe zu sein – für die Überlebenden der Atomnacht, sofern es solche noch geben wird. – Hirnchristl schreibt, ich möge mich binnen vierzehn Tagen reisefertig machen. Das ist eine lange Frist, wenn man bedenkt, wie rasch die apokalyptischen Plagen reiten – das FS ist aber zu einem Zeitpunkt abgefasst, wo noch niemand wissen konnte, ob der Atomkrieg sofort beginnen würde. Er wird, sagt er, mir durch Meldegänger mitteilen, wann und wo ich mich für den Abflug bereithalten soll. Sein Angebot bezieht sich auf Diamanten, es ist also Eis gemeint, und lupenreine Diamanten bedeuten die arktische Eisregion. Das Unternehmen Bifröst, die größte Luftbrückenoperation seit Bestehen des RLM, ist somit angelaufen – ich habe schon vor einem Jahr davon gehört. Hirnchristl war immer schwer zu durchschauen. Ist er ein von der Partei offiziell Beauftragter für diese Flucht ins Nirgendwo, oder ist er ein Außenseiter, der die Macht hat, sich da und dort einzuschalten? Dass er Anti-Werwolf ist, hat er x-mal bewiesen. Wir können hundertprozentig auf ihn zählen – wenn er noch lebt. Offen gestanden, habe ich erwartet, dass Sie der bewusste Meldegänger sind …«

Höllriegl richtete sich aus seiner gebückten Haltung auf. Es war Zeit, reinen Tisch zu machen. Axels Retter verdiente ein ehrliches Wort.

»Professor Gundlfinger« – er artikulierte deutlich, um dem Schwerhörigen, dem er zum ersten Mal mit Sympathie in die Augen blickte, nicht Mühe zu machen –, »ich kenne Obersturmführer Hirnchristl nur von einer einzigen Unterredung her. Über ihn und seine Vertrauenswürdigkeit weiß ich nichts. Ich wurde zu ihm geschickt – aufgrund eines in meinem Wohnort Heydrich ausgestellten Marschbefehls. Mein Name ist Höllriegl, Albin Totila Höllriegl. Ich bin Rutengänger, Heilpendler, Gyromant – was ich schon sagte. Der ostmärkische Romanschriftsteller von Schwerdtfeger –«

»Oho, Schwerdtfeger!« warf Gundlfinger ein. »Henricus Arbogast Edler von Schwerdtfeger. Das wird ja immer toller! Wissen Sie, dass ich mit diesem Mann seit dem Ersten Weltkrieg bekannt bin? Wir waren Grabenkameraden in Wolhynien, österreichische und deutsche Regimenter lagen damals nebeneinander. Gerieten am selben Tag in russische Gefangenschaft, per Zufall waren wir auch im nämlichen Lager. In den Erdbaracken von Nowo-Nikolajewsk lernte ich ihn richtig kennen – der Typhus machte uns alle zu Brüdern. Brest-Litowsk riss uns wieder auseinander. Wir kamen über verschiedene Lager auf dem Austauschweg in die Heimat, er ging nach Wien zurück, ich nach Nördlingen, und später habe ich den k. k. Fähnrich von Schwerdtfeger aus den Augen verloren. Erst nach der Gründung des Großdeutschen Reiches bin ich ihm gelegentlich wieder begegnet, bei Tagungen, bei Gesprächen auf Ordensburgen, politischen Kundgebungen, einmal auch bei einem Empfang in der Reichskanzlei. Schwerdtfeger hat, soviel ich weiß, den Zweiten Weltkrieg als Offizier mitgemacht – irgendwo in der Etappe, bei einem Stab in Frankreich. Ich war u-ka gestellt, dem Wodan sei Dank! Ob Schwerdtfeger einer der Unsern ist? Er gehört bekanntlich zu den Laureaten der Partei …«

»Ihm verdanke ich Ihre Bekanntschaft, Herr Professor. Hirnchristl war für mich nur ein Mittelsmann – über Weisung Schwerdtfegers gab er mir den Auftrag, bei Ihnen zu pendeln. Auch in Berlin hatte ich einen ähnlichen Auftrag. Ich bin jetzt auf der Rückfahrt nach Heydrich, muss schnell wieder nach Haus – werde vielleicht dringend gebraucht.«

»Ja, ich erinnere mich nun genau, Schwerdtfeger hat einmal von Ihren … Zauberkunststücken erzählt. Der Einfluss der Erdstrahlen scheint mir plausibel. Ich kenne die Werke von Benedikt, Heermann und Lakhovsky. Wenn Sie der Alarm nicht stört, so beginnen Sie mit Ihrer Arbeit – drüben in der Villa. Seit Monaten leide ich an Schlaflosigkeit und … äh … Irritationszuständen. Vielleicht finden Sie die Ursache mit dem Pendel, wenn es überhaupt noch Sinn hat, solche Lappalien wie Erdstrahlen aufzudecken.«

Gundlfinger erhob sich, und auch Höllriegl stand auf. »Warten Sie bitte, ich rufe Axel. Er wird Ihnen meine Zimmer zeigen.« Nach einem Blick auf die Uhr und die Besucherliste:

»Großer Gott, noch fünf Personen!«

Der Professor rief durch die geöffnete Tür: »Axel, Axel, komm herauf!«, und dieser erschien schnell, leichtfüßig, gleichsam auf Engelssohlen, man hatte seine Schritte auf der Hühnerleiter kaum gehört. Er strahlte Höllriegl aus seinen dunkelblauen Augen an. Hermodur, der Götterbote!

»Axel spricht gut Deutsch, wenn er auch Ausdrücke verwechselt. Seine große Leidenschaft ist Mutterdeutsch – das verstehen aber wieder viele andere nicht.«

»Ich werde ihn schon verstehen«, sagte Höllriegl, den lächelnden Götterboten unverwandt ansehend. »Axel, ich bin der Herr aus Berlin, mit dem Sie gestern telefoniert haben. Mein Name –«

»Der Herr heißt Alfred«, unterbrach Gundlfinger. »Er wird bei uns eine Strahlenuntersuchung durchführen. Axel, wir sprachen gestern kurz über diese kuriosen Erdstrahlen …«

»Ja, Herr Professor – ja, Herr Alfred.«

In diesem Augenblick hörte es Höllriegl schnell hintereinander dumpf krachen, drei-, vier-, zehnmal, die Fensterscheibe zerstäubte zu einem flirrenden Glasregen, und an der gegenüberliegenden Wand erhob sich eine Wolke von Staub und Holzsplittern. Gundlfinger wankte, hielt sich mit beiden Händen den Kopf. Höllriegl und Axel schrien auf.

»Rasch weg von hier!«, flüsterte der Professor und ging in Deckung. Sein Gesicht war blutüberstömt. Er presste ein Taschentuch gegen die rechte Wange und das Ohr, das Tuch war sofort klatschnass. Keuchend: »Es ist nichts – sie haben mich nicht getroffen.«

Auch Höllriegl hatte instinktiv Deckung genommen und Axel zu Boden gerissen. Der Junge war kreidebleich, aber diese Blässe machte sein Gesicht noch hübscher. Er brachte kein Wort heraus. Gundlfingers Kaltblütigkeit dagegen wirkte enorm. Der Professor kroch nämlich zum Tisch zurück, knipste das Licht aus, zog eine Lade auf und entnahm ihr ein zierliches, brüniertes Ding – Höllriegl erkannte eine Laser-Waffe. Wie zeitgemäß, die Philosophie war bewaffnet!

»Bitte, geben Sie mir Ihr Taschentuch, meines ist –« Er stillte das Blut, so gut es ging, und kroch dann zur Tür. Durch das zerfetzte Fenster drang eisige Luft.

»Die hatten es auf mich abgesehen – erhielt schon Warnbriefe. Sie sollen nur glauben, dass ich getroffen bin. Ich verschwinde hier unten im Keller, habe da auch Verbandzeug, und drüben im Wald ist der Ausgang.«

Er lauschte eine Weile und sagte: »Ich will Axel nicht gefährden. Nehmen Sie ihn unter Ihre Fittiche … einstweilen. Bitte! Sie tragen Uniform, bei Ihnen ist er in Sicherheit – bringen Sie ihn irgendwohin, wo er ganz sicher ist. Ich werde versuchen, mich zu den Psi-Leuten, ich meine Kofut, durchzuschlagen – dort findet ihr mich – wenn nicht, weiß man dort, wo ich zu finden bin. Jetzt aber schnell!«

Der Professor war schon auf der Stiege, als er leise zurückrief: »Axel, halte dich an unsern Freund Alfred, du kannst ihm vertrauen – hörst du: blind vertrauen! Er ist ein guter Mensch, er wird dich nicht im Stich lassen. Und auch wir sehen uns wieder. Bestimmt! Sei nur ruhig … ganz ruhig. Gott mit euch!«

Höllriegl legte den Finger an die Lippen, als Gundlfinger gegangen war. Axel hätte sowieso keinen Ton hervorgebracht, nur ein einziges Mal schluchzte er auf. Der Fußboden war voller Blut, das Zimmer füllte sich mit kaltem, milchigem Licht.

Man musste überlegen. Es war schwierig, den Waldsaum zu erreichen, die freie Bahn zwischen dem Häuschen und den ersten Bäumen zu überqueren. Dort bot man ein gutes Ziel. Aber mit zwei, drei Sprüngen müsste man drüben sein. Außerdem – *die* würden ja doch schon das Weite gesucht haben.

Wer waren *die* – die Attentäter? Als Höllriegl und Axel die Stiege hinabkletterten, Höllriegl voran und ängstlich darauf bedacht, seinen Schützling mit dem Körper zu decken, wirbelten alle möglichen Fragen durch sein Gehirn. Waren es ausgebrochene UmL-Insassen gewesen? (In seiner aufgeregten Phantasie tauchte der Zug der Tiermenschen auf.) Lächerlich – warum sollten KZler den Philosophen umbringen wollen? Außerdem: Die, die geschossen hatten, waren geübte Schützen, Scharfschützen. Um ein Haar hätten sie Gundlfinger getroffen – zwei oder drei Schüsse durch den Kopf. Der Nebel hatte die Sicht erschwert. Eine Parteifeme? Ebenso unwahrscheinlich ... diese Leute hätten Laser verwendet. Werwolf? Bundschuh? Der NATMAT? Ein weltanschaulicher Mord? Das wäre denkbar. Attentat wegen ideologischer Abweichung. Oder eine Verschwörung der Universitätsoffiziere, von denen Gundlfinger gesprochen hatte? Auch die hätten Laser-Waffen gehabt, Laser macht keinen Lärm, tötet mit leisem Zischen. Das Krachen aber hatte sich wie die Feuergarbe einer Maschinenpistole angehört.

Nun waren sie an der Tür. Höllriegl öffnete einen Spalt und spähte ins Freie. Alles ruhig. Die Krähen saßen wieder gewichtig auf ihren Ästen. Der Nebel war dichter geworden, der Himmel sah blassgelb und winterlich aus. Nichts rührte sich. Friede! Friede! Wo war der Krieg?

SAUCKELRUH ZEIGTE SCHON nach wenigen Stunden ein anderes Gesicht. Die Flüchtlingsspitze hatte am Morgen den Harz erreicht, und Abertausende, auf allen möglichen Fahrzeugen hockend oder aus ihnen heraushängend, drängten nach. In der Hauptsache waren es drei Heersäulen, die aus dem Nordwesten des Reiches kamen und sich in die Ebenen Mitteldeutschlands ergossen. Auch der Gau Halle-Merseburg (Höllriegls Gau) wurde überschwemmt. Überall war die Hölle los, und obgleich es stellenweise zu blutigen Zusammenstößen kam, erwiesen Polizei, SS und SD sich dieser unmenschlichen Spring- und Sintflut gegenüber als machtlos, und es hatte den Anschein, als wäre auch die rettende Arche verbrannt. Vor den panischen Zügen wanderte unsichtbar, auf allen Gesichtern sich abzeichnend, die feurige Wolke der ersten Atomnacht. Ein Entsetzen, irgendwie neuartig, zugleich aber doch uralt, so als hüpften hinter den Gehetzten in Riesensprüngen die Saurier der Vorzeit einher, breitete sich aus. Man spürte diese Lähmung wie eine bleierne Decke über sich, auch wenn man mit dem Flüchtlingsstrom nicht unmittelbar in Berührung kam. Doch das war bei Weitem nicht das Schlimmste. Das Schrecknis war, dass man die Sinnlosigkeit dieser Flucht auf Anhieb begriff.

Bald waren Straßen und Fahrwege mit Wagen dicht verstopft. Laster, Caravans, eine Unzahl von Pkw, vollgepfropft mit in furchtbarer Eile zusammengerafften Gegenständen: Hausrat, Koffern, Kleiderbündeln, oft aber auch mit ganz dummen, gespenstischen Dingen, drängten sich auf allen nur halbwegs tauglichen Bahnen. In Sauckelruh war die Überfüllung besonders arg. Wie Höllriegl richtig vermutet hatte, lag der Ort am Ende eines Tals, und die »Verbindungsstraße« (als solche war sie gekennzeichnet) hatte da ein Ende. Auch alle anderen Zufahrten von Wohlstand herauf quollen über. Man konnte weder vorwärts noch zurück, aus den sich stauenden Wagen kletterten wütende, verzweifelte Menschen. Niemand hatte mehr Treibstoff, die Tankstellen waren verödet. Jene, die von weit her gekommen waren und schon vor der Flucht seichte Tanks gehabt hatten, blieben bald auf der Strecke. Zu beiden Straßenseiten, aber auch auf der Fahrbahn häuften sich die Wracks.

Die einzige Erleichterung in dem Chaos war: Es gab auf einmal mehr Wasser, obwohl, wie es offiziell stets geheißen hatte, die katastrophale Dürre im Spätsommer und Herbst für die Wasserverknappungen verantwortlich sein sollte. Dieser Umstand, zwar als Wohltat empfunden, beflügelte nur das Gerücht, die Wassernot wäre die Auswirkung einer jener aus heiterem Himmel angeordneten Ertüchtigungsübungen des sattsam bekannten »Landgraf werde hart«-Programms. Oder wie ein Flüchtling, mit dem Höllriegl ins Gespräch kam, es ausdrückte: »Nu habense in die Hose jemacht und dabei Wasser jelassen.« (Man konnte nicht übersehen, dass der Mann auf dem Kühler mit schwarzer Farbe neben dem Atompilz das Bundschuh-Zeichen aufgemalt hatte; diesem Zeichen begegnete man jetzt dort und da, immer unverhohlener trat es zutage.) Die Erleichterung erwies sich als trügerisch, sie sollte nur einen einzigen Tag dauern. So plötzlich, wie sie gekommen, war sie auch wieder vorbei.

Höllriegl hatte, vielleicht weil er Amtswalteruniform trug oder Schicketanz sympathisch war, von diesem eine markenfreie Treibstoffreserve *als Wegzehr* mitbekommen, er hätte sie gar nicht nötig gehabt. Sie entpuppte sich aber bald als unschätzbares Glück. Auch das Wagenradio war wieder intakt. Zudem beschrieb ihm der Mechaniker einen tief im Wald bergauf und bergab führenden Karrenweg, auf dem er »ohne Rücksicht auf Verluste«, wie Schicketanz sagte, die unpassierbar gewordenen Straßen umgehen konnte. Das alles wurde hintenherum besprochen, denn die Werkstätte war von Atomflüchtlingen belagert, die zu allem entschlossen schienen und sich gegenseitig mit Geld überboten, um zu Treibstoff zu gelangen. Nur weil Schicketanz und sein Gehilfe MP umgehängt hatten, konnte ein Sturm auf den Laden verhindert werden.

Es war Höllriegls Plan, auf Abschneidern über Braunlage, Illfeld, Nordhausen, das jetzt Kesselring hieß, und Kelbra den Kyffhäuser zu erreichen. Ein sonderliches (»mulmiches«) Gefühl im Bauch – er hatte einen Moment lang an die Abzweigung nach Rottleberode gedacht und an das dort liegende Schloss der Eyckes. Ulla! Urplötzlich verspürte er wilde Sehnsucht, sie wiederzusehen – wenn auch nur aus der Ferne ...

Ein Kunststück, auf dem schmalen, zerfurchten Waldweg talab zu fahren, manchmal bedrohlich steil. Außerdem tränten ihm seit dem Vorfall im Villenhäuschen unablässig die Augen, in Hals und Nase empfand er ein Kratzen, als wäre die Luft voller Sand. Auch die tieferen Atemwege schienen angegriffen zu sein, die Bronchien schmerzten beim Atemholen, und im Mund hatte er einen widerwärtig süßlichen Geschmack. War eine Grippe oder derlei im Anzug? Nein, so fühlte er sich eben nicht, auch war dieser Zustand überfallsartig aufgetreten. Schon als er mit Axel talwärts wanderte, hatte er die Empfindung, dass seine Augen die Anpassungsfähigkeit eingebüßt hatten, er sah auf eine bestimmte mittlere Entfernung alles unscharf und dunkelviolett gerändert. Ein genaues Ins-Auge-Fassen sich bewegender Personen oder Dinge innerhalb dieses begrenzten Gesichtsfeldes war schwierig, es verstärkte nur den Tränenfluss. Jetzt, beim Chauffieren in dem unübersichtlichen Waldgelände, störte das besonders.

Axel saß neben ihm, sogar der plumpe, grotesk hässliche Strahlenschutzanzug schmiegte sich in besonderer Weise dem Körper des Jungen an. Auf dem Fluchtweg nach Sauckelruh war Axel recht einsilbig gewesen. Er hatte nur etwas von einem »Meuch« gesprochen, auch von »Ramäuken«; der »Inarteram« hätte rechtzeitig die »Achteruh« verständigen sollen. Er, Axel, wisse genau, dass bestimmte »Wissander«, ja ganze »Wissenalden« geschlossen gegen den »Inarteram« gewesen waren. Für die »Poricht« – gemeint war die Reparatur – des »Idommel« interessierte er sich sehr (er nannte es »gultern«), wie er überhaupt für alles, was mit »Wietan« zusammenhing, große »Hingult« zu haben schien. Den »Eigenulf« Schicketanz kannte er gut, und dieser scherzte auch mit ihm. Es war beruhigend, der Knabenstimme zu lauschen, die noch kein Stimmwechsel gebrochen hatte. Und alle die hübschen fremdartigen Wörter!

Höllriegl hatte Axel im Wald an der Hand geführt wie ein Kind, und diese väterliche Geste machte den Jungen glücklich. Ein beinah körperlich spürbarer Strom der Zuneigung verband die beiden Zufallsgefährten – den Mann, der in der illegalen HJ aufgewachsen war, und den Rabbinersohn aus Schweden, dessen Sippe man mit Stumpf und Stiel ausgerottet hatte. Oft sah Höllriegl Axel verstohlen von der Seite an. Der nordische Reiz seines Gesichts verflüchtigte sich bei genauerer Prüfung, das Nordische war gelinde Täuschung, war Fassade – wie bei Ulla. Die Weichheit der Gesichtszüge, der üppige Schwung der Lippen, die dadurch bedingte tiefe Nasenlippenfalte, die kurze, griechisch geformte Nase mit den feinen, beweglichen Nüstern, die gut modellierte, niedrige Stirn, die dichten Wimpern (Wimpern wie ein Wald!) – das alles wirkte ungermanisch. Insgeheim, er war darin geübt, machte Höllriegl die Nasen- und Ohrenprobe, wie er sie in Rassenkunde gelernt hatte. Sie ergab kein klares Bild, weil bei Axel die Merkmale noch jugendlich waren. Am ehesten hätte man sagen können, dass sich hier Sephardisches mit Askenasischem kreuzte, wobei ein starker Einschlag des Nordisch-Hellen, vielleicht Baltischen, das jüdische Urgesicht verwischte. Axel hatte auch nicht jenen typischen »Judenblick«, wie er beim Rasse-Günther eingehend beschrieben ist. Wer weiß, wie viele Völker und Rassen sich in Axels Ahnenreihe gemischt hatten, um dieses Wesen zu erzeugen. (Immer mehr wehrte sich Höllriegl gegen den Gedanken, es mit einem Volljuden zu tun zu haben.)

Von Zeit zu Zeit schenkte der Junge seinem Beschützer einen dankbaren Blick. Diese Augensterne waren reinster Azur, dazu das falbe Haar! In der menschlichen Schönheit, so kam es Höllriegl vor – und er spürte es mit schmerzlicher Andacht, wie bei Ulla –, lag ein tiefes Geheimnis, hier griff der Schöpfer direkt in die Genbahnen ein – ein Gnadenakt, anders war es nicht zu denken. An den nordischen Lichtgestalten, denen nachzueifern man ihn gelehrt hatte, bewunderte er vor allem die Härte, die Kraft und den Mut, die Geschicklichkeit und List (es war jene sprichwörtlich gewordene *nordische List* des ränkereichen Loki), womit sie das Leben meisterten. Diese Übermenschen waren schon immer seine Idole gewesen, und auch Anselmas Hohn konnte dagegen nichts ausrichten. Seit jeher hatte ihn alles Nordische, Heldische angezogen, er setzte es mit dem Männlichen in der Schöpfung, mit dem Zeugungsprinzip, mit der erobernden Mannheit gleich. Auch die Bernsteinhexe war ja ein männliches Wesen, trotz ihren brutal-geschlechtlichen weiblichen Reizen. Die *asischen* Wesen waren schön von Natur aus, nur war ihre Schönheit herb und hart und sieghaft, sie waren schön, wie der Kampf schön ist. Axels Schönheit dagegen hatte eine

Form, die an das Paradies, an Stille und Unschuld erinnerte. War diese Schönheit teuflisch, weil sie jüdisch war?

Mit tränenden Augen und Schmerzen in den Gliedern, stechend in den Gelenken, brachte Höllriegl den Wagen auf kurvenreichen Wegen langsam zu Tal. Das Radio war eingeschaltet; es plärrte Marschmusik oder gab Siegesmeldungen von sich. Anscheinend war es auf dem Kontinent überall gelungen, den aus der Luft gelandeten Feind einzukesseln. In Oberitalien, Finnland und Portugal sahen nach Anfangserfolgen die Invasoren in erbitterten Kesselschlachten der Vernichtung entgegen, jeglicher Nachschub konnte unterbunden, die Vorstöße abgeriegelt werden; auch auf der Krim und in Mittelrussland waren die Luftbrücken des Feindes zusammengebrochen. Nur über Eire, das hauptsächlich von Verbänden amerikanischer Freischärler zu einem *Flugzeugmutterschiff* auszubauen versucht worden war, tobte zurzeit noch eine Luftschlacht größten Ausmaßes. In allen Einbruchsgebieten waren SS und SD zu massiven Vergeltungsaktionen gegen jene Bevölkerungskreise angetreten, die Verrat an der Neuen Ordnung geübt hatten, indem sie den Feind unterstützten.

Die eine Hand am Steuerrad, mit der andern am Radioknopf drehend, von Sehstörungen gefoltert, konnte sich Höllriegl nicht viel um Axel kümmern. Als er wegen eines Hindernisses kurz anhielt und einen Blick auf den Begleiter warf, sah er mit Schrecken, dass Axels Züge verstört waren. In seinen müden Augen glänzten Tränen, und Höllriegl bemerkte, dass er die Augen mit der Hand beschattete, obwohl das Licht im Wald düster war. Schweigend fuhren sie weiter; doch von Zeit zu Zeit streichelte Höllriegl Axels linke Hand.

Wieder wallte in Höllriegl jenes sonderbar warme Gefühl auf, einen Menschen beschützen zu dürfen, für jemanden verantwortlich zu sein. Er hatte das nie müssen. Freunde hatte er keine gehabt, nur Kameraden, was vielleicht mehr war, aber echte Freundschaft nicht ersetzen konnte. Und zu Frauen hatte er (»ich mach mir da nix vor«) nur Bettbeziehungen. Was er manchmal für Liebe hielt, war im Grunde nackte Gier, Geilheit, war Strohfeuer – das fühlte er schmerzlich, aber er betrog sich gern, weil es keinen andern Ausweg gab. Anselma hatte es ihm ins Gesicht gespuckt, und es war unerhört richtig gewesen. Ein Waschlappen, ein zur Liebe unfähiger Schwächling, ein verkappter Romantiker – bestenfalls!

Die Nachrichten wirbelten durcheinander wie Schneeflocken (die jetzt faktisch aus dem schwärzlich verfärbten Himmel fielen) und überpurzelten sich: »– die Römische Kurie von Köpfler auseinandergejagt – der Leichnam des Dalai-

Lama auf unerklärliche Weise aus der Kölner Klinik verschwunden – jede Tätigkeit der Kongregationen des Santo Officio, die bis jetzt vom Reich und vom Obersten Faschistischen Rat nur oberflächlich kontrolliert worden waren, ab sofort eingestellt – Gerüchte, wonach in einem Latza, das ist eine Opferstätte auf Bergeshöhen, der Pan-tschhen Rinpo-tschhe aufgetaucht sei und die Leiche des in Köln verstorbenen Dalai-Lama bei sich habe – alle Beteiligungen des Vatikans an Banken, vor allem am Banco di Roma und an der Banca di Santo Spirito, an Gruben, Textilfabriken, Erdölgesellschaften, Stahlwerken, Schifffahrt- und Luftfahrtunternehmungen, an der Wallfahrindustrie und sogenannten Gnadenorten von der Deutschen Bank und dem Credito Italiano im Verhältnis drei zu eins übernommen. Festgestellt wird, dass der Anteil der Kirche an den Aktienpaketen aller dieser Unternehmungen im Durchschnitt bei 65 vom Hundert liegt. Der gesamte Grundbesitz der Römischen Kirche fällt in allen Ländern, die unter Reichsschutz stehen, dem Staat anheim. Dem Vatikan verbleibt lediglich das sogenannte Patrimonium Petri nach dem Stand vom 9. Oktober 1870 – Klein Erna seit gestern leider an Ziegenpeter erkrankt. Vormund wird gebeten, den geplanten Besuch bis zum Lichterfest aufzuschieben und der lieben Kranken einstweilen in Gedanken verbunden zu sein – der Reichsstatthalter von Tibet hat das Aufsagen von Ngags unter Todesstrafe gestellt. Diese Sprüche, so heißt es in einer Kundmachung des Wehrmachtsenders Schi-ga-tse, seien an dem epidemischen Nervenfieber schuldtragend, von dem zurzeit besonders Angehörige der Schutztruppe befallen werden – die Nationalsynode in Worms wird nach dem Willen der Reichsführung aus ihrer Mitte den neuen Vater der Katholiken wählen. Wie verlautet, steht dem künftigen Papst die Wahl unter den folgenden Namen offen: Suidger der Erste (Suidger hieß der deutsche Papst Clemens römisch zwo) und Soter der Zweite. Die erste politische Handlung des neuen Papstes wird sein, die kirchliche Universalmonarchie unter Reichsaufsicht zu stellen und die katholische Lehre noch mehr als bisher den Bormann'schen Kernsätzen sowie Rosenbergs Lehre vom Blutmythos anzupassen – Reichsführer Ivo Köpfler hat das zwischen dem Reich und der lamaistischen Kirche am 21. August 1953 abgeschlossene sogenannte Galden-Konkordat, dessen Geltungsdauer fünfundzwanzig Jahre betragen hätte, wegen Vertragsbruchs aufseiten Tibets gekündigt. In den frühen Morgenstunden des 14. November haben schnelle Verbände der Wehrmacht auch das Verbotene Gebiet besetzt. Vorausabteilungen befinden sich im Vorstoß auf Sangnatschosdsong, den Hauptsitz der mit dem Soka Gakkai verschworenen Verbrecherclique des Taschi-Lama. Vereinzelter schwacher Widerstand der tibetischen Soldateska wurde überall rücksichtslos gebrochen. Der Taschi-Lama, der sich in einem heiligen Tschörten verborgenhielt, wurde an Ort und Stelle standrechtlich erschossen. Damit ist das Schicksal des plutokratischen Klosterstaates, der im Rahmen der Neuen Ordnung in Eurasien ein Fremdkörper und Brandherd war, besiegelt. Seit heute vier Uhr Ortszeit weht über dem Dsi Potala von Lhasa die Hakenkreuzfahne – gemäß Reichsverordnung und einer oberstgerichtlichen Entscheidung vom Vorjahr ist es verboten, Saatgut, das nicht im Deutschen Zuchtbuch eingetragen ist, mit irgendwelchen Bezeichnungen, aus denen eine züchterische Bearbeitung und Qualität ersichtlich ist – durch diese Maßnahmen soll erreicht werden, den Primat Petri für alle Zeiten zu zerschlagen, die römische Gemeinde, die sich anmaßte, als einzige apostolischen Ursprungs zu sein, zu entmachten und den Vorrang des Reiches als Führungsmacht der ariogermanischen Völkerfamilie gegenüber der Römischen Kirche für immer zu sichern. Alle Katholiken blicken erwartungsvoll nach Worms – die Soldaten der ruhmreichen Feldzüge 39/45 sahen, dass ihre Offiziere, der junge Leutnant und Oberleutnant, immer die Ersten am Feinde waren, und vor jedem Zug der Gefallenen lag mit stillem, bleichem Antlitz ein Offizier, der verstanden hatte, was vorsterben heißt, und der im bewussten Einsatz des eigenen Ich der Truppe ein unauslöschliches Beispiel von Mannesmut und Mannestreue – das Kirchenarchiv und Museum der Niederdeutsch-Reformierten (Hervormde) Kirche meldet eine Anzahl interessanter Neuerwerbungen, darunter – die Fachschaft für deutsches Bestattungswesen hat die Preise für feinste Sterbewäsche um fünf vom Hundert gesenkt. Fachschaftbeauftragter Heinzwerner Knochen konnte in den zuständigen Ministerien, dem Reichsministerium des Innern und dem Reichsministerium für die kirchlichen Angelegenheiten, sowie beim Hauptamt für Kriegsopfer erwirken, dass die Verwendung heldischer Kenn- und Sinnbilder nunmehr auch für den zivilen Sektor zugelassen wurde, dies allerdings mit der Einschränkung auf Eichensärge. Ferner wurde dem Verein für Feuerbestattung die Führung des Wahlspruchs »Sauberes Leben – sauberer Tod« gestattet – der fränkischen und hispanischen Nationalsynode bleibt es anheimgestellt, in Avignon und Toledo Nebenpäpste zu wählen und diese nach Worms zu delegieren – dem Institut für indogermanische Geistesgeschichte in München ist nach langjähriger Forschungsarbeit der unbezweifelbare Nachweis gelungen, dass Frauja-Christus blond und blauäugig war. Er stammte von thrakischen Fürsten ab, die im Zuge der Diadochenstreitigkeiten als Geiseln nach dem Osten verschleppt wurden. Als Fraujas Ahnengau muss demnach die Westküste der Propontis angesehen werden. Eine mehrere Bände umfassende Dokumentation hierüber wird demnächst der Reichsstelle für Sippenforschung, der Deutschen Forschungsgemeinschaft und der Reichsahnentafel zugeleitet werden – zu Weihnachten wünscht sich Mutti brennend einen Nutriamantel mit Kragen und Manschetten aus sibirischem Zobel. Vati wird also tüchtig in die Tasche greifen müssen – das Reichsgesundheitsamt hat in Tuchfühlung mit dem Reichsnährstand pro Dezember für den gesunden erwachsenen Volksgenossen männlichen Geschlechts folgende Normen festgesetzt: tägliche Schlafmenge 6 ¾. Stunden; täglicher Kalorienbedarf bei sitzender Beschäftigung als Kopfarbeiter 2300; bei sitzender Muskelarbeit 2700; bei mäßiger Muskelarbeit 3000; bei stärkerer Muskelarbeit 3500; bei Schwerarbeit 4000 und mehr; bei Schwerstarbeit 5000 und mehr. Die tägliche Kotmenge wird bei gemischter Kost mit 131 Gramm, bei vegetarischer Kost mit 370 Gramm festgesetzt – in der Schlacht um Eire wurde die Luftherrschaft keinen Augenblick aus der Hand gegeben. Die Inbesitznahme der Flugplätze im Raum von Baile Atha Cliath und Dun Laoghaire stieß teilweise auf den erbitterten Widerstand getarnter amerikanischer Insurgenten und der geheimen Irisch-Katholischen Aktion. Es ist inzwischen gelungen, diesen Widerstand in verschiedenartigster Form zu brechen. Fallschirmjäger und abgesetzte Luftlandetruppen aller Waffengattungen bewährten sich ebenso wie fliegende Verbände, die mit ihren Bordwaffen den Gegner aus der Luft niederkämpften oder nach der Landung im feindlichen Feuer zum Endkampf schritten. Herangebrachte Einheiten der Bodenorganisation brachen im Nahkampf gegnerische Widerstandsnester – die Beamtenschaft des laut Führerbefehl vom 12. November ins Leben gerufenen Reichsministeriums für gesamtgermanische Fragen ist nach dem Gesetz über die 38. Änderung des Besoldungsgesetzes vom 27. März 1946 in die Besoldungsgruppe 2-b eingegliedert worden. Auf sämtliche Gehälter finden die Vorschriften der drei zurzeit in Kraft stehenden Gehaltskürzungsverordnungen zugunsten des Winterhilfswerkes Anwendung – dazu die starke Vermischung mit mongolischen Elementen, welche eine nachweisliche Abnahme der Schädelkapazität, der Hirngröße und somit auch – hat den SS-Standartenführer Wolfdietrich Sawade, bislang Leiter der Gruppe römisch vier A fünf, Sonderaufgaben, im RSHA, zum Minister für die Atomvertriebenen bestellt. Im Falle der Unabkömmlichkeit des neuen Vertriebenenministers wird SS-Hauptsturmführer Gerd Zöpff – soll i net gscheiter de ganze Bagaschi zum Fenster naushänga, bis d Fliagn ofieseln? Oda soll i eahna ganz oafach oane stiern, dass eahna die Zähn sektionsweis hint nausmarschiern? Oda soll is ehba umdrahn und ungspitzter in Boden einistessn, de Herrgottsappramenter, de ganz schlechtn – zeigen immer deutlicher, dass überall, wo indoarisches Denken vom symbolisch-transzendenten Ideal der Religion und von der aristokratischen Sozialorganisation der Väter abwich, dies die Folge einer Rassenmischung mit nichtarischen Völkern war – die Rechtsgrundlagen des Strahlenschutzes aus dem Atomgesetz – Dosimetrie unter besonderer Berücksichtigung der Individualdosimetrie – maximal zulässige Mengen von Radionukliden im menschlichen Körper und maximal zulässige Konzentrationen in Luft und Wasser – die Leukämie als Folge der Strahlenbelastung – Thorotrastschäden als Folge einer Schädigung im Sinne des Reichsversorgungsgesetzes – der Mensch in der Paniksituation – Strahlenbelastung und Trauma – Chromosomenveränderungen im Lichte der –«

Ein Pausenzeichen: »Die Partei denkt für dich – die Partei denkt für dich – die Partei denkt für dich – die Partei denkt für dich – die Partei denkt für dich –«

Schluss jetzt! Keiner dieser verdammten Reichssender hatte auch nur ein Sterbenswörtchen – »Sterbenswörtchen« war gut! – über die Kernexplosionen gebracht. Als ob nicht das Ungeheuerlichste geschehen wäre, das Ungeheuerlichste seit Menschengedenken! Auf das Reichsgebiet, das Herzstück des Weltreichs, waren Atomgeschoße von einer Größenordnung gefallen, mit der verglichen jene historische Bombe von London – die Bombe der Geschichtsbücher – nur ein Knallfrosch gewesen sein musste. Alle Straßen waren mit Flüchtenden verstopft, das Chaos hatte begonnen. Und die Sender wussten über nichts Wichtigeres zu berichten als über Gehaltsregulierungen, den Vormarsch in Tibet, der jetzt keine Katz mehr interessierte, oder über indoarisches Denken. Vormärsche! Blitzkrieg! Was für ein Wahnsinn! Diluviale Strategie im Regen der A-Bomben!

Höllriegl knirschte mit den Zähnen. In seiner Wut schaltete er so wild, dass der Wagen sich aufbäumte. Und plötzlich hieb er mit beiden Fäusten auf das Lenkrad ein. Axel sah ihn scheu von der Seite an. Die blauen Blitze aus des »Engels« Augen brachten Höllriegl zur Besinnung ...

Denn andrerseits wusste die Reichsführung, und das hieß: die Partei, was sie tat. Die Partei denkt für dich! Sie dachte, plante und lenkte das Geschick und die Geschichte des Abendlandes. Sie tat es für jedermann, für jeden Volksgenossen. Köpfler sorgte sich auch für ihn, Albin Totila Höllriegl. So wie einst der Führer und Reichsgründer sich für ihn und alle gesorgt hatte. Und plötzlich fielen Höllriegl jene Strophen ein (seine Lippen formten sie wie ein Gebet), die ihm, dem namenlosen ostmärkischen Hitlerjungen, in jener fernen illegalen Zeit so oft durch Herz und Hirn gegangen waren:

Mein Führer, sieh, wir wissen um die Stunden,
in denen du hart an der Bürde trägst –
in denen du auf unsre tiefen Wunden
die liebevollen Vaterhände legst
und noch nicht weißt: Wie wirst du uns gesunden!

In vielen Nächten mag dies so geschehn:
Wir schlafen, und du wachst mit bangen Sorgen,
denn viele Nächte werden dir vergehn,
die du durchgrübeln musst, um dann am Morgen
mit klaren Augen in das Licht zu sehn.

Mein Führer, sieh, wir kennen das Entsagen,
das du als Mensch für uns zum Opfer bringst,
die Last der Einsamkeit musst du ertragen,
damit du unsres Volkes Schicksal zwingst
in trüben und in freudevollen Tagen.

Darum ist unsre Liebe auch so groß,
darum bist du der Anfang und das Ende –
Wir glauben dir, treu und bedingungslos,
und unser Werk des Geistes und der Hände
ist die Gestaltung unsres Dankes bloß.

Wie damals war es auch jetzt! Der Führer hatte dieses heilige deutsche Reich geschaffen – und der Führer lebte in der Partei und allen ihren Gliederungen fort. Er war der Anfang und das Ende. Er war unsterblich, wie auch die Partei unsterblich war. Was hatte Anselma gesagt? Der Führer war zum mystischen Leib des deutschen Volkes geworden. Adolf Hitlers große Seele lebte in jedem einzelnen Volksgenossen weiter. Auch in ihm! In seiner Brust trug er des Führers ewiges Erbe. Wie hatte er nur an der Partei irre werden können! Die Partei denkt für dich, die Partei denkt für dich – das konnte man sich nicht oft genug einprägen! Wenn sie – SIE! – die Bombentreffer verschwieg, wohlweislich verschwieg, dann wusste sie haarscharf und bis zur letzten Konsequenz, warum sie das tat. »Wir glauben dir, treu und bedingungslos!« Das wars! Der Kleine, Kleinmütige, der die großen Dinge und geschichtlichen Zusammenhänge nicht sah, nicht sehen konnte und durfte, der mochte in seiner Schwäche zweifeln und verzweifeln. Doch das war natürlich dumm, war verbrecherisch einfach sinnlos! Herrgott, einen Sinn musste ja das Leben haben, einen Sinn wenigstens! Und dieser Sinn hieß: Deutschland!

Sie waren aus dem Wald herausgekommen und hatten die Straße vor sich, auf der im Nebel und bleichen Schein der Lichtkegel eine endlose Kolonne von Autos dahinschlich. Immerhin fuhren die Wagen hier nicht so dicht aneinander, es gab Lücken, und es war nicht schwierig, sich in diese zähflüssige Fahrt einzuordnen. Schicketanz hatte recht gehabt: Der Karrenweg war nicht nur ein Abschneider gewesen, er hatte anscheinend auch um das Ärgste herumgeführt.

Die Augen tränten nicht mehr so sehr, nur ein beizendes Brennen, eine sandige Trockenheit waren zurückgeblieben. Auch die Sehstörungen hatten nachgelassen – die Dunkelheit tat den Augen wohl. Doch dieses lähmende Gefühl der Zerschlagenheit, der sacht pochende Schmerz in den Gelenken!

Wohin um Himmels willen wollten die Flüchtlinge? Gab es noch irgendwo Schutz vor den Bomben? Zeitweilig ließ Höllriegl den nächstbesten Wagen herankommen und fragte im Schrittfahren, wohin die Reise gehe. Die Auskunft war stets die Gleiche: Irgendwohin nach dem deutschen Osten, in die weiten, wenig besiedelten Gebiete, nach Pomerellen, ins Kulmerland, in den Warthegau, die Masuren, nach Kurland. Jedermann schien Verwandte oder Freunde dort zu haben, die vorausgefahren waren und Quartier gemacht hatten; in Stolp, Cranz, Tilsit, Gotenhafen, Bromberg, Thorn, Marienwerder, Heydekrug wollte man sich treffen, um in irgendeinem Dorf unterzutauchen. (Höllriegl erinnerte sich, dass auch Ulla von da oben war; vielleicht befand sie sich mit ihren Kindern schon auf der großen Fahrt?) Je abgelegener, desto besser. Nur weg von den großen Industrien, von den Mammutstädten!

Wussten diese Leute nicht, dass es überall im Osten Schattenfabriken gab, die ebensogut Angriffsziele sein konnten? Gerade im Osten des Reiches gab es auch ausgedehnte Rüstungswerke unter Tage, in den entlegensten Winkeln, wo man sie am wenigsten vermutete. Zum Beispiel in der Rominter Heide – dort arbeitete in einer Ortschaft, die Pemsel hieß, unter ihr befand sich aber eine ganze Stadt, der Bruder seiner *Ständigen* als Chemielaborant.

Ein Gerücht begegnete ihm immer wieder, und es war, als wäre es von bestimmter Seite ausgestreut. Der Sensai, also der Führer des Soka Gakkai, hatte empfohlen, das Altreich mittels RAK oder durch Abwurf sogenannter »reiner« Bomben zu entvölkern, um in dem Vakuum mandschurische Bauern anzusiedeln, die sich gegen den geringen Ausfall der »reinen« Bomben am widerstandsfähigsten erwiesen hatten. Es waren bereits, so wurde erzählt, Ansiedler aus der Luft abgesetzt worden …

Um Axel abzulenken und ein wenig aufzuheitern, schaltete Höllriegl wieder das Wagenradio ein. Zur hohl säuselnden Begleitung einer Christie-Orgel sang ein Herr, mit Glöckchenuntermalung, den alten Schmachtfetzen »Zwei rote Läppen, ein süßer Koss«. Eine Weile hörten sie sich das muntere Geschnatter eines Maideneinsatztrupps an, der beim Verladen von Kartoffeln half. Gedankenlos fingerte er an dem Drehknopf, während er den Wagen durch den immer dichter und milchiger werdenden Flockenwirbel steuerte, dem Mercedes einer Flüchtlingsfamilie – sie war aus Remagen – knapp auf den Fersen.

»– sind die für das Umzugsrecht zuständigen Sachbearbeiter in dem federführenden Reichsministerium des Innern – werden dabei ausführlich auf die Verwaltungspraxis eingehen und zahlreiche Beispiele anführen, um die Anwendung der Notvorschriften – wird der Vorname Adolf, von vielen Volksgenossen schon seit Langem als Zusatzname geführt, laut Reichsgesetzblatt römisch eins, Nummer 132, beziehungsweise durch Runderlass vom 12. November 196.., Reichsministerialblatt für die innere Verwaltung, Ausgabe A, Jahrgang 28, 196.., 35, unter die Asischen Heldennamen eingereiht. Als Erster hat Reichsführer Ivo Köpfler zu Ehren des verewigten Führers und Weltreichgründers den Heldennamen Adolf angenommen. Der vollständige Name des Reichsführers lautet ab nun – veranlasst gesehen, das Amt für Agrarpolitik – flogen massierte Jabo-Einsätze, wobei erstmals ultrakalte Medien, ein Triumph der deutschen Kyrogenik, gegen Luftlandeunternehmungen des Feindes im Raume MannerheimTurku erfolgreich – Grabeshalle und Urnenhain auf dem Kyffhäuser später nach Plänen, die der Gründer des Germanischen Weltreichs und größte Bauherr aller Zeiten noch selbst entworfen und zur Ausführung bestimmt hatte – denn sie erreichten niemals ihre mobmäßig vorgesehenen Stellungen, was darauf schließen lässt, dass – im Zuge kriegsbedingter Einsparmaßnahmen das Reichsforstamt mit dem Reichsjagdamt zusammengelegt und dem Reichsjagdrat unterstellt. Ebenso gibt der Reichsorganisationsleiter der NSDAP bekannt, dass das Amt Schulungsbriefe dem Hauptschulungsamt eingegliedert – bleibt abzuwarten. In diesem Sinne empfahl die Forschungsanstalt für arisches Sprachweistum der parteiamtlichen Prüfungskommission zum Schutze des NS-Schrifttums, das Wort Krieg durch das ältere und heiligere Wort Orleg zu ersetzen – wogegen ihre Geschlechtsgenossin im Altreich meist darauf wartet, ob ihr Tischherr für die Unterhaltung aufkommt oder nicht – als Sonderbeauftragter für kybernetische Anlagen im Hauptamt Wissenschaft und Technik, Fachschaft Elektronische Geräte, ordne ich an – mit der Auflage – demgemäß bleibt bis auf Widerruf in Kraft – sind im Zuge von – zum Erliegen gebracht – finden die Ruhensbestimmungen – in Merxleben, Kreis Langensalza, starb Dienstag die schwerste Deutsche, Frau Edelheide Pschichholz, dreißig Jahre alt, an einem Nierenleiden. Lebendgewicht 369 Kilogramm, Gehirngewicht 1020 Gramm – hat der Reichsminister für Volksaufklärung und Propaganda angeordnet, dass die tägliche Früh-Ringsendung ›Deutscher Glaube‹ um 6.30 Uhr MEZ ab sofort nicht mehr mit Tamtamtamtam, sondern nur mit Tamtam eingeleitet wird – bei einem Elternappell auf der Adolf-Bartels-Schulungsburg betonte der Landesoldermann des ›Dithmarschen Geschlechterbundes‹ in Wesselburen, Parteigenosse Karl-Dankwart Gokeis, dass – zum Nutzen und Frommen der Nation – das völkische Leitbild – unser Landsmann und Ehrenbürger – was dieser kerndeutsche Mann für seine Heimat getan – und nun, liebe Volksgenossen und Volksgenossinnen, die größte Kanone unsres heutigen WM-Konzerts: Sex Söguthätt mit dem gewissen nordischen Etwas, der besondere Liebling unsrer RAK-Waffe [*Tosender Beifall*], singt ihren großen Schlager ›Ich bin ne Schwule aus Thule‹ [*Tosender Beifall*] – de sik't woll leisten kann – hoch noch mol – schlank hendol – hoch in den Wind – de Deern een Kind – de Amm' twee – sünd dat nich dree? – hoch noch mol – schlank hendol – hoch in de Käpp – hew hoch un sett – hoch op den Block – den Pohl op'n Kopp – hoch noch mol – schlank hendol – hoch in de Runne – keine Sorje, wer Prikrix sagt und ann jewöhnliches Fleckputzmittel denkt, liegt natürlich falsch – hat vor zwei Jahren den großen Skaldenpreis der Nation –«

Noch immer keine Meldungen über die Bombentreffer (war auch wurscht). Die meisten Sender schienen intakt zu sein, ihre Programme unterschieden sich in nichts von den üblichen. Zum Hinwerden war das, wenn man die endlose graue Kolonne der Flüchtenden vor sich hatte!

Doch da vorn stockte der Verkehr, die Wagen mussten Schritt fahren. Im milchigen Licht abgeblendeter Scheinwerfer – es war inzwischen Nacht geworden, und der Schnee wirbelte aus einem bögen Himmel – konnte man sehen, dass rund um ein Bauwerk, das sich beim Näherkommen als lang gestrecktes, ebenerdiges Rasthaus im Normstil eines hochgiebeligen Bauerngehöfts entpuppte, viele Wagen geparkt waren. Einige NSKK-Leute – hier jedenfalls war der Werwolf noch nicht eingesetzt – liefen fuchtelnd hin und her, um den Stau aufzulockern und die Fahrbahn freizuhalten. Die Leute hatten ihre Waffen parat: Laser. Trotz dieser Drohung wurde laut geschimpft. »Scheißbande, dreckige!«, hörte Höllriegl. Und: »Bundschuh erwache, Köpfler verrecke!« Das war die Höhe! Wenn da nicht durchgegriffen wurde, dann … Die meisten Flüchtlinge fuhren langsam und schweigend weiter.

»Ein Labenat«, sagte Axel.

»Hast du Hunger?« Höllriegl war selber hungrig wie ein Wolf, seit dem frühen Morgen hatte er nichts gegessen. Nur schien es mehr als zweifelhaft, dass hier überhaupt was zu bekommen war. Aus dem Wirtshaus dröhnten Lachsalven, und trotz der luftschutzgemäßen Lichtabdichtung konnte man sehen, dass alle Räume erleuchtet waren.

»Ja, aber die Antjocharde!« Axel deutete auf die Uniformierten, die ihre dunkelblauen Lichter schwenkten.

»Keine Angst. Ich versuche zu parken.«

Hinter der Garage fand sich eine Lücke in dem Wagenchaos.

Ein Straßenkreuzer folgte zögernd, und ihm entquollen fünf bis zur Unkenntlichkeit vermummte Gestalten, vielleicht zwei Männer und drei Frauen. Man betrat gemeinsam das Lokal.

Drinnen, in sämtlichen Stuben der weitläufigen Wirtschaft, war eine Fress- und Sauforgie im Gang. An den Tischen saßen dicht gedrängt Männer und Weiber, da und dort hatte auch ein Mann eine Frau auf dem Schoß. Kinder liefen schreiend umher. Aus Kannen und Zubern, die reihum gingen, wurde getrunken, es roch nach Wein und nach Schnaps. Von Wirtsleuten oder Bedienung keine Spur. Augenscheinlich hatten die Flüchtlinge den Keller des verlassenen Rasthauses geplündert und ihre Verpflegung selbst in die Hand genommen.

Der Lärm war ohrenbetäubend, die qualmige Luft zum Schneiden. Die meisten der »Gäste« hatten schon vollgeladen, unentwegt wurde geprostet, gegrölt und geschunkelt. Als Höllriegl und Axel sich durch das Gedränge in der großen Wirtsstube einen Weg bahnten, krachte gerade eine Sitzbank zusammen. Die Schunkelnden wälzten sich unter Gelächter und Gekreisch auf dem Boden, wobei es zu recht eindeutigen Posen kam. Höllriegl zog Axel fort, er bereute, hier angehalten zu haben.

Doch er kam nicht zum Überlegen, es war zu spät. Schon wurden sie umringt, umschlungen, abgeschmatzt, waren eingekeilt, man zog sie gewaltsam auf eine Bank nieder – zwei Damen hatten, um Platz zu machen, sich auf den Tisch geschwungen und reckten die strampelnden Beine in die Höhe. Gläser fielen um, der Wein ergoss sich auf die Tischplatte. Höllriegl wurde von einem Mann mit schlagflüssiger Visage festgehalten, dessen Gegenüber, eine verwüstet aussehende, elegante Matrone, hielt ihm den Krug an den Mund, und ungeachtet seines Protests – niemand konnte in dem Getöse seine Beteuerungen hören, er sei ebenso wie der Führer abstinent – musste er wieder und wieder trinken. Der Wein lief ihm über den Uniformmantel. Nicht besser erging es Axel, auf den sich ein paar schmuckbehangene Weiber gestürzt hatten.

Höllriegl schrie seinen Nachbarn zu: »Wir haben Hunger!« Sogleich gab man ihnen Wurst, Quark, kaltes Geflügel und Pimse. Axel, der in sich zusammengesunken, bleich und verstört dasaß, wurde von seinen Nachbarinnen, zwei korpulenten, nicht unhübschen Blondinen, wie ein Kind gefüttert – ein Cherub unter Dämonen. Auch er musste zwischendurch trinken; unter Gelächter wurde er dazu genötigt, weil gütliches Zureden nichts nützte. Abwehrend hob er die Hände und beteuerte, er habe stets Meidnis geübt, vertrage kein Brannat und trinke nur Meugilm und Milch, was die Dame gegenüber veranlasste, eine ihrer dicken Brüste herauszunehmen und sie ihm unter die Nase zu halten. »Iss, iss!«, rief ihm Höllriegl über den Tisch zu. Er sah, dass die Unholdinnen »seinen« Jungen mit gierigen Blicken musterten, ihre Hände waren unter dem Tisch beschäftigt. Vielleicht war Axel so klug – doch es war unwahrscheinlich –, das Trinken nur vorzutäuschen. Nicht einmal ihm selber gelang dies, denn die Kumpanei hatte sein Widerstreben gemerkt und passte scharf auf. Obwohl er mit vollen Backen kaute, flößte man ihm johlend, schmatzend und küssend – der alkoholische Atem seiner Nachbarn war magenhebend – das saure Gesöff ein, das ihn anwiderte.

Trotz der animalischen Wärme in den Stuben hatten die Leute ihre Pelze umbehalten oder saßen auf ihnen. Höllriegl erinnerte sich, dass Pelze gegen Radioaktivität schützen sollten. Als letzten Schrei gab es auch Edelpelze, die zusätzlich ein Futter aus elastischen Schutzwerkstoffen – Element Bor und bestimmte Kunstfasern – zum Einknöpfeln besaßen. Solche Mäntel, so wurde in der Werbung betont, böten sogar gegen die Strahlen der Neutronenbombe Schutz (was sicher Blödsinn war), und Höllriegl fiel der reichsbekannte Lockspruch der Firma Büddecke ein: »Hüllest den Leib du so wonniglich / Maid, in des Fenrewolfs Fellen / Bannst du die Strahlen – doch Büddecke / Nimmer schützt vor der

Minne Loh« (Werbung nach Art der altnordischen Spruchdichtung war große Mode).

Hier im Lokal schien jedenfalls eine leibhaftige Pelzmodenschau stattzufinden – wohin man sah, nichts als Pelze. Manche so kostbar, dass sie bei ihren Trägern und Trägerinnen fette Bankkonten vermuten ließen. Nerz, Zobel, Nutria, Chinchilla, Tiger, Schneeleopard, Ozelot, Seehund, Platinfuchs bis herab zu Springbock, Luchs, Skunks und Fohlen.

Eine Hexe mit blau gefärbten Löckchen, Gesichtslift, künstlichen Wimpern, blitzenden falschen Zähnen und imposantem Hängebusen wurde mit vereinten Kräften auf den Tisch gehievt, wobei ihr der Hermelin von den Schultern rutschte und zu Boden fiel. Sie hielt eine im Lärm unverständliche Ansprache, hob die Röcke hoch, um ihre auffallend schlanken, mit Krampfadern verzierten Beine bis zur Trikothose sehen zu lassen. Man prostete der Alten zu, begoss ihren Hintern mit Wein und riss sie in die Tiefe zurück. Schon aber kletterte wieder ein Mann auf einen Stuhl und bot eine pöbelhafte »Biermimik« dar. Das Ganze, so kam es Höllriegl vor, hatte gar nichts Fröhliches, sondern war mehr wie eine falsche, gekünstelte Betäubung.

Der Blaurote zu Höllriegls Rechten, von seiner lallenden Gesponsin mit Eitel-Friedrich angeredet (ein Keksfabrikant, wie sich herausstellte), stand plötzlich auf und rief mit schwerer Zunge: »Ich leere meine Blase auf das Wohl der Damen!« Sprachs und verschwand torkelnd im Gewühl. Seine Partnerin rückte zu Höllriegl heran und legte einen Arm um ihn. »Eitel-Friedrich«, sagte sie, »ist mein Göttergatte – ein Armloch, aber ewwen mein Mann!« Einer von der Tischgesellschaft, der aus seinem Hosenschlitz eine Knackwurst baumeln ließ, beugte sich über sie – und die Keksfabrikantensgattin, nicht faul, begann unter dem Gejohl der Gäste die Wurst abzuhäuten und anzuknabbern.

Der Wein fing zu wirken an. Alles um ihn herum hatte auf einmal scharfe Ränder, wurde aber zugleich unwirklich, es schien sich ganz woanders abzuspielen, mit ihm als unbeteiligtem Zuschauer. Der »fremde Kopf« war wieder da. Blitzschnelle Szenen wechselten ruckartig mit irrsinnig langsamen, aber auch diesen konnte man kaum folgen, weil sich die Zusammenhänge verwischten. Deutlich und zerdehnt, wie mit der Zeitlupe, sah er, was die zwei Nährmütter, die seinen Axel mit Polypenarmen umfangen hielten, mit dem Jungen trieben. Höllriegl wollte protestieren, aufstehen, konnte es aber nicht, wollte es auch gar nicht, es war ja alles scheißegal. Axel schien in fiebrig-aufgeregter Stimmung zu sein und ließ die Weiber willenlos gewähren – klar, dass die Damen ihn in anstößigster Weise abgriffen. Die eine, ihr Gesicht war durch ein wildes, starres, verzücktes Lächeln gezeichnet, versuchte ihr Opfer ganz an sich heranzuziehen, wobei sie dem Jungen in einem fort etwas zuflüsterte. Höllriegl bemerkte mit Ekel, dass sie in Axels Ohr züngelte.

Von Zeit zu Zeit wechselten ohne sein Dazutun die Schauplätze; Einzelheiten, Verknüpfungen konnte er nicht mehr in sich aufnehmen, das wäre zu viel gewesen. Plötzlich fand er alles heiter und sogar wunderschön, nur der Magen machte nicht mit. Man redete von allen Seiten auf ihn ein, zog ihn bald da-, bald dorthin, er saß an anderen Tischen oder auf ihnen – was für ein verdammt netter Ostmärker war er doch! Alle Ostmärker sind nett und gemütlich. Er grölte mit und schunkelte, es war gut, dass massenhaft Damen da waren, überall bekam man Weiberfleisch in den Griff, wo immer man sich hinsetzte. Er quasselte was von Ulla und der andern – wie hatte sie nur geheißen? –, duzte sich mit wildfremden Menschen, zum Beispiel mit einem Narvikhelden, der unentwegt vom Seegefecht bei Jan Mayen erzählte, fragte einen katholischen Geistlichen aus Bisanz, dem welschen Besançon (Visitenkarte: Monsignore Aloys Barmherzigkeit, Prälat), ob Gott eine Krankheit sei, oder was, zum Teufel, ist Gott eigentlich? – dabei klimperte er mit den Ehrenzeichen, die der Herr Prälat an der Soutanelle trug, sogar das Blockadebrecherabzeichen von anno Schnee war darunter. Dann erzählte ihm ein Funkberichter aus Bad Tölz dauernd säuische Witze, auch machte er die Blitzbekanntschaft eines alten Kämpfers von Pirmasens, dem er vor lauter Begeisterung die Hände küsste, weil er ja schon bei Pirmasens dabei gewesen war, erhabene Same das, nur leider zugleich auch zum Speiben, denn ihm wurde nun wirklich kotzenübel. Der alte Kämpfer sagte, er sei noch immer Romantiker, doch suche er jetzt die blaue Blume mehr in der Weinkarte, was natürlich riesig witzig war. Und ein Professor von der Strassburger Schädeluniversität »Der treue Heinrich« erklärte ihm etwas Schwieriges betreffs der Zirbeldrüse, die eigentlich ein verkümmertes Scheitelauge war für magisches Sehen, und eine noch riegelsame Frauenschaftsführerin aus Hörde mit sehr herausfordernden Hinterbacken, die sich schwups auf ihn gesetzt hatte, schilderte unter Kichern, sie sei auf der Flucht, es war auf dem Ruhrschnellweg gewesen, in einen scheußlichen Blechsalat geraten, ihr VW wäre dabei stark angeschlagen worden, aber der Süße da – ein verlebt aussehender, bleicher, knochiger Jüngling (»Treffz mein Name, Detlev von Treffz«) – habe sie in seinem Wagen, der Borsche besaß einen Porsche, mit- und hernach an seine Brust genommen (»Ich habe Ingold ein ganz neues Unterwäschegefühl verschafft, müssense wissen«), und nun wollte das traute Paar zu einer Base des Süßen, die in Heiligenbeil am Frischen Haff verheiratet war, die Ostseenähe sei vielleicht richtig für weitere Fluchtpläne. Auch gut. Und der Werbescheff einer rheinischen Sektkellerei, auch Wildpferdzüchter, graues Haar, Ehestandswinkel, nervig-markige Miene, grundloser Adlerblick, der ihn nach einem herzlichen Umtrunk auf die Toilette einlud (»… sind wohl Alleinunterhalter oder gar normal …«), war anno zwoundvierzig in Auschwitz dabei gewesen, seine Augen leuchteten feuchtfröhlich, und da habe es nach jedem Rundlauf, den die »Flecks« und andere schwerere Fälle mitmachen mussten, eine Extratour Zigaretten und Jamaika-Rum gegeben, so gut würden ihm Zigaretten und Rum nie mehr schmecken. Und die zarte Hellbraune mit dem geilen Kaulquappenmund und dem Gummibusen unterm Pulli! Sie war Tippmamsell (»Tippjungfer«, sagte sie, und ihr Jungfernhäutchen wäre noch tipptopp, sagte sie) bei der Euratom in Speyer, sie quatschte in ihrem Räuschchen wie irre von Atomstrom, fossilen Brennstoffen, konventioneller Wärmeerzeugung, sie wusste alle Preise für Heizkohle in RE, also Rechnungseinheiten der von der Reichsbank kontrollierten Europäischen Währungsunion, pro Tonne (»pro to«, sagte sie) ab Zeche, für bituminous slacks aus den United Vassal States of America für europäische Häfen, sie wusste alles auswendig, eine niedliche Betriebsnudel, hatte die Preisuntergrenze ab Raffinerie in RE/to Heizöl oder RE/to Steinkohlenäquivalent intus. (»Hierbei«, sprudelte sie so munter wie ein Geysir, »wird dem Heizöl ein Wärmeäquivalent von 10.500 kcal/kg und der Steinkohle ein Wärmeäquivalent von 7000 kcallkg zugerechnet.«) Das war ihm zwar alles wurscht, um nicht zu sagen piepe, aber bei ihr wars trotzdem gut, da konnte man sich anlehnen, ein bissl mit ihrem Tötftöff spielen, sie roch auch so gut und frisch, und ihre Schultern waren mager und kindlich, und sie küsste keusch, mit ihren verderbten Lippen, die schmal und hart waren und sich nicht öffnen wollten. Höllriegl küsste sie oft und ausgiebig, um das Bürogegacker zu stoppen. Und da war jener merkwürdige Sitzriese, zweifellos eine Persönlichkeit, im sündteuren Sumpfotternmantel – was er sogleich betonte –, der ihn … an wen nur erinnerte? (Ach ja, an seinen Klassenvorstand, den alten Tartaglia!) Ein geheimnisvoller Mensch, weißhaarig, sonngebräunt, kam direkt, wie er sagte, aus dem Engadin, Diavolezza, Corvatsch, Val Saluver und so. Er hatte einen leicht geistesgestörten Blick und lächelte mit tief herabgezogenen Mundwinkeln. Wie gesagt: eine Persönlichkeit. Der Mann war, wie er erzählte, Direktor jener spanisch-marokkanischen Aktiengesellschaft *Hisma* gewesen, die 1936 den Lufttransport der Franco-Truppen von Marokko an die Bürgerkriegsfronten durchgeführt hatte. (»Meinen Namen möchte ich Ihnen lieber nicht sagen.«) – Herrgott, der Tartaglia! Wie fern das alles war! Versunken, vergessen. Tartaglia, der eingefleischte Junggeselle, Deutsch, Geschichte und Geographie. Aus Triest gebürtig und Ehrenpräsident des Schnauzer-Pinscher-Vereins in Urfahr. Und die Mitschüler – was mochte aus denen geworden sein? Über die Welt zerstreut, tot, verloren, gefallen der eine oder andre. Er wusste noch alle Namen in der alphabetischen Reihenfolge des Klassenbuchs: Brill, Calé, Christlieb, Dragono, Feichtinger, Frumm, Gaugela, Guldenschuh (Jude), Halbritter – er, Höllriegl –, Hraby, Hullndonner, Innocenti, Kernmayr, Krčal, Kutschera, von Lebzeltern, Magenschab, Naderer, Nemeček, Nosingerweis (Jude), Paar, Perversler, Pindur, Populorum, Riedl, Schilhab, Schmerzl, Smolka, Spazierer, Spingarn (Jude), Staudenherz, Vaik, Walch, Wranek, Zwerenz – und das einzige Mädl der Klasse: die Gritti Ledwinka.

Verfluchte Scheiße, wie der Kopf wehtat! Minutenlang schloss er die sandigen Augen, in seinem Hirn begann es zu hämmern. Die Büronudel war weggerückt, unterhielt sich mit andern, so konnte er den pochenden Schädel auf die Tischplatte legen. Schlafen, schlafen, nix mehr wissen! Ihm war in jeder Beziehung abgrundtief lausig zumute, der Lärm, das Gesöff, der Qualm – alles zum Kotzen!

Wo war Axel? Mit ungeheurer Anstrengung versuchte Höllriegl klar zu denken, klar zu sehen. Der Junge war weg! Wo, an welchem Tisch, hatte er ihn zurückgelassen? Er sah sich um. Grauenvoll! Lauter fremde, tierische Gesichter. Niemand von den Leuten war da, die ihn und Axel zuerst bewirtet hatten. Verzweifelt brüllte er auf: »Axel!« Und nochmals: »Axel!« Das Euratom-Mädel rückte wieder heran, umschlang ihn, er stieß die Kleine fort.

Axel – nicht da!

Übelkeit und Schwindel. Steifes Genick. Blickkrampf. Verzweiflung. Als er sich aufrichten wollte, versagten die Beine, er spürte, dass sie kalt und steif waren. Entsetzen schüttelte ihn, der Schweiß rann ihm von der Stirn. Er winselte »Axel« und fiel auf die Bank zurück. Stimmen, viele Stimmen brandeten über ihn hinweg.

»… von dieser Sorte Nachschub sicherstellen … ist ja ne Tollerei … wollnse Zyklon Be inhalieren? … Prostata, die Damen! … mangelt weitgehend an wehrgeistiger Auffassung … da isser ja, mein Göttergatte … klaar, Mensch … Frolleinchen, wo ist bei Ihnen die HKL? … Ej, da siehste alt aus, Vatta, ej, wa? … ich denk mir noch: Wumm, der zieht wech … ick will jahnicht … bin immer Vorkämpfer fürn forsches Betriebsklima gewesen … kipp dein Glas, Opa!

das müssen wir vorerst ausklammern … na und wennschon … haste Schwein jehabt … ick werde vahrückt! … was solls? … huch, Sie Lustmolch … die werden das Begräbnis ganz groß aufziehn … guck mal, Dickerchen … mit Vorgriff auf … hab do ni so, ej, Puppe … das haut hin … Konjack jefällich? … dann setzen wir einfach Klimawaffen ein oder Nervengas und fertich ist die Laube … kommt jahnich in Fraache … wirste die Hand da weggeben! … schade um den Zinn … Sie oller Schrumpfgermane … war woll jedoubelt … soll ich gleich mal … wir treten aus und zum Beten … nu mach schon … was dagegen? … da kann ich ja gar nicht, da hab ich meine Tage … Sie sind cin Feinschmeckermodell … denkste! … für fummsehn Fennje … wissen soll ick ooch wat? … der Jung dort heißt Schneewittle … habt ihr denn Motten im Kopp? … bin am Boden zerstört … Liebe fällt bei dir woll flach … der ist schon lang ein erloschenes Arschloch … wat, der Teppichbeißer? … das war ne Wucht! … blau is der Himmel, schwarz is das Loch, weiß der Schimmel, rein muss er doch … direkt in die Fresse … die Emmi ist doch dem Herrn Betriebsführer seine Samenfängerin … wolln wa mal sahren … dich hats woll! … aua, Männe, mein Echthaar! … ein Vahflossner der Reichsgletscherspalte … ej, sach ma, ej, spinnst do, eh? … ziehn die Preise für Gebrauchtwagen mächtich an … na und ob! … Irmgard hat Wallungen, die ist auch nicht mehr neu … mit nem Kostenaufwand von sechzichtausend Emmchen … Fritzens Gattin ging damals energisch fremd … und keener denkt sich was bei … zwo Mionen, zwo Mionen! … bei der leiste ich gern finanzielle Hilfestellung … denn hättick ja gleich ins Promi kommen könn … ach, Woldemar, du hast son zückendes Vonobenherab! … bei de Weiberlait heißts grundsätzlich: Oben nass und unten nass … war wohln dolles Stück … wurden tausend Volksgasmasken verpasst, denn die schönste Gasmaske ist wertlos, wenn … eine Fummeltrine, wie sie im Buch steht … Meechen ach Mcccchen, wie lieb ich dich! … alles Quatsch! … die Jeschmäcker sind nu mal vahschieden … da beißt keine Maus einen Faden von ab …«

Der Teppichbeißer! Das hatte wirklich einer gesagt, hatte die Stirn gehabt, so was zu sagen! Wer war der Dreckskerl? Höllriegl erschaute innerlich, wie ein mächtiger Atompilz gewittrig leuchtend in den Himmel schoss, doch dann war es mehr ein Ausbruch von Schmutz und Schlamm – ein Schlammvulkan – Schimpfwörter, die ältesten, verstunkensten, gemeinsten, wurden da aus der Tiefe heraufgewirbelt und spritzten umher. Dreck! Hatte nicht auch Gundlfinger was Ähnliches gesagt? Das Älteste, Vergessenste kommt wieder an die Oberfläche. Und da mit einem Mal – es war herrlich, wunderbar! – verbreitete, verfächerte, verästelte sich die Erscheinung zu einem Lebensbaum. Herrlich, dreimal herrlich! Das war nicht der Lebensbaum, das war der Ahnenbaum des Führers, den er zu Haus an der Wand hängen hatte und auswendig kannte. Hitler Alois, Zollbeamter, später Landwirt, und die Pölzl Klara, beide in Leonding verstorben. Hiedler Johann Georg und Schicklgruber Maria Anna, beide in Strones verstorben. Pölzl Johann und Hutler Johanna, beide in Spital verstorben. Hüttler Martin ond Göschl Anna Maria, gleichfalls in Spital verstorben. Hütler Johann und Decker Eva Maria, auch beide in Spital verstorben. Schicklgruber Johann, Bauer aus Strones, und Pfeisinger Theresia aus Dietreichs … Kerngesundes, deutsches, ostmärkisches, Waldviertler Bauernblut! Und diese Verbrecher hier beschimpfen den Größten aller Deutschen! – Teppichbeißer! Wer hatte das gesagt? Dem musste er eine in die Fresse hauen, dass ihm der Gehirnkasten schepperte! Aber wo war Axel? Axel! Axel!

Höllriegl erhob sich langsam und schwankend, mit beiden Händen hielt er sich den Kopf. Wo war er? Es kostete Mühe, die Augen zu öffnen und offen zu halten. Wieder war alles unscharf und violett gerändert. Stechender Schmerz pochte in den Schläfen, auch musste er die Hände hin und her drehen, weil die Gelenke steif und leblos waren. Es fror ihn.

Niemand achtete darauf, was er tat. Wie zuvor sah er mit dem Gefühl einer irrsinnigen Entfernung den andern zu. Das Ganze war ein Zerrbild, ein Traum, war Einbildung. Dort drüben wurde eine Weibsperson versteigert, so sah es aus. Jung und hübsch war sie und sehr besoffen. Weizenblond wie seine Bernsteinhexe, nur viel jünger. Mit ihren schlanken Beinen stand sie wackelnd auf dem Tisch und musste von vielen Händen gestützt werden, sonst wäre sie heruntergepurzelt. Ein Mann mit blaurotem Kopf und ledrigem Nacken, den kannte er doch, brüllte in einem fort irgendetwas, man sah nur, dass er das Maul aufriss und wieder zuklappte. Verstehen konnte man den Herrn Auktionator nicht, aber jedes seiner Worte wurde mit brüllendem Gelächter quittiert.

Teppichbeißer! Rasch musste er jetzt einem eine schmieren, die Wut stieg kochend in ihm hoch. Oder wars der Magensaft? Ein Exempel statuieren, ein Beispiel geben! Der Führer war erst – ja wie viele Tage war der Führer nun tot? Heute war der wie vielte? Ah, scheißegal. Aber jetzt musste rasch was geschehen, gleichgültig, was, etwas Drastisches, ein Strafgericht, diese Saubagasch hatte vergessen, wer der Führer war. Es hatte genügt, dass zwei lächerliche Atombomben auf das Reichsgebiet gefallen waren, und schon hatten diese Koofmichs vergessen, wer Adolf Hitler war. Ein Strafgericht!

Dieses vollzog sich blitzartig. Mit geballten Fäusten torkelte Höllriegl auf den Auktionator zu. Die Euratom-Nudel kreischte auf, er hatte sie abgebeutelt wie einen Floh. Höllriegl kriegte den Ledernackigen von hinten zu fassen. Als der sich umdrehte, schlug ihm Höllriegl mit voller Kraft ins Gesicht. Es war weich und schlapp, eine Sekunde lang spürte Höllriegl die schlecht rasierten Wangen. Er schlug nochmals zu und nochmals. (Das Schwein mochte zum letzten Mal Kekse verkauft haben!)

Alles stob und schrie durcheinander. Höllriegl wurde am Kragen gepackt, zurückgezerrt, hin und her geworfen, dann drückte ihn jemand zu Boden und kniete auf seinem Bauch. Würgegriff. Schwitzkasten. Er hörte sein eigenes Keuchen, die kalte Wut und die Anstrengung machten ihn auf einmal nüchtern. Ruckzuck wälzte er sich herum. Zuerst versuchte er es mit dem Komm-mit-Griff der SA, dann mit dem Heil-dir-mein-Führer-Griff. Gelenke knackten, oder waren es die Fingerknochen? Handballenstoß gegen des Gegners Kinn, Handkantenschlag gegen den Ellbogen, Fußstoß gegen das Gesicht. Er sah in die blutunterlaufenen Augen eines Fremden. Handkantenschlag gegen die Nieren – es war wie beim Deutschen Drill. Ächzen, Stöhnen, Wimmern.

Über ihnen brach ein schauerlicher Tumult los, man trampelte auf ihren Leibern herum, Höllriegl war es, als schlüge die ganze Welt auf ihn ein, trotzdem spürte er nichts. Axel! Axel!

Er trachtete, unter den Tisch zu kriechen. Deckung nehmen, entkommen! Axel! Axel!

Im Mund hatte er einen widerlich metallischen, süßlichen Geschmack. Er sah noch, dass die Leute übereinander herfielen und der Tisch umgerissen wurde. Jemand trat ihm ins Genick, eine Stichflamme zischte durch sein Hirn. Jäh erlosch das Licht. Es wurde Nacht – und nichts mehr war.

DAS BEGRÄBNIS
IM KYFFHÄUSER

Und der Tod und die Hölle wurden
geworfen in den feurigen Pfuhl.
Das ist der andre Tod.

Offenbarung Johannis, 20,14

17. NOVEMBER: EIN winterlich kalter Sonntagmorgen. Die ganze Nacht hatte es gestürmt, und die westseitigen Fenster von Höllriegls Wohnung waren arg durchgerüttelt worden. Schon zeitig am Morgen gab es keine Wolken mehr; ein blasser, leer gefegter Himmel wölbte sich über Heydrich, die Sonne ging strahlend auf. Hitlerwetter, dachte Höllriegl wehmütig, als er hinaufsah. Hoch droben im Blau hingen Kondensstreifen.

Er hatte kein Auge zugetan. Abgesehen vom Lärm, den der Sturm verursachte, war es auch in den Gassen laut gewesen. Seit drei Uhr früh zogen aus Standquartieren, Kasernen und SS-Biwaks, Letztere trugen den Ehrennamen »Wagenburgen«, unübersehbar und ununterbrochen die Marschblocks durch die Stadt, um draußen, rund um den Kyffhäuser, an genau vorgezeichneten Punkten Aufstellung zu nehmen. Die Zufahrtsstraßen waren verstopft, und in Heydrich selbst drängten sich die Menschen; es war nicht ratsam, auszugehen. Ungeachtet der Terrorangriffe waren aus allen Gauen die Massen zum Kyffhäuser gepilgert, zu Fuß, in Kraftwagen, mit der Bahn, oft unter den widrigsten und abenteuerlichsten Umständen. Die Reichsbahn hatte Übermenschliches geleistet. Hunderte Vollsonderzüge waren abgefertigt worden, der Antransport der Gliederungen klappte trotz Zerstörung wichtiger Teile des Schienennetzes vorbildlich. Und auch die Jugend hatte es sich nicht nehmen lassen, im Sternmarsch, dem traditionellen Adolf-Hitler-Marsch der Reichsparteitage, aus den sechs klassischen Obergebieten zu den Begräbnisfeierlichkeiten zu kommen; ja es hieß, dass manche HJ-Gefolgschaften und Jungvolk-Fähnlein sofort nach Bekanntwerden der Trauerbotschaft zur Goldenen Aue aufgebrochen waren, obwohl Köpfler erst vor dem Reichsrat vom 11. November verlautbart hatte, dass der Führer im Kyffhäuser begraben werde.

Übrigens war etwas Sonderbares geschehen – oder im Gange. Seit Sonnabend Mittag schwiegen die Waffen; oder schien es nur so? Achtete der Feind den toten Führer, den großen Verbündeten im Zweiten Weltkrieg? Wollte er das Begräbnis nicht stören? Oder hatten die Japse plötzlich aufgegeben? Wie Höllriegl (und jedermann) wusste, lagen die japanischen Inseln, China, Mandschukuo und andere Teile des von den Japanern beherrschten Festlandes unter schwerstem Vergeltungsfeuer. Es war kein Geheimnis, dass mindestens vier H-Bomben ihre Ziele erreicht hatten. Damit musste der Osten praktisch ausgeschaltet sein. Das alles war nicht zu leugnen – sonst gab es natürlich viele Gerüchte, denn jeder erzählte was anderes. (So hörte Höllriegl, allerdings aus verlässlichem Munde, nämlich im *Parlament*, mit allen Ausschmückungen jene Meutereigeschichte, die schon der Waschmittelagent im Luftschutzkeller von Sauckelruh angedeutet hatte.) Die im Rundfunk spärlich durchgegebenen Meldungen waren weder einheitlich noch klar genug; bis jetzt gab es keinen einzigen zusammenfassenden Wehrmachtbericht, nur vereinzelte Sondermeldungen. Das war auffallend und eigentlich beruhigend. Und doch! Etwas Unheimliches lag in diesem Schweigen der Waffen. So als käme ein großer Schrecken näher und näher.

Meine Nerven sind kaputt, dachte Höllriegl, außerdem bin ich übernächtig. Er fror. Durch die Wohnung wehte es eisig, denn Burjak hatte die elektrische Heizung zerstört. Burjak! Er war während Höllriegls Abwesenheit getürmt. Hatte ein Braunhemd sowie Höllriegls alte SA-Bluse samt Mütze (Sturm 46/Standarte 107, rotbrauner Kragenspiegel) mitgehen lassen. Nur die Drillichhose, das Kennzeichen der Zwangsarbeiter, schien er anbehalten zu haben – kaum zu glauben! Ferner fehlten eine pelzgefütterte Windjacke, ein Paar Kommissstiefel und Höllriegls altes Felleisen, ebenfalls aus den Tagen der Studenten-SA. Die Vorratskammer war ratzekahl leer, auch die Lebensmittelkarten – Reisemarkenabschnitte – waren weg. Höllriegl hatte auf dem Polizeirevier und im Parteihaus ordnungsgemäß Meldung erstattet und alles, was er wusste, genau zu Protokoll gegeben. Herrgott, war es Einbildung? Die Diensthabenden hatten ihn zerstreut angehört und die Daten, so kam ihm vor, rein routinemäßig notiert. Für den Lebensmittelbezug erhielt er einen Notausweis.

Es blieb nichts anderes übrig, als einen zerlempterten Blechofen, ein sogenanntes Kanonenöfchen, zu installieren, mit dem Abzug zum Fenster hinaus. Der wärmte kaum, noch dazu ging das Feuer leicht aus. Höllriegl hatte aber auch andere Gründe, verbittert zu sein. Er war in der sicheren Erwartung eines Einsatzbefehls nach Hause gekommen. Doch nichts! Nur ein Haufen Patientenpost fand sich im Briefkasten. Was war los? Hatte man ihn vergessen oder wollte man ihn beiseiteschieben? Traute man ihm nicht? Er war ja ein Zugereister, ein Herr Heiminsreich. Verdammt! Überdies hatte Burjak die Röhre des Fernsehgeräts eingedroschen, das traf Höllriegl am schwersten. Telefon und Radio waren in Ordnung, der Untermensch schien gestört worden zu sein. Auch Lichtleitung und Kochplatte waren intakt – die Kochplatte wärmte sogar.

Höllriegl schaltete das Radio ein. Der Fehrbelliner Reitermarsch und gleich darauf »Wir Wölfe heulen zur Nacht«. Was er offen, auch guten Bekannten gegenüber, nie zugegeben hätte, nie zugeben durfte, war, dass er Burjak »anständig« behandelt hatte. Das wurmte ihn jetzt. Auch hier hatte er versagt. Burjak war im Haus wie ein Hilfswilliger, nicht wie ein Leibeigener gehalten worden. Höllriegl hatte sich deswegen oft und oft Vorwürfe gemacht. In der Art, wie er Burjak behandelte, musste dieser Schurke ein Zeichen von Schwäche sehen. Nie würde er, Albin Totila Höllriegl, ein Herrenmensch sein, nie andere beherrschen können. Weder Ulla noch Anselma – nicht einmal seine Ingrid. Die war ihm zwar hündisch ergeben, aber auch nur, weil er sie einmal wöchentlich ins Bett nahm.

Wie widerwärtig das alles war! Den VW hatte er knapp vor Berga eingebüßt. Dort mochte der havarierte Wagen jetzt im Graben liegen, neben anderen Wracks, auf der großen Flüchtlingsstraße nach Nordosten. Karambolage – Motorschaden. Ein Hornochse war ihm mit voller Wucht ins Heck hineingefahren. Der Kopf brummte ihm noch, aber der hatte ihm schon vorher gebrummt. Lauter Verluste! Und Axel! Es tat weh, wenn er an den Jungen dachte. Fast so weh, wie wenn er an Ulla – Landgraf, werde hart!

Auch bei Kummernuss war Höllriegl sogleich gewesen, schon wegen der gestohlenen Waffe. Kummernuss, ohne Frau, weil geschieden (eine Unfruchtbarkeitsscheidung), lag mit schmerzverzerrtem Gesicht im Bett, gerade hatte er einen seiner berühmten Wadenkrämpfe. Er war noch immer nicht genesen. (»Komplikation: grippiöse Rippenfellentzündung.«) Sein Leibeigener, ein Halbidiot aus der Bukowina, war noch vorhanden. Neben dem Bett hing die Hundspeitsche.

Man besprach die Lage. Kummernuss, der beim Nachrichtensturm diente, gab unumwunden zu, keinen Ersatzwagen an der Hand zu haben. Er kannte aber einen Rottenführer, der Mann arbeitete als Automechaniker beim Lehrsturm der SS-Motorstandarte 86 in Sondershausen, der würde so gut wie sicher einen Volkswagen, allerdings Baujahr 58, freistellen können, vielleicht sogar einen noch halbwegs tauglichen Opel Kadett. Wahrscheinlich werde es auch glücken, Ersatz für die kostbare Straßenkarte zu beschaffen. Und wenn alle Stricke rissen, könnte Höllriegl vorübergehend einen der Dienstwagen des *Kyffhäuser-Boten* fahren – dies sei ja wegen der immer knapper werdenden Treibstoffzuteilung wohl das Vernünftigste.

Plötzlich machte Kummernuss, der sich fortwährend die Wade massierte, ein angestrengtes Gesicht. Nicht gerade wie ein Denker; vielmehr wie einer, der sich beim Kreuzworträtsellösen schwertut. »Kamrad, du erinnerst dich, dass U 209 im Pazifik einen japanischen Bomber angeschossen hat, dabei soll es zu einer atomaren Explosion gekommen sein. Das heißt also, der Japs hatte eine A-Bombe, eine von der kleinsten Sorte, an Bord und sie per Zufall ausgeklinkt. Das war für uns der Vorwand, mit der gleichen Waffe loszuschlagen. Ein Vorwand, verstehst du.«

Er geriet jäh ins Grübeln und brütete eine Weile vor sich hin. »Nee – wegen der Scheißpistole brauchst du dir keine Sorgen zu machen. Ich bringe das durch meinen Schwager in Ordnung oder durch den Stapo-Leiter im Parlament, den Vitzdumm, du kennst ihn ja. Nimm derweil eins von meinen Dingern ...« Er drehte das Radio an. »– aufgrund einer Zusatzverordnung zur Naturschutzverordnung vom 18. März 1936 ist es ab nun verboten, folgende wild wachsende Pflanzenarten zu beschädigen oder von ihrem Standort zu entfernen –«

An Kummernuss' Bemerkung musste Höllriegl jetzt immer denken. (Nicht viel hätte gefehlt und der Kamerad hätte gesagt: Wers glaubt, wird selig.) Zum dritten Mal schon machte er heut im Ofen Feuer. Viel Rauch und wenig Wärme. Dann kochte er sich seinen Kamillentee und ein Haferschleimmüsli. Um jeden Blödsinn musste er sich kümmern – die Ingrid war, wenn sie frei hatte, bei der Frauenschaft dienstverpflichtet. Das Gemeinste war, dass er seit der blöden Sauferei im Rasthaus an Durchfällen litt und sich daher nicht ins Freie wagen durfte. Alle Augenblicke musste er aufs Häusl.

Die Patientenpost – Prostatabeschwerden, Krebsknoten, Impotenz, Gefäßkrämpfe, Schlafstörungen – streifte er mit einem abwesenden, abschätzigen Blick. Das Heiligste, das Reich, war in Gefahr, die Leute aber kümmerten sich nur um ihre Wehwehchen. Seit seiner Heimkehr lagen die Briefe unerledigt auf dem Kanapee. Und unten im Sprechzimmer stauten sich Stöße von Drucksachen, Lehrbriefe und Zeitschriften, die auch noch nicht gesichtet waren. Er hatte zu nichts Lust, das ständige Grimmen verdarb ihm sogar den Genuss des Radiohörens.

Von der Hindenburg-Chaussee drang rhythmisches Gebrüll herüber. Obwohl die Behörden Schweigemärsche angeordnet hatten und ein Aufruf Köpflers im Rundfunk verlesen worden war, den großen Tag in würdiger Form, also still, zu begehen, kam es allerorten zu spontanen politischen Kundgebungen, insbesondere unter den vielen ausländischen Gruppen. Auch die Spaliere verhielten sich nicht gerade zurückhaltend. Diesmal hörte Höllriegl den taktmäßigen Nationalslogan der Amerikaner, der zugleich Feldgeschrei der Minutemen war: »Commercial! Commercial! Commercial! Commercial!« Siegheilrufe, ebenso taktmäßig, als Antwort.

Falls die Tierkohle endlich wirken sollte – als Naturheilkundler verabscheute er selbstredend alles *chemische Gfraßt* –, würde ihn Doktor Senkpiehl zwischen vier und fünf im Wagen abholen. Senkpiehls eigentliches Fach war Deutsche Seelenforschung, doch hatte er für den Begräbnistag einen Einsatzbefehl als praktischer Arzt. Als solcher musste er sich der Ortskolonne der Sanitäter anschließen, und vielleicht würde man da einen Zipfel der Feierlichkeiten erwischen. An diesem großen Tag mit einer Wärmeflasche auf dem Bauch im Bett zu liegen, war eine Strafe Gottes!

Höllriegl ließ ununterbrochen das Radio laufen, denn zum Lesen war er nicht fähig. Er hörte nur mit halbem Ohr hin. Schon in aller Herrgottsfrühe hatte man verkündet, dass alle Sendenetze der Welt an den Reichsrundfunk angeschlossen waren, ausgenommen natürlich die des Feindlagers und ebenso jene, die von den Kampfhandlungen unmittelbar betroffen waren. Immerhin schien ein weltweiter Hör- und Fernsehempfang gesichert. Dabei gab es manche Pikanterie. So hatte die englische Ansage Sir William Joyce übernommen, jener legendäre Rundfunksprecher und Kommentator, der während des letzten Krieges unter dem Spitznamen »Lord Haw-Haw« bekannt gewesen war. Nach dem Sieg der deutschen Waffen war Joyce nach England zurückgekehrt, wo er in den Adelsstand erhoben wurde; sonst hatte man nichts mehr über ihn gehört.

Auch eine genaue Beschreibung von Adolf Hitlers letztem Kleid war geboten worden. Nach altnordischer Sitte hatte man den Toten in das Valhjamr, das Leichenhemd, gehüllt; darüber war ihm die gewohnte Uniform angezogen worden, braune Bluse, lange schwarze Hose, die Hakenkreuzarmbinde – so, wie die Welt den Führer kannte. An der Brust trug der Leichnam nur die zwei Kriegsauszeichnungen der kaiserlichen Armee: das EK II vom Dezember 1914 und das dem Gefreiten im August 1918 verliehene EK I. Es hieß, Hitler habe sich im Testament seiner Einbalsamierung widersetzt; ebenso habe er befohlen, keinen Gesichtsabguss vorzunehmen. (Die prompt an höhere Parteidienststellen ausgelieferte Totenmaske, die sogleich auch in den Handel kam, wurde von einer Büste des Lebenden abgenommen und entsprechend adaptiert.) Merkwürdig: Hitlers Haar sah auf den Zeitungsbildern schneeweiß aus.

Das Grabmal, in der Nähe des Kaiser-Wilhelm-Denkmals auf den Überresten der Burg Kyffhausen errichtet, war nach geheim gehaltenen persönlichen Plänen des Verewigten ausgeführt worden. Es ähnelte dem Mausoleum des Theoderich in Ravenna, nur hatte es geradezu gigantische Maße; darin schien sich der Führer an die Bauten des Nibelungenfilms gehalten zu haben. Einstweilen war der

Koloss in Schnellstbauweise als Attrappe aufgerichtet worden, und es war vorgesehen, dass an der echten Grabeshalle ein ganzes Menschengeschlecht bauen sollte. Hier, in einer klaftertief in den Berg eingelassenen Felsenkammer, würde der schlichte Sarg aus Eichenholz stehen, nur mit einem Lorbeerkranz geschmückt – Lorbeer von der Rostra des Forum Romanum, auf der Cäsars Leichnam eingeäschert worden war. Und in einem Nebenraum sollten von nun an die Reichsinsignien ruhen, mit der Ewigen Wache davor. Die Reichskleinodien, aus der Meistersingerkirche von Nürnberg auf den Kyffhäuser verbracht, würden dem toten Führer vorangetragen werden, darunter die skythische Goldkrone von Kertsch.

Stimmungsberichte, Lagemeldungen und Ansprachen. Zwischendurch zählten die Rundfunksprecher in Form endloser Listen die Verbände und Gliederungen her, die im Landkreis Goldene Aue aufmarschiert waren und sich nun von allen Seiten dem Kyffhäuser näherten. Noch nie hatte dieses Gebiet, das bekanntlich seit einigen Tagen Sperrzone I-A war, so viele Menschen beherbergt. Hier gab es keine Flüchtlinge, keine Panik, wie es auch keinen Krieg mehr gab. Eine Welt in Trauer fand sich an der Bahre des größten Deutschen zusammen.

Die Stunden vergingen zähflüssig. Höllriegls Laune wurde besser, als er vernahm, dass viele HJ-Mannschaften angetreten waren, um vom Führer Abschied zu nehmen. HJ aus der Nordmark; HJ aus Braunschweig, der Stadt Heinrichs des Löwen; HJ aus den Ostmarkgauen, vom Mittelrhein, aus Kurhessen, aus der Saar-Pfalz. Und massenhaft Gefolgschaften der DJO, der deutschen Wehrbauernjugend des Ostens. Der große Aufmarsch der HJ-Bannfahnen – erhebend! (Höllriegls Augen wurden feucht, das stolze Lied von einst trieb ihm immer Wasser in die Augen: »Auf, hebt unsre Fahnen in den frischen Morgenwind!«) Das alles widerlegte die Gerüchtemacherei, wonach ein Gutteil der Reichsjugend – manche sagten: der größere Teil – zum Werwolf übergelaufen war. Und ein freudiger Schreck durchzuckte ihn jedes Mal, wenn, wie eben jetzt, engere Landsleute von ihm genannt wurden.

»– SS-Oberabschnitt Donau, an der Spitze Oberabschnittsführer Schmöllerl. Die Standarte Ostmark der SS-Verfügungstruppe und die Standarte Ostmark der SS-Totenkopfverbände. Landeskulturwarte aller Ostmarkgaue. Die Marschierer der historischen SA-Gruppe Donau, die in Pöchlarn, dem Bechelaren des Nibelungenliedes, in gemeinsamen Marsch- und Exerzierübungen die letzte Ausrichtung für die Fahrt zum Kyffhäuser erhalten haben. Die Standorte Salzburg, Innsbruck und Laibach der Reichssportgemeinschaft SS. KdF-

Übungssportwarte aus Wien. Eine Abordnung der Stadt der Volkserhebung, Graz, mit dem Bürgermeister, SS-Brigadeführer Sepp Schoißengeyer. Die Gauobmänner –«

Das ging so weiter, kunterbunt, durch Stunden und Stunden. »Kameradschaften des Nationalsozialistischen Deutschen Studentenbundes und des Altherrenbundes: Jungburschen, Burschen und Altburschen in voller Wichs. Und jetzt die politischen Leiter: die Willensträger der Partei. Und nun die SS-Standarte ›Der Führer‹ und die SS-Standarte ›Deutschland‹. SS-Obergruppenführer Killinger an der Spitze seiner Mannen. Heilrufe [*die eingeblendet wurden*] brausen den mit Sonderaufgaben in den Um-Lagern betrauten Totenkopfverstärkungen entgegen. Der Reichsfronvogt für die Ostgebiete, General der Waffen-SS von Bessemer. Weitere TV. Eine Gruppe von Trägern des Großen Skaldenpreises – wir erkennen an ihrer Spitze unsern großen vaterländischen Dichter, einen herrlichen Recken der Feder im Silberhaar, Hans-Henning Weinhold [*Heilrufe*] und den diesjährigen Träger des Joseph-Goebbels-Gedächtnispreises Utz Sämund Griper. Die Braunen Schwestern der NS-Volkswohlfahrt aus dem Wonnegau. Der Oberbürgermeister von Worms, Horst Bagge. Die Langen Kerle vom Berliner Garderegiment ›Alter Fritz‹ – den Schellenbaum trägt ein baumlanger Stabsgefreiter in altpreußischer Uniform. Eine Abordnung der Reichsknappschaft. Männer und Frauen des Reichsluftschutzbundes in Strahlenschutzanzügen und Volksgasmasken mit RLB-Führer Ingomar Wunderlich an ihrer Spitze. Das Haus des Deutschen Rechts in München, vertreten durch eine Abordnung unter der Führung des Kammergerichtspräsidenten, Dr. Manfred Sitte. Der Präsident des Landeserbhofgerichts in Celle, Dr. Jürgen Schoiswohl. Die Mannschaft des Raumschiffes ›Managarmr‹, das heißt Mondverschlinger. [*Wieder aufbrandende Heilrufe.*] Der Rektor der Hochschule für Leibesübungen in Leipzig, DDr. Giso von Jahn-Hagel. Die Deutsche Turnfront, vertreten durch –«

Bei seiner Nachbarin, einer vorzeitig pensionierten Handarbeitslehrerin namens Eberlein, Luitgard Perchta Eberlein, Parteigenossin seit 1931 und glühende Waerlanderin, wollte er sich Hafergrütze holen. Seine war nun aus – *alle*, wie man hier in Piefkinesien sagte. Und seit gestern Mittag hielten sämtliche Läden geschlossen. Fräulein Eberlein war ihm in ihrer Altjüngferlichkeit treu ergeben – die gute Seele. (Sie möchte mich mit Handkuss drüberlassen, dachte er sich oft. Doch »diesbezüglich« wollte er nix mit ihr zu tun haben. Daher Abstand, Abstand!) Als er einmal längere Zeit an Hartleibigkeit litt – Durchfälle wechselten bei ihm mit Verstopfungen, er war eben vegetativ stigmatisiert, wie Senkpiehl zu sagen pflegte –, machte sie ihm sogar Einläufe. Dabei wäre es beinah zu etwas gekommen. Daher Abstand!

»– die Fahnen und Standarten, die Feldzeichen der Bewegung, sie alle schwarz umflort. Seid hart, Kamraden, seid hart, sich nichts anmerken lassen – ihr habt ja Tränen in den Augen, ihr Männer! Stehts so um euch, Rabauken? Die Fahnen, dort wehen sie, hell im Morgenwind – unser Führer kann sie nicht mehr sehen! – Und jeder von euch Männern schwört: Mach mit uns, was du willst, du, Hitler in den Sternen! Auch für diese bittere Stunde danken wir dir! Wir gehören dir, wie bisher, so für alle Zukunft! Unser einziges Ziel: das Ewige Deutschland –«

»– wenn man aber all die Hitlerjungen fragt, was das Größte an diesem Marsch zum Kyffhäuser sei, was der tiefste Inhalt wäre, so lautet die Antwort immer wieder: Unsere Fahne, die wir zum Führer tragen! Stolz sind wir, unbändig stolz, diese heiligen Fahnen ein Stück in die Ewigkeit tragen zu dürfen, zu dir, Adolf Hitler! Und manchmal, wenn durch die Fahnen der Wind rauscht, dann ists, als griffe deine Hand in sie – dort, wo die Hochöfen gluten und Schlote qualmen, an den Küsten, wo sich die Wellen im Sand verlaufen, in Heide und Wald, in den großen Städten und im kleinsten Dorf fassten sie Tritt gen Heydrich. Dieser Marsch, den kein Schlagbaum, keine Bombe, nicht die gelben Teufel, weder Not noch Tod aufzuhalten imstande waren, ist zugleich Ausdruck der Geschlossenheit und Wehrhaftigkeit unseres – aufs Neue erwacht der nordische Mensch wie aus tausendjährigem Schlaf. Mit neuen Augen erblickt er die Welt, die sich durch den Tod des Führers und Reichsgründers zu wandeln beginnt. Der nordische Riese erkennt, dass er in einem Wahnglauben befangen – in dem wirbelnden Kriegsgeschrei, in der tosenden Brandung drohender Prophezeiungen und dunkler Absichten, in einer Welt voller Mord- und Habgier ist dieser Kyffhäuserberg, der Berg Friedrichs des Rotbarts, ein Hort des Friedens und der Besinnung auf uns selbst, zugleich aber auch eine feste Burg, der Fels, auf dem –«

Höllriegl hatte bei der Lehrerin angeklopft – noch immer war er wie entgeistert. Die Jungfer hatte ihm zögernd geöffnet, sie zitterte wie Espenlaub. Ob er es auch schon wisse? Was wisse? »Der Führer – es ist nicht mit rechten Dingen zugegangen.« »Der Führer – was?« »Der Führer ...« Ihre Stimme sank zu einem heiseren Flüstern herab: »... ist keines natürlichen Todes gestorben.« (Blitzartig stand Höllriegl die Szene bei den *Unterirdischen* vor Augen. »Hören Sie, was ich Ihnen sage, und sagen Sie es weiter ...«) Die Eberlein war einer Ohnmacht nahe, Höllriegl musste sie stützen und in die gute Stube führen, wo alles so traulich und sauber war und nach Rosmarinsalbe duftete. Hier gab es natürlich die Braune Ecke, jene mit Hoheitszeichen, Bildern, Parolen (»Die Partei denkt für dich«) und einer bronzefarbenen, schwarz umflorten Hitler-Büste aus Gips geschmückte Kultstätte, wie man sie in vielen Familien antraf – auch der beispielhafte Kummernuss hatte sich eine solche eingerichtet und Damaschke in seiner Portierloge.

»Köpfler«, wisperte die Lehrerin, »der Werwolf …« Woher sie das habe? »Einer sagt es dem andern, die ganze Stadt weiß es.« Sie gab ihm eilig die Grütze und etwas Karlsbader Zwieback und drängte ihn auf den Flur hinaus. »Am liebsten möchte ich mich verkriechen, ich sterbe vor Angst.« Er hörte, wie sie die Tür oben und unten absperrte und den Riegel vorschob. Auch hörte er sie laut schluchzen. Alles blanker Unsinn! Anzeigen müsste man die Bagasche, anzeigen! Müsste! Hatte er Unseld und Diebold verpfiffen? Und mit ihnen die *Unterirdischen*? Und Gundlfinger? Und Axel?

Er konnte keinen klaren Gedanken fassen, in seinem Kopf drehte sich alles, als wäre er besoffen. Dieses lähmende Gefühl der Nackenstarre! Eben war eine große Ansage im Gang: die ausländischen Delegationen. Unmöglich, sich zu konzentrieren. Der »fremde Kopf« kam – und wich. Wieder hörte er nur mit halbem Ohr hin, während er sich das Müsli zubereitete. »Hören Sie, was ich Ihnen sage, und sagen Sie es weiter.« Diese gemarterte, unvergessliche Stimme!

Brausende Siegheilrufe »– an ihrer Spitze der Führer der Italienischen Sozialen Republik: Italo Vinciguerra! [*Nicht enden wollende Siegheil- und Evvivarufe.*] Hinter ihm die Abordnung des Großen Faschistischen Rates unter der Führung des Kriegshelden Ercole Farinacci. [*Evvivarufe und die Klänge der »Giovinezza«.*] Der Generalsekretär der Faschistischen Partei, Marcello Prati, mit sieben Secretari Federali. Eine Abordnung der Faschistischen Milizen, angeführt vom Oberkommandierenden Conte Giorgio della Rovere – die Abordnung besteht aus den Legionsgeneralen Nicola Lorusso, Achille Sanvitale, Ascanio Sforza, Marquese Filippo d'Este, Cosimo Valori, Ottavio Buzardo, Carlo Strozzi und den Kohortenführern Attilo Sani, Francesco Pepoli, Basilio Dionisi, Marquese Sergio della Santa Salsa, Giancarlo Neri, Lionello Pandone. [*Siegheil! Siegheil!*] Der Balilla-Führer ›Carlino‹ Granvella mit seinem Adjutanten Ugo Sangiorgio. Der Vorsitzende des Faschistischen Presserates, Commendatore Lorenzo Malfoto. Der Ehrenpräsident des Fascio Berlin, Dr. Jürgen von Asenwimmer –«

Er hatte versucht und versucht, den entsetzlichen Gedanken zurückzudrängen. Es hatte nichts genützt. Andere, viele, hatten den gleichen Gedanken gedacht. Der Führer war – [*Heranbrandende Wellen von Heilrufen.*]

»– hinter dem greisen Caudillo, der die historische Generalsuniform von 1936 trägt, eine Abordnung des Großen Rates der Falange Española Tradicionalista unter der Führung des Generalsekretärs der Partei, Ramón Cristóbal Nuñiez de Larra y Ortiz. Eine Abordnung des kastilischen Blutadels unter der Führung des Marqués de las Casas und des Kardinal-Erzbischofs von Burgos, Gaspar de Jabirù. Eine Abordnung des Ordens der Ritter von Santiago unter der Führung des Ordensgenerals José Maria Torres y Yazábal; die Abordnung besteht aus den Rittern Brigadegeneral Antonio José de Pefia, genannt ›El Tigre‹, Divisionsgeneral Francisco Bonafoux, genannt ›El Huracan‹, dem Mariscal de Campo Carlos Sarmiento de Acuña, ferner den Generalen Felipe Pérez de Guzmán, Faustino Collaso y Gil, Julio Ruiz de Alda, Juan Manuel Durán Gonzáles, Diego Saenz de Aguirre, Rubén Casanas y Garreta und Domingo Martinez de Campos. [*Heilrufe.*] Eine Abordnung der Großspanischen Staatsjugend unter der Führung des Conde Alonso de Segovia. Abordnungen des Opus Dei und des Banco Popular unter der Führung von – Und nun marschieren die Kohorten der Perónistas auf, mit ehernen Mienen, trutzigen, von Wind und Wetter gegerbten Gesichtern, mit der erhobenen Rechten den toten Führer des deutschen Volkes grüßend – an ihrer Spitze General [*Donnernde Rufe: Heil Péron! Heil Péron! Heil Péron!*] – gefolgt von der Führergarde der historischen Organisation ›Tacuara‹ und den Männern des Totenkopfhilfsdienstes OdeSSa, der Organisation der ehemaligen SS-Angehörigen, Ortsgruppen Buenos Aires, Santa Fé und Tucumán, in ihrer Mitte die Helden der Nation Rudel, Galland und Mengele. Die Nachhut bilden Sturmstaffeln der gefürchteten ›Pirayas‹ aus Guayana –«

Siegheilrufe, die zu einem ohrenbetäubenden Gebrüll anschwollen, sodass die Ansage unterbrochen werden musste. Dazwischen taktmäßig aus rauen Wildwestkehlen der Schlachtruf der Nordamerikaner: Commercial! Commercial! Commercial! Das waren die Abgeordneten aus den Vereinigten Gefolgschaften von Amerika. Wie der Sprecher sagte, dessen Stimme sich nun wieder langsam durchkämpfte, fuhren sie in ihren kugelsicheren Limousinen, die breitrandigen Hüte schwenkend, im Schritt das Spalier entlang.

»– wir erkennen den Beauftragten des Dreierrates der Kukluxer, Senator William Washington Wagonner, genannt Dablju-Dablju-Dablju, der in Vertretung des erkrankten Führers General Fazlollah zu den Trauerfeierlichkeiten über das große Wasser gekommen ist. Wir grüßen die neunköpfige Mannschaft des Bundes ›The Invisible Empire‹ in ihren weißen, burnusartigen Ornaten und weißen Kapuzen, die Staatssekretäre Roy *Tarzan* Stuvengen, Bart M. Prefabber, Georgie Hank Squire, Harvey A. Pedersen, Rail Tycoon Jay Gould, Claude La Crosse, Edward R. Konchegul, Mackie Macbeth Hueffer und Harry S. Gnome. Wir grüßen den Führer der ruhmbedeckten Minutemen … [*Das Getöse der Siegheil- und Hail-Rufe wurde in diesem Augenblick so stark, daß der Volksempfänger zu bersten drohte*] … Ted Akimbo; den Führer der All-American NS Organization, John Adolf MacKinley; den Führer der Aryan Crusade Movement, TV Producer Lewis ›Hi-Fi‹ Colorado; den Führer der ›We the People‹-Bewegung, Dr. Sheldon Pryce; den Führer der All-American League für Racial Enterprise, Franklin *Bayard* Skindiver; den Chairman des Bundes bodenständiger amerikanischer Geschäftsleute aus dem Süden (›Union of Gentile American Businessmen of the South‹), Virgil O'Peewe; den Gesellschafter und Geschäftsführer der Hash, Dash & Cash Bankengruppe, Gene *Fatso* Donohue; den Führer der National Indignation Convention (NIC), Lloyd F. Kindelberger; den Führer der YMAA (›Young Men's Aryan Association‹) und der All-American Hitler Youth, Irwin Jimmy Guiffre; den Führer der ruhmreichen American Legion, Clarence A. Bugaboo; den Führer der All-American Commercial Church, Father Rhyne; den Nationalhelden und Veteranenführer … [*Siegheil! Hail! Hail! Siegheil!*] … Major-General Harold A. Walker; den Präsidenten der Federal Reserve Bank, Delaware M. Flagler; den Führer des Teuto-American Freedom Corps, Archie *Pep* Guggenheim; den Minister of Labor Planning, Del Pumper; den Spokesman der All-American Holy Trade Association, Reverend Hiram C. Susskind, genannt ›Loudspeaker of the Allmighty‹; den Führer der ›Knights of the New Order‹, Hughie Popcorn Stelle; den Führer des Wehrbundes ›The Texas Hats‹, Billy MacGehee – und den Präsidenten der All-American Chamber of Commerce, Harold P. Updegraff. Wir grüßen ferner die Abordnungen der ›Teufelsaustreiber von Minnesota‹ und des Bruderbundes ›The Holy Killers‹, angeführt von General William Salem Schwob; die unerschrockenen Kosmonauten S. Ranger Nitribit, Dwight Hal Shuster und S. A. Yevdokimov; den Präsidenten der National Blood & Soil Corporation, Duncan Hee Highfalutin; den Oberbürgermeister von Neuyork, Cyrus W. Cooke; den Bürgermeister von Corpus Christi, Anthony Mayflower Duffield; das Aufsichtsratsmitglied der Bethlehem Steel Works, Herodes M. Langmuir; den Präsidenten der National Broadcasting Company, Howard A. Nettlefolds – und den populären Sportgeneral Bus Ham. Außerdem begrüßen wir eine Abordnung der tapferen ›Ritter des Kolumbus‹, die in ihrer malerischen

Tracht, Cape, Degen und Federnhut, erschienen sind, an ihrer Spitze der Gouverneur von Wisconsin, E. Neville Stronghold; den Vizepräsidenten des ›MacCarthy Freedom Forum‹ John Ford O'Maille; dann … Jim *Budt* Clews [*Brausende Siegheil- und Hail-Rufe*] an der Spitze der gefürchteten ›Specknacken‹; den Präsidenten des National Education Service, Bischof Cecil W. Gutheissen; den Professor für Rassenkunde an der Yale University, Dr. Carlton Bazooka; den Präsidenten des National Broadcasting System ›The Voice of America‹, Gus Boaster Andrews; den Vorsitzer des Committee for the Investigation of Un-American Activities, Judge T. Himmler Parnell; den Präsidenten der New York Stock Exchange, Luther S. Curb –«

Höllriegl dämpfte die Lautstärke und versuchte, sich zu zwingen, im Schultze-Rüssing oder in Schuberts »Warum gottgläubig?« oder in Schneidmadls »Handreichung zu den Bormann'schen Kernsätzen« zu lesen. Unmöglich. Mehr als zum Schmökern und Herumblättern reichte die innere Sammlung nicht hin, eine ernsthafte Schulung war verlorene Liebesmüh. Ein Beispiel: Als er im Rüssing die genaue Schilderung des Pfählens las, musste er sofort an Ulla denken …

»– eine Delegation des Nordiska Radet unter der Führung des greisen Vidkun Quisling. [*Siegheil! Siegheil! Siegheil!*] Eine Gruppe der Nordland-Jugend, an ihrer Spitze Oberhordenführer Haukur Aadahl und Oberjungstammführer Magnus Ruud. Ein Fähnlein des HJ-Obergaues Thule aus Reykjavík mit Obergauführer Axl Herjólfsson und seinem Adjutanten Thorkel Leira. Die Jungs tragen eine Tafel mit der Aufschrift in Deutsch und Isländisch: Gelobt sei, was uns hart macht. [*Heilrufe*.] Eine Abordnung aus dem Angelsächsischen Protektorat unter der Führung des Reichsprotektors Freiherr von Börlitz und des Parteiführers und SS-Obergruppenführers Sir Oswald Adolf Mosley, beide umgeben von ihren Gefolgsleuten, der ›dryht‹. Der Reichsverweser für die Westgebiete SS-Obergruppenführer Karlhermann Opferkuch mit seinem Adjutanten SS-Brigadeführer Verbelen. Eine Abordnung aus dem Bretonischen Freistaat unter der Führung von Marcel Déat. Mitglieder des Großen Rates von Burgund, an ihrer Spitze Kanzler Léon Degrelle. Der Bevollmächtigte des Reiches beim Großrat für abendländische Koordination in Paris (GAK), Generaloberst Teja Hergesell. Malerische Gruppen der baltischen Landsmannschaften. Reichskommissar General Wlassow mit Abordnungen aus den Eidgenossenschaften Kaukasien, Transkaukasien und Rusj. Eine Abordnung des Rurik-Wehrbundes unter der Führung von Brigadegeneral Fürst Wassilij Lukitsch Dolgorukij. Abordnungen der vier Waräger-Provinzen Askold, Truwor, Sineus und Dir, an ihrer Spitze der

Scheff der Ordnungspolizei Mittel-Ost, SS-Brigadeführer und Generalmajor der Waffen-SS, Gerhard Holste. Der ehemalige Generalgouverneur Doktor Hans Frank. [*Nicht enden wollende Heilrufe.*] DJO-Führer Wilfried Andergassen mit seinem Stab. Der Führer der Selbstschutzverbände Ostland, Wehrbauernführer Generalleutnant Traugott Hreidar von Svemmel. Abordnungen der Fränkischen, Burgundischen, Eidgenössischen, Angelsächsischen, Friesländischen und Bulgarischen Staatsjugend mit ihren umflorten Lagerfahnen und Bannfahnen. Eine Abordnung des Kriegsjugendbundes ›Kemal Atatürk‹ aus dem Osmanischen Protektorat. Vertreter der Eisernen Garde und der Rumänischen Staatsjugend ›Straja Țării‹. Pfeilkreuzler-Abordnungen aus Atlinik (wie Budapest jetzt manchmal genannt wurde) und Horthy-Város. Der Poglavnik von Kroatien und Slawonien, Doktor Ante Pavelić, mit seinen Adjutanten Stanko Bogdan und Damjan Skopić. [*Brausende Heil- und Slawarufe.*] Tschetniki-General Platon Grgić und eine Gruppe hoher Tschetniki- und Ustascha-Führer. [*Heil- und Slawarufe.*] Hlinka-Gardisten aus der Slowakei in ihren historischen Uniformen. [*Slawa! Slawa!*] – Und nun in Reih und Glied die Boers! [*Siegheil! Siegheil! Siegheil!*] Zuerst die Abordnung des Väterrats der Afrikaander-Republik, der Freistaaten Kapland, Oranje und Transvaal. Es folgen Abordnungen der Burischen SA aus den Freistaaten und des historischen ›Reddingsdaadbond‹, ferner Marschierer der ehrwürdigen ›Ossewa Brandwag‹ oder Ochsenwagen-Brandwache in den alten Uniformen und mit dem umflorten Banner ›Vierkleur van Transvaal‹ sowie die Dreieinigkeit des ›Afrikaner Broederbond‹ – den Schlachtruf der Buren ›Baaskap!‹ hören wir sogar in unserer schalldichten Kabine [*Eingeblendet Baaskap-Gebrüll und Siegheilrufe*]. Es folgt eine Delegation der Niederdeutsch-Reformierten Kirche aus Johannesburg mit ihren synodalen Fahnen, auf denen wir den Wahlspruch lesen: ›Een liggaam en een gees‹, ein Körper und ein Geist. – Nun kommt der Graf von Jerusalem, ein stattlicher Greis, in seinem malerischen Ornat, begleitet von Rittern aus dem Deutschordensland (ehemals Palästina). Gefolgsleute des Concilium Legionis Mariae kommen vorbei – unter Abbeten der Catena Legionis –, die Abordnung kommt aus Baile Atha Cliath, der Hauptstadt von Eire, sie wird … [*Siegheil-Tumulte*] … von den Spalieren stürmisch begrüßt, weil sich die Mehrheit des Legionsrates von Eire, ebenso der Senatus der Legion von Köln und von Wien, das Comitium Freiburg und alle deutschen Kurien einmütig und spontan hinter die Neue Ordnung gestellt und sich von der irischen Verräterclique, die mit den Insurgenten zu packeln versuchte, distanziert haben –«

KNAPP VOR VIER – Höllriegl hatte, seine Untätigkeit verfluchend und auf Senkpiehls Kommen hoffend, die Stunden in peinigender Nervosität verwartet – ertönten aus dem Lautsprecher majestätische, aufwühlende Lurensignale. Es war das Zeichen, dass die große *Bergentrückung*, also der Hauptteil der Trauerfeier, ihren Anfang nahm.

»– die braunen Kolonnen und schwarzen Kader sind aufmarschiert. Sie sind, endlosen Heerzügen gleich, durch die Straßen hinaus zum Kyffhäuser gezogen. Trauer dämpft ihre Schritte. Langsam bedecken die Marschblocks die Wiesen und Hänge.«

Die Stimme des Sprechers klang tief und schmerzerfüllt, die getragene Redeweise nahm vom ersten Augenblick an gefangen. (Höllriegl fiel auf, dass die SA an erster Stelle erwähnt worden war – das konnte kein Zufall sein. Ein Zugeständnis an den Bundschuh? Es war bekannt, dass weite Kreise der SS dem Werwolf zuneigten ...)

»Die Dämmerung sinkt auf die vielen nieder, aus der Ferne grüßen die Wälder, schwarz, trauervoll, feierlich. Scheinwerfer bestrahlen die schwarz umflorten Fahnen und das weite Geviert, in dessen Mittelpunkt der Tigerpanzer mit der sterblichen Hülle des Führers und Reichsgründers auffahren wird. Die gigantische Front der zwei Tribünen mit den Trauergästen aus aller Welt erstrahlt in magischem Flutlicht. Zuseiten der Tribünen schwelen die Feuer der Pylonen.

Kurz bevor Ivo Köpfler eintrifft, der Mann, dem der verewigte Weltreichsgründer die sinkende Fackel übergab, auf dass er sie mit starker Hand in einen neuen Morgen des Sieges und Heiles trage, erlöschen alle Lichter, nur die Fahnen und Standarten sind schwach beleuchtet. Die Erwartung der Hunderttausende ist auf dem Höhepunkt angelangt.

Jetzt ein Kommando. Noch einmal richten sich die Bataillone der Bewegung aus, sie sind die Vorhut jener großen deutschen Volksarmee, die heute in unsagbarer Trauer, aber auch im stolzen Vertrauen auf die neue Führung im Geiste mit angetreten ist. [*Wieder Lurenfanfaren.*] Am Tor der Westtribüne haben Ivo Adolf Köpfler, genannt Schreckenshelm, und das gesamte Führerkorps des Weltreiches Aufstellung genommen. Sie warten auf den Toten – auf das, was an Adolf Hitler sterblich war. Sein unsterblicher Geist aber erfüllt und stählt sie alle, die berufen sind, sein heiliges Erbe zu verteidigen und für alle Zukunft zu sichern.

Der mächtige, narbenbedeckte Tigerpanzer, der den Siegeszug der deutschen Armeen im Osten mitgemacht und zu dieser seiner letzten Fahrt einen schwarzen Anstrich erhalten hat, ist herangerollt – auf ihm ruht der einfache Eichensarg mit dem toten Führer der Deutschen. Der Panzer ist allein, die Fahrzeuge der Begleitung, alle Waffengattungen haben dem Verewigten das Geleit gegeben, sind zurückgeblieben. Tiefes, ehrfürchtiges Schweigen liegt über dem weiten Platz. Die große Bergentrückung hat begonnen.

Ivo Adolf Köpfler tritt vor – er ist barhäuptig. Und jetzt beginnt, von einem Choral aus der Ferne begleitet, dieser unbeschreibliche Gang des neuen Führers quer über den leeren Platz, dieser feierliche Gang der Dankbarkeit, den das deutsche Volk dem toten Reichsgründer schuldet. Nur die Adjutanten, Reichsminister und Gauleiter Uwe Heckroth und Reichsorganisationsleiter Dr. Markward, begleiten in gehörigem Abstand den Marsch dieses Mannes, der groß ist in seiner Demut vor dem Tod und den Opfern, die ihm deutsche Männer in aller Welt bereits gebracht haben, im unerschütterlichen Vertrauen auf den Sieg der gerechten Sache.

Unter den Klängen der Luren und Trauerfanfaren, die den Choral übertönen, geht Ivo Köpfler hin zu dem schwarzen Altar aus Stahl, auf dem der Leichnam Adolf Hitlers wie auf einem Monument des Sieges und Siegeswillen der Nation ruht. Das Schweigen von Abertausenden ist um ihn.

Köpfler steht vor dem Katafalk. Mit erhobener Rechten erweist er dem größten Toten der deutschen Geschichte die Ehrenbezeigung – und mit ihm allen Helden, die in ihrer Treue und in ihrem Glauben für Adolf Hitler, für das deutsche Volk ihr Leben gelassen haben. Köpflers Stimme tönt durch das Dunkel: ›Mein Führer, ich melde dir das ganze deutsche Volk zum letzten Appell!‹ Diese Worte werden im selben Augenblick in den entferntesten Winkeln des Erdballs vernommen.

Das Kommando: »Helm ab zum Gebet!« erschallt. Die Helme, die Mützen der Hunderttausende – dieser großen, herrlichen, deutschen Volksarmee – sind abgenommen, die historischen Feldzeichen der politischen Bewegung, die so manch harten Strauß gesehen haben, haben sich zur Totenehrung gesenkt. In der Stille dieser Sekunden und Minuten glaubt man den ehernen Tritt der Weltgeschichte zu hören, die Wucht und Eindringlichkeit dieses Geschehens zerrt an den Nerven.

Dann singen die Junker der Ordensburgen Dankwarderode und Crössingen. Sie sind in zwei Chören vor den Tribünen angetreten und haben zum Katafalk hin Front gemacht. ›Heiliges Deutschland‹ singen sie. Sie singen für alle, die sich hier zusammengefunden haben. Dazwischen dumpfer Trommelwirbel. Unbewegt steht Ivo Köpfler, ein Bild gesammelter Kraft, vor dem Sarge Adolf Hitlers. Da ruft eine Stimme, sie ist jung und strahlend und erhebt sich einem Aar gleich in die Lüfte [*Einblendung*]: »In dir, unsterblicher Führer, ehren wir die Toten unserer Bewegung!« In das jähe Schweigen spielt ein Musikzug der Wehrmacht den *Argonnerwald* und das Lied vom guten Kameraden, es klingt leise und getragen ... [*Einblendung*.]

Und nun geht Ivo Adolf Köpfler mit seinen Adjutanten den Weg zurück. Die Fahnen im Gleichschritt marsch! Funkelnd und glitzernd erscheinen die goldenen Spitzen hüben und drüben auf den Wällen. Die Blutfahne wird vom alten Grimminger getragen, dem Zeugen so vieler epochemachender Parteitage. Jetzt rückt das mächtige Geviert der Standarten unter den zackigen Klängen des Badenweiler-Marsches vor, es erfüllt den leeren Raum mit pulsierendem Leben. Die Sturmfahnen schließen sich an und ergießen sich in sieghaftem Zug, an den Tribünen vorbei, über die Wälle, auf denen die schwarzen und braunen Kohorten (... diesmal war die SS zuerst genannt worden ...) wie Mauern stehen. Wehend versinken die Fluten der roten Fahnen in den Durchgängen, die die Blocks der Aufmarschierten freigelassen haben. Doch der Großteil der Fahnen ist zurückgeblieben, und diese ordnen sich nun in acht schmalen Bändern strahlenförmig um das Geviert mit der Bahre Adolf Hitlers. Ein großartiges Symbol geballter Kraft, ein Bild, das die Wucht des einmütigen politischen Bekenntnisses dieser Männer veranschaulicht.

Mit einem Schlag sind die Scheinwerferstrahlen wieder in den Abendhimmel emporgeflammt, steigen die Lichtbündel in die Höhe, streben zueinander, vereinigen sich und bauen über den schweigenden Massen einen Dom aus flüssigem blauem Licht.

Majestätisch wölbt sich dieser Lichterdom – dieser deutsche Lichterdom – über uns alle. Welch unvergessliches Schauspiel! Fast zu schön, fast zu gewaltig, als dass Menschen es fassen könnten! Tausende von Scheinwerfern sind es, die von der Wehrmacht rund um den Schlachtberg aufgefahren wurden und die nun ihre Strahlengarben senkrecht in den nächtigen Äther hinaufsenden. Wie ein Wall von Licht sind diese gleißenden Bündel um das dunkle Rund des Kyffhäusergebirges gebaut. Und die Lichtfülle, die in der Unendlichkeit da oben die Initialen A und H bildet, formt die gigantische Kuppel dieses deutschen Doms –«

Höllriegl hatte mit immer frommer werdender Miene zugehört. Vor lauter Andacht war ihm die Kinnlade herabgefallen, der Mund stand halb offen. Sein Gesicht wurde kindlich, weich und verschwommen, es schmolz dahin wie unter dem Ansturm von Musik. Er lauschte angestrengt, um kein Wort zu verlieren, begriff aber nicht alles, was der Sprecher sagte. Ihn fröstelte, seine Gedanken waren fahrig und fiebrig, wanderten dahin und dorthin. Verwünschtes Schicksal, das ihn an einem solchen Tage zwang, untätig zu sein. (Dazu noch das unmännliche, unwürdige Leiden!) Warten, warten! Dieses aufreibende Warten! Er ging zum Fenster und sah lange in die flammende Pracht des Himmels. Ein Bild unsagbarer Schönheit und Macht – das war es! Die Führerinitialen konnte er nicht ausnehmen, das Licht blendete zu stark. Ein stechender Schmerz in den Augäpfeln ließ ihn die Lider schließen. Weiß Gott – er fühlte sich nicht wohl, er war krank. Wo nur Senkpiehl blieb? Warum zum Teufel rief er nicht an? Es war schon fast fünf, höchste Zeit! Wie schon öfters heute, wählte er die Nummer, seine Hände zitterten. Niemand meldete sich. Senkpiehl war natürlich unterwegs, vielleicht schon auf dem Weg hierher. Er konnte wohl nur schrittweise vorwärtskommen, wenn es überhaupt möglich war. Einen Arzt im Einsatz mussten sie aber durchlassen ...

Eine markige Stimme dröhnte aus dem Lautsprecher, die Reden hatten begonnen. »– in diesen Stunden der Besinnung, wo es Abschiednehmen heißt von Adolf dem Großen, wo es um den Bestand des Reiches und des Abendlandes geht, wo gemeine Horden aus den Tiefen Asiens, Untermenschen von in der Geschichte beispiellosem Blutdurst, aufgebrochen sind, um dem deutschen Volk die Früchte des gewaltigsten Sieges aller Zeiten zu rauben, um es zu unterjochen und auszurotten, wollen wir dieses hehre Treuegelöbnis für den neuen Führer ... [*Brausende Heilrufe und nicht enden wollende Sprechchöre »Japan verrecke!«*] ... für den neuen Führer in den Lichterdom über uns hinaufklingen lassen. Ein Volk, ein Reich, ein Führer! Tausend Jahre Sehnsucht, Hoffen und Bangen, Blut und Opfer der Besten unseres Volkes haben in Adolf Hitler und seinem heiligen Dritten Reich ihre Krönung gefunden. Heute finden sie ihre Krönung in Ivo Köpfler. Tausend Jahre deutscher Geschichte –« Die Stimme wurde von einem unbeschreiblichen Tumult verschlungen, aus dem sich allmählich scharf skandierende Sprechchöre lösten: »Heil Köpf-lér! Heil Köpf-lér! Heil Köpf-lér! Heil Köpf-lér! Heil Köpflér! Heil Köpflér! ...«

Und Ulla? Wo war sie? Noch immer brannte die Schramme auf seiner Stirn. Wie einen Hund hatte sie ihn geschlagen – sie, die Herrliche! Gepeitscht! Aber er würde wieder vor ihr knien, winseln, ihr sogar die Peitsche bringen ...

»– um die Wende herbeizuführen. Der Erbfeind der weißen Rasse hat versucht ... [*Immer wieder Rufe: »Europa erwache! Japan verrecke!«*] ... die gelben Teufel haben versucht unseren Kontinent zu überschwemmen, sie haben nicht davor zurückgescheut, die Schrecken des Atomkrieges zu entfesseln. Wir haben zurückgeschlagen, furchtbar zurückgeschlagen [*Siegheil-Gebrüll und Trommelschlag*], sie zum Schweigen gebracht. Die Verantwortung vor der Weltgeschichte trifft nicht uns, die wir mit einem Langmut sondergleichen dem verbrecherischen Treiben des Soka Gakkai ... [*Sprechchöre: »Gakkai verrecke«*] ... und seiner imperialistischen Drahtzieher zugesehen haben, sie trifft ausschließlich –«

War Ulla noch in Deutschland? Er musste sie suchen. Jetzt gleich! Aber wie? Unmöglich, durch die Menschenmassen durchzukommen. Zu Fuß! Oder doch? Sich durchkämpfen durch alle Widerstände, wie auch das deutsche Volk sich durchkämpfen musste durch alle Widerstände.

»– die Brut – uns den Platz an der Sonne – Untermenschen, Bestien, der Aufstand des apokalyptischen Tieres – eine Verbrecherclique, wie sie in der langen und blutigen Geschichte der Menschheit noch nie – von der Hölle ausgespien – eine Weltverschwörung – und demgegenüber der Blutadel – das Heiltum – der Weisborn – die Sendung der arioheroischen, heliogermanischen Rasse – die Blonden, Lichten, Himmlischen – ihm ist es vorbehalten, dem herrlichen Geschlecht – rasseschöne Menschen – auf unseren Burgen, in unseren Zuchtmutterklöstern – unsere Herrenreligion – aus Frauja haben sie einen Judenstämmling gemacht – die Wiedergeburt des Heliand war Adolf Hitler – und wieder ist uns der Heiland erstanden: in Ivo Adolf Köpfler, genannt Schreckenshelm –« [*Siegheil-Stürme und Trommeln.*]

Eine Affenschande, dass er sich in dieser großen Weihestunde nicht konzentrieren konnte! Ulla! Ullas Leib! Dieser Leib war deutsch, war deutsche Wirklichkeit, strotzend von Kraft, kernig, nervig –

»– Zweck, die Schlagkraft unseres Volkes und seiner Wehrmacht geistig und materiell bis zum Äußersten zu stärken. Ebenso groß muss unser Fanatismus in der Vernichtung derjenigen sein, die sich dem zu widersetzen wagen. Das geloben wir dir, Adolf Hitler! Es gibt bei uns einige Nörgler, Krittler, Kleingläubige, auch Böswillige, die noch nicht begriffen haben oder es nicht begreifen wollen, dass eine harte, gefährliche Zeit harte Menschen erfordert, Menschen aus Stahl und Eisen, Menschen mit Eckzähnen, Menschen mit der Atomkraft und der Laser-Pistole in der Hand. Diese neue, harte, gefahrvolle Zeit wird auf diesem Kontinent symbolisiert durch den neuen Führer ... [*Minutenlange Siegheil-Tumulte*] ... durch den neuen Führer Ivo Adolf Köpfler und durch niemand andern – durch Ivo Köpfler, jenen Mann, der aus den Händen des verewigten Weltreichsgründers das Testament und Fundament – wenn eine große Nation wie die deutsche mit einer fast zweitausendjährigen Geschichte sich niemals den Glauben an den Erfolg nehmen lässt, sondern fanatisch ihre Pflicht erfüllt und mit jenem soldatischen Gehorsam, der – dann wird am Ende, ganz gleich, ob gute oder schlechte Zeiten kommen –«

Ulla! Ihre Brüste, ihre Schenkel, ihr Schoß, ihr Geruch! Die feinen blonden Haare auf ihren Armen! Von ihr geschlagen werden! Noch einmal geschlagen! Sie umschlingen dürfen, wie damals –

Endlich, gegen halb sieben, läutete es. Senkpiehl, abgehetzt, verstört, stand vor der Tür; der sonst so überlegene, ruhige Mann schien ungeheuer aufgeregt. »Ich habe x-mal geschellt«, rief er aus, als er ins Zimmer eilte. »Mensch, machen Sie rasch, wenn Sie mitkommen wollen – kann es Ihnen aber nicht empfehlen. Ich muss nach Berga. Habe Funkbefehl: Kilometerstein zwoundfünfzig. Dort steht meine Kolonne. Wissen Sie schon alles?«

Während Höllriegl sich fertig machte, fing Senkpiehl an, wie ein Wasserfall zu reden, zuerst stockend und nervös, später mit Fassung und der ihm eigenen Ironie.

Es hatte damit angefangen, dass ein bestimmter Vorfall die Menschen in eine Art Raserei versetzt hatte. (»Massenhysterie, müssen Sie wissen!«) Auf der neuen Straße, die am Schlachtberg vorbei in Serpentinen zur Kammhöhe führt, hatten zwei Maiden plötzlich die Doppelkette der Wachen durchgerissen – »wie, ist ein Rätsel« – und sich vor den heranrollenden Panzer mit dem Sarg des Führers geworfen. Ihre Leiber wurden buchstäblich zu Brei zermalmt, und ein Löschzug musste später Ketten, Wanne und Laufwerk des Panzers von den Leichenteilen reinigen. Dieser Opfertod der Arbeitsmaiden habe auf die Zuschauer eine unbeschreibliche, nämlich unerwartet fröhliche, befreiende, fast rauschhafte Wirkung ausgeübt. Da war vor allem jenes eigentümliche Jauchzen gewesen. Die Mädels hatten nämlich gejauchzt, als sie sich vor den Panzer warfen. Dann das Brechen der Knochen, ein weiches, charakteristisches Geräusch, das natürlich nur die Nächststehenden hören konnten. An der gut übersehbaren Bergstraße waren die Absperrwachen schütterer postiert, und so hatte die Menge es leicht, die Ketten zu durchbrechen. Der Panzer wurde umringt und erklettert. Es gab sogar welche, die tanzten und schrien, sich mit dem Blut der Mädchen beschmierten und dabei gegenseitig die Kleider vom Leibe rissen. Diese wüste Stimmung, eine hässliche Begeisterung, hatte zuerst durchaus nichts Feindseliges. Erst als die NSKK-Suite und die SS-Männer des Spaliers brutal wurden, dreinzuschlagen und schließlich zu schießen anfingen, kam es zu einer scheußlichen »Holzerei«. Die aufgeputschte Menge, darunter viele Uniformierte, riss die NSKK-Leute von ihren Krädern, hielt die dem Panzer folgenden Wagen auf und zerte die Insassen ins Freie. Dabei gab es einige bedauerliche Todesfälle. Auch einer der Lautsprecherwagen wurde ausgeräumt, und ein Mann in SA-Uniform begann über das Megaphon zu sprechen. Was er in die Dunkelheit hinausbrüllte, war zwar grauenerregend, klang aber merkwürdigerweise so erwartet und so vertraut, dass die Menge sich in ihrem Treiben nicht stören ließ. Der Führer sei von Köpfler auf bestialische Weise ermordet worden, schrie der Mann. Man wisse jetzt, dass Hitlers Leibarzt, im geheimen fanatischer Werwolfmann, im Laufe einer »Injektionskur« beim Führer Leichenstarre erzeugt habe. Als Hitler aus dem Starrkrampf erwachte, lag er bereits in dem fest verschlossenen, massiven Sarg. Da der Sarg ein Luftventil besitzt, dürfte der Führer noch eine Zeit lang gelebt haben. (»Vielleicht lebt er noch, liegt in qualvollem Sterben«, sagte Senkpiehl.) Wie es heißt, sollen Köpflers Spießgesellen, die die Totenwacht hielten, ein Kratzen, Scharren und Röcheln gehört und sich daran ergötzt haben. Auch das sogenannte Führertestament sei von A bis Z eine Fälschung, noch dazu eine simple; es wurde von einem Stimmdouble auf Band gesprochen. (Mit fast denselben Worten hatte Diebold den Mord geschildert; vor Höllriegls innerem Auge erstand die unterirdische Szene in allen Einzelheiten.)

»Köpfler hat«, fuhr Senkpiehl fort, der vergessen zu haben schien, dass die Zeit knapp war, »zweierlei damit bezweckt. Erstens, sich persönlich am Führer zu rächen, und zwar ganz speziell für das Zipperlein, das er seinerzeit in der Münchner Todeszelle ausgestanden hatte. Die Haupteigenschaften des *Waldteufels* sind nämlich Feigheit und Rachsucht. Zweitens wollte er durch einen kalten Putsch sich und seine Kreaturen an die Macht bringen, was ihm auch fast hundertprozentig gelungen ist. Denn von ganz wenigen Männern abgesehen, die aber nur unwichtige Posten im Kabinett innehaben, besteht die neue Reichsregierung durch die Bank aus Werwolfleuten, also Handlangern Köpflers – so ist zum Beispiel Hassenteufel einer der führenden NATMAT-Theoretiker. Natürlich gab es trotzdem die eine oder andere Panne. Die Hauptpanne ist Firbas. Von dem hatte Köpfler immer gedacht, er wäre ihm auf Tod und Leben ergeben, aber durch eine Verräterei kam es knapp vor dem Endschlag gegen den schwerkranken Führer heraus – Hitler laborierte, wenn Sies nicht wissen, an weit fortgeschrittener Arteriosklerose ... Altersblödsinn heißt das im Volksmund –, es stellte sich also heraus, dass Firbas mit dem Bundschuh in engstem

Kontakt war. Tuchfühlung – aber wie! Seit seiner öffentlichen Entmachtung ist Firbas unauffindbar. Wie wenn ihn der Erdboden verschluckt hätte – vielleicht haben sie ihn schon liquidiert. Mit dem Reichsführer SS hat Köpfler überhaupt Pech: zuerst Diebold, dann Firbas. Und Landsittel? Landsittel ist ein Mann, der aus dem Ostland-Selbstschutz hervorging, ein fanatischer SSler und Asgard-Propagandist. Und was glauben Sie? Dieser Landsittel geht noch vor dem Zusammenbruch des Ostwalls sang- und klanglos zum Bundschuh über. Heute wissen wir das alles. Was aber der superschlaue Köpfler nicht wusste, ja nicht einmal ahnte, war, dass sich unmittelbar nach Hitlers Tod, recte: seiner langsamen Erstickung, die halbe Welt gegen die Neue Ordnung auflehnen werde. Die Japse hatten da die feineren Ohren – ich glaube, sie haben nur auf das Signal gewartet. Und es würde mich gar nicht wundern, wenn sie von Köpflers Mordabsicht schon zu einem Zeitpunkt gewusst hätten, wo dieser selbst sich noch nicht darüber im Klaren war. Die können auf Tausende Kilometer Gedanken lesen. Und dann der fatale Zwischenfall mit dem Flugzeug! Der ist doch, darüber gibts keinen Zweifel, im RLM ausgeheckt worden, und das RLM untersteht unmittelbar dem Reichskriegsminister, und auch der heißt Köpfler. Also! Dabei war das Ganze so dilettantisch aufgezogen, dass sogar die gelben Küken lächeln. Oder haben Sie je gehört, dass eine A-Bombe losgeht, wenn das Trägerflugzeug getroffen wird? Das kann man auch nur dem deutschen Volk weismachen! Immerhin leben wir nicht mehr in der guten alten Zeit, sagen wir: der Gleiwitz-Zeit. Köpfler dürfte sich die Machtübernahme etwas anders vorgestellt haben. Die Sache mit dem Führer war *perfekter Mord*, nur war er um eine Spur zu perfekt. Dann die Meuterei der Luftwaffe – das alles kam Schlag auf Schlag. Ja, was wollen wir denn noch? Dieser Krieg ist verloren, auch wenn wir zehn Armeen verheizen. Und man kann nichts Klügeres tun, als die nackte Haut retten. Für meine Person werde ich das tun oder zu tun versuchen. Kommen Sie jetzt!«

Höllriegl war fassungslos. Der sonst so vorsichtige, abgeklärte *Schlafspritzenfritze* (Senkpiehls Spottname) war ja außer Rand und Band! So hatte er ihn noch nie gesehen. Wenn Senkpiehl zu einem Amtswalter und eingefleischten Pg. so offen sprach, dann musste etwas geschehen sein, das nicht mehr gutzumachen war. Etwas Heilloses, Unheilbares! Das Wort *Altersblödsinn* hatte Höllriegl tief getroffen. Ja, der Führer war alt geworden, das stimmte. Aber Alter macht weise. Der Führer war für ihn stets der Inbegriff arischen Weistums gewesen. (Dabei trug Senkpiehl das Parteiabzeichen – so also stand es um die Partei!)

Völlig durcheinander folgte er dem die Treppe hinabeilenden Arzt. Ein plötzlicher Lichtblitz: Vielleicht war Senkpiehl mit den »Unterirdischen« im Band? Als sie schon auf der Straße waren, fiel ihm ein, dass er Kummernuss' Pistole vergessen hatte. Er lief mit ein paar Sätzen die Treppe hinauf. Den Lautsprecher hatte er zuvor auf leise gestellt gehabt. Als er das Schießeisen nicht gleich fand (Senkpiehl hupte unten ungeduldig), drehte er auf Zimmerlautstärke. Augenblicks wurde er von Glockenklängen umwogt. Es waren viele Glocken, die einander ablösten, tiefe und dunkle, hohe und helle, und ihre Stimmen erfüllten in immer mächtigeren Wallungen das Zimmer.

»– die Glocke der Berliner Gedächtniskirche hat das große Gedenken eingeläutet, die anderen Glocken der Reichshauptstadt sind gefolgt, besonders gut erkennbar die Stimme der Potsdamer Garnisonkirche und der Dorotheenstädter Kirche, dann haben wir die Glocken der Dome von Köln, von Ulm und von Speyer, die Pummerin aus Wien, die Glocken von Sankt Peter, die Glocken von Notre-Dame, von Rouen und von Chartres, die Glocken von Prag, Sankt Petersburg und Kiew, die Glocken der Uspenskij-Kathedrale im Kreml und der Basilius-Kathedrale eingeblendet, und nun erschallen auch die erzenen Zungen und Züngleïn der Landkirchen in des Führers Heimat- und Ahnengau, die Glocken von Braunau und Leonding, die Glocken von Groß-Wolfgers und Döllersheim. Sie alle fallen ein, und es ist, als ob sich von Turm zu Turm, immer weitere, immer lichtere Kreise ziehend, der feierliche Ruf, ihr allmächtiges Geläute, ausbreiten würde über die Städte hinaus, über das ganze deutsche Land und über die weite, weite Welt, auf dass alle, die guten Willens sind, die Botschaft hören können, die uns der neue Führer des Germanischen Weltreichs und Schirmherr aller mit ihm verbündeten Völker und Nationen soeben verkündete [*Wo zum Teufel hatte er die Pistole versteckt?*] – gewaltig und sieghaft vor Augen führen – eine Schicksalsgemeinschaft aller arischen Menschen, welcher Sprache immer sie sein mögen, dass nun aus tausendjähriger Sehnsucht und tausendjährigem Kampf – bis zum deutschen Ural –, nimm unseren stolzesten, heißesten Dank für diese Erfüllung –«

Da war endlich die Pistole, er hatte sie in den hintersten Winkel des Kleiderspinds geworfen. Und auch die Munition. Bevor er das Zimmer verließ, gab er dem Radio einen Tritt, dass es scheppernd vom Tischchen kollerte. Es schrie noch einmal kläglich auf, dann brachen die Glocken und die pathetische Stimme ab.

SENKPIEHL LÄCHELTE IRONISCH, als Höllriegl ihm die Waffe zeigte. Er deutete nach hinten. Da lagen tatsächlich auf den Rücksitzen ein Gewehr und eine Maschinenpistole. Wie Höllriegl mit geschultem Blick und Griff feststellte, war es ein Karabiner 7,62 mit Magazin für Mehrgeschoßpatronen und eine MP älteren Typs, eine Neuner vermutlich. Auch ein Karton mit Infanteriemunition lag im Fond.

Das Bedrückende war, dass sie durch beinah menschenleere Gassen fuhren. Wo sich noch vor ein, zwei Stunden Tausende Menschen gedrängt hatten, waren die Straßen nun wie ausgekehrt. Sie fuhren trotzdem langsam; Heydrich hatte Vollverdunkelung, was in groteskem Gegensatz zur Himmelsillumination der »Bergentrückung« stand. Von den Türmen der drei Heydricher Kirchen wummerten und wimmerten die Glocken, und ihre Klänge vermischten sich mit den Glockentönen, die von den Lautsprechermasten herabdröhnten. In dem immer schwächer werdenden Dröhnen hörten sie von Zeit zu Zeit ein verdächtiges Geräusch – trockenes Geknatter. Alles war irgendwie unwirklich. Höllriegl schien es, als glitte er in der Rinne eines Toboggans pfeilschnell abwärts.

Senkpiehl, angestrengt nach vorn spähend, erzählte weiter: »Die SS – mit herbeigepfiffener Verstärkung – begann wie irrwitzig in die Menge zu feuern, die sich zuerst dicht um den Führerpanzer geschart hatte. Es entstand ein regelrechtes Gefecht, denn die Angegriffenen, hauptsächlich harte, kampferprobte SA-Männer, aber auch HJ, zogen gleichfalls ihre Pistolen und schossen, hinter Autos und Krädern verschanzt, auf die Angreifer, die keinen andern Schutz hatten als die Dunkelheit. Sie müssen wissen, Höllriegl, dass da jahrzehntelang aufgestauter Hass mit im Spiel war – die Eifersucht der SA auf die Privilegien der SS. Plebejer gegen die Elite. Es soll recht unhübsche Szenen gegeben haben. Man hat mir erzählt, dass verletzten SS-Leuten die Gurgel durchgeschnitten oder mit den Stiefeln der Schädel eingedroschen wurde – alles im Zeichen der Wehrkameradschaft! Dass niemand Laser hatte, war ein glücklicher Zufall, sonst wären – auf beiden Seiten – die Verluste um vieles höher gewesen. Schließlich machte die Wehrmacht mit zwei Löschzügen dem Spuk ein Ende – zuerst hatte sie tatenlos aus Hubschraubern zugesehen. Sie trieb die Gegner unter Einsatz von Wasserspeiern und etwas Nervengas auseinander und wusch zugleich die Straße rein, damit der Führer, ohne blutige Spuren zu hinterlassen, zu seiner Walhalla gefahren werden konnte. Die Straße frei den braunen Bataillonen, hahaha! Wissen Sie, dass Deutschland spätestens seit heute Nachmittag zwei neue Schlagworte besitzt? ›Bundschuh erwache, Werwolf verrecke!‹

und ›Werwolf erwache, Bundschuh verrecke!‹ ... Da werden die gelben Teufel sich aber freuen!«

Und Senkpiehl lachte wieder gellend und stieg stärker aufs Gas; sie hatten nun die Ausfallstraße nach Nordwesten erreicht. Seltsam, hier standen die Straßenschilder verkehrt, der Weiser Kesselring–Hildesheim–Hannover zeigte in Richtung Eisleben. Das Tak-tak-tak war jetzt besser zu hören, in der Ferne verwummerten die Glocken. Plötzlich nestelte sich Senkpiehl das Parteiabzeichen aus dem Knopfloch und warf es zum Fenster hinaus.

Im Wagen war ein Stapo-Empfangsgerät eingebaut, das unaufhörlich piepste und knirschte, ein vernünftiges Wort war aus ihm nicht herauszukriegen. An der Kreuzung Ritter-von-Epp-Straße und Guderian-Allee krachten auf einmal von allen Seiten Schüsse, gleichzeitig schien es, als würde eine Handvoll Erbsen gegen das Wagendach geschleudert. Instinktiv waren die beiden von den Sitzen gerutscht, Senkpiehl bremste jäh und riss das Fahrzeug herum. Im selben Augenblick spürte Höllriegl einen schneidend kalten Hauch an seiner linken Schläfe. Die Windschutzscheibe war geborsten und ebenso das Heckfenster. Der Wagen torkelte noch ein paar Meter, dann prallte er mit sanftem Bums gegen eine hohe Rohziegelmauer. Schüsse kreisten sie ein, schienen von oben und von allen Seiten zu kommen, das Geknatter ging in wütende Feuerstöße über ... vollautomatisches Feuer. Von der Wand stoben Splitter, ein unsichtbarer Finger zeichnete Linien der Zerstörung ins Mauerwerk.

Sie krochen langsam heraus. Höllriegl hatte das Gewehr, Senkpiehl die Maschinenpistole an sich genommen; sie sprachen kein Wort. Es war ziemlich dunkel, nur über der Kyffhäusergegend war der Himmel hell. Dann und wann spurte eine Leuchtrakete hoch und goss eine Traube bläulichen Lichts über das Firmament.

Höllriegl tastete sich kriechend und flach wie eine Wanze die Mauer entlang. Seine Augen gewöhnten sich rasch ans Dunkel, nicht umsonst hatte er Katzenaugen. Er näherte sich einem Gehäuse, es war eine jener primitiven blechernen Pissanstalten für Männer, wie man sie noch manchmal in Provinzorten antrifft. Er kroch darauf zu – eine gute Deckung. In dem Häuschen, das unten offen war, stank es nach Öl und Urin, trotzdem fühlte er sich wohl, weil halbwegs geborgen. Senkpiehl – leise rief er den Namen – war ihm nicht gefolgt; anscheinend hatte der woanders Deckung gesucht.

Im Schein der Taschenlampe untersuchte er den Karabiner. Gasdrucklader. Das Magazin war gefüllt. Weitere Munition befand sich in Senkpiehls Wagen, doch dorthin konnte er jetzt nicht zurück. Dann hatte er noch das Dings von

Kummernuss. Er lud die Pistole. Das waren weitere sechs Schuss. Ein unsinniges Gefühl überkam ihn – er spürte seine männliche Kraft und Macht.

Aber nur einen Augenblick. Schon trommelte es wieder oben gegen Blech und Mauer. Es mussten Dachschützen sein. Die Feuerstöße hatten Methode – wer schoss da auf wen? Zwischen dem Fußboden und der Pissoirwand klaffte ein breiter Spalt, durch den der Wind hereinpfiff. Auch über den Platz peitschten nun Schüsse. Wenn er weiter so gemütlich herumkroch, würde er noch eins in die Eier bekommen. Er richtete sich halb auf und tastete mit dem Lichtstrahl die Wände ab. Das übliche Gekritzel. »Suche geiles Ehepaar«, stand da, »bin 25 J., meiner ist …« Mit Zeichnung und Maßangabe, sicher übertrieben. Er musste schauen, dass er von hier wegkam, der Platz war eingesehen. »Die Möse von der E-«, Weiteres unleserlich. Seine Hände wurden vom Herumkriechen ölig, er selber stank jetzt wie das Pissoir.

Von hier nach Haus war es recht weit. Wieder ging es ihm im Bauch herum, nur nicht mehr so heftig wie tagsüber. Er ließ die Hose herunter und erleichterte sich. Dann kroch er ins Freie, das Gewehr nachschleifend. Es wäre gut, wenn er Senkpiehl finden könnte. Dort stand das Fahrzeug, etwa dreißig Schritte entfernt. Es hatte sich mit dem Kühler in die Mauer gebohrt, würde aber wohl flottzumachen sein. Er rief leise: »Senkpiehl!«

Die methodische Böllerei hatte jäh aufgehört, nur dann und wann schnalzten noch Schüsse durch die Nacht, es klang wie das Peitschenknallen der Burschen auf den Kirchweihfesten seiner Kindheit. Die Luft war von Ziegelstaub erfüllt, ein eisiger Wind hatte sich aufgemacht. Plötzlich heulte ein schwerer Brocken von irgendwoher durch die Gegend, aber es war Gott sei Dank weiter weg. Der Einschlag, ein schmetterndes Krachen, ließ die Erde erzittern, und Höllriegls Mantel und Hosenbeine wedelten infolge des Luftdrucks.

Noch ein paar Meter kriechen und er war so weit. Da lag aber ein Hindernis an der Mauer, ein dunkles Etwas. Es war ein Mensch, der sich zusammengekrümmt hatte wie ein Bogen. Höllriegl brauchte nicht viel hinzusehen – Senkpiehl. Wieder staubten die Erbsen gegen die Mauer, die Schützen hatten es scharf auf ihn. Weiter, weiter. Aber die MP sollte Senkpiehl hergeben. Er riss daran herum, versuchte, sie unter Senkpiehls Körper wegzuziehen, es ging nicht.

Im Wagen roch es nach Benzin, vielleicht leckte der Tank. Höllriegl betätigte – in der Hocke – den Starter. Der Wagen machte im Rückwärtsgang ein paar Hopser, dann stand er richtig. Als Höllriegl sich ans Lenkrad setzte, merkte er, dass es über und über klebrig war. Senkpiehl dürfte gleich was abgekriegt haben. Das war für den *Altersblödsinn*. Und jetzt durch!

Er hatte mehr Glück als Verstand [*wie immer*]. Er kam durch! Schüsse knallten hinter ihm drein, und wieder hämmerte es gegen die Blechhaut des Wagens. Es bekümmerte ihn nicht. Er bog zur Allee ab – fast mechanisch. Hätte er nach Haus wollen, hätte er in Richtung Altstadt fahren müssen. Irgendwie fühlte er sich frei und unverwundbar. Dieses Gefühl war etwas ganz Neues! Bisher hatte er sich bestenfalls geborgen gefühlt – aber frei? Die Partei denkt für dich! Das war sicher wunderbar. Wer aber war die Partei? Und wo war sie? Und gab es eine heile Welt? Hatte er nicht heute Schluss mit alldem gemacht, als er das Radio zerschlug? Nicht anders als Senkpiehl, der sein Abzeichen wegwarf? Nein, mit Senkpiehl wollte er nichts gemein haben. Wie gut, auf sich gestellt zu sein! Wie gut auch, sich um jemanden zu sorgen. Axel! Axel! Einmal und nie wieder. Ihm war blöd zumute, wenn er an den Jungen dachte. Axel, lieber Axel, es hat nicht sollen sein … Als er die letzten Häuser von Heydrich erreicht hatte, begann das wellenförmige Heulen der Sirenen. War es Strahlenalarm? Auch wurscht.

Und plötzlich wurde ihm klar, wohin er wollte. Zu den Eyckes! Zu Ulla!

MISERERE

*Die Lerche, sagt man, wechselt mit der Kröte
die Augen …*

Shakespeare, Romeo und Julia

DIE NACHT WAR LEBENDIG. Er sah, dass ein großer, vollständig abgedunkelter Transport über die Landstraße Heydrich–Kelbra nach Nordosten rollte. (Auch hier zeigten die Straßenschilder in die falsche Richtung.) In dichter Folge fuhr ein Lkw hinter dem andern, auch superschwere Kettenfahrzeuge rasselten vorbei – es waren Wehrmachttransporte, Truppenverschiebungen, die grauen, mit Netzen überzogenen Stahlhelme glänzten stumpf im Widerschein des immer röter werdenden Nachthimmels. Dann kamen Panzer, schwere und leichte, Höllriegl unterschied Mörserträger und Flammpanzer, auch PAK und FlA-Züge waren darunter. Kein Schuss fiel hier draußen, oder das Gerassel verschlang jeden Laut.

Neben ihm und hinter ihm, neben der Straße und querfeldein bewegten sich dunkle formlose Massen. Höllriegl sah größere und kleinere Gruppen, das Gelände war voll davon. Sichtlich Trupps, die von der Trauerfeier kamen und nun ihren Standquartieren zustrebten. Ein düsteres Bild – ein Bild der Gedrücktheit, Kopflosigkeit, Auflösung.

Es gab einen gut befahrbaren Weg nach Rottleberode, den könnte er nehmen, wenn der nicht auch blockiert war. Dieser Fahrweg lief eine Zeit lang neben dem Damm der Lokalbahn Stolberg–Kelbra und überquerte vor Rottleberode das Geleise. Ihm war bekannt, dass man von dort einen oder zwei Kilometer zurückfahren musste, um das Gut der Eyckes zu erreichen. Der Umweg war gering, aber jede Verzögerung machte ihn heute rasend.

Sehnsucht nach Ulla, mehr denn je begehrte er sie! Er war blind für vernünftige Überlegungen, Taktik und dergleichen, es war ihm jetzt egal. Heute fühlte er sich ihr sogar gewachsen. Ob sie ihn wollte oder nicht, ob sie ihn überhaupt zur Kenntnis nahm, das alles war gleichgültig. Mit Scham dachte er an sein Abenteuer bei den Eyckes. Damals – es war erst eine Woche her – hatte er sich regelrecht vor ihr gefürchtet. Er erinnerte sich, dass er am liebsten umgekehrt wäre. Wie verächtlich! Auch die Pendlerei war verächtlich, er hatte sich wie ein Domestik benommen, und die Pendlerei machte ihn dazu. Ein entwürdigendes Gewerbe, zumindest in Ullas Augen. Schändlich! Diesem Weib musste man mit Herrentum imponieren, mit Kraft, Rasse, Siegeswillen. (Vielleicht auch mit Geld.) Es wurde ihm unbehaglich, wenn er daran dachte, dass er noch vor wenigen Stunden von Ulla gepeitscht werden wollte. Auch Anselma war von solcher

Art, nur raffinierter, perverser – und er schien ganz der Typ zu sein, auf den derlei Weiber flogen, um ihn zu demütigen, auszunützen, für ihre Zwecke zu missbrauchen. Schändlich, schändlich! Damit aber war nun ein für alle Mal Schluss! Vor Ulla durfte man nicht kriechen, ihr die Peitsche bringen, diese Amazone musste man mit brutaler Gewalt niederzwingen. Und heute würde er das auch tun, wenn sie sich ihm verweigerte …

Wie Schemen, schweigsam, ohne Gruß, zogen die Trupps an ihm vorüber; sie waren in großer Eile, soweit dies die schlechte Sicht und der aufgeweichte Boden erlaubten. Manchmal musste er länger haltmachen, wenn eine Gruppe mit traurig schaukelnden Standarten oder eingerollten, in Futterale gepackten Fahnen den Weg versperrte. Ein paar Mal wurde er abgeleuchtet, doch Senkpiehls Sanitätsauto durfte überall durch. Schließlich hielt Höllriegl die Ungewissheit nicht mehr aus. Er blieb stehen und fragte unter dem Vorwand, sich verfahren zu haben, ob es hier nach Kelbra ginge. Ja, da ginge es. Dabei kam er in ein kurzes, aber aufschlussreiches Gespräch. Es war Mannschaft in getigerten Kampfanzügen, eine Wehrmachtstreife oder Waffen-SS. »Was ist denn los?«, platzte Höllriegl heraus. Und er erfuhr, nach einigem Hin und Her und gesprächsweisem Abtasten, Folgendes:

Die sogenannte Waffenruhe hatte getrogen. Seit ein paar Stunden war ein Überfall von unvorstellbarer Wucht auf das Reich im Gang. Besonders Harz und Kyffhäuser waren bedroht, wegen der Menschenansammlungen in diesem Raum. Panikschläge, auch auf den Flüchtlingsstrom, seien zu gewärtigen. »Für das gesamte Reichsgebiet ist Alarmstufe Eins angeordnet, doch Strahlenalarm hat man erst vor einer Viertelstunde gegeben.« Der Mann, Truppführer oder so was, deutete auf sein Taschenradio. »Bis jetzt ist die Wahrheit vertuscht worden – mit Recht. Es gab nur verschlüsselte Meldungen. Nun aber ist das ganze Volk, Mann, Frau und Kind, zur äußersten Abwehr aufgerufen.«

Ein großer aerodynamischer Flugkörper unbestimmten Typs hatte kurz vor 18 Uhr, so berichtete der Truppführer mit schneidender Sachlichkeit weiter, die Taktische Raketenstaffel in Bitburg/Eifel getroffen und damit die RAK-Kommandobrücke für ganz Westdeutschland außer Gefecht gesetzt. Andere Treffer hatten unterirdische Raketenbasen auf Reichsboden und in den westlichen Schutzgebieten vernichtet.

»Die Treffer zeigen, dass sich der Angriff konzentrisch dem mitteldeutschen Raum nähert. Vorläufig sind die feindlichen Lenkwaffen, die in ganzen Pulks anfliegen, noch konventionell bestückt. Das Problem ist, dass unser neues

Radarsystem mit 30 Minuten Vorwarnzeit, auf das wir uns so viel einbilden, total ausgefallen ist, ob von selbst oder durch Feindeinwirkung, weiß ich nicht. Jedenfalls war die Abwehr aufgeschmissen. Die neuen Flugkörper der Gelben scheinen ein nichtstörbares Lenksystem, vielleicht Trägheitsnavigation, zu haben.« Der Mann zündete sich eine Zigarette an. »Außerdem hat man einen Satelliten geortet, der nukleare Waffen an Bord haben dürfte.« Das sagte er mit aller Ruhe. »Es werden dauernd Abfangversuche gemacht. Nach dem letzten Stand der Dinge haben wir dem verdächtigen Raumflugkörper einen ›Spion‹ nachgeschickt – möglich, dass er ihn schon zerstört hat. Der Satellit ist sicher unbemannt. Übrigens, unsere Ausra-Schläge gegen den ostasiatischen Raum gehen planmäßig weiter. Die Japse werden bald Blut spucken.«

»Und unsere Wunderwaffe?« Höllriegl waren plötzlich Gundlfingers Worte eingefallen.

Der Truppenführer warf ihm einen forschenden Blick zu, er musterte ihn richtig. »Mit der kann man nicht rechnen. Wer weiß, ob sie je fertig wird. Der Krieg hätte bestenfalls in einem Jahr anfangen dürfen – das ist der ganze Schlamassel.«

Dabei sprach er so kaltblütig, als rede er über alltägliche Dinge. Solang das Reich solche Kerle hatte, war es nicht am Ende. Im Gegenteil: Es würde jeden Gegner, auch den allerstärksten, vernichtend schlagen. Und wenn die Welt voll Teufel wär ...

»Es kann wieder Kernexplosionen geben – die Atempause ist vorüber.« Höllriegl hielt dem braven Mann ein Päckchen Zigaretten hin; dieser nickte und steckte es ein. »Falls wir hier durchkommen, fassen wir in Heldrungen Strahlenschutzanzüge und gehen in den Tiefbunker. Das Zeugs da ist ja ein Witz.«

»In Heydrich wird feste geschossen. Ich bin von dort.«

»Wo wird nicht feste geschossen?« Der Truppenführer schien keineswegs erschüttert. »Der Bundschuh rührt sich. Aber mit dieser Scheißbande werden wir in Kürze aufgeräumt haben. Sie sind Ostmärker – oder? Da sehen Sie sich vor, auf die Herren Ostmärker sind die Brüder besonders gut zu sprechen.« Er zeigte auf das Loch in der Windschutzscheibe und grinste. »Schwein gehabt, Herr Heiminsreich.« [*Freimütiger Spott.*] »Und weil Sie nach Kelbra wollen – dort ist dicke Luft. Heil Köpfler!«

Höllriegl unterdrückte das gewohnte »Heitla« und zockelte weiter. Durch Zufall erfuhr er bald mehr. Er holte einen Einzelgänger ein, der ihm mit einer Blendlaterne Signale gab. Der Mann humpelte an den Wagen heran und bat, mitgenommen zu werden. Höllriegl nahm ihn auf, er wollte Gesellschaft haben. Es war nur ein einfacher Rottenführer der SA, immerhin trug dieser Parteigenosse das Coburger Ehrenzeichen am Uniformrock Der Mann, wohl an die siebzig, Typ des Kämpen aus der Zeit der großen Saalschlachten und irgendwie an Damaschke erinnernd, wohnte bei Kelbra, wo er in einer Brauerei »noch immer«, wie er sagte, als Aufseher im Fremdarbeiter- und UmL-Einsatz arbeitete. Höllriegl versuchte ihn auszuquetschen. Der Coburger war beim – übrigens vorzeitigen – Abmarsch vom Kyffhäuser irgendwo in der Dunkelheit in einen Stolperdraht geraten und hatte sich beim Sturz den Fuß verstaucht oder die Sehne gezerrt; er war nun heilfroh, auf so bequeme Art heimzukommen. Von der Keilerei mit der SS hatte er gehört. »Böse Sache das. SS und Werwolf sind heute eins.« Sie schwiegen eine Weile, weil der Mann nicht weiterreden wollte.

Über Kelbra färbten sich die Wolken dunkelrot, man vernahm trotz dem Motorenlärm jetzt auch von dort helles Geknatter, dazwischen dumpfes Donnern. Domm – domm – domm. Und schwere Einschläge. Plötzlich fingerten wieder Scheinwerfer über den Himmel. Düsen dröhnten hoch über ihnen.

»Das ist die Bergentrückung des Führers«, sagte der Mann mit merkbar gehässigem Unterton. Es war unklar, auf welcher Seite er stand, er hatte es ganz allgemein gesagt. Immerhin: Der schien eher »von früher« zu sein (Naphthalin!), außerdem war es ein Arbeiter aus der Gegend. Solche Leute hatte Höllriegl gern, und auch sie mochten ihn. Die saßen immer in seinen Sprechstunden herum, er verstand sie auf Anhieb.

»Kennen Sie die Eyckes?«, fragte Höllriegl harmlos, um das Gespräch nicht einschlafen zu lassen, dabei vibrierten seine Nerven. Der Coburger war nicht gerade ein Ausbund von Redseligkeit.

Der Mann kannte die beiden vom Sehen, hatte aber viel über Ulla gehört. Er hatte Frau von Eycke auch oft auf dem Bildschirm gesehen. Wegen ihrer Reiterkunststücke war sie überall eine Nummer. »... Dolles Weib!« Höllriegl überlief es heiß, sein Herz pochte. Neu war für ihn, dass Ulla regelmäßig, wie es schien, für eine Fernsehserie posierte, die »Das deutsche Heim« hieß. Höllriegl musste sich (zu seiner Schande) gestehen, diese bekannte Sendung nie aufgedreht zu haben. Dass die Bernsteinhexe manchmal von Fernsehreportern befragt wurde, war ihm bekannt. Wieder bohrten Eifersucht und Hoffnungslosigkeit in ihm. Das ganze Reich sah Ulla, alle Männer begehrten sie!

Der Wagen kam nur im Schritt vorwärts. Immer wieder fluteten Trupps über den Weg, sie wollten nach Heydrich zu ihren Bussen oder weiter zurück bis

Heldrungen, wo viele kaserniert waren. Und dann schleunigst nach Haus. »Habt ihr schon gehört?« Aus den Gesprächsfetzen, die Höllriegl beim Anhalten aufschnappte, auch aus den spärlichen Bemerkungen seines Zufallsgefährten (der wusste bestimmt viel mehr, als er verriet), enthüllte sich ihm nach und nach das Bild einer nationalen Katastrophe von unabsehbarem Ausmaß.

Deutschland befand sich mitten in einem Bruderkrieg, wie es ihn in solch viehischer Brutalität und Präzision der Selbstvernichtung noch nie gegeben hatte. Seit Tagen, was die wenigsten wussten, seit jener geschichtlichen Reichsratssitzung, deren Zeuge Höllriegl in Berlin gewesen war, wurde in manchen Gauen bis aufs Messer gekämpft. Höllriegl erinnerte sich blitzartig an Anselmas Worte, sie hatten einen großen Eindruck auf ihn gemacht, dass die Dschungelzeit gekommen sei, die Zeit des Klappmessers – »und hinter uns die Wand«. Mann gegen Mann, Weib gegen Weib. Wie groß Hass und Hader im Innern sein mussten, ging daraus hervor, dass nicht einmal der rasch in ein entscheidendes Stadium tretende Konflikt mit der östlichen Weltmacht dem selbstmörderischen Treiben ein Ende machen und die Volksgenossen zur gemeinsamen Abwehr mobilmachen konnte. Das große Zerwürfnis, das mitten durch die Partei, mitten durch das Volk, ja selbst, wie manche sagten, mitten durch die Familien ging, hatte alle Merkmale einer apokalyptischen Katastrophe. Niemand war imstande, dieses Naturereignis in seiner ganzen Tragweite zu verstehen, es in Worte zu fassen, geschweige denn, es zu überblicken oder gar aufzuhalten. Auch wäre niemand fähig gewesen, in dieser Schicksalsstunde das deutsche Volk zu einer schlagkräftigen Einheit zu verschmelzen. Nur eines wurde plötzlich vielen, auch Höllriegl, erschreckend klar; das jetzt offen zutage tretende Unheil hatte sich seit Langem und im Stillen vorbereitet, hatte sich auch da und dort angekündigt. Aber niemand hatte die Zeichen beachtet und gedeutet. Nun blieb nichts anderes übrig, als sich treiben zu lassen.

Zu alldem kam nämlich die lähmende Erkenntnis, dass es trotz allen gegenteiligen Beteuerungen den neuen Männern nicht gelungen war, den äußeren Feind überfallartig zu vernichten oder wenigstens so anzuschlagen und einzuschüchtern, dass er Kernwaffen nicht anwenden konnte. Das Gegenteil war geschehen. Was niemand für möglich gehalten hätte, trat ein: Mitten im Altreich, auf deutschem Boden, waren Kernexplosionen von fürchterlichster Wirkung erfolgt – und zweifellos würde es weitere geben. Das Chaos, der Kampf aller gegen alle, war proklamiert, und dieses infernalische deutsche Chaos hatte sich wie ein Lauffeuer über den Erdkreis verbreitet: In den beiden Amerika, in Afrika, in gewissen Teilen Asiens, in den Polgebieten, sogar im japanischen Australien – überall, wo die Neue Ordnung ihre Bastionen errichtet hatte, war aus dem globalen Machtkampf der beiden Giganten eine Unzahl von Einzelaktionen entstanden, die in ihren verworrenen Auswirkungen gleichfalls von keinem mehr überschaut werden konnten. Höllriegl hatte das Gefühl, dass der Untermensch sich allerorten von seinen Ketten losgerissen hatte, so wie in der Göttersage Loki, Fenrewolf und die Midgardschlange. Es war einfach ein Kampf zwischen Licht und Dunkel. Das Weltreich Adolf Hitlers erbebte in seinen Grundfesten – und mit ihm das Weltreich des Soka Gakkai.

Die Person des ermordeten Führers – denn dass Hitler gewaltsam geendet hatte, stand nun fest, nur über die Todesart waren die Meinungen geteilt – schien heiß umstritten. Selbst unter Hitlers fanatischesten Gefolgsleuten befanden sich nicht wenige, die die Außenpolitik der letzten Jahre scharf verurteilten. Der Führer, so sagten sie, hätte sich die Soka-Gakkai-Bewegung mit ihren mehr oder minder gleichartigen Zielen dienstbar oder wenigstens geneigt machen müssen; stattdessen hatte man mit reaktionären Cliquen um den Tenno, also mit den falschen Leuten, verhandelt, es war viel über Shinto, Gottkaisertum, Bushido, Samurai-Geist und ähnlichen feudalistischen Kram herumgefaselt worden, die diplomatischen Bemühungen aber, die beiden Weltblöcke ideologisch einander näherzubringen, ihre Ziele gleichzuschalten, waren unzulänglich, um nicht zu sagen: dilettantisch gewesen. In diesem Zusammenhang wurden auch Rosenberg und Ribbentrop schwer angegriffen (man sprach von »Weinreisendenpolitik gegen Kamikaze«), weil ja solche und ähnliche Unterlassungssünden ihre Wurzeln in der Politik der ersten Nachkriegsjahre hatten. Kurzum: Der größte Sieg der deutschen Geschichte war nur ein halber gewesen – man hatte es offensichtlich versäumt, den Frieden zu gewinnen. Auch über das (zweifellos gigantische) Rüstungspotenzial des Gegners und den Stand seiner Waffentechnik herrschten unklare Vorstellungen. Die Abwehr war den gelben Täuschungsmanövern aufgesessen.

Ungeachtet dessen machte der Vergottungsprozess in Bezug auf den Führer rasche Fortschritte. So enthob der »Deutsche Christen e. V.« ganz offiziell Frauja oder Kristos, den Menschensohn, seiner angestammten Mittlerrolle zwischen »gotfater« oder dem »angerufenen Wesen« und den Menschen und setzte Adolf Hitler an seine Stelle. Aus dem Meldegänger des Ersten Weltkrieges wurde im Handumdrehen der über den Wolken thronende Gottmittler, und in den Kirchen und Heiligen Hainen dieser mächtigen, volkstümlichen Glaubensbewegung, die von Partei und Staat nach Kräften unterstützt worden war, entfernte man in aller Stille die Fraujastatuen und ersetzte sie durch Hitler-Büsten. Es war das Werk von wenigen Stunden. Und der Vorsitzer des Reichsbruderrates, einer gleichfalls weitverbreiteten völkischen Sekte, die sich »Nordische Christen« nannte, Oberapostel Dr. Nimmshin (Dahlem), verkündete in einer Rundfunkweihestunde – Höllriegl hatte sie noch vor wenigen Tagen gehört –, der Führer sei nun, seinem übersinnlichen Rang entsprechend, den zwei Personen der Trinität, dem Sohn und dem Geist, gleichgestellt. Im »Rahmen einer Erleuchtung«, so hatte es Dr. Nimmshin wortwörtlich ausgeführt, sei er innegeworden, dass Adolf Hitler in der Ewigkeit alle militärischen Obliegenheiten übernommen habe; es wäre des Führers nunmehrige oberste Pflicht, ständig »Tuchfühlung mit den himmlischen Heerscharen« zu halten.

Das Bundschuhtreffen in Stolberg war keine leere Drohung gewesen, es hatte stattgefunden, wenn auch nicht, wie zuerst beabsichtigt, als Massenkundgebung. Der Flüchtlingsstrom aus dem Westen und der Antransport so gewaltiger Menschenmengen aus allen Gauen zum Kyffhäuser hatten dies verhindert. Immerhin waren die Kerntruppen der straff organisierten Bauernschaft aufmarschiert. Ungestört! Firbas stellte nämlich kurzerhand die Kundgebung unter Stapo- und Gendarmerieschutz.

Ursprünglich, so hieß es, hatte die Führung des »Armen Konrad« den Plan gehabt, die Trauerfeier auf dem Kyffhäuser einzukreisen, Stoßtrupps einzuschleusen und Köpfler samt seiner Brut zu schnappen. Dieses Vorhaben wurde in letzter Minute fallengelassen – SS, Werwolf und Gestapo waren in solchen Massen aufgeboten worden, dass der Bundschuh sich an dem Handstreich verblutet hätte. Außerdem war die Wehrmacht noch immer das große Fragezeichen. Manche Verbände der Luftwaffe hatten zwar offen gegen Köpfler rebelliert, doch RAK- und Panzerwaffe warteten ab. Die SA war möglicherweise in ihrer Gesamtheit gegen den »Waldteufel«.

Höllriegl erfuhr (und es stockte ihm dabei der Herzschlag), dass vor dem Thomas-Münzer-Denkmal in Stolberg die aus dem Untergrund aufgetauchten Unseld und Diebold gesprochen hatten. Eine nach Tausenden zählende Zuhörerschaft jubelte ihnen frenetisch zu, als sie den Kopf des Anmaßers forderten. Puppen, die Köpfler und den nach ihm bestgehassten Mann, SS-Brigadeführer Sausele, darstellten, wurden unter Sprechchören öffentlich gehenkt. An dieser symbolischen Hinrichtung nahmen nicht nur die »Antlitzlose Führung« des Bundschuhs und – man höre und staune – schwerbewaffnete motorisierte

Verbände des Asgard-Ringes teil, sondern auch hohe Amtswalter und Abordnungen des Reichsnährstandes, der DAF, der NSV und anderer *diversiver* Parteigliederungen, die sich aber ihrerseits als loyal oder hitlertreu bezeichneten, womit sie andeuten wollten, dass sie nur der alten, gemäßigten Parteilinie zu folgen bereit waren. Allgemein beachtet wurde die Teilnahme des über Nacht gebildeten Notausschusses der Atomvertriebenen.

Firbas hatte machtvoll durchgegriffen und es faktisch zuwege gebracht, dass große Teile der Exekutive, hauptsächlich der Staatspolizei und Feldgendarmerie, zum Bundschuh übergingen oder ihm zumindest die Mauer machten. Überall im Land wurden SS-Kasernen, Ordensburgen, Reichszuchtanstalten, Napolas und ähnliche Brutstätten des Werwolfs unter Beschuss genommen. Ganz allgemein konnte gesagt werden, dass Werwolf und SS vom flachen Land so gut wie verschwunden waren, sich entweder in ihre Schlupfwinkel im Gebirge oder in die großen Städte zurückgezogen hatten. Die rein agrarischen Gebiete des Reiches, insbesondere des Ostens, hatte der Bundschuh fest in seinem Griff. Es waren dies auch jene Gegenden, in die die meisten Flüchtlinge aus dem Westen einströmten, Menschen, die vor den Todesstrahlen von Lemgo geflohen waren. Die Flüchtlinge aus dem Ostrauer Kohlenrevier – dort war bekanntlich die zweite große Bombe explodiert, über deren verheerende Neutronenstrahlung Gundlfinger berichtet hatte – wandten sich instinktiv nach Norden, nach Niederschlesien, oder westwärts ins Sudetenland, denn weiter nach Osten wagten sie sich nicht – dort sollte es ja von gelben Guerillas und UmL-Partisanen nur so wimmeln. Die (vermeintliche) Atombombe, die auf das Allgäu gefallen war, hatte sich hinterher als »harmlos« erwiesen, war allerdings von furchtbarer Feuerkraft gewesen – eine hochthermische Bombe. Ob weitere Kernwaffen das Reichsgebiet getroffen hatten, war unbekannt. Gemunkelt wurde davon, aber niemand traute sich, derlei mit Sicherheit zu behaupten. Das irre Durcheinander im Äther ermöglichte keine Klarsicht.

Die in den Städten festsitzende SS hatte nämlich alle wichtigen Sendenetze unter Kontrolle, diese waren daher nach wie vor Instrumente der Köpfler-Propaganda, brachten gespenstisch normale Programme und die üblichen regierungsfreundlichen Nachrichten. Mit einer Unverfrorenheit sondergleichen wurde Hitler in den Himmel gehoben, dabei aber Köpfler stets als sein Vertrauter und engster Mitarbeiter, als der allzeit getreue Paladin und Willensvollstrecker des Weltreichsgründers gepriesen, den man allgemein nur noch Adolf den Großen nannte – nichts deutete auf den Riss hin, der wie ein Schützengraben durch das

Reich lief, wie überhaupt jedwede Andeutung, es gäbe so etwas wie Bürgerkrieg, geflissentlich vermieden wurde. (Bloß die verschlüsselten Durchsagen mehrten und mehrten sich.) Der Hauptstoß propagandistischer Ablenkung richtete sich naturgemäß gegen den äußeren Feind, und wenn man auch die Thor- und Ausra-Erfolge, was vielleicht berechtigt war, groß aufmachte, so war man unter dem furchtbaren Druck der Ereignisse – und nicht, wie Höllriegl einmal einwandte, in folgerichtiger Anwendung des Landgraf-werde-hart-Programms – doch dazu übergegangen, dem Volk die ganze Wahrheit zu sagen: erstens, dass nicht erreicht worden war, den Feind in seinem eigenen Land binnen weniger Stunden zu vernichten (man hätte da schlagartig die halbe Welt vernichten müssen); zweitens, dass im Gegenteil ein atomarer Großangriff des anscheinend ungeschwächten und mehr denn je erbarmungslosen Gegners unmittelbar bevorstand (Strahlenvoralarme und Strahlenalarme lösten einander ab); und drittens, dass der Feind »in den europäischen Schutzgebieten des Reiches an mehreren Stellen« Fuß gefasst hatte und der Nachschub aus der Luft, obgleich unter heftigem Störfeuer liegend, keineswegs zusammengebrochen war.

Offiziell bezeichnete man den augenblicklichen Kriegszustand als »eingeschränkt atomar«; der Ausdruck »totaler Atomkrieg« kam in den Meldungen (»Wehrmachtberichte« im historischen Sinn gab es nicht) nie vor, obzwar – wie ja die Geschehnisse jedermann bestätigten – strategische Atomwaffen mit hohen und höchsten Detonationswerten auf beiden Seiten eingesetzt worden waren, mit dem alleinigen und klaren Ziel: Ausrottung des Gegners und Zerstörung aller seiner Lebensgrundlagen. Der Großeinsatz taktischer Atomwaffen, von Laser, Giftstoffen, Gas und bakteriellen Vernichtungsmitteln ganz zu schweigen, stand ebenso unmittelbar bevor.

Da und dort war es dem »Armen Konrad« gelungen, sich überfallsartig in den Besitz von Kraftwerken und lokalen Rundfunk- und Fernsehstationen zu setzen; auch einige Sender der rebellierenden Luftwaffe griffen Köpfler und den Werwolf pausenlos scharf an und beschuldigten sie, das Reich in den Abgrund zu führen. (Hätte Köpfler einen massiven Erfolg im Krieg gegen die Japse erzielen können, wären diese Angriffe verstummt, so aber ...)

Um das Chaos voll zu machen, strahlte der in Europa gelandete Feind über die erbeuteten Rundfunknetze ununterbrochen Katastrophenmeldungen aus, die den einfachen Mann noch mehr verwirrten. Die japanischen Fallschirmjäger der Kamikaze-Klasse sowie amerikanische Freischärler hatten ihre Brückenköpfe nicht nur halten, sondern sogar erweitern und technisch ausbauen können, wobei sie – wie wir wissen – von der antideutschen Bevölkerung unterstützt wurden. SS und Wehrmacht traten dort überall auf der Stelle. Soviel bis jetzt durchgesickert war, bestanden mehrere Brückenköpfe im südrussischen Raum, in Finnland, in Eire, in Oberitalien und auf der Iberischen Halbinsel. Alle diese Gebiete waren wichtige Vorfelder des deutschen Kernraums. Ob der Feind schon auf Altreichsboden gelandet war – darüber gab es nur wilde Gerüchte. Die Fama hatte sich auch des Feindnachschubs bemächtigt. Wie verlautet, war es den Japsen gelungen, zwei gigantische Luftbrücken zu errichten, die sich in Europa verästelten: die eine von Hondo über den Pol nach Russland und Finnland, die andere, viel längere, mit Stützpunkten in Australien und Mexiko – also unter Umgehung der UVSA –, in Madeira und Eire.

Auf dem gesamten Territorium der Vereinigten Gefolgschaften von Amerika wurde nämlich bis aufs Messer gekämpft. Auch da zeigten sich in der Staatspartei schwere Zerfallserscheinungen; so hatten die hochmilitanten, dem Werwolf nachgebildeten Minutemen ihre Vorherrschaft fast überall gefestigt und den Ku-Klux-Klan (dessen historische Verdienste natürlich anerkannt wurden) als »romantisches Überbleibsel« aus der Ära der »Scheißdemokratie«, also der jüdisch-freimaurerisch-plutokratischen Washingtoner Republik übelsten Angedenkens, in Acht und Bann getan. Vereinzelt war es zwischen den gegnerischen Kräften, denen sich Bürgermilizen und ganze Armeegruppen angeschlossen hatten, bereits zu entscheidenden Kampfhandlungen gekommen. Auch auf religiösem Gebiet waren von Küste zu Küste leidenschaftliche Kämpfe aufgeflammt – Kreuzigungen, Verbrennungen auf dem Scheiterhaufen, Folterungen und sonstige Ausbrüche der fanatisierten Volksseele begleiteten sie. Zwei Sekten, die der allgemeinen Gleichschaltung nach 1945 entgangen waren, betraten plötzlich die politische Szene: »The Brethren of the Holy Order« (das Wort »order« bedeutete hier eher Geschäftliches als Metaphysisches) und »The Witch-Chasers of Salem«. Die »Brethren«, mit starkem Rückhalt in der Minutemen-Bewegung, predigten radikale Askese, wobei sie sich »göttlicher Entfettungskuren« in Form öffentlicher Geißelungen und Springtänze unterzogen. Ihre schärfsten Gegner, die »Hexenjäger« (die sich neuerdings auch »The Blessed Gross Profiteers« nannten), wiesen in Massenmeetings darauf hin, dass das Weltende gekommen sei, man müsse daher so hemmungslos wie möglich genießen; es war klar, dass hier – auf religiöser Ebene – die Playboy- und Striptease-Instinkte einer überwundenen dekadenten Zeit wieder zum Vorschein kamen.

Die auf dem Boden der UVSA stationierte deutsche Schutzmacht, in der

Hauptsache aus Waffen-SS, SD, Totenkopfverbänden und dem mit deutschblütigen Amerikanern aufgefüllten Amerikakorps (DAK) bestehend, sah sich vor die schwierige Wahl gestellt, entweder die MM oder den K-K-K zu unterstützen. Angeblich waren diese Verbände der Obersee-SS die einzigen Truppen, auf welche Verlass war, beziehungsweise die mit eiserner Entschlossenheit gegen den äußeren Feind kämpften und auch schon große Verluste erlitten hatten.

Demgegenüber, so hieß es, sollten einige der ehemaligen Bundesstaaten im Süden unter der Kontrolle der aufständischen Freikorps (einfach »Nigger« genannt) stehen. Die Nigger hätten in ihren Gebieten überall die alte bundesstaatliche Verfassung wiederhergestellt, Parlamente oder ähnliche Schwatzbuden ins Leben gerufen und in einer Stadt, die sie Lincoln Center tauften, eine aus farbigen Untermenschen und sonstigen Äfflingen zusammengesetzte Regierung gebildet. Höllriegl weigerte sich, das zu glauben. Es wäre zu absurd! Andererseits wurde nämlich auch gesagt, dass gerade im Süden diese Wiedererweckung der Pöbelherrschaft vereitelt und so eine Katastrophe allergrößten Ausmaßes für die Master Race verhindert werden konnte. Dort unten würden die Minutemen sogar unumschränkte Macht ausüben. Dass unter solchen Umständen an eine Heimkehr der Trauerabordnung des Ku-Klux-Klan nicht zu denken war, lag auf der Hand.

Ebenso war die Lage in Mittel- und Südamerika, ganz besonders aber in Australien, der »Magna Iaponica«, zurzeit so unübersichtlich, dass es keinen Sinn hatte, sich damit zu beschäftigen. Über die Situation in Südamerika gab es nur Mutmaßungen aufgrund von einander widersprechenden Funkmeldungen der in den dortigen Küstengewässern operierenden Flottenverbände der Neuen Ordnung; übereinstimmend ging daraus hervor, dass auf diesem Kontinent ein politisches Chaos ohnegleichen herrsche (die Ausrufung der Monarchie in Brasilien war keine Ente gewesen!) und wie in den UVSA der Kampf aller gegen alle begonnen hatte.

Höllriegl hörte sich das alles ohne sonderliches Entsetzen an. War es doch nur eine Bestätigung dessen, was er bereits wusste, wenn auch nicht geglaubt hatte – und zum Teufel noch immer nicht glauben wollte! Der Waschmaschinenheini in Sauckelruh und tags darauf der Professor hatten ja ähnliche Dinge erwähnt. Es gab eben Leute, die das Gras wachsen hörten. Das eine war jedenfalls sicher: Noch vor vierzehn Tagen wären derlei Gespräche zwischen Fremden, aber auch unter Freunden völlig undenkbar gewesen – damals, in der heilen Welt Adolf Hitlers! Die gab es nicht mehr, und es würde sie nie mehr geben.

Der Coburger war richtig in Fahrt gekommen, plötzlich packte er aus. Aber keine Gefühlskisten. Nur wenn er auf die Kampfzeit der Bewegung zu sprechen kam, wurde er feucht. Er hatte große Männer in ihren Anfängen gekannt, gesehen, gesprochen: Karl Lüdecke zum Beispiel; auch Bernhard Rust und Hans Kerrl. Später war er eine Zeit lang bei Kerrl aushilfsweise Chauffeur gewesen. »Ich habe immer meinen Mann gestellt – Arschkriecher war ich nie.« Das sah man ihm an, diesem einfachen, prachtvollen Brauereiarbeiter.

Dass in der Partei und im Staatsdienst der kleine Mann hochkommen konnte, stand zwar auf dem Papier, aber eben nur dort. Früher ja, da war das vielleicht dann und wann noch möglich. (Köpfler zum Beispiel.) Höllriegl kannte Jungmänner, beste Auslese, echter Führernachwuchs, die es trotz Napola und aufopfernder HJ-Arbeit um nichts in der Welt weiterbrachten – einfach, weil sie Kleinbürgersöhne waren. Die einen hielten den Buckel hin, die andern, die Goldfasane, kauften sich die schönsten Schlösser und Weiber. Auch der Eycke, dieser widerliche Fatzke. Woher hatte der sein Geld? Wie Höllriegl in Erfahrung gebracht hatte – er war mit höllischem Spürsinn dahinterher gewesen –, stammte Erik Meinolf von Eycke aus gutem, aber ärmlichem Stall. Ein hannoveranischer von Eycke hatte einst in der Deutschen Legion gedient und war nach Belle-Alliance im Range eines Obristen mit einem fetten Gütchen belohnt worden. Dann kamen Notzeiten für die Familie. Herrn von Eyckes Papa spekulierte nebenbei in Grundstücken, das heißt, er legte seine ehemaligen Wormser Kommilitonen und Kasinokameraden so lange hinein, bis einem von ihnen der Kragen platzte. Und zwar so vernehmlich, dass von Eycke junior aus der noblen schlagenden Verbindung c. i. chassiert wurde und sein Jurastudium abbrechen musste. Hierauf setzte die Familie auf das Erwachende Deutschland. Mit Erfolg. Erik Meinolf trat in die SS ein und wurde der Abteilung Rechtsfragen in der PO II zugeteilt. Das war für den jungen Juristen ohne Titel das Sprungbrett. Der heutige Wirtschaftsinspekteur im OA Fulda–Werra hatte eine steile Parteikarriere hinter sich – dabei war wohl allerhand Pinke-Pinke hängen geblieben. Und Ulla? Woher die Bernsteinhexe gekommen war, wusste niemand genau. Aus dem Baltikum, so viel stand fest. Sie hatte alle Spuren verwischt. Mlakar war ihr Mädchenname gewesen, Ulrike Mlakar, zweifellos war sie von dunkler, niederer Herkunft. In Parteikreisen kursierten die tollsten Witze und Gerüchte über sie, aber durfte man solche Ordinärheiten glauben? So hieß es, sie wäre schon mit zehn so schön und entwickelt gewesen, dass ein Baron Wrangell, ein ziemlich bemooster Karpfen, sie zu sich genommen und irgendwo in Estland auf einem

Gut mit ihr zusammengelebt habe, um sie nach Erreichung des vierzehnten Lebensjahres zu ehelichen. Nun hatte aber den Mann eines Nachts, angeblich nach einer erklecklichen Anzahl von Nummern, der Herzschlag getroffen, und die dreizehnjährige Ulrike stand plötzlich auf der Straße. Als trauernde »Witwe«. Nach einer anderen, boshaftesten Lesart war es ein Hochstapler gewesen, einer vom sogenannten »Wirballener Adel«, also ein Bürgerlicher, der die Kleine defloriert hatte. Oder den die Zehnjährige verführte. Sei dem wie immer – auch Ulla Frigg von Eycke hatte kein Geld gehabt. (Anselma, um etliche Jahre jünger als ihr Bruder, zählte hier nicht mit. Sie heiratete früh, lebte jahrelang im Ausland und war auch jetzt selbstständig. Eine Außenseiterin!) Vielleicht hatte Ulla während ihrer KL-Laufbahn Betten zuschanden geritten – viele, so behauptete der Leumund –, in Pferdesätteln war sie damals noch nicht groß gewesen. Heute besaßen die Eyckes Schlösser, Gestüte, Nobelwohnungen in Fulda und Hannover, einen Autopark wie Plutokraten. Herr von Eycke hatte sich einen Rennstall zugelegt, galt in der Sportfliegerei als Ass und flog natürlich seine eigene Maschine. Ulla war Elitereiterin und Fernsehliebling. Die Hüterin der Art, das Idol der Nation. Und dieses Idol, das ihm jetzt wieder entrückter denn je erschien, liebte er, Albin Totila Höllriegl, ein unbekannter Gefolgsmann des Führers, mit allen Fasern seines Herzens.

Während er dem Coburger mit halbem Ohr zuhörte, jagten alle möglichen Gedanken durch seinen Kopf, bis sie sich jedes Mal an dem einen schmerzenden Punkt sammelten. Ulla! Es war nun unheimlich hell geworden. Vor ihnen lag Kelbra – und Kelbra brannte. Durch das Loch in der Scheibe drang beizender Rauch, der Wind trieb ganze Funkengarben vor sich her. Das MG-Geknatter war plötzlich verstummt, auch der große WH-Transport schien irgendwo abgebogen zu sein. Und die Heimkehrertrupps hatte der Erdboden verschluckt.

Höllriegl hielt den Wagen an. Eine knisternde Spannung lag in der Luft. Die Häusermauern von Kelbra lagen weiß unter dem niedrigen glosenden Himmel, sie hatten etwas Lauerndes – was verbarg sich dahinter? In der Stille hörte man einen Hund in lang gezogenen Tönen jammern.

Durch die Ortschaft zu fahren, wäre Irrsinn. Der Coburger wusste einen Karrenweg, eine passable Umfahrung. Klar, dass Höllriegl den Mann nach Haus brachte. In solcher Nacht war Tuchfühlung mehr wert als alles andere. Sie tauschten die Plätze.

Glühend rot dehnte sich der Schienenstrang in die Ferne. An der Stelle, wo sie übersetzten, lag etwas Dunkles quer über den Schienen. Eine umgestürzte

Draisine. Daneben, sonderbar flach, ein menschlicher Körper. Sie stiegen aus, um den Mann, er war der Uniform nach Eisenbahner, zu untersuchen. Nichts zu machen – Höllriegls zweiter Toter an diesem Abend. Als sie sich aufrichteten, krachten hinter ihnen schnelle Schüsse, und die Steine zu ihren Füßen splitterten. Sie warfen sich zu Boden und krochen zum Wagen zurück. Über ihren Köpfen zischte und pfiff es. Auch diese Situation kam Höllriegl bekannt vor.

Jenseits des Bahndamms tauchten sie in der Dunkelheit der Felder unter, der Damm schirmte das Licht ab. Der Coburger fuhr im Schritt, denn der Boden war weich, und der Weg ging hinauf und hinunter. Höllriegl hatte das Gewehr im Anschlag, aber nichts rührte sich hier draußen. Am Horizont erschienen in den Wolken da und dort brandige Inseln – vielleicht der Widerschein brennender Dörfer.

Hinter der Brauerei trennten sie sich. Der Coburger beschrieb Höllriegl den Weg und verschwand humpelnd in der Nacht. Er wohnte in einer Reihensiedlung, deren hochgiebelige Häuser aussahen, als wären sie einem Kinderbaukasten entnommen. Keine Seele zu sehen. Ein Alptraum. Aber Flucht wäre hier sinnlos gewesen, wohin sollten die Menschen? Sicher, der Coburger würde seine Familie wiederfinden.

Im Fond des Wagens hatte eine Rotkreuzfahne gelegen, die Höllriegl, den Aufenthalt nutzend, vorn am Wagen hisste. Senkpiehls Auto war zwar durch Lack und Lebensbaum als Hilfswagen des *Feldscherwesens* gekennzeichnet, nur konnte das im Dunkel leicht übersehen werden. (Die Sanität verwendete auch ein eigenes Hupsignal.)

Wieder fuhr er im Fußgängertempo; das fremde Gelände hatte seine Tücken und war vom Himmel her nur unsicher erhellt. Außerdem quälten ihn wieder einmal – immer nach Einbruch der Dunkelheit – die verdammten Sehstörungen, die ihn in Sauckelruh plötzlich befallen hatten und seitdem nicht besser, eher schlimmer geworden waren. Er fuhr natürlich ohne Licht.

Sein Zufallsgefährte hatte ihm geraten, im Schutz des Bahndamms zu bleiben und Kelbra rechter Hand liegen zu lassen. Außerhalb der Ortschaft sollte er dann irgendwo die Schienen überqueren und sehen, ob er auf der Hauptverkehrsader in Richtung Berga weiterkäme. In Kelbra wurde gekämpft, das war Tatsache. Höllriegls Ohr unterschied MG-Geknatter, das Einzelfeuer der Heckenschützen und die schweren Detonationen panzerbrechender Waffen. Hie und da trug der Wind ein helles Rasseln über den Bahndamm: Spähwagen. Auch das Krachen von Handgranaten konnte man hören. Ein erbitterter Häuserkampf musste drüben im Gange sein, und es war kurios zu denken, wo er jetzt sein würde, wenn sie zuvor versucht hätten, durch Kelbra zu fahren. Auf dem Bahndamm hatten sich da und dort Scharfschützen eingegraben, er sah auch MG-Nester. Es war SS. Die Leute nahmen keine Notiz von ihm.

Der Fahrweg senkte sich jäh. In der Talsohle hatte der Lautsprecherwagen eines Nachrichtensturmbanns Aufstellung genommen, der – den Gefechtslärm zeitweilig übertönend – aus auf der Dammhöhe angebrachten Megaphonen unentwegt Propagandaparolen (im Volksmund scherzweise »Propapa« genannt) in die Kampfzone hinüberbrüllte. Höllriegl musste auf abschüssigem Terrain das Hindernis langsam umfahren, auch kurz anhalten; so konnte er einige der Kernsätze aufschnappen.

»– an allen Fronten den Kampf gegen einen blutdürstigen Gegner zu führen gezwungen, der es auf die totale Vernichtung des Abendlandes und die Ausrottung der ariogermanischen – hat eine lächerliche Minderheit ehemaliger Volksgenossen auf die vom Weltreichsgründer testamentarisch eingesetzte Reichsregierung den abscheulichsten Anschlag aller Zeiten – das politische Chaos in unsere Reihen zu tragen, die Wehrkraft der Nation zu zersetzen und das deutsche Volk daran zu hindern, seinen geschichtlichen Auftrag – nicht genug damit, haben sich diese Halunken nicht gescheut, Adolf Hitlers getreuesten Paladin und rechtmäßigen Nachfolger, unseren Führer und obersten Kriegsherrn Ivo Adolf Köpfler, eines wahnwitzigen Verbrechens zu bezichtigen – richtet sich selbst. Ein Verrat, ohne Beispiel in der Geschichte unseres Volkes – Volksgenossen! Es ist erwiesen, dass dieses Gesindel, das unter Vorspiegelung falscher Tatsachen eine so stolze und hehre Bewegung wie die des deutschen Bauernstandes verblenden und sich kleine Teile davon gefügig machen konnte, mit dem Erbfeind des Abendlandes, den gelben Teufeln, unter einer Decke steckt. Es ist ferner erwiesen – jeder Deutsche, der mit diesem Abschaum zusammenarbeitet, die Machenschaften dieser Verbrecherclique fördert oder durch Untätigkeit duldet, sich des Verrates an der Freiheit unseres Volkes, an der Freiheit des Abendlandes und am Fortbestehen einer freien Welt unter Führung des Großgermanischen Reiches –«

Nach einer Weile hatte Höllriegl den Ort im Rücken, aber der Kampflärm flaute nicht ab. Es gab nur ganz kurze Pausen – die Stille wirkte dann um so geisterhafter. Berga, der nächste Ort, schien sogar unter Artilleriebeschuss zu liegen, oder waren es Goebbels-Orgeln? Das vielstimmige Heulen, das schmetternde Krachen hörten sich so an. Der Kyffhäuser war zur Gänze Kriegsgebiet, kein Zweifel. Die Luft vibrierte vom hohlen Brausen der Nachtjäger und Aufklärer, die Scheinwerfer tasteten sich wie die Finger einer Gigantenhand am grauen Himmelsgewölbe entlang. Höllriegl merkte, dass die anscheinend rings um die Goldene Aue in Stellung gegangene Flak sich mit Leuchtspurmunition einschoss. Auch Luftabwehrraketen bohrten sich mit markerschütterndem Geheul in den Himmel, und zuletzt setzte regelrechtes Sperrfeuer ein. Zwei, drei Maschinen stürzten brennend durch die schaurig erhellten Wolken, riesige Pechfackeln, deren Flackerlicht dünne, schwankende Schatten über die Fahrbahn warf, sodass man seekrank wurde. Höllriegl dachte an die meuternde Luftwaffe – möglicherweise flog sie ihre ersten massiven Angriffe gegen die in Stolberg eingesetzte Wehrmacht und SS. Trotz allem war ihm, als sei er ein unbeteiligter Zuschauer und wohne einem Manöver bei.

Er entdeckte einen Bahnübergang, aber kaum war der Schienenstrang passiert – er sah, dass die Geleise aufgerissen waren –, spritzten ihm Schüsse entgegen. Er stieg aufs Gas. Dort drüben lief, weiß und anscheinend menschenleer, die Straße nach Berga und Rottleberode – seine Straße. Er steuerte drauflos, wobei er mehrmals das Sanitätssignal hupte. Und erreichte sie in einem richtigen Kugelregen. Wieder Glück gehabt – nicht ein Schuss hatte getroffen. Mit aufgeblendeten Scheinwerfern, jetzt war sowieso alles egal, raste er dahin. Jeder gewonnene Kilometer war kostbar!

Zwischen Berga und Rottleberode lag das Gut der Eyckes.

Wie mochte es dort aussehen? Der Appetit auf Ulla war verflogen – ein Unding, auch wenn Ulla noch da wäre. Irrsinn! Wie hatte er das nur glauben können! Sein Hirn war nicht mehr fähig, normal zu denken. Außerdem – Ulla musste längst über alle Berge sein. Mit den Kindern. Nie mehr würde er sie wiedersehen, und das war gut so. Es war gut so.

Die Straße, eine Allee, verlor sich in der flammenden Ferne. Schnurgerade. Kein Mensch zu sehen, alles verbarg die Nacht. Im Lichtkegel tanzten die Bäume wie bleiche Skelette auf ihn zu. Manchmal sah er Autowracks an der Fahrbahn liegen. Atomflüchtlinge? Das Kyffhäusergebiet war abgeriegelt gewesen. Es mussten also Flüchtlinge aus der Gegend sein. Wieder kam ihm zum Bewusstsein, wie sinnlos Flucht war.

Plötzlich musste er an jenen Sonnabend denken, vor acht Tagen – eine undenkliche Zeit! Die gleiche Straße. Ein falscher Spätsommertag. Der Lakai mit den weißen Haaren. Die Schlamperei in Ullas Zimmer. Der fleischfarbene Schlüpfer. Die Reitstiefel. Ullas Od. Das Bidet. Das Führerbild. Das Andreas-kreuz. Die gefährliche Strahlung ihres Fleisches. Dann sie selbst, Ulrike Mlakar. Die feuchten Flecken unter den Achseln. Der Geruch der Reithose. Die Züchtigung. Das Schandmal.

»Unsinn, Unsinn«, sagte er laut und meinte damit seine jetzige Fahrt zu den Eyckes. Sie war gefährlich und in jeder Hinsicht dumm. Das einzig Vernünftige: auf der Stelle umkehren und versuchen, bis Heydrich durchzupreschen.

Mit hoher Geschwindigkeit jagte der Wagen auf ein Hindernis zu. Höllriegl bremste so scharf, dass er mit voller Wucht gegen das Lenkrad gedrückt wurde und im Fond alles durcheinanderkollerte. Instinktiv löschte er die Lichter. Im fahlen Feuerschein türmten sich die Überreste irgendwelcher Fahrzeuge auf, ein Berg verbogenen, zerrissenen Metalls. Trümmer lagen herum.

Er sprang aus dem Wagen und pirschte sich im Graben an die Sperre heran. Zersplitterte Bäume und statt der Fahrbahn ein gähnendes Loch. Tote, die Arme weit ausgebreitet, lagen am Rande des Trichters oder waren in seine Tiefe gerutscht, von einem Ast hing der Fetzen eines Beins. Wehrmachtsoldaten, junge Kerle. Milchgesichter unter zu großen Stahlhelmen. Der schwache Strahl der Taschenlampe huschte über die Leiber, die wie Engerlinge in schwarzer Ackererde aussahen. Alles Wahnwitz! Volksgenossen gegen Volksgenossen!

Höllriegl erkletterte den Trümmerhaufen, kratzte sich am geborstenen Metall die Hände auf, manchmal tasteten sie über Weiches, glitten über erstarrte Gliedmaßen. Angestrengt spähte er nach Berga hinüber.

Der verdammte Tränenfluss! Auch das unheimliche Schwindelgefühl und Frösteln – seit Tagen litt er darunter. Natürlich, heute hatte er kaum was im Magen, er war übernächtig, dann die Kackerilla. Auf einmal wurde ihm richtig übel, am liebsten hätte er gekotzt. Er spie das bisschen Magensäure aus und begann tief Atem zu holen. Doch die Luft roch nach Schmieröl, Benzin und versengtem Fleisch und Tuch.

Er sah, dass die Straße auf Sichtweite mit zerstörten Panzerwagen bedeckt war. Anscheinend hatte es einen Truppentransport erwischt, vielleicht war es ein Teil jenes großen Mot-Verbandes, den er bei Heydrich auf der Straße nach Kelbra gesehen hatte. Das hier war der Endpunkt der Fahrt, er konnte nur zu Fuß weiter.

Also zurück nach Heydrich! Aber wozu? Was hatte er dort noch verloren? Sein Daheim, die heile Welt, Ingrid, sein Pianino? Er lachte laut und wunderte sich, dass er lachte. Vor ihm brannte Berga, hinter ihm Kelbra. Wer weiß, wie es in Heydrich aussah!

Untertauchen, in der Nacht verschwinden – das wars. In irgendeinem Erdloch den Morgen erwarten. Einen Sanitäter würde man überall brauchen. Notfalls war sein Name Senkpiehl, er hatte einen Einsatzbefehl, Kilometerstein soundso viel. Wenn er Leute traf, SS, Werwolf, SA oder Bundschuh – ganz gleich, sie würden einen Sanitäter, einen versprengten, brauchen können. Doch sofort kamen ihm Zweifel. War sein Wagen nicht mehrmals beschossen worden? Das Rote Kreuz hatte aufgehört, tabu zu sein.

Er ging zum Auto zurück, gedankenverloren, aufrecht und mitten auf der Straße. Ohne Waffen wäre er auch als Sanitäter geliefert. Die Pistole von Kummernuss trug er ständig bei sich. Er nahm noch den Karabiner heraus und etwas Munition. Vergaß auch den Zwieback nicht. (Die gute Eberlein!) Und Senkpiehls Papiere, die Wagenpapiere, den Einsatzbefehl für den Eventualfall. Im Wagen stank es beißend nach Benzin, das Fahrzeug verlor auch Öl. Ein Wrack, weiter nichts. »Der hätte es bis Heydrich nimmer geschafft«, sagte Höllriegl zu sich und pfiff leise durch die Zähne. Damit war die Sache gedeichselt.

Er schlug sich seitwärts in die Büsche – buchstäblich, denn er musste über steile, dicht bewachsene Böschungen, einen Graben ohne Wasser und durch Weidengesträpp. Im Zwielicht der Felder, das Erdreich war schmierig und die Raine mit hohem Buschwerk markiert, wanderte er langsam und tunlichst Deckung nehmend in Richtung des Bahndamms, den Karabiner schussbereit im Arm. Die Nacht konnte von Ungeheuern wimmeln.

Es war kein Gerücht, sondern offiziell, dass der Bundschuh überall dort, wo er die Macht übernommen hatte, die Leibeigenschaft aufhob. Eine ebenso überflüssige wie leichtsinnige Maßnahme, ganz abgesehen von ihrer Vermessenheit, das heißt vom Verrat am Herrenmenschengedanken. Überflüssig, weil es ein offenes Geheimnis war, dass viele Leibeigene, soweit sie in Betrieben oder Haushalten arbeiteten, schon aus eigenem das Weite gesucht hatten (siehe Burjak); und leichtsinnig, weil bewaffnete Leibeigene – sie sollten teilweise vom Bundschuh selbst bewaffnet worden sein – alles, was einst Herr hieß, niedermachen würden, wobei es egal war, ob der Herr ein deutschblütiger Bauer und Bundschuh-Anhänger oder ein Goldfasan oder weiß der Teufel was war. Das große Ärgernis wurde aber in dem Umstand gesehen, dass der Bundschuh im Zuge der Aufhebung der Allgemeinen Zwangsarbeit für Untermenschen (AZfU, Führererlass vom 11. September 1945, beziehungsweise 3. Durchführungsverordnung zum Leibeigenengesetz vom 8. Mai 1946 – Höllriegl wusste selbstredend die bezüglichen Artikel auswendig, das gehörte zur Allgemeinbildung des Amtswalters) sämtliche UmL in den von ihm kontrollierten Gebieten geöffnet hatte, ohne Unterschied, ob es sich um Stralag oder Strafalag handelte. In den Stralag wurden bekanntlich auch Missetäter oder Müßiggänger deutschen und artverwandten Blutes durch Zwangsarbeit zu einsatzwürdigen Volksgenossen umerzogen, wogegen die Strafalag die eigentlichen UmL waren. Die geradezu fürchterliche Gleichsetzung: Deutschblütiger = Untermensch war dem öffentlichen Urteil nach das Kardinalverbrechen des Bundschuhs, und es mochte daher wahr sein, dass die Bundschuh-Führung ursprünglich vor dieser Maßnahme zurückgeschreckt war, der »Arme Konrad« aber durch Sofortaktionen etwaige Einschränkungen zunichte gemacht hatte.

Nach alldem musste Höllriegl jederzeit damit rechnen, von UmL-Häftlingen angefallen und abgemurkst zu werden, und was das bedeutete, darüber gab es gleichfalls handfeste Gerüchte. So hatte der Coburger nebenbei erwähnt, dass das Kreuzigen von Gefangenen – Anschlagen der schwer Misshandelten ans Hakenkreuz – ein Hauptspaß der Freigelassenen war, ebenso das Pfählen. Seit einigen Tagen trieb in Unterfranken ein UmL-Kapo sein Unwesen, ein Pole, den seine Gefolgschaft nur den *Pfähler* nannte. Dieser Untermensch hatte bereits Hunderte, vielleicht Tausende pfählen lassen. Die Körper wurden zerstückelt und sogenannte »Leichenwälder« errichtet, die sogar die abgebrühtesten SD-Leute mit entsprechender Vorpraxis in den Julag der Kriegszeit mit Grausen erfüllten, wenn sie beim Durchkämmen auf solche Schindanger stießen. Auch hatte der Coburger berichtet, dass man gefangene SS-Leute so lange mit glühenden Zangen zwickte und zwackte, bis sie dem Befehl gehorchten, ihren sterbenden Kameraden das Fleisch vom Körper zu fressen. Höllriegl, dem das alles in wirren Bildern durch den Kopf ging, während er einen weiten Bogen um Berga schlug, musste immer wieder an das Erlebnis mit den Tiermenschen denken. Gott gnade dem, der solchen Scheusalen in die Fänge geriet!

Und plötzlich erinnerte er sich an ein Gerücht, das er bis jetzt als hirnrissig abgetan hatte. Es hieß, dass es seit Bekanntwerden all dieser Gräueltaten so gut wie keine Gefangenen mehr gab. Jeder wehrhafte Volksgenosse hatte nämlich die verdammte Schuldigkeit und Pflicht, in aussichtslosen Situationen seine Sippe auf mannhafte Weise auszurotten und sich selber mit der letzten Patrone zu erledigen; ebenso wurden zu diesem Zweck eigens vorbereitete Handgranaten ausgegeben, die man leicht in der Hosentasche verbergen konnte (der Coburger hatte eine solche vorgezeigt, sie war nicht größer als ein Ei), und auch die klassische Zyankali-Kapsel in der Backe kam wieder zu Ehren. Warum aber Höllriegl mit besonderem Unbehagen an derlei Dinge dachte, hatte seinen guten Grund. Ihm war glaubhaft versichert worden, dass weder Schwer- noch Leichtverwundete zurückgelassen wurden, man gab ihnen den Genickschuss, um ihnen ein schreckliches Los zu ersparen. Wo es aber keine Verwundeten gab, brauchte man auch keinen Sanitäter …

Höllriegl packte den Karabiner fester. Er jedenfalls würde sein Leben so teuer wie möglich verkaufen.

ES DÄMMERTE, ALS Höllriegl das Gut der Eyckes erreichte. Diesmal kam er von Osten her, über Brachäcker und winterliche Felder, das brennende Berga hatte ihm den Weg gewiesen. Von Anhöhen aus sah er, dass auch Rossla und Rottleberode brannten, und über Nordhausen, dem jetzigen Kesselring, und dem schwarzen Hügelland der Goldenen Aue vermischte sich der nächtliche Feuerschein mit der aufkeimenden Morgenröte. Es wurde trotzdem nicht viel heller.

Ein einziges Mal war er beschossen worden – als er auf einer schmalen steinernen Brücke über die Zorge wollte. Hie und da hatte er Einzelgänger oder kleine Trupps im nächtlichen Gelände mehr vermutet als gesehen, vielleicht Rückkehrer vom Kyffhäuser oder Spähtrupps. Ununterbrochen grollte es in der Ferne und über den Wolken, es musste nach seiner Berechnung im Raum von Stolberg sein. Er hatte viel in Verstecken gelegen, frierend, abgerackert und hungrig – wegen des anfallsweise wiederkehrenden Grimmens hungerte er lieber –, und oft musste er sich flach hinwerfen, wenn schwere Dinger heransausten. Einmal hatte er einen Krepierer erlebt, der ihn wie eine Kleiderpuppe durch die Luft wirbelte, wobei er den Karabiner verlor. Durch bloßen Zufall fand er ihn wieder. Irgendwie hatte er alles bis zum Hals.

Dort drüben zog sich ein blasser Streifen hin – die Mauer, die den Besitz der Eyckes umschloss. Hoher, alter Wald erhob sich dahinter, schwarz, mit ruhigen Wipfeln. Höllriegl kauerte am Saum eines weitläufigen Gehölzes, das er vorsichtshalber umgangen hatte, es geradenwegs zu durchqueren, wäre riskant gewesen. Der Gefechtslärm hatte sich verzogen, nur über der niedrigen Wolkendecke rumorte es.

Plötzlich – es schien vom Park herüberzukommen – hörte er Schüsse und fernes Geschrei. Das Herrenhaus war von hier aus nicht zu sehen, bis dorthin musste es noch gut zwei Kilometer sein, die Zufahrt lag straßenseitig, und von der Straße nach Rottleberode war er schätzungsweise so weit entfernt. Erst jetzt fiel ihm auf, dass ein beizender Geruch in der Luft lag, und als er seine müden, sandigen Augen anstrengte, sah er, dass das, was er für Wiesennebel gehalten hatte, weißlicher Rauch war, der in zähen Schwaden an Bäumen und Sträuchern hing.

Schrille Schreie, eine Agonie lang sich fortsetzend! Er erstarrte. Das war eine Frauenstimme, kein Zweifel, er begann heftig zu zittern. In wilden Sätzen hetzte er zur Gartenmauer hinüber, seine Pulse flogen. Wie kam man in den Park hinein? Die Mauer bestand aus naturbelassenem Gestein, war hoch, stellenweise brüchig und oben durch Stacheldraht, einen doppelten Verhau, abgesichert. Undenkbar, hier drüberzukommen! Es blieb die Wahl, außenherum zum Gittertor zu laufen. Entlang der Mauer gab es keinen Pfad, nur Stauden, Geröll, Rinnsale, lauter Hindernisse. Wieder die Schreie in der Ferne – Tumult und Gebell und Schüsse. Höllriegl begann rascher zu laufen, so rasch es in dem Dreckgelände möglich war, lief aufrecht, obwohl er im Dämmerlicht ein glänzendes Ziel bot. Egal! Hinauf, hinab, Böschungen, Gestrüpp, versumpfte Mulden. Er fluchte durch die Zähne, sein Atem ging pfeifend. In den Lungen stach es, und der Schweiß rann ihm übers Gesicht. Die Zeit, da er regelmäßig Geländesport betrieben hatte, war lange vorbei. Er war auch ausgepumpt. Immerhin, bei der SA hatte er im Dauerlauf stets seinen Mann gestellt – komisch, in dieser Situation musste er an das Leistungsabzeichen denken, das er einst seinem Sturm hatte erringen helfen.

An einigen Punkten wies die Mauer schwere Beschädigungen auf. Artillerietreffer? Aber erst nach einer Weile fand er eine Stelle, wo sie so zerstört war, dass er über die Trümmer klettern konnte. Er tat es in größter Hast und verletzte sich im Geknäuel des Stacheldrahts. Keuchpause. Schmach und Schande – er war fertig.

Der Park schien ebenso verwildert wie das Land außerhalb der Mauer. Er bemerkte, dass der Stacheldraht der zweiten Reihe über Isolatoren lief – eine Teufelsfalle, gut getarnt. Verdammt vorsichtige Volksgenossen, diese Eyckes! Nur gab es keinen Strom mehr.

Hier drinnen führte wenigstens ein überwachsener Gehsteig am Gemäuer entlang, auf dem man rascher vorwärtskommen konnte. Der Wald zu seiner Linken schien undurchdringlich; da und dort zweigten Pfade ins Waldinnere ab, doch das hätten auch Irrwege sein können. Er musste sich an die Mauer halten, das Herrenhaus war sicher nicht mehr weit. Und wieder begann er zu rennen.

Die Hunde jaulten jetzt ganz in der Nähe, Höllriegl hörte auch einzelne Stimmen und heiseres Gelächter. Zwischendurch die rasenden Schreie, die jäh, wie erstickt, abbrachen. Der Brandgeruch wurde schauerlich.

Er hielt an, mit fliegendem Atem, in seinen Ohren tobte das Blut. Nochmals überprüfte er den Karabiner. Das Gewehr kannte er, er hatte bei der Waffenübung im Juni damit geschossen und es auch zerlegen müssen. Automatik, Gasdrucklader, Mehrgeschoßpatronen – so ziemlich das Neueste im konventionellen Bereich. Alles in Ordnung. Nur die Hände zitterten lächerlich. Mechanisch fingerte er in den Manteltaschen nach der Ersatzmunition.

Als er dies tat, raschelte es seitlich im Gebüsch. Im selben Augenblick fühlte er sich von hinten eisern umklammert, während eine Gestalt von auffallend kleinem Wuchs, Zwerg oder Kind, die sich blitzschnell vor ihm erhoben hatte, nach dem Karabiner griff. Sekundenlang setzte sein Herzschlag aus. Dann aber – er war seit Stunden auf derartiges vorbereitet – kehrten Kaltblütigkeit und Kräfte zurück. Unbewusst, weil oft geübt, benützte Höllriegl die Technik des Karate, des Kampfes mit der »leeren Hand«. Das Gewehr hatte er fallen lassen.

Mit einem wuchtigen Ellbogenstoß lockerte er die Umklammerung des Hintermannes. Er hörte lautes Stöhnen und sah, wie der Kerl zusammensackte. (Später dachte er daran, dass dieser Stoß, der vielleicht zufällig das Sonnengeflecht des Gegners getroffen hatte, lebensrettend gewesen war.) Plötzlich funkelte etwas vor seinen Augen. Ein Messer. Er schnellte zur Seite, und der Stich, nach seinem Hals gezielt, schlitzte die Bluse auf, es war die Schultergegend. Mit gut platzierten Handkantenschlägen hielt er sich den Zwerg vom Leibe, der große Kräfte zu haben schien und mit affenartiger Behendigkeit auf ihn einstach, ohne zu treffen – er hatte nun in jeder Hand ein Messer. Höllriegl traktierte ihn mit Fußtritten und Faustschlägen, und als der Kleine zurücktaumelte und einen Moment das Gesicht ungeschützt ließ, versetzte er ihm einen schweren Handballenstoß gegen das Kinn. Der Zwerg taumelte ins Gebüsch, und schon hatte ihn das Dunkel verschluckt.

Schwer atmend lehnte Höllriegl an der Mauer, das Gewehr war wieder in seinem Arm. Höchst unvorsichtig, dem Wald den Rücken zuzukehren. Man hatte ihn beobachtet – vielleicht schon, als er über die Mauer stieg. Wer waren die Burschen? Er drehte den Bewusstlosen auf den Rücken – ein dunkles, bärtiges Gesicht, breite, gequetschte Nase, schräge Augen. Sicher ausgebrochene UmL-Häftlinge. Die Attacke hatte der Schusswaffe gegolten, es fehlte ihnen an Gewehren und Munition – eine einigermaßen beruhigende Aussicht. Und doch auch wieder beunruhigend, denn ein Messer tötet lautlos. Der Hirschfänger lag zu Haus in Heydrich, gerade den hätte er für den Nahkampf gut brauchen können. Er sah im Gras einen Gegenstand blitzen. Es war ein Brotmesser, ein Taschenfeitel, wie man in der Ostmark sagt. Er nahm es an sich.

In seiner Phantasie bevölkerte sich der Wald mit abenteuerlichen Gestalten. Den schussbereiten Karabiner gegen das Dickicht gerichtet, so eilte er weiter. Ein Glück, dass kein Schuss gefallen war, man konnte die Balgerei nicht gehört haben, und die zwei hatte er fertiggemacht. Die Stichwunde brannte, der Dolch schien am Schlüsselbein abgeglitten zu sein, das Hemd klebte an der Haut. Er merkte, dass er noch andere Verletzungen hatte, Schnittwunden an den Händen, auch der rechte Unterarm schmerzte. Sein Mantel war von Stichen zerfetzt.

Doch weiter, weiter!

Der Wald wurde schütterer und ging in eine verwilderte Parklandschaft über, durch das schon sehr entlaubte Geäst blickte gelbliches Mauerwerk. Das musste die Pförtnervilla sein. (Höllriegl erinnerte sich, wie unheimlich das Haus in seiner Verlassenheit ausgesehen hatte.) Auch jetzt waren die hölzernen Fensterläden geschlossen – sahen durch die Ritzen Mörderaugen? Von hohen Sträuchern gedeckt, kroch er auf allen vieren an dem üblen Ort vorbei. Als er den Waldsaum erreicht hatte, atmete er tief. Den Finger am Abzug, spähte er in die Runde.

Vor ihm lag die Allee. Niemand zu sehen, er konnte sie also gefahrlos betreten, die mächtigen Stämme boten Schutz. Es war schon ziemlich hell, aber unter den dicht gepflanzten Bäumen, die noch nicht alle Blätter abgeworfen hatten, herrschte Dunkelheit. Da vorn, auf dem Vorplatz, schien eine Hetze los zu sein. Anscheinend wurde ein Freudenfest gefeiert, Schüsse knallten, und Betrunkene, Weinflaschen und Beutestücke als Trophäen über den Köpfen schwenkend, tanzten grölend um ein Feuer, eine Art Scheiterhaufen – sichtlich Schlossmobiliar, das zu einem Haufen geschichtet worden war. Auch das Herrenhaus brannte, und Funkengarben stoben gen Himmel. Die Luft war zum Ersticken.

Er huschte von Baum zu Baum und hatte bald den vordersten erreicht. Von hier aus konnte er den Vorplatz leicht überschauen, sofern der Qualm die Sicht nicht behinderte. Gut ein Dutzend Personen, hauptsächlich Männer, biwakierten zechend auf dem Rasen und den Kieswegen, und ein paar reglose Körper, halbnackt und in verdrehten Stellungen, lagen auf den Terrassenstufen. Der Rauch verzog sich ein wenig, und da sah er etwas, das ihm das Blut in den Adern erstarren ließ. Einen Pferdekadaver als Brustwehr und Stütze benutzend, schossen zwei Männer abwechselnd nach einem Ziel, worauf jedes Mal die Zuschauer in brüllendes Gelächter ausbrachen, sie schienen die Schützen aufzuziehen.

Das Ziel war ein Weib in Stiefeln und Reithosen. Es saß, auf einem Stuhl festgebunden, in der Tiefe der Wagenremise im grellen Licht der Autoscheinwerfer. Ein schönes Ziel! Das Haupt war nach hinten gesunken, das Hemd hing in Fetzen von den Schultern und ließ die Brüste frei. Quer über dem Schoß der Leblosen lag ein schmaler weißer Körper, der Körper eines Jungen. An seinem Hals klaffte eine breite Wunde, und der Kopf hing wie abgeschnitten nach unten.

Die Schießenden machten eine Kunstpause und begannen sich zu balgen. Einer der Herumstehenden lief in die Garage, holte einen Kanister, dann einen zweiten und stellte sie neben das Weib.

Im nächsten Moment brach der Feuerstrahl aus Höllriegls automatischem Gewehr. Noch nie im Leben war er so ruhig gewesen wie in dieser Sekunde, an die er sich später wie an eine schmutzige Ewigkeit erinnerte. Er mordete planmäßig und gut, die Hände zitterten nicht mehr, seine Sinne waren plötzlich ungeheuer geschärft. Der Mann in der Garage warf die Arme theatralisch in die Höhe und stürzte zusammen. Aus der fröhlichen Balgerei der Schützen wurde ein zuckender Knäuel, der jäh erstarrte. Dann ergriff es die Zuschauer des Schützenfestes, die Zechenden und die Tanzenden. Höllriegl sah mit wilder Freude, wie sie aufsprangen oder innehielten, mit offenen Mäulern dastanden und ins Leere stierten. Er sah die sich windenden Leiber und die Zuckungen. Sonst aber war alles wie auf dem Übungsplatz. Er sprang aus seinem Versteck hervor, die Pistole in der Hand. Hie und da rührte sich noch was. Aber die Patronen waren kostbar. Einer, der so jämmerlich schrie und zuckte, dass er wegsehen musste, hätte ihm beinah den Gnadenschuss abgebettelt.

Er rannte in die Remise. War Ulla tot oder ohnmächtig? Gott sei Dank, sie atmete! Behutsam nahm er den Jungen von ihrem Schoß und legte ihn – es war wohl Manfred – auf den Boden, der über und über glitschig war. Sofort fing er an, Ullas Fesseln zu lösen. Er musste läppisch lange arbeiten, die Bestien hatten ihr Opfer mit sadistischer Umständlichkeit gefesselt und festgeschnallt – zwischendurch untersuchte er sie. Sie schien nicht getroffen worden zu sein, die Schützen waren zu besoffen gewesen. Aber man hatte Ulla schwer geschlagen oder gefoltert, das sah man ihr an, die Haut zeigte überall dunkle Flecke, vielleicht waren auch Knochen kaputt.

Als er den letzten Riemen durchschnitten hatte – heil dem Brotmesser! – fiel Ulla vornüber. Mit dem Gesicht nach unten lag sie vor ihm, die blonde Mähne, ein Strahlenkranz im Licht der Autoscheinwerfer, bedeckte die Schultern und den halben Rücken. Ihre Hose war über dem Gesäß aufgeschlitzt worden, vermutlich hatten sich die Säue an Ulla gütlich getan. Mit einem Blick umfasste er das alles, und einen Herzschlag lang stand er überwältigt. Sie war schön.

Draußen krachten Schüsse. Höllriegl hörte die Einschläge, Metall stöhnte auf, und Geller surrten durch den Raum. Rasch schleifte er Ulla an den Stiefeln hinter den nächstbesten Wagen und bettete sie auf einen Kotzen. Dort verschanzte er sich notdürftig, legte die Ersatzmagazine zurecht und lud den Karabiner. Da war es wieder: das Geräusch geworfener Erbsen, auch ein hartes Klatschen, der Verputz fiel von den Wänden. Glas zerbarst – einer der Scheinwerfer war in Scherben. Den andern zerschoss Höllriegl.

Die Garage lag nun im Dämmerdunkel, draußen begann der Tag. Günstig! Wer ihm vors Visier kam, der war geliefert. Verdammter Qualm! Das konnte gefährlich werden, unter seinem Schutz konnten die Angreifer – wie viele waren es? – in die Garage eindringen und ihn überwältigen. Auch die Luft wurde immer beizender, der Atem ging schwer.

Er schaute sich um und überlegte, sein Gehirn arbeitete fieberhaft. Der Boden der geräumigen Remise war schräg, neigte sich gegen den Hintergrund zu, Decke und Mauern schienen aus dickem Beton zu sein, und schleusenartige Einstiege führten irgendwohin. Ein Bunker, vielleicht ein Tiefbunker, das wäre auszukundschaften. (Mit Ausgängen im Wald?) Er suchte die Wände ab, ob da wo ein Plan der Anlage hing, wie es Vorschrift war. Nichts. Wenn er hier tiefer vordrang und nicht mehr herausfand, würden die Bestien ihn ausräuchern und fangen. Es blieb dann immer noch die letzte Patrone – nein, zwei Patronen waren aufzusparen. Auch Ulla würde denen nicht mehr in die Hände fallen.

In der Remise befanden sich drei Pkw und ein kleiner Lastwagen, Ullas grüner Opel Kapitän stand quer, irgendjemand hatte damit dilettantisch herummanövriert. Ulla trug Reitdress, also war sie nicht zum Begräbnis gefahren – wahrscheinlich hatten die Eyckes den Braten gerochen. Wo war Herr von Eycke? Der musste wohl an der Trauerfeier teilgenommen haben. Oder war er rechtzeitig gewarnt worden und getürmt? Dann aber hätte er Ulla und die Kinder mitgenommen.

Ullas Dress bedeutete: Auch sie wollte weg. Mit Manfred. Was war mit Erda? Erda, die Scharführerin – anzunehmen, dass sie bei der HJ Dienst machte und irgendwo im Einsatz stand. (Jemand hatte Höllriegl erzählt, Erda sei ein fanatisches Jungmädel und wollte in der Hingabe an Führer und Reich die Eltern noch übertreffen.) Ulla und Manfred waren allein im Schloss gewesen, als die Unholde kamen, so schien es.

Sie bewegte sich schwach. Ein Waschkübel stand in Reichweite, den Höllriegl mit dem Gewehr zu sich herüberschob. Das bisschen Wasser war schmutzig, aber kalt. Er riss einen Streifen aus Ullas Hemd und kühlte mit dem nassen Fetzen ihre Stirn, rieb ihren Hals und die Brust. Als er ihren Busen massierte, schwindelte ihm. Ein merkwürdiges Gefühl. Verlangen? Glück? War er jetzt nicht ihr Herr?

Sie öffnete die Lider und schloss sie sogleich wieder. Dann ächzte sie laut, ein Schauer schüttelte sie, und ihre Gliedmaßen fingen an, heftig zu zucken. Plötzlich klammerte sie sich an ihm fest, er spürte ihren vollen, geschmeidigen Leib, und das alte Begehren flammte wieder mächtig auf. Doch nur für einen Augenblick. Er schämte sich und tätschelte sie zärtlich, streichelte sie wie ein Kind, während Geschoße über das Versteck hinwegpfiffen. Eine heillose Situation.

»Ulla!«

Wieder öffnete sie die Lider, ihre dichten Wimpern waren wie betaut. Schräge Schlitze. Sie blickte ihn an, sah sein Gesicht ganz nahe, und ihr Blick wurde starr vor Entsetzen. Mit einem Schrei fuhr sie zurück.

»Ulla! – Ulrike! – Frau von Eycke! Ich bin Ihr Freund. Hören Sie: Ihr Freund! Haben Sie keine Angst! Ich werde Sie retten, bleiben Sie doch ruhig …« Und wieder versuchte er, sie zu streicheln, ihre Hände zu halten. Sie entwand sich ihm, wich noch mehr zurück.

»Jugurtha«, flüsterte sie mit angstverzerrtem Gesicht.

Was war das, was meinte sie? War sie wahnsinnig? Das Entsetzliche, das sie mitgemacht, hatte ihren Verstand zerrüttet. Sie schrie auf: »Jugurtha!«

»Ich bin Ihr Freund, Ulla, nehmen Sie Vernunft an. Sie sind überfallen worden – von –«

Er sah, wie in dem Rauchvorhang Gestalten auftauchten. Schon war er am Gewehr, eine Feuergarbe hämmerte scharf und riegelte den Eingang ab. Flucht! Die Lage war unhaltbar. Nochmals suchte er die Wände ab. Sich in eine der Schleusen zurückziehen, dort konnte man sich leichter verteidigen. Wie lange? Mit brennenden, tränenden Augen fixierte er das Schussfeld. Hier kam ihm keiner durch.

Höllriegl hörte, wie Ulla tappend zu ihm herankroch, wieder umklammerte sie ihn. »Wirst du mir wehtun, schwarzer Jugurtha?«, wisperte sie an seinem Ohr. »Schwarzer Jugurtha, schwarzer Jugurtha.« Ihre Stimme bebte, aber sie lockerte nicht die Umarmung. Er lehnte seinen Kopf an ihren und streichelte das Haar und die Wangen, seine Rechte hielt dabei den Karabiner in Zielrichtung. Kein Auge wandte er vom Eingang.

Wie, wenn er sie hier besaß? Sie beide mussten sterben, das war klar, es gab keinen Ausweg. Ein Magazin hatte er noch und die paar Dinger in der Pistole, Himmelherrgott! (Zwei davon waren abzurechnen.) Warum sollte er sie nicht blitzen, bevor sie beide krepierten? Sie war plemplem und würde sich nicht wehren.

Wieder spürte er, dass die Gier seine Sinne benebelte und ihn nicht losließ. Und – Rache! Rache für die Hiebe! Rache ist süß, diese wars besonders. Er pfiff durch die Zähne. Mit der freien Hand betastete er ihre Schultern, die Hüfte, die Hand glitt abwärts, da war die zerrissene Reithose, ihre Hinterbacken waren halbnackt, die Haut war rau, aufgeraut, er fühlte die Striemen, man hatte sie geschlagen.

Enger schmiegte sie sich an ihn – es war Angst, was sonst? Sie kam wohl nach und nach zu sich und witterte, was los war. O Gott – nur erinnern sollte sie sich nicht!

Wie eine jähe warme Welle überschwemmte ihn Mitleid. Aber es spülte die Begierde nicht weg, es vermehrte sie nur. Er zog sie ganz zu sich heran. Ihr Haar, ihr Gesicht! Der Mund war verschwollen, wie zerbissen. Überall Blutkrusten. Was war das nur mit – Jugurtha? Ein Kennwort, ein Schlüsselwort? Vielleicht lag da der Hund begraben? Er nahm ihre Brüste in seine Hände, groß und prall waren sie und elastisch, ihre Walkürenbrüste! Und nicht anders als bei andern Weibern. (Flüchtiges Erinnerungsbild: Eine Liegewagenbekanntschaft, Grazerin, Beamtin beim Reichsnährstand, gut genährt, fast feist und nicht mehr jung, die hatte die gleichen walkürenhaften Formen gehabt.) Seine Bernsteinhexe, seine Walküre! Jetzt hatte er sie, wie er sie wollte, ihre schönsten Geheimnisse konnte er aufdecken, wie im Traum, vor allem das Schatzkästlein. Ulrike Mlakar alias Ulla Frigg von Eycke, die Hüterin der Art, das Fernsehidol der Nation – ein Häufchen Unglück. Und vor dieser Frau hatte er gezittert! Sie war nicht anders als tausend andere, verdammt noch mal. Er küsste die Knospen ihrer Brust, diese großen, braunen, weichen Warzen mit dem schönen Hof – von denen er geträumt hatte wie ein onanierender Knabe. Sie ließ alles mit sich geschehen, ihre Augen waren geschlossen, tief seufzte sie mit halb geöffneten Lippen, die Zähne wurden sichtbar.

»Jugurtha, Jugurtha!«

Wieder dieses Wort. Irgendwie kam es ihm bekannt vor, einmal in grauer Vorzeit mochte er es gehört haben, aber wann und wo, das hatte er verschwitzt. Jugurtha … Und plötzlich fiel ihm der alte Tartaglia ein, sein Lehrer, der Triestiner mit den Tollkirschenaugen und dem schwarzen Schnauzbart. Und da war es auch – die Kriege – die Jugurthinischen Kriege! Irgendwas mit den Römern … Aber was hatte das zu bedeuten?

Wenn er Ulla blitzen wollte, dann wars allerhöchste Zeit. Nicht hier – dort in der Schleuse! Er richtete sich halb auf und fühlte mehr, als ers gewahrte, dass ein Etwas, ein Schatten, auf ihn zusprang. Fast gleichzeitig drückte er ab und hörte, wie der Kopf des Angreifers auf der Kühlerhaube aufschlug.

Die Schleuse!

Im Wagenfenster hatte er einen Moment lang sein Gesicht gesehen, rauchgeschwärzt, verschmiert, mit weiß daraus hervorstechenden Augäpfeln … eine gräuliche Fratze! Für einen Liebhaber war er grad kein Ausbund von Schönheit.

Bis zum Schleuseneinstieg waren es schätzungsweise zehn Meter. Offenes Terrain. Entweder sie liefen mit dem Tod um die Wette, oder – Klar, Ulla würde in diesem Zustand nicht laufen können, auch war ihr Geist so verwirrt, dass sie seinen Fluchtplan nicht begreifen konnte. Doch Zeit war keine zu verlieren, und plötzlich hatte er einen glorreichen Einfall. »Ulla«, sagte er leise, »dort drüben liegt der Feind … die Römer. Sie wollen uns fangen und umbringen. Willst du mit mir fliehen?«

Sie umfing ihn fest. Ihre Umarmung hatte etwas Inniges – so schien es. Noch immer waren ihre Augen geschlossen.

»Dann komm! Halte dich an mir fest!«

Er kroch flach auf der Erde hinter dem Wagen hervor, Ulla und den Karabiner langsam nachziehend, die Munition hatte er wieder eingesteckt. In seinem Kopf herrschte ein wüstes Durcheinander, alles drehte sich, jeder Atemzug brannte in der Lunge. Rauchvergiftung, konstatierte er kühl.

Meter um Meter Boden brachte er so hinter sich, mühsam nach Luft schnappend. Manchmal wurde ihm schwarz vor den Augen, und in seinen Ohren begann es zu singen – doch wacker kämpfte er die Ohnmacht nieder. Endlich! Sie hatten den Kellereinstieg erreicht, eine jener massiven Bunkertüren aus hitzebeständigem Stahl, die mittels zweier Querhebel zu öffnen waren, Höllriegl kannte den Mechanismus sehr genau. Er betätigte die Klinken, aber die Tür ging nicht auf.

Zögernd erhob er sich, um den Versuch mit stärkerer Hebelwirkung zu wiederholen, der Verschluss schien zu klemmen oder war kaputt – oder war es ein Geheimmechanismus? Teufel! In diesem Augenblick erfüllte ein so greller Glanz die Garage, dass Höllriegl wie betäubt gegen die Wand taumelte. Das unerträgliche Licht schien aus allen Ritzen und Poren des Mauerwerks zu dringen, und obwohl er instinktiv die Augen geschlossen und sie mit den Händen bedeckt hatte, wurde es um ihn her heller als bei vollem Sonnenlicht in der Wüste. Es war ein ganz und gar grauenhaftes Licht, und wenn Höllriegl während dieser acht oder zehn Herzschläge seiner Sinne mächtig gewesen wäre, hätte er vielleicht an das ewige Feuer des Muspilli gedacht.

Der Lichtschlag ließ alles in nächtigem Dunkel zurück. Ein Erblindeter, so hockte Höllriegl an der Mauer und tastete sich ab. Er rieb seine Augen – wo war er? Blind! Lebte er? Grüne und gelbe Räder tanzten und drehten sich vor den Augen, immer schneller, immer schneller. Er versuchte aufzustehen, seine Hände griffen ins Leere. Die Finsternis begann sich mit grünen Phantomen zu bevölkern.

Da hörte er auch schon ein schwer heranrollendes Dröhnen, ein lang hinhallendes, fortdauerndes Bersten und Donnern, gefolgt von hohlem Brausen und Pfeifen. Der Boden wankte unter seinen Füßen, als stünde er auf einem rollenden Deck, eine unsichtbare Faust presste ihn an die Wand, und der Luftdruck hämmerte gegen die Trommelfelle. Gleichzeitig füllte sich der Raum mit sengender Hitze, die Hölle schien ihren Rachen aufgerissen zu haben. Er sah – denn er konnte nun wieder schwach sehen –, dass die Wagen heftig schaukelten und durcheinanderrollten. Vor dem Garagentor türmte sich unter ohrenbetäubendem Geprassel eine Mauer auf, Staubwolken drangen herein. Auf einmal war er wieder denkfähig.

Entweder war eine Luftmine geplatzt oder irgendein saftiger Artilleriebrocken hatte die Garage direkt getroffen. Heraus hier! Der Staub erstickte ihn, aber Höllriegl merkte, dass aus einem Mauerspalt Wasser rieselte – ein Rohr schien geborsten –, und so benetzte er einen Leinwandstreifen und hielt ihn vor Nase und Mund. Er musste im Halbdunkel über umgestürzte Wagen und sonstige Hindernisse. Schließlich erklomm er, immer wieder abrutschend, die Schutthalde beim Eingang. Er war im Freien, doch was er da sah, erfüllte ihn mit Entsetzen.

Der Herrensitz der Eyckes hatte zu bestehen aufgehört. Was davon noch übrig sein mochte, verbargen rauchende Trümmerberge, aus denen Flammen schlugen. Aber auch den Park gab es nicht mehr – eine gründlich veränderte Landschaft starrte Höllriegl entgegen. Es war eine brennende, glosende Wüste, die sich vor ihm ausbreitete und weit in die Ferne erstreckte. Die mächtigen Alleebäume lagen zum Teil geknickt, entwurzelt am Boden oder staken, zersplitterte, skelettartige Strünke, im qualmenden Erdreich. Ein Teil des Waldes brannte lichterloh – von seinem Standort aus konnte Höllriegl nicht sehen, wie weit der Waldbrand reichte. Aber das Schrecklichste von allem war der Himmel. Im Westen, der Morgensonne entgegen und sie auslöschend, stand eine orangene Feuerwand von intensivster Leuchtkraft am Firmament, sie war sichtlich schon im Verblassen, denn man konnte sie ansehen, ohne geblendet zu werden. Es war, als wäre Materie unirdischer Herkunft geschmolzen worden. Auch der übrige Himmel sah fremdartig aus: er erschien wie zerstört, wie ein zerwühltes Bett, und erstrahlte in fahlem chemischem Grün.

Höllriegl erfasste dies alles mit einem einzigen Blick, es stürzte förmlich in ihn hinein, und sein fieberndes Gehirn verarbeitete es schnell. Er verstand. Es war nicht eine Fliegerbombe gewesen, auch kein Artillerie- oder Raketengeschoß gewöhnlicher Art. Es war die Bombe gewesen!

Im selben Augenblick überfiel ihn wie ein Keulenschlag das Bewusstsein der Gefahr, in der er sich befand. Er fing zu zittern an, er schlotterte. Aber es war nicht eigentlich Angst, die ihn schlottern machte, es war mehr eine Reaktion seiner armen, geschundenen Nerven. Er saß auf dem Schutthügel und flennte wie ein verzweifeltes Kind, willenlos und ohne eine Spur von Scham. Er merkte es nicht. Dann – mit einem Mal – hörte er auf, wischte sich die Wangen ab, und ebenso plötzlich setzte sein Denkvermögen ein, funktionierte sogar tadellos wie ein gut geöltes Maschinchen.

Er befand sich nicht weit von der Detonationsstelle, das war klar, die Bombe war vielleicht auf den Kyffhäuser gezielt gewesen. Der Wind – nach dem Feuerstoß von vorhin ließ sich die thermische Strahlung jetzt immerhin ertragen – blies scharf aus Nordwest, es war ein heißer Steppenwind, ein Sandsturm, der brandig roch. Höllriegl wusste genau, denn er hatte oft genug sogenannte Planspiele mitgemacht, dass im RN-Bereich I ungeschützte Personen binnen vier Stunden nach Eintreffen des radioaktiven Niederschlags eine Dosis von über 100 R aufnehmen. (Oh, sein Gedächtnis arbeitete noch immer glänzend!) Außerdem – wer konnte wissen, was für eine Bombe es gewesen war. Besaß sie einen zusätzlichen Mantel aus schwerem Material (U 238, fiel ihm ein), dann war infolge Vervielfachung der Menge von Kernspaltprodukten die Verstrahlung eine weit intensivere. (Zum Kotzen oft hatte er derlei Prüfungsfragen in Schulungskursen beantworten müssen, sein Gedächtnis repetierte den Lehrstoff wie ein Automat gegen Münzeinwurf.) Dann würde es nämlich keine vier Stunden dauern, sondern nur eine Stunde, verdammt und zugenäht. Er glaubte sich auch zu erinnern, dass die Japse ausschließlich solche »schmutzige« Bomben verwendeten.

Zu weiteren Überlegungen blieb keine Zeit. Fliehen, laufen, die nackte Haut retten! Er rutschte den Schuttberg hinunter, warf den Mantel fort und begann zu rennen – auf das *Planspiel* folgte der Schrecken. Er kam nicht weit, denn der brennende Wald war eine undurchdringliche Barriere. Die Allee! Er dachte daran (und fühlte zugleich den Wahnwitz), so schnell es ging die Chaussee zu erreichen, die von Rottleberode nach Berga und Kelbra führte, vielleicht war sie noch intakt, und in östlicher Richtung das Weite zu suchen. Er wusste, er lief mit dem Tod um die Wette – mit dem Tod, der ihn ja sowieso schon am Wickel fasste, durch alle Poren seines Leibes drang.

Während er in wilder Hast einen Weg durch das brennende Chaos suchte, spie sein aus den Fugen geratenes Hirn unentwegt Sätze aus, die es seit Jahren gespeichert hatte: ... Grundschutz, das heißt dauerhafter Schutz gegen Wirkungen ... gegen Wirkungen herkömmlicher Sprengkörper ... gegen Wirkungen der Druckwelle – 0,3 atü ... gegen Einsturz- und Trümmerwirkungen von Gebäuden ... gegen Wirkungen von B- und C-Kampfmitteln ... gegen Wirkungen von Brandstoffen ... und schließlich ... schließlich gegen die RN-Gefährdung selbst, wobei ein Schutzwert ... wie war das? verfluchte Scheiße ... ein Schutzwert – Außendosisleistung dividiert durch Innendosisleistung – von zwohundertfünfzig anzunehmen ist ... das wars ... die Warnschwelle derzeit auf 10 mR/h eingestellt ... es kommt darauf an, zunächst ... zunächst ein grobes Verstrahlungsbild als Grundlage für Schutzmaßnahmen zu erhalten ... für örtlich begrenzte Verhältnisse wird daher die zweite Möglichkeit ... welche Möglichkeit? ... die zweite Möglichkeit, nämlich das Aufsuchen von Grundschutzräumen, die Regel bilden ... die Volksgenossen müssen damit rechnen, dass sie unter Umständen ... so einen Grundschutzraum gab es doch sicher auch hier, mit allem Eycke-Komfort ... strahlensicher ... für Wochen bevorratet ... mit Trockenklo, Schutzkleidung, Masken und ...

Die Schleuse! Ulla! Er hatte sie vergessen – total vergessen! Er hatte die Bernsteinhexe im Stich gelassen! Er war ein Vieh, ein gemeines, hundsgemeines Schwein, ein Dreckskerl, ein Schuft, ein Jammerlappen! Allein wollte er dieses schundige Leben retten, alles andre war ihm wurscht. Ein erbärmlicher Feigling war er, sonst nichts!

Höllriegl machte auf der Stelle kehrt. Noch immer zitterte er, und wieder liefen ihm Tränen über die Backen. Beschämend! So nah waren sie der Rettung gewesen! Hätte er die Schleusentür öffnen können, wären sie jetzt in Sicherheit, aber der Bunker war wohl nur betretbar, wenn man das Geheimschloss kannte – ein Tresor mit Losungswort für Herrn von Eycke und seine Brut reserviert, das sah ihm ähnlich ...

Das Gefühl äußerster Niedergeschlagenheit verstärkte sich, als er die Trümmerhalde in umgekehrter Richtung überkletterte – im Grunde war ja alles egal, es musste kommen, wie es kam, gegen den Wind kann man nicht pinkeln. Schlimm, dass man jetzt ungeborgen ... sozusagen nackt ... dem Unbekannten preisgegeben war.

Ulla kauerte in einer Ecke, die Knie umschlungen, so brütete sie vor sich hin, sie schien angestrengt nachzudenken. Er streichelte ihr übers Haar, sie sah zu ihm auf, und es war ihm, als sei die Furcht aus ihrem Blick gewichen. Überhaupt kam sie ihm frischer und klarer vor.

»Wir müssen fort, Ulla! Rasch!«

Er zog sie empor, half ihr, auf die Beine zu kommen. Als er dies tat, bemerkte er, dass ein zusammengeknülltes Papier zu Boden fiel. Ulla bückte sich erstaunlich geschwind und brachte das Papier an sich. Einige Sekunden stand sie unschlüssig, das Blatt in der Hand rollend. Dann sah sie ihn an und drückte ihm die Papierkugel in die Hand.

»Die Rettung, schwarzer Jugurtha«, sagte sie. Ihre Stimme klang normal, fest und wohllautend. War sie wahnsinnig oder war sie es nicht?

»Komm, Ulla, komm! So komm schon! Wir müssen schnell fort von hier. Die Römer –« Höllriegl unterbrach sich. Hatte es einen Zweck das kindische Spiel fortzusetzen? Er umarmte sie, um ihr das Gehen zu erleichtern. Bei jedem Schritt spürte er ihre Brust wippen, und – merkwürdig – diese Berührung gab ihm Zuversicht und Stärke. Er war ihr Beschützer. Wieder war es gut, einen Menschen um sich zu haben. Tuchfühlung!

Er musste sie ziehen, sie wollte nicht recht. Als sie draußen waren, schaute sie sich erstaunt um – neugierig. Ohne Schrecken! Sie blieb stumm, ungerührt. Begriff sie? Begriff sie nicht? Nur schnell fort von hier!

Mit sanfter Gewalt zog er sie weiter. Der Zettel – vielleicht war er wichtig. Sie setzten sich auf den heißen Boden, inmitten der Waberlohe. Ein Schauer überrieselte ihn, als Ulla ihren Kopf – vertrauensvoll – an seine Schulter lehnte, der warme Wind blies die Strähnen in sein Gesicht. Die grausige Gegenwart versank. Sie waren die ersten oder die letzten Menschen.

Hastig überflog er den Zettel, er war schmutzig und voller Blutspritzer. Eine lange Zahlenreihe stand darauf, sichtlich von Kinderhand hingekritzelt. Aber es war die Hand eines Erwachsenen, die über jede Zahl ein Runenzeichen und den entsprechenden deutschen Buchstaben geschrieben hatte. Eine Spielerei? Verblüfft las er: Jugurtha. Das Wort stand über der Zahlenreihe zweimal voll ausgeschrieben, das dritte Mal bloß mit den ersten fünf Buchstaben, die Reihe brach dann ab. Eine chiffrierte Nachricht – man brauchte nur das Schlüsselwort und den Zahlenraster zu kennen. (In der illegalen Zeit hatten sie ähnliche Späße benützt, um die Kruckenkreuzler zu äffen.)

Oder wars eine Erklärung der Planskizze darunter? Die Auflösung lautete: Junkers Gurnemanz Thale. Die ersten Buchstaben jedes der drei Wörter ergaben wieder »Jugurtha«.

Höllriegl las laut und sah Ulla fragend an. Sie nickte nur und drückte sich an ihn. Ihre halb geöffneten Lippen waren seinem Mund nahe. Er küsste ihr Gesicht, zuerst die Augen, dann den Mund. Er spürte ihre geschwollenen Lippen, die Glätte ihrer Zähne, die kühle Feuchtigkeit des Zahnfleisches. Ihr Atem roch schlecht.

»Thale« – das war ein Ort im Harz, vielleicht hätte Ulla jemanden dort treffen sollen. »Gurnemanz« – meinte der Name Herrn von Eycke? Wohl eine Zumutung. »Junkers« war klarer. Eycke war Sportflieger und flog möglicherweise eine Ju. Oder ein Hinweis auf eine bestimmte Maschine, die Art des mitzunehmenden Gepäcks und der Ausrüstung. (Höllriegl erinnerte sich flüchtig, was ihm Gundlfinger verraten hatte.) Auf dem Plan – klar, es war ein Fluchtplan – war eine Stelle angekreuzt, nordwestlich von Thale, in Richtung Quedlinburg. Der Treffpunkt.

»Ulla, was heißt Gurnemanz?« Er forschte in ihrem Gesicht und merkte mit Bestürzung, dass ihr Blick wieder stumpf und trüb war. »Schwarzer Jugurtha«, flüsterte sie, und ein Zittern lief durch ihre Glieder, »wirst du mir wehtun?« Eine fixe Idee. Er streichelte sie, sprach begütigend auf sie ein. Also war sie doch plemplem. Hoffnungslos. Wo war sein Mantel? Er fand ihn und legte ihn um ihre nackten Schultern, hüllte sorglich ihren Leib damit ein.

Thale. Dorthin war es nicht allzu weit. Er kannte die Straße, war sie manchmal gefahren. Über Rottleberode, Stolberg, Guntersberge – mit dem Wagen eine Kleinigkeit. Aber zu Fuß, in diesem Chaos? Mit einer Kranken? Immerhin: es war ein Ziel, ein bestimmtes Ziel.

Also auf nach Thale! Der Strahlung entgegen, ihr direkt in die Arme – es war Wahnsinn, der Tod. Egal. Und wenn es in die Hölle ginge!

Der Himmel hatte sich brandig verfärbt, eine fahle Sonne schwebte wie ein künstliches Gestirn in den tief dahinfliegenden lavafarbenen Wolken. Die orangene Feuerwand war erloschen – an ihrer statt hatte sich ein fleckiges Rosa über den westlichen Horizont ausgebreitet. Es war das Rosa des Führerbildes in Höllriegls Wohnung.

ER KONNTE NICHT einschlafen, mit brennenden, tränenden Augen starrte er ins Dunkel. Und obwohl er so müde war, als habe man ihm jeden Knochen im Leib einzeln zerschlagen, zuckten ihm die Nerven. Es roch muffig und säuerlich hier – seine aufgerauten Sinne registrierten Menstruation, Säuglingspflege, Abpumpen von Muttermilch. Grässlich! Neben ihm auf dem Feldbett lag Ulla, zusammengekrümmt wie ein Embryo. Seine Hand tastete über ihr Gesicht. Sie schnarchte leise, der Mund stand offen.

Er hatte sie heute zweimal gehabt. Das eine Mal in einem Erdloch nach Rottleberode. Während einer kurzen Rast hatte sie sich ihm aufgedrängt, schamlos, sie hatte dabei Kekse gekaut. Und auch ihre Notdurft hatte sie immer vor ihm verrichtet. Das zweite Mal hier im »Zumuklo«, dem Zuchtmutterkloster. Da hatte sie sich auf einmal wie eine Wilde gewehrt, als er sie haben wollte, und er hätte sie beinah erwürgt. Das erste Mal war abzuwerten – eine Halbidiotin, die alle Hemmungen fallen lässt, zählt nicht, auch wenn sie Frau von Eycke heißt. Das zweite Mal … Es war weiter nicht aufregend, bloß anstrengend. Das Paradies, das er sich erhofft hatte, gab es nicht. Auch das war abzuwerten. Und doch wurde sie langsam, allmählich, Schritt für Schritt (es waren Hühnerschritte) wieder sie selbst. Sogar ein Hauch von ihren alten Stallburschenmanieren wehte ihm dann und wann entgegen – das machte ihn glücklich. Es war sein einziges Glück.

Er hatte es auf der langen, langen Wanderung bemerkt. Plötzlich war sie gesprächig geworden, anfallsweise, meist zusammenhanglos – jedenfalls: Sie redete. Den verworrenen Bildern, die ihren Verstand verfinsterten und niederhielten, war manches zu entnehmen. Vermutlich hatte ihr Manfred die chiffrierte Botschaft überbracht, Herr von Eycke dürfte sie verfasst haben. Gurnemanz? Höllriegl erriet aus den teils widersinnigen, teils vernünftigen Sätzen, dass Gurnemanz der familiäre Spitzname des Kastellans war – der ihm damals den Auftrag zum Pendeln übermittelt hatte. Dieser »Gurnemanz« war anscheinend damit betraut gewesen, die Flucht der Familie vorzubereiten und auch dafür zu sorgen, dass sich alle – die Zwillinge inbegriffen – an einem bestimmten Ort trafen, eben in der Nähe von Thale. Höllriegl entsann sich dunkel, gehört zu haben, dass die

SS in der dortigen Gegend, im ebenen Waldland an der Bode, einen gut getarnten und schwer befestigten Fliegerhorst besaß. Sollte dieser trotz der Schlacht um Stolberg noch betriebsfähig sein? Wahrscheinlich wäre der Fluchtplan der Eyckes geglückt, wenn die Japse die einzigen Gegner gewesen wären.

Wieder fiel ihm Gundlfinger ein. Es war auffallend, dass Herr von Eycke oder sonst wer das Kryptogramm in Zeichen abgefasst hatte, die, wie der Fachmann auf den ersten Blick erkannte, dem sogenannten jüngeren nordischen Runenalphabet angehörten, also nicht dem gemeingermanischen »Futhark«, das jeder Pimpf lesen konnte. (Nur das »z« in Gurnemanz war dem Futhark entnommen, es war das gleiche Zeichen wie jungnordisch »m«.) Hieß das, der Flug – »Junkers« – würde nach dem Norden gehen? Oder war es eine Irreführung, und die nordischen Runen bedeuteten im Gegenteil den Äquator? Andrerseits waren Thale und Thule ähnlich klingende Namen, und Thule, das Inselland der Alten, lag im hohen Norden, ebenso das Thule von Grönland ... Müßige Spekulationen.

Welches Ende Manfred genommen hatte – Höllriegl hatte es gesehen. Manfred war von den Freigekommenen erwischt und wie ein Kalb abgestochen worden, vermutlich vor den Augen seiner Mutter. Dass man Ulla gemartert und mehrmals benützt hatte, ebenso wahrscheinlich in Anwesenheit des noch lebenden Sohnes – dafür gab es unzweifelhafte Spuren. Ein gnädiges Geschick hatte in Ullas Bewusstsein diese Szenen mit undurchdringlichem Vergessen verhängt, und Höllriegl hütete sich, auch nur ein Zipfelchen zu lüpfen. Obwohl dies, das ahnte er, die frühere Ulla, Frau Frigg von Eycke, die Ober-Nazike des Frauenstraflagers »Dora«, wieder zum Leben erweckt hätte ... erweckt zu alter Herrlichkeit und Furchtbarkeit!

Wo war Erda? Hatte sie eine ähnliche Botschaft erhalten und war nun gleichfalls auf dem Weg nach Thale? Ulla schien nichts mehr davon zu wissen, dass sie Kinder hatte. Ihre geistige Verfassung zwang sie, nur für den Augenblick zu leben, instinktartig, ohne Erinnerung – irgendwie punktförmig. (Hatte er dies nicht auch Anselma nachgesagt?) Sie vergaß sogar Dinge, die sich vor wenigen Minuten ereignet hatten.

Höllriegl und Ulla waren durch eine entseelte, entvölkerte Kraterlandschaft gezogen – mit verwilderten Hunden als einzigen Lebewesen. Nur einmal waren ihnen Menschen begegnet, ein versprengter Strahlenspürtrupp der Wehrmacht; der hatte einen ziemlich weltfremden Einsatzbefehl erhalten und wusste nun selbst weder ein noch aus. Die Leute fuhren auf Krafträdern und nahmen sie eine Strecke im Beiwagen mit.

In Rottleberode hätten sie Strahlenschutzkleidung fassen können, wenn Rottleberode noch vorhanden gewesen wäre. Es war aber ebenso wenig vorhanden wie Stolberg, eine Geisterstadt, deren Überreste aus der Ferne wie verkohlte Knochen aussahen – Höllriegl zog es vor, den verruchten Platz zu umgehen, man konnte nie wissen, was in solchen Ruinen auf einen lauerte. Folglich gab es auch keine Depots und keine Schutzanzüge. (Für uns, dachte Höllriegl, so oder so zu spät.) Wie es auch keinen Luftschutz und keinen ABC-Abwehrdienst mehr gab. Es gab nichts. Die RN-Spürtruppleute sagten, dass in vielen Bunkern noch Menschen leben müssten, weil am Abend vorher Strahlenalarm und keine Entwarnung gegeben worden war. Nicht überall schienen die Ausschlupfe verschüttet, und trotzdem traute sich niemand ans Tageslicht. Alle örtlichen Warnzentralen waren ausgefallen, die Organisation des für den Ernstfall so großartig gedrillten Atomüberwachungsdienstes hatte zu bestehen aufgehört (was die Landgraf-werde-hart-Programmierer sich nicht einmal in ihren schlimmsten Angstträumen hätten vorstellen können); im Rundfunk herrschte, wie es hieß, ein unvorstellbares Chaos. Die Geigerzähler des Trupps zeigten an, dass Harz und Goldene Aue Gebiete mit höchster Strahlenverseuchung waren.

Sie liefen dem Tod in die Arme, ja er umarmte sie schon machtvoll. Gleichgültig. Höllriegl wollte Ulla in Thale abliefern und dann irgendwo sterben – er besaß noch genügend Munition, den Endvorrat. Ein paar Tage konnten sie beide zur Not das Leben fristen, der mitleidige Truppführer hatte ihnen etwas (strahlengesicherten) Mundvorrat mitgegeben, auch einen wattierten Mantel für Ulla und eine Feldbluse.

Sie waren durch endlose Wüsten gezogen – geschwärzt starrten Wälder und Gehölze, überall schwelten noch Dörfer und Höfe. Die schwarzen Fetzen, die von den Ästen herabhingen, erinnerten Höllriegl an die Trauerfahnen für den Führer. In der Luft flatterte ständig Asche – ein feiner, grauer Regen, den die Brise vor sich hertrieb. Das Ärgste aber waren wohl die großen Sandverwehungen, sie machten alle Wege nordwärts von Rottleberode unpassierbar und zwangen zu zeitraubenden Umwegen. Und auch im Wald kam man schlecht vorwärts, der Windbruch hatte schwere Schäden angerichtet.

Gegen Abend fanden sie durch Zufall ein unversehrtes Obdach. Es war das Mutterkloster mit Namen »Luginsland«, verödet, nur von einem Kätzchen bewohnt. Eine jener Reichszuchtanstalten, wie man sie nach dem Krieg allerorten plan- und zweckmäßig in der Nähe von Schulungsburgen, RAD-Lagern und dergleichen angelegt hatte. Es gab deren eine Unzahl, und alle sahen einander ähnlich wie ein Ei dem andern. Eigentlich war es eine BDM-Kaserne, ebenerdig, als freundliches Bauerngut getarnt, aus Tagräumen und gemeinsamen Schlafsälen mit der üblichen Reihe von Spinden bestehend sowie aus Einzelzimmern, in denen gezeugt wurde, jedes mit Dusche und Sitzbecken hygienisch und reichseinheitlich ausgestattet. (Übrigens war man in manchen Klöstern dazu übergegangen, unter Umgehung der Zuchthengste, also ausgesuchter SS-Männer, scherzweise auch *Hauptbeschäler* genannt, das Sperma künstlich der Zuchtmutter einzuflößen, um bei der Begattung alles Sinnliche auszuschalten, sodass die bewussten Einzelzimmer – sonst gab es im Haupttrakt nur Gesellschaftsräume – mehr und mehr aus der Mode kamen.) Auch ein Kreißzimmer für dringende Fälle war da und die Baracke für das Lehrpersonal, für Mutterberatung, Arzt und Säuglingsschwestern. Schließlich die Versuchsstation. Das Ganze bildete ein Gebäudeviereck, und die Trakte hatten hochgiebelige Dächer aus imitierten Schindeln. Über dem Hoftor mit Schlagbaum stand in Wehrmachtgotik aus Schmiedeeisen der Führerausspruch: DER HÖCHSTE ZWECK DES VÖLKISCHEN STAATES IST DIE SORGE UM DIE ERHALTUNG DERJENIGEN RASSISCHEN URELEMENTE / DIE DIE SCHÖNHEIT UND WÜRDE EINES HÖHEREN MENSCHENTUMS SCHAFFEN.

Auf der Suche nach Bewohnern hatte Höllriegl die Katze aufgegriffen, die sich maunzend im Turnsaal herumtrieb, jetzt schlief sie zufrieden zu seinen Füßen. Niemand da. Er war in den wohleingerichteten Druckbunker hinuntergestiegen, auch dort keine Seele; Helme, Schutzmasken, Anzüge und Essvorräte fehlten. Entweder waren die Maiden in voller Ausrüstung zum Kyffhäuser gezogen oder man hatte sie rechtzeitig evakuiert. Der Harz war Kriegsgebiet.

Das Kloster machte in seiner Verlassenheit einen gespenstischen Eindruck. Es lag gegen Südosten am Fuß eines breiten, spärlich bewaldeten Bergrückens, weshalb der Feuerstoß der Bombe wirkungslos gewesen war. Auch Luftdruck und Wirbelsturm schienen über die Niederung hinweggebraust zu sein, ohne Unheil anzurichten, nur westseitig waren sämtliche Fensterscheiben eingedrückt und die Türen aufgerissen. Im sogenannten Ruheraum hatte der Wind Bücher und Zeitungen durcheinandergeblasen – die *Sippe*, *Mutterschaft*, die *Minne* (mit jähem Aussetzen des Herzschlags erkannte Höllriegl darunter das bewusste Heft) lagen da verstreut und auch Noten: »Was spielt wohl die Erika auf dem Schifferklavier?« und Köpflers Lieblingsmarsch »Wir Wölfe heulen zur Nacht«. Nichts deutete auf den Jüngsten Tag – überall Strohblumengebinde und Fichtenzweige, Glücksräder, Hausfrauensprüche, klobige Holzschnitte unter Glas und Rahmen,

Stundenpläne für Appelle, Bettenbauen, Singstunden, Untersuchungen, Körperpflege. Überall auch die übliche »Braune Ecke«. Und Unwohl- und Begattungskalender für jede Zimmergemeinschaft an den Wänden. In Geschoßhülsen, die auf Tischen und Boden herumstanden, staken blasse Astern. Lauter Stillleben – und auf dem Fußboden hätte man essen können. Alles war nett und züchtig und verriet die ordnende Hand der deutschen Frau.

Dieses Idyll ging Höllriegl mehr auf die Nerven, als er sagen konnte. Ihm war, als sei er aus einer Mondlandschaft stracks in eine freundliche, irdische Welt mit köstlichen Abendschatten und winkender Nacht geraten. Der Gegensatz war auf Anhieb erschütternd. Die Zerstörungen, die er mit angesehen hatte, schienen ihm nun das Normale, Gewohnte, ja Maßstäbliche zu sein. Friede und Geborgenheit dagegen waren unnatürlich, trügerisch, ein Werk des Zufalls. Neben ihm lag die schussbereite Pistole – das war die Wirklichkeit.

Die Stunden schlichen auf trägen nächtigen Sohlen dahin, er grübelte und grübelte. Zwischen dem Zusammenbruch draußen und der Häuslichkeit hier gab es eine Art von Einverständnis; bei verschwimmenden Grenzen erschien ihm nun das eine wie das andere unter dem gleichen Vorzeichen. Waren die Gegensätze wirklich so schroff? Die Deutschen hatten das verfluchte Talent, derlei unter einen Hut zu bringen oder es daraus hervorzuzaubern. Sie hatten etwas erfunden, das die Welt bisher nicht kannte: das geordnete Chaos.

Der vergangene Tag, den er den Jüngsten nannte, hatte ihm die Augen geöffnet. Endgültig. Anselma war im Recht gewesen – es gab nichts. Es gab nichts, was irgendwie wert wäre. Der Führer war tot, und damit hatte seine, Höllriegls, Welt jedweden Sinn verloren. Das Leben hatte keinen Sinn und der Tod erst recht keinen. Nichts war sinnvoll, alles war abzuwerten – bis hinunter zum absoluten Nullpunkt. Sein Beruf, dieser Hokuspokus-Beruf, die Existenz der Erdstrahlen, an die man »glauben« musste, die Partei, die – das sah er erst jetzt klar und scharf – nichts als ein ungeheurer Sauhaufen war, all das war abzuwerten. Auch dieser Krieg, leichtsinnig und verbrecherisch begonnen (wie recht hatte Senkpiehl gehabt!), war abzuwerten – vom ersten Moment an war das heller Wahnsinn gewesen. Es gab nur den einen völlig sinnlosen, animalischen, aussichtslosen Kampf aller gegen alle, das konnte man mit Händen greifen. Ein Krieg, den das Leben gegen sich selber führte! Bis aufs Messer, nein, mit zwei Messern, wie jener Untermensch, der ihn überfallen hatte. Und der Heldentod? Das war nicht mehr, als abgestochen zu werden wie Manfred. Oder wie jene Karpfenleiber, die noch zerschnitten in die Höhe hüpften ...

Kämpfen, mit dem Rücken gegen die Wand! Und krepieren! Das hatte Anselma wohl gemeint.

Und die Überwelt, sein Glaube an ein göttliches Heiltum, das auf Erden in der Person des Führers verkörpert war? Alles Schwindel! Die Finger krampften sich ihm vor Scham zusammen, wenn er an den Schwachsinn dachte, den er damals verzapft hatte – damals, es war ja erst vor wenigen Tagen! Wie musste Anselma ihn bedauert haben!

Und Axel? Und Ulla? Axel war ein schöner Idiot, nicht mehr und nicht weniger – und nur deshalb rein und gut, weil er ein Idiot war. Und Ulla war ein kleines, schmutziges Weibchen wie seine Ingrid, die zu den Damen frisieren ging. Vielleicht hätte ihn Ullas Besitz einst, in grauer Vorzeit, zum Stolzesten der Sterblichen gemacht – damals, als er noch an Heldentum, Walküren und ähnliche Trotteleien glaubte. Sie benahm sich – dabei – in keiner Weise anders als die Mädchen, die er gehabt hatte. Nur ein schwacher Schauder, eine Erinnerung von einst waren übrig geblieben. Oh, wenn er von ihr wieder gezüchtigt würde!

Er betastete sie, die uferlos schlief, griff ihren Körper ab. Gier und Ekel, Ekel und Gier. Ein einziges Kotbrechen war dieses Leben.

Über ihrem Körper schlief er ein. In seinen Träumen tickten die Geigerzähler.

UNTERNEHMEN BIFRÖST

*Never a law of God or man
Runs north of Fifty-three.*

Rudyard Kipling

ES WAR MITTAG, die Sonne stand etwas unter dem Horizont. Der Mann, der jetzt Jugurtha hieß, kam aus der Kantine.

Er fror jämmerlich, fror ständig. Sogar im überheizten Esssaal, wo einem die Augen wie im Fieber glasig wurden, hatte ihn gefröstelt. Eine Nervensache, gewiss. Ihm war einfach elend zumute, sogar hundeelend, und er wollte in der frischen Luft ein wenig laufen, um die Kopfschmerzen loszuwerden, auch um allein zu sein. Er hatte sich weggestohlen, obzwar niemand die leiseste Notiz von ihm nahm. Trotzdem argwöhnte er, dass man sich mit ihm beschäftigte. Nicht feindselig, o nein – kalt, unbeteiligt, wie mit einer Sache.

Aber das war wohl nur eine Ausgeburt seiner kaputten Nerven. Er stampfte beim Gehen fest mit den Stiefeln auf, um ein Geräusch zu machen, diese Insel war so still. Das breiige Eis spritzte unter seinen Füßen, und der Atem ging qualmig. Man duldete ihn hier, das wars. Wie lange? Im Vorüberschlendern gab er einer leeren Tonne einen Tritt, sodass es blechern schepperte. Windstille, Totenstille, nur über der Bucht da drüben das heisere Gezänk der Möwen. Die See war grau und spiegelglatt, ein düsterer Pfuhl.

Hier konnte man krank werden, wenn mans nicht schon war. Nicht Tag und nicht Nacht, das Wasser schillerte melancholisch – es schien überhaupt nicht Wasser zu sein, sondern Schmieröl oder irgendein Rückstand. Alle Dinge waren so sonderbar in die Ferne gerückt, auch wenn man ganz nah an ihnen vorbeikam, die drei Tanks, die Stapel alter Treibstofftonnen, das Generatorenhaus, die pelzvermummten Wachen, baumlange Kerle, die jäh im Nebel vor einem auftauchten, schließlich der Drahtverhau mit dem Starkstromgitter. Mehr gab es nicht. Im Süden schimmerte der Horizont schwach wie weißes Gold, und der niedrige Hügel, hinter dem der Fliegerhorst lag, glänzte dort schuppig. Das Turmskelett mit den Radargeräten war kaum zu erkennen.

Innerhalb der Einzäunung durfte jeder Insasse des Auffanglagers (AL Ju 33) sich frei bewegen. Aber man sah so selten jemanden draußen, die meisten lagen in den Baracken auf ihren Pritschen, lasen oder dösten. Warteten. Warteten auf Befragungen, Untersuchungen, auf Impfungen. Wurde man zum Weiterflug zugelassen, wechselte man die Baracke. Wer hinüberkam, ins Lager beim Flugplatz, der hatte es geschafft.

Wie lange war er schon hier? Er wusste es nicht – es gab keine Zeitrechnung.

Im Anfang hatte er sich nach den Mahlzeiten gerichtet, doch die eine oder andere war ausgefallen, und so kam ihm alles durcheinander. Er sah, wie jenseits der Bergkuppe die Scheinwerfer aufflammten – die Startbahnbeleuchtung. Das war jedes Mal nur ein kurzes Vergnügen, auf der Insel herrschte sonst strengste Verdunkelung. Gleich darauf röhrten die Düsen, ein Transport flog ab. Von hier aus konnte man den Abflug nicht beobachten, aber Jugurtha blieb abwartend stehen, die Stiefel aneinanderschlagend. Er sah nur noch die Bordlichter der superschweren Maschine einige Male aufblitzen. Die Scheinwerfer erloschen, und auch das Getöse verebbte. Nacht, Nacht und Nebel.

Zum soundsovielten Mal stapfte er um die innere Einfriedung. Die Wachen waren wie schwarze Standbilder. Warum die vielen Wachen und der Stacheldraht? Wozu die Totschläger, die Flammenwerfer, die Nebelgeräte, die Laser-Waffen und Bluthunde? Er glaubte, fürchtete, es zu wissen. Diese endgültige Auslese ging nicht immer glatt vonstatten; alle wollten ins Rettungsboot, doch das letzte Wort hatten die Ärzte und Beauftragten des Rassehauptamtes – einzig die politisch auserwählten, völlig erbgesunden, kräftigsten, rassisch lupenreinsten Volksgenossen sollten eine Chance zum Überleben haben, wobei auch Alter, Potenz, Wehrgeistigkeit, Rang und entsprechende Bewährung an der weltanschaulichen Front für die Auslese maßgeblich waren. (Dieses Auswahlprinzip fand er gut und richtig; ähnliche Untersuchungen, vielleicht in minder rücksichtsloser Form, hatte er dann und wann durchstehen müssen.) Die Insel glich einer Festung. Das Wachenaufgebot rekrutierte sich, wie man vom Kragenspiegel der Männer ablesen konnte, aus Totenkopfverbänden, Stuba »Viking« und »Vidkun Quisling«. Also bestes Nordland-Material. Sogar Profose gab es hier – was für eine altertümliche Einrichtung! Die Leute sprachen gebrochen Deutsch, waren jedoch auf Schweigsamkeit gedrillt. Irgendwo hatte er aufgeschnappt, dass nur die Lagerleitung, Ärzte inbegriffen, aus deutscher SS bestand.

Eine weitere Frage: Warum die blöden Decknamen? Wer hier im AL ankam, musste gleichsam sein früheres Leben ausklammern, musste von vorn beginnen. Gut. Aber mit dem Namen legte man ja nicht das bisherige Leben ab, es ging weiter – in tausend Dingen, vor allem in der Erinnerung. Hatten die Tarnnamen irgendeine praktische Bedeutung, oder war der Namenswechsel rein symbolisch gemeint? War es eine der vielen Schikanen, eine mutwillige Erschwernis? Die Eyckes hatten ihn, Höllriegl, sogleich nach der Ankunft einfach unter »Jugurtha« registrieren lassen, Beruf: Heilbehandler und Schriftleiter (das hatte er wohlweislich selbst angegeben). Seine sämtlichen Papiere, Wehrpass, Parteibuch, Rasseausweis, I-Karte und so fort, lauteten auf Höllriegl; der hiesigen Behörde musste demnach sein bürgerlicher Name bekannt sein, denn die Papiere lagen in der Befehlsstelle. Bekam er, wenn er *zugelassen* war, neue Papiere? (Auf Jugurtha lautend? Jugurtha war mehr als läppisch.) Irgendwie erinnerte das Spiel mit den Decknamen an die Runenschrift, mit der der Verfasser jener schicksalhaften Botschaft den Wortsinn noch weiter verschlüsselt hatte. Das Leben im Tausendjährigen Reich der Deutschen war voll solcher Ornamente.

Im Lager verhielt sich jedermann zugeknöpft. Man wartete, bis man drankam, darüber konnten nun freilich nicht viele Worte verloren werden, es schien aber auch Vorsicht geboten. Seine zwei Schlafgenossen zum Beispiel – welch wortkarge Gesellschaft! Der eine war ein Gestütmeister aus Trakehnen, das hatte in der Zimmerliste gestanden (Name: »Bütefisch«), der andre ein typischer Goldfasan (Name: »Wolfskehl«), Generalarbeitsführer, natürlich in Zivil, und zugleich großes Tier in der Reichswaltung der DAF, Amt Werkschar und Schulung. Sie besprachen nur das Allernötigste mit ihm, zueinander aber gaben sie sich vertrauter, spielten Schach oder Mühle. Auch wechselten sie hinter dem Rücken des Ostmärkers – er hatte es im Rasierspiegel gesehen – vielsagende Blicke. In solch erlauchter Gesellschaft war ein gewöhnlicher Amtswalter der letzte Dreck.

In der Kantine ging es ebenso einsilbig, steif, vor allem anonym zu, und trotzdem hatten sich schnell die gewissen Ränge herausgebildet. (So war an seinem Tisch zuerst ein rosiger Specknacken mit Bürstchenfrisur aufgetaucht, der sich schlicht als »Deutsche Chemiefaser«, gesprochen: Schemiefaser, vorstellte. Kurz darauf saß dieser funkelnde Wirtschaftsführer an einem andern – vermutlich besseren – Tisch.) Die Stille im Speisesaal wurde nur unterbrochen, wenn ein SS-Mann hereinkam, Front machte, die Hacken zusammenknallte und den rechten Arm hochschnellte. Die Eintopfration musste man sich am Küchenfenster holen, und zwar jeder, da gabs keine Extratour, und heute waren zufällig die Eyckes nicht weit von ihm angereiht gewesen, der Obersturmbannführer wie gewohnt hochnäsig und abweisend ins Leere starrend – der Ostubaf pflegte durch ihn hindurchzusehen wie durch Glas. Wie Eycke sich jetzt nannte, war unbekannt, Ulla hieß jedenfalls Sigga. Er hatte sie zweimal im Geheimen getroffen und von diesen hastigen Begegnungen, die eigentlich mehr Berührungen waren, das Gefühl von Bedrohtsein zurückbehalten. Sigga sah verfallen aus, aber ihr Siechtum schien ein weiterer Reizpunkt; man hätte ihr etwa ansehen können, dass sie soeben von einer endlosen Umarmung aufgestanden war. Angesichts dieser Sigga verzog man bei Tisch keine Miene, nur die Blicke der Herren, sonst tunlichst geradeaus gerichtet, schweiften verstohlen ab. Jugurtha spürte jedes Mal mit Widerwillen, dass sich um dieses Weib eine Atmosphäre von Geilheit zusammenzog. Dicke Luft. Außer den Eyckes warteten noch vier, fünf Ehepaare auf die Weiterreise, durchwegs junge Leute. Kinder sah man nicht, für sie schien es eigene Auffanglager zu geben. Auch Leibeigene waren keine da, die Bedienung besorgten Arbeitsdienstler und Maiden aus Norge.

Jugurtha war am Schlagbaum angelangt, der den Weg zum Fliegerhorst versperrte. Zwei laserbewaffnete Wachtposten gingen davor auf und ab, die zierlichen, optisch aussehenden Instrumente glänzten schwarz. Wachen waren eine übertriebene Maßnahme, fand er; hier warnten ohnehin überall Aufschriften vor dem Berühren der Gitter. In wenigen Tagen würde er da durchgeschleust werden – oder auch nicht. Wenn nicht, wars ihm auch recht.

Langsam hatte sich der Gedanke in seinem Hirn eingenistet, dass Eycke ihm nach dem Leben trachtete. Nur widerstrebend hatte ihn der Fatzke in seiner Zweimotorigen mitgenommen, und seinetwegen setzte es, wie er wusste, immer wieder hitzige Auftritte zwischen dem Ehepaar. Der Ostubaf hatte mehrmals versucht, ihn abzubeuteln, er war ja ein ungebetener Gast, immerhin aber Ullas Lebensretter. Und dieser lästige Gast war nun hier – Frau von Eyckes Starrsinn hatte auf der ganzen Linie gesiegt, sie liebte ihn, wenn man die Lust, sich von ihm berühren und besitzen zu lassen, Liebe nennen konnte. Man sollte sich nichts vormachen. Er war einfach der Jüngere, Kräftigere, das bessere Männchen. Dieser Eycke mit seinem Vogelkopf? Ein Brechmittel.

Er würde um sein Leben und um Ulla alias Sigga kämpfen müssen. Eigentlich machte das gar keinen Spaß. Ob er hier, in Deutschland oder weiß der Kuckuck wo krepierte, war letzten Endes gehupft wie gesprungen. Und krepieren musste er bald – und Sigga auch. Sie beide waren schwer strahlenverseucht, und das Siechtum hatte sich bereits in dem und jenem angekündigt, die Strahlenschäden fraßen sich unaufhaltsam in die inneren Organe hinein. Das ließe sich zur Not noch eine Weile vertuschen, wenn man bei der Untersuchung Schwein hatte. Allerdings: die Sehstörungen, der Tränenfluss, die Durchfälle, der »fremde Kopf« … Wars nicht ein Hohn? Er, der geprüfte Radiologe und Heiler, musste an Strahlen zugrunde gehen, die der Mensch, dieser wahre Teufel der Schöpfung, entfesselt hatte.

Möglich auch, dass Eycke bei den Lagerärzten etwas gegen ihn anzetteln würde. Geschähe dies, dann müsste er leider plaudern. Dann durfte auch die strahlenkranke Sigga nicht »nach drüben«, nach Niflheim, wie man hier sagte.

(Außerdem: Sigga war erblich belastet, hatte bekanntlich Fehlgeburten gehabt.) Eycke, daran zweifelte er nicht, wollte um keinen Preis von ihr lassen, der Mann war und blieb diesem Weib hörig, trotz allem. Die Kinder mussten abgeschrieben werden – von Erda fehlte jede Spur –, umso eher galt es, die eigene Haut zu retten, die Haut des Herrn von Eycke und Siggas Haut. Also kostbare Häute!

Siggas Geisteszustand hatte sich sprunghaft gebessert, von den Erinnerungslücken abgesehen. In dem Maße, wie sie körperlich verfiel (was nur er bemerkte), flackerte ihr Geist auf, in manchem war sie wieder die herrische, kaltschnäuzige Ulla von ehedem. Als sie zum zweiten Mal in seine Baracke gekommen war, hatte sie ihm nach einem flüchtigen, nicht zu Ende genossenen Liebesspiel zugeraunt, er möge sich vorsehen, ihr Mann sei zu allem fähig. Hier lösten sich Menschen in nichts auf – und solchen Nichtsen wurde nicht weiter nachgeforscht, man hatte keine Zeit dazu, auch war man froh, Personen streichen zu können. Zu viele Atomflüchtlinge warteten in den Lagern.

»Du meinst, ich soll deinen Mann –«

»Jugurtha darf nichts. Sigga wird es tun.«

»Womit? Hast du eine Waffe?«

»Ich habe einen Laser ... Meduso sechs.«

»Was!? Wo hast du den her?«

Sie lachte dreckig. »Von ... Knud ... dem Scharführer Knud. Als Pfand, als Spielzeug. Er durfte dafür hierher greifen.« Sie nahm seine Hand und zeigte es.

Tolles Weib. Einen Meduso sechs – Rubinlaser! Er musste versuchen, ihr die Waffe herauszulocken.

»Nein. Misch dich nicht in solche Sachen. Das müssen wir Männer untereinander ausmachen.«

»Dummer Aujust. Ich habe mit Erik eine ganz persönliche Rechnung. Er warf mir Schildminderung vor. Er mir! Das wird ihm teuer zu stehen kommen. Misch du dich nicht in unsre Angelegenheiten.«

Schildminderung. Eycke hatte Sigga ihre Vergangenheit vorgeworfen, ihre minderwertige Herkunft – wahrscheinlich im Zusammenhang mit ihm, Höllriegl, der ja auch niederer Herkunft war. Sie beide waren Bastarde und gehörten zusammen. Aber nach den Ehrbegriffen der Edelinge konnte dieser Tort nur mit Blut abgewaschen werden. Sehr unvorsichtig von Eycke, Sigga dermaßen zu verletzen. Sie war wieder die alte Ulla ... und würde dementsprechend handeln.

Nochmals nein! Er musste ihr zuvorkommen, es war nicht mannhaft, das unaufschiebbare Geschäft einem Weib zu überlassen. Seit er die Kantine verlassen hatte, dachte er daran, wie man es machen könne. Ritterlich? Zweimaliger Kugelwechsel – wie einst im Mai? Dieser Eycke war ein gefährlicher Bursche und sicher der viel bessere Schütze. Dann bei dieser Dunkelheit! Da konnte einen leicht auch von unerwarteter Seite eine Kugel treffen. Oder *losen*, auf amerikanisch abtreten? Er wollte aber nicht abtreten, nicht so, der andere sollte abtreten. Allerdings ... vielleicht wars besser, durch eine Kugel zu sterben, als an den Strahlen zu verrecken, der Stromtod war etwas Schimpfliches.

Da gab es noch diese eine schwache, phantastische Hoffnung. Ein Silberstreifen am Horizont, wie dort die Sonne, die nie heraufkam. Schon vor Monaten hatten Senkpiehl und Kummernuss davon geredet. Eine Art Geheim- und Wunderkur, angeblich methodisch durchgeprobt, die die Nachwirkungen des radioaktiven Niederschlags aufhob oder zumindest bremste. In den UmL-Labors waren nach vielen Fehlschlägen Anfangserfolge erzielt worden, so sagte man. Es sollte sogar echte Genesene geben. Ein Triumph deutschen Forschergeistes.

Ob es gelogen war? Jedenfalls hatte einmal auch Eycke darauf angespielt. Gleich nach der ersten Landung – in Aalborg? – sprach Höllriegl zu dem eisig und verbiestert Zuhörenden offen über die tödliche Gefahr, in der Ulla schwebte. Stundenlang war sie der stärksten Strahlung ausgesetzt gewesen – was sollte geschehen? (Über seine eigene Verseuchung schwieg er.) Da tat Herr von Eycke plötzlich den Mund auf und machte eine denkwürdige Bemerkung: »Drüben bringen wir sie durch ... wenn erst einmal Bifröst hinter uns ist ...« Dieser Satz schien ihm herausgerutscht zu sein, nach der wütenden Grimasse zu schließen. Gut. Und auch Sigga hatte berichtet, dass man »in Niflheim« geheilt werde, sie habe es von einem Generalstabsarzt, der mit ihnen in der Kantine esse. Sigga wusste anscheinend mehr über ihren Zustand, als man annahm.

Jugurtha schlenderte wieder an den leeren Tonnen vorbei. Er oder ich – dieser Gedanke beherrschte ihn. Nicht, dass er Herrn von Eycke auf den Tod gehasst hätte, dazu bestand wahrlich kein Grund, er konnte ihn bloß nicht schmecken. Der würde sich übrigens nicht die geringsten Skrupel machen, ihn wie einen Hasen abzuschießen. – Wo und wie sollte es geschehen? Wenn Eycke von der Kantine nach Haus ging? Die Eyckes wohnten am andern Ende des Lagers in den Baracken der Verheirateten. Ein etwas weiter Weg, den der Herr Obersturmbannführer vielleicht früher, als ihm lieb war, beenden würde. Die Tonnen da waren ein gutes Versteck. Doch den Schuss, wenn nicht zwei, würde man im ganzen Lager hören. Also Laser! Laser zischte nur wie ein Schneidbrenner. Schade – Herr von Eycke würde hernach nicht sehr hübsch aussehen, Laser-

Tote sahen nicht schön aus. Seinen Erdenrest könnte man ja feierlich ins Meer streuen. – Es war nötig, von Sigga die Waffe zu kriegen, und zwar sofort …

Er trat in die spärlich beleuchtete Stube und sah auf seinem Platz ein Kuvert liegen. Der Goldfasan schnarchte auf der Pritsche. Das Mittagsschläfchen. Der Trakehner Hengst saß vor dem Steckschach und spielte gegen sich eine Partie.

Abgezogener Text, Vorladung der Befehlsstelle. Morgen um acht beim Lagerarzt antreten. Nüchtern. Frühharn mitbringen.

HIER WAR ER nicht einmal mehr Siggas Phantasiewesen Jugurtha, sondern bloß eine Nummer. Sie hatten seine rassische Blutziffer ermittelt, den Urin zentrifugiert und analysiert, Finger-, Sohlen- und Fersenabdrücke genommen, ein EKG gemacht, Magensaft ausgehebert, eine Arsch- und Schwanzbeschau veranstaltet, ihn – Albin Totila Höllriegl alias Jugurtha – auskultiert, perkutiert, gewogen, gemessen, serochemisch untersucht, seine Reflexe geprüft, den Augenhintergrund abgeleuchtet … Was noch, was noch? Er hatte Nummer 18.

Und jetzt zirkelte und fingerte ein bebrillter Milchbart in Ärztekittel, Stiefelhose und Schaftstiefeln schon die längste Zeit an seinem Schädel herum. Wie bei einem Polizeiverhör waren drei grelle Lampen direkt auf sein Gesicht gerichtet. Es war stinkheiß in dem Zimmer, und es böckelte. Ihn fror – niedriger Blutdruck, Untertemperatur. Seitlich im Schatten saßen an einer hufeisenförmigen Tafel drei Uniformierte (selbstverständlich SS), ihre Waffenröcke, Koppel und Mützen hingen am Kleiderständer. Sie stierten Löcher in die Luft, indes der Milchbart mit sanft meckernder Stimme – sie erinnerte an ein Volksinstrument aus Tirol: Das Hölzerne G'lachter – einer Schreibkraft wohl weiblichen Geschlechts, denn eine spanische Wand stand davor, seine Untersuchungsergebnisse in die Maschine diktierte. Alles wickelte sich enorm geschäftsmäßig ab. Im Hintergrund warteten weitere nackte Männer auf die Prozedur.

»– dinarisch oder vorwiegend dinarisch … blutartlich dunkel-ostischer Einschlag … Schädelindex 84 Komma 21 … Gesichtsindex 100 Komma 81 … deutlich steilhinterhäuptig … Seitenansicht – Doppelpunkt – sogenannter Tschakokopf … Nase und Kinn überstark entwickelt – Komma – Akromegalieverdacht … Hinterhauptshöcker gut durchtastbar … Gesichtsschnitt – Doppelpunkt – Stirn flächig zurückgeneigt – Komma – hoch wirkend … Überaugenbögen gratartig … Nasensattel seicht – Komma – Nase kräftig nach vorn springend … bei Seitensicht Septum sichtbar … Mund derb gezeichnet – Komma – paratypisch für ostmärkische Lautbildung … Unterkieferwinkel stumpf ... hintere Linie des Unterkieferastes nicht besonders steil ... Vorderansicht – Doppelpunkt Stirnhöcker gut ersichtlich ... Nahtverdickung in Stirnmitte schwach metopisch ... Haarfarbe dunkelbraun – Komma – Gespinst lockig ... Iris graublau ... weite und hohe Lidspalte – Komma – Oberlider faltenlos ... Jochbeine und Jochbögen unauffällig –«

Die Instrumente klirrten, das Schreibmaschinengeknatter machte schläfrig, die Beisitzer schauten unbeteiligt ins Leere und streckten sich mit knackenden Gelenken. Soeben griff der Milchbärtige sein Gebiss ab. Zahnstatus. Wozu das Ganze? Saublöd. Und der tierische Ernst! Abgesehen, dass hier Daten gesammelt wurden, die samt und sonders in seinem Rassepass standen. Oder erhielt man die Papiere nicht zurück? In seinem Fall war das piepe.

Seit gestern abend besaß er nämlich die von der Lagerleitung ordnungsgemäß vidierten Ausweise des Herrn Inspekteurs für Wirtschaftsfragen im OA Fulda-Werra Erik Meinolf von Eycke (Gott hab ihn selig), nur lauteten sie auf einen andern Namen. Grauenerregend hatte der Eycke ausgeschaut, wirklich und wahrhaftig ein Häufchen Unglück. Sie – er, Sigga und Knud – hatten das, was an dem Obersturmbannführer sterblich gewesen war (seine Seele mochte jetzt Walvater umarmen), nicht ins Meer gestreut, sondern in einen Eimer gebeutelt, in eine Tonne für Küchenabfälle.

Wenn man Siggas Bericht glauben durfte, so war es am Nachmittag wieder zu Auseinandersetzungen gekommen. Eycke hatte sich wie üblich vor ihr aufgepflanzt, Hände in den Hosentaschen, grätschbeinig und wippend, und sie gerüffelt. Immer das Gleiche. Besudlung seiner Ehre, seines Namens, des Schildes derer von Eycke. Sie hüpfe mit jedem ins Bett, auch mit Domestiken, nun sogar mit einem ostmärkischen Kurpfuscher. Sie sei die Fernseh-Hure der Nation, und so weiter. Auch Sigga hatte ihm nichts geschenkt. (»Harte Bandagen.«) Vor allem reizte sie etwas bis zur Weißglut, das er mit den Händen tat, schon immer getan hatte, und das im Volksmund »Taschenbillard spielen« heißt. Nun, er spielte ausgiebig Taschenbillard, und diesmal war es besonders widerwärtig. Weniger also wegen der Schmähungen hatte sie ihn getötet – den Ausschlag gab dieses kindische, unbewusst onanistische Spielchen, das noch dazu bei Eycke äußerst dünkelhaft wirkte. Man würde daher verstehen ...

Knud, der weißblonde, ebenso einsilbige wie einfältige Nordlandrecke, der in der Kartei der Befehlsstelle Dienst tat, bekam den Auftrag, die Papiere des Ehepaars Eycke auszuheben und mit dem vorgeschriebenen Sichtvermerk zu versehen. Gewisse Höhergestellte durften nämlich die alten Papiere behalten, ihnen wurde kein »Kneipname« angehängt, es wäre denn, sie wollten das. Eycke hatte freiwillig einen gewählt, einen besonders alten und klangvollen, aber ausdrücklich nur für die Dauer des Aufenthalts in Niflheim: Hadmar Götz von der Leyen. Die Umwidmung war bereits erfolgt. Die einstige Ulla Frigg von Eycke hieß jetzt »Sigga von der Leyen«, ihr asischer Ehrenname war »Gutrune«. Herr von Eycke hatte sie erst gar nicht gefragt, hatte ihr Einverständnis vorausgesetzt. Das war eine, wenn auch die geringste, von vielen Sticheleien und Kränkungen, die er ihr in der letzten Zeit angetan hatte. Die Zerwürfnisse wurzelten tiefer und waren älter. Sie hingen mit Ullas Fernsehlaufbahn zusammen.

Der Milchbart hatte sein Gemecker beendet, Nummer 18 durfte sich ankleiden und wurde weitergereicht. Der ganze Vorgang war natürlich von sagenhafter Dummheit, aber hätte es Sinn gehabt, Verdacht zu erregen? Wie immer diese Untersuchung ausging – er würde mit den beglaubigten Papieren eines Herrn von der Leyen weiterreisen. Knud hatte versprochen, ihn und Sigga noch heute *hinüber*zubringen, womit der Fliegerhorst gemeint war. Es erhob sich die Frage, wie Sigga Knuds Dienste belohnte. Gut, das musste in Kauf genommen werden.

Vorläufig war er unter vier Augen Jugurtha, sein alter ehrlicher Name verlor allmählich jede Gültigkeit. Das war ja in grauer Vorzeit gewesen. Als er noch Erd- und Körperstrahlen auspendelte. Linksgedrehte Ellipsen, rechtsgedrehte Ellipsen. Dieser Höllriegl war getilgt, war erloschen – wie Odins Odem. Wie alles andre. Das lag weit zurück, es war versunken.

Ein dünner Mensch mit verwittertem Haudegengesicht und rundem Rücken saß ihm jetzt gegenüber. Zivilist. Im Knopfloch die Abzeichen des NS-Rechtswahrerbundes und des Bundes Deutscher Osten. Scharfe, inquisitorische Blicke. Anscheinend waren die grellen Lampen hier überall obligat. Ein Tonbandgerät war eingeschaltet.

»Welche Ehrenstrafen machen wehrunwürdig?« ... »Was bedeutet Vervolklichung?« ... »Wer erließ bei den alten Deutschen das Aufgebot zum Heerbann?« ... »Wissen Sie die ungefähre Auflage der DAF-Presse?« ... »Davon hat ›Arbeitertum‹ wie viel?« ... »Wie bestrafen Sie eine Leibeigene, die Sie beim Stehlen ertappt haben?« ... »Mit Vollendung welchen Lebensjahres kann der junge Deutsche durch das Vormundschaftsgericht für volljährig erklärt werden?« ... »Was ist in Ihren Augen das größte Verbrechen?« ... »Wie hieß der Verfasser des Sachsenspiegels?« ... »Es gibt noch sechs andere Spiegel – wie heißen diese?«

Alles sehr harmlos, allgemeines Bildungsgut. (Oder war gerade die Leichtigkeit der Fragen eine Falle?) Vielleicht würde bald Knud erscheinen – er hatte zu jedem Zimmer Zutritt – und ihm das verabredete Zeichen geben, falls sich früher eine günstige Gelegenheit zur Flucht ergeben sollte. Wo war Knud? Bei Sigga? Verstohlen sah er auf die Uhr.

»Was heißt: Die Partei ist Treuhänderin der Volksgemeinschaft?« ... »Der Name des Gauleiters von Süd-Hannover-Braunschweig ist –?« ... »Von Memel-Mitte?« ... »Von Weser-Ems?« ... »Sie kennen den Spruch ›Hilf um Widerhilf‹ – was fällt Ihnen dazu ein?« ... »Wann wurde der Westfälische Friede unterzeichnet?« ... »Erzählen Sie etwas über Ihr Berufsgebiet, die Pendelmutung« ... »Wer war im Vorjahr deutscher Wasserballmeister?« ... »Wer der Vorjahrssieger im Tschammer-Pokal?« ... »Im Schleuderballweitwurf (Zwölfkampf)?« ... »Was bedeutet Entmassung des Volkes?« ... »Was bedeutet Bodengesellung?«

Die Fragerei sprang von einem Gebiet aufs andere. Intelligenzprobe. Manches war knifflig, weil es so einfach schien und von Leibesübungen und Meisterschaften hatte er schon gar keinen Tau. Wenn Knud das Zeichen gab, musste er hier ohne Erbarmen abhauen. Am klügsten, er schützte seine Kackerilla vor und türmte, statt aufs Klo zu gehen. Aber wenn sie ihn bewachten, was dann? Sicher hatten hier alle Wände Ohren und die Türen Augen. (Die schrecklichen Sehschlitze in Anselmas Wohnung fielen ihm ein.) Das Tonband glitt lautlos dahin, er beobachtete die sich emsig drehenden Spulen.

»Wie überwinden Sie den ›Inneren Schweinehund‹?« ... »Seit wann gibt es eine Leistungsprüfung für alle SS-Führer?« ... »Wer löste die Judenfrage in Lublin?« ... »Welche Ämter gehören zum Geschäftsbereich des Reichsfinanzministeriums?« ... »Der Aufsicht des RFM unterstellt ist wer?« ... »Was verstehen wir unter ›Deutscher Gottkindschaft‹?« ... »Singen Sie die erste Strophe von ›Schleswig-Holstein, meerumschlungen‹« ... »Wer hat ursprünglich den Leitsatz ›Geist und Blut‹ entwickelt?« ... »Welche Stellung nimmt der Rassegedanke in der bildenden Kunst ein?« ... »Wie lauten die ersten zwei Bormann'schen Thesen?« ... »Zählen Sie die Zwerge aus der Völuspá her« ... »Was würden Sie tun, wenn Ihnen bei einer Landung auf dem Mars oder der Venus denkende Wesen begegnen?« ... »Wie sehen Sie die Zukunft der Werwolfbewegung?« ... »Welche Bezeichnung trug der Sechste Reichsparteitag?« ... »Wann war das?« ... »Wie heißt das chemische Element mit der Ordnungszahl 94?« ... »In welcher Weise ist es für den Fortbestand der Neuen Ordnung wichtig?« ... »Wer ist zurzeit in der Reichsgruppe Industrie für die Wi-Gru Eisenschaffende Industrie federführend?« ... »Kennen Sie den Namen des Reichstreuhänders für den öffentlichen

Dienst?« ... »Entwickeln Sie Ihre Gedanken zum Thema ›Abendländisch denken, deutsch handeln«‹ ... »Was sind Asinge, was sind Waninge?« ... »In welchem Jahr wurde der erste unbemannte deutsche Satellit ins All geschossen?« ... »Wann der erste bemannte?«

Die Fragen prasselten auf ihn hernieder. Immer seltener konnte er sofort antworten, aber neben grundschweren Fragen gab es auch lächerlich leichte. Man wollte ihn wohl verwirren. Manche Frage war offenkundig eine Fußangel – da war es lebenswichtig, wenn man stotterte oder um den Brei herumredete (darin hatte er einigermaßen Übung). Dieses öde Gequatsche entpuppte sich mehr und mehr als Verhör, wobei das Tempo gesteigert wurde. Fand er nicht sofort eine Antwort, schnellte schon die nächste Frage hoch. Obwohl ihn fröstelte, begann er heftig zu schwitzen. Ihm schwindelte. Verfluchte Nervosität! Doch Knud kam und kam nicht.

»Welche Bewandtnis hat es mit dem Zeichen NN – Nacht und Nebel?« ... »Schildern Sie einige Foltermethoden in den ehemaligen sogenannten Zuchtlagern der Bolschewisten« ... »Wie können Sie als Schriftleiter die Volksgenossen seelisch unmittelbar erfassen und in die Volksgemeinschaft einzellen?« ... »Zergliedern Sie das Genossenschaftswesen a) auf räumlicher, b) auf blutlich-sippenmäßiger Grundlage« ... »Kennen Sie die Ziele des Unternehmens Bifröst?«

Bifröst – die Regenbogenbrücke der Alten, die den Himinbjörg mit der irdischen Welt verband! (Doch Muspells Söhne warteten darauf, sie zu zerstören.) Bifröst – das war auch die große Luftbrücke, eine der großen Luftbrücken, über die sich die Herrenrasse in geheime, unzugängliche Gebiete absetzte, so hatte man ihm unter dem Siegel strengster Verschwiegenheit anvertraut. (War es Sigga gewesen?) Über irgendwelche *Ziele* wusste er nichts, jedoch das Hauptziel – zu überleben – war ihm natürlich geläufig. Die Herrenrasse müsse unter allen Umständen überdauern, sagte er, damit ihr Werk, die Weltherrschaft, fortbestehen könne. (Wie sehr er unter dieser Erklärung fror!) Ob er etwas über die anderen Luftbrücken wisse, fragte der Dünne, und in seinem Gesicht zuckte es. Da war Verschiedenes zu hören gewesen: vom Unternehmen Victoria regia (Gundlfinger); von gigantischen Luftbrücken nach dem Feuerland, Deckname »Pescheräh« oder so ähnlich, und dem antarktischen Erdteil, diese trug die Tarnbezeichnung (zugleich Ehrensignatur) OT, Organisation Todt; vom Einschleusen fanatischer Werwolfleute – sie sprangen bei Nacht und Nebel mit Fallschirmen ab, war dies die Aktion »NN«? – in den großjapanischen Raum, ja sogar nach Nippon selbst, wo Untergrundzentren und nordische Geheimenklaven entstehen sollten. Großteils waren es Gerüchte oder Phantastereien, wie er dachte, und man musste sich hüten, zu viel davon zu wissen.

Urplötzlich saß ihm ein anderer gegenüber, der Dünne schien wie ein Schatten gewichen zu sein. Den Austausch hatte er nicht bemerkt, die Lampen blendeten so. Sein neuer Befrager war ein blasser, gleichfalls bartloser und knochiger Geselle, dessen kahler Kopf mit Bürste, soviel man sehen konnte, in einem Halsmieder steckte. Er war in Wehrmachtuniform, aber Kragenspiegel und Schultern zeigten weder Waffenfarbe noch Dienstgrad. Seine Stimme klang heiser, die Sätze wurden fast barsch hervorgestoßen.

»Erläutern Sie den Begriff Gestellungspflicht« … »Wie ortet man bodennah ankommende Flugkörper?« … »In welcher Weise bringen die Wehrbezirkskommandeure den Ersatz für die Wehrmachtteile auf?« … »Wie viele Panzerdivisionen hatte die Heeresgruppe A bei Beginn des Frankreichfeldzuges?« … »Die Heeresgruppe B?« … »Welche Steilfeuerwaffen kennen Sie?« … »Wo wird beim Bau eines Schützenlochs der Erdaufwurf am zweckmäßigsten gelagert?« … »Können Sie morsen?« … »Das Morsezeichen für U ist –?« … »Für Strichpunkt?« … »Welche Waffenfarbe hat die Nachrichtentruppe–Heer?« … »Die Nebeltruppe?« … »Die Luftaufsicht?« … »Die Waffenfarbe der Zeugämter ist –?« … »Wie geht das Locken zum Zapfenstreich? (Vorsingen!)« … »Was verstehen Sie unter dem Ausdruck ›panzerungünstiges Gelände‹?« … »Welche Steigleistung hat der Me-Fafnir?« … »Steigzeit auf 6000 Meter?« … »Steigzeit auf 9000 Meter?« … »Nennen Sie mir einen nervenschädigenden Kampfstoff« … »Einen psychoaktiven« … »Einen hautschädigenden« … »Einen lungenschädigenden« … »Einen blutschädigenden« … »Was wissen Sie über den Hubschraubereinsatz im Dschungelkrieg?« … »In welcher Kampflage würden Sie Feigheitsgas einsetzen?« … »In welcher Tabun?« … »Was bedeutet uns Deutschen das Wort ›Vorsterben‹?« … »Wann bauen Sie ein Iglu und wann eine Schneehöhle?« … »Beschreiben Sie die Stammtafel des Kettenpanzers Leopard« … »Wird das strategische Denken des Weltreichs mehr von kurzfristigen oder mehr von langfristigen Planungen beeinflusst?« … »Welche unserer Waffensysteme fliegen mit hypersonischer Geschwindigkeit? (Anströmnachzahl über 5)« … »Ist Wehrgeistigkeit ausschließlicher Besitz von Eliten?« … »Wann genau wurde die Gruppe Narvik entsetzt?« … »Und wie?« … »Welche Wirkungen hatte Ihrer Meinung nach die politisch und rassisch so hochgestimmte Zeit nach 45 auf den Führernachwuchs im Offizierkorps?« … »Wer besitzt innerhalb einer Panzerkampftruppe die stärkste Feuerkraft?« … »Nennen Sie mir Bodenwaffen mit ›langem

Arm« ... »Welchen von folgenden soldatischen Eigenschaften würden Sie unbedingten Vorrang zubilligen: Selbstzucht, Gehorsam, Draufgängertum, Pflichterfüllung, Kameradschaftlichkeit, Erkenntnis der Staatsaufgaben, völkische Ausrichtung, Opfer- und Todbereitschaft, taktisches Können, Entschlusskraft, Parteitreue, sauberes inneres Herrentum?«

Mitten im Antworten öffnete sich die Tür, und Knud – ein breit grinsender Knud, schön wie Baldur – grüßte zackig. Endlich! Er überreichte dem Wehrmachtprüfer einen Dienstzettel. Das Tonband wurde abgestellt.

»Sie folgen dem Mann zur Befehlsstelle, die Befragung wird unterbrochen. Ihre neue Nummer ist ... [*Der Prüfer sah in der Liste nach und trug Name und Zahl ein*] ... zwounddreißig. Sie warten auf Ihren Aufruf.«

Nummer 18, jetzt 32, setzte sich in Marsch, das heißt folgte Knud auf den Fersen. In den Gängen warteten da und dort Prüflinge, lehnten an den Wänden oder saßen in erstarrten Posen auf den Bänken – nicht sehr viele, und auch vom Personal war nicht viel zu merken. Bald befanden sie sich im Ärztetrakt, alles war weiß und sauber und die fahlblauen Lichter spiegelten sich im Lack.

Vor einer Tür mit der Aufschrift »Röntgenstation« machte Knud halt und salutierte freundlich. Als Jugurtha öffnete, sah er in dem abgedunkelten Raum Sigga auf sich zukommen. Sie war sichtlich reisefertig und hatte ein Köfferchen bei sich. »Hier sind deine Sachen«, flüsterte sie, »Knud hat sie besorgt.« Mit diesen Worten warf sie ihm einen dick wattierten und pelzgefütterten Mantel mit hohem Grönländerkragen zu, ebenso eine Pelzmütze, welche Ohrenklappen hatte. Schweigend zog er sich an. »Und Knud?«, fragte er, das Gesicht abgewendet. »Knud kommt später einmal«, sagte sie leise, »er muss noch bleiben – bis zur Sprengung des Lagers.« Ein Himmelfahrtskommando also.

Die Welle kindischer Freude machte ihn förmlich trunken. Beide sahen nun wie Nordpolfahrer aus. Er lachte Sigga glückstrahlend an und umarmte sie. Aber sie entzog sich ihm. »Beeile dich, Knud wartet.«

Seine Manteltaschen steckten voller Papiere. Draußen auf dem Flur schaute er sie flüchtig durch. Es waren nicht nur alle alten Ausweise vorhanden, zerknittert, schmutzig und blutbefleckt (sogar Senkpiehls Wagenpapiere waren da), auch die funkelnagelneuen. Knud war ein Genie.

»Mein Name ist Ritter Götz von der Leyen mit der eisernen Pratzen«, rief er übermütig lachend, obwohl er sich körperlich mau fühlte (er hatte das einen Augenblick lang vergessen). »Und du bist mein Weib!«

Wieder umarmte er sie; diesmal ließ »Gutrune« sichs gefallen. Seit der Begegnung mit Axel war er nicht mehr so guter Dinge gewesen. Und »drüben in Niflheim« würde man ja doch geheilt werden – daran hielt er nun hartnäckig fest. Unternehmend pfiff er durch die Zähne, während sie dem Lagerausgang zustrebten. Knud trug den Koffer, sie beide trabten eng umschlungen hinterdrein. Es klappte wunderbar. Die Wachtposten blätterten nur oberflächlich in den Papieren, sie schienen befriedigt, dass Knud mit von der Partie war. Wie sonderbar! Auf der einen Seite gab es nichts als Schikanen und Fußangeln, auf der andern einen Leichtsinn, der unwillkürlich Verdacht erregte. (Faktisch: Dieser Leichtsinn hatte etwas Unheilverkündendes!) Und doch war ihm plötzlich, als wälze sich von seiner Brust die ungeheure Drud aller Ämter, durch welche er je hindurchgemusst. Tief atmete er die scharfe eisige Luft ein. Hinter dem Tor da begann etwas anderes, etwas völlig Fremdes, und er ersehnte es mit jeder Fiber seines Herzens. Es war die Freiheit – die Freiheit des Tieres!

AM EINGANG ZUM Warteschuppen machte Knud, wie immer sonnig lächelnd, kehrt. Sein strammer Gruß war unpersönlich, er hätte ebenso einem inspizierenden Brigadeführer gelten können. Auch Siggas Abschiedslächeln war nichtssagend. (Gut! Gut! Gut!) Der Herr Heiminsreich alias Hadmar Götz von der Leyen grüßte umso zackiger zurück, denn er war glücklich; beinah wäre er mit dem gewohnten »Heitla« herausgeplatzt – dieser Gruß gehörte nun längst vergangenen Tagen an.

Die Freiheitsgefühle versiegten auch nicht, als er mit Sigga durch eine hohle Gasse von SS-Männern musste, die den Korridor besetzt hatten, jeder ein Denkmal der Neuen Ordnung. Nervliches Spießrutenlaufen. Mit jäher Unlust sah er auf manchem Kragenspiegel den aufgerissenen Wolfsrachen. Die Laser-Waffen glänzten im Blaulicht.

Der von Luftschutzlampen sumpfig erhellte Wartesaal war gesteckt voll. Die Wartenden, wie schwarze Klumpen aussehend, hockten oder lagen regungslos auf Bänken und auf dem Fußboden neben ihrem spärlichen Gepäck. Alles schwieg, schien in Gedanken versunken oder zu dösen. Wer weiß, wie lange die schon warteten! (Wieder pries er in Gedanken den Wundertäter Knud, der den unverhofft schnellen Abtransport bewerkstelligt hatte.) Eine nervöse Spannung lag in der Luft. Dieses Fluidum war fast zu tasten, es teilte sich jedem mit, der auf den großen Sprung ins Ungewisse wartete. Zumindest kam es Jugurtha so vor, weil er mit seinen Strahlenspürersinnen alles viel intensiver in sich aufnahm als andere. Dazu die totale Nachrichtensperre seit Tagen – das halte ein Mensch aus! Sigga hatte es von Knud, dass bis vor Kurzem in regelmäßigen Durchsagen die militärische Lage erläutert worden war, dann auf einmal trat Funkstille ein. Überall gähnten einem Lautsprecher entgegen, nicht einmal interne Befehle gaben sie durch. (Nichts Tödlicheres als ein lautloser Lautsprecher!) Innerhalb des Lagers verkehrte man jetzt mittels Dienstzettels.

Sie fanden eine Lücke, Jugurtha lehnte an der Mauer, und ihm zu Füßen setzte sich Sigga auf die zusammengelegten Mäntel. Es war animalisch warm hier. Er spürte ihren Kopf an seinen Schenkeln, und unwillkürlich spannte er die Muskeln an, damit sie wisse, wie hart seine Schenkel seien. Er wühlte zärtlich in ihrer Mähne, sie hob die Hände hoch, und eine Zeit lang ergötzten sie sich an dem Spiel der verschlungenen Finger. Ihre Erregung teilten sie einander durch immer innigere Verschlingungen mit, aber es war nicht der Ort, den Begierden freien Lauf zu lassen. Wann würde er Sigga wieder besitzen? Keiner stand ihm mehr im Weg, die stolze Amazone war ganz sein Eigen. Und plötzlich träumte er so stark von ihren Umarmungen, dass es ihm körperlich wehtat.

Nach ihnen war niemand mehr gekommen, für den heutigen Transport schienen sie die allerletzten Passagiere zu sein. Ihre Sinne hatten sich noch nicht lange ineinander verstrickt, als die Tür zum Flugplatz mit einem Krach aufflog und einige Leute des Bodenpersonals den Ausgang abriegelten. Durch die Wartenden ging ein Hautrieseln, man war jäh wach geworden, schreckte auf, die Menschenklumpen fingen an, sich zu bewegen. Rasch machte man sich reisefertig. Eine Luftwaffenhelferin, der Aussprache nach Nordländerin, las von einer Liste die Namen herunter, ihre Blendlaterne beleuchtete die Szene. Alles wollte zum Ausgang, auch Jugurtha und Sigga wurden von dem Sog erfasst. Ein sinnloses, weil unnützes Gedränge entstand, das tagelang schwelende Nervenfieber machte sich in Püffen und Flüchen Luft. Die Stimme der Luftwaffenhelferin ertrank.

Aber da war auch schon SS im Saal. Und mit ihr Laser. Keilförmig arbeitete sich der Trupp, die Wartenden brutal abdrängend, zum Ausgang vor. Es dauerte Minuten, bis der Tumult sich gelegt hatte. Stille trat ein, man war bestürzt und beschämt. Eine Nagelprobe. Mit Pauken und Trompeten hatte die Elite des Herrenvolks versagt, nun fiel man wieder in die alte Stumpfheit zurück. Einer – wars nicht die »Deutsche Schemiefaser«? – kreischte auf: »Erschießen sollte man euch alle!« Aber dieser Wutschrei erweckte keinerlei Echo.

Unter der Drohung von Laser-Mündungen, es waren reizende Mündchen, ging das Verlesen der Namen weiter. Langsam – es dauerte. Die Aufgerufenen hatten Mühe, sich mit ihrem Gepäck bis zum Ausgang durchzudrängen. Dann die Prozedur mit den Papieren. Als endlich »Götz und Sigga von der Leyen« gerufen wurde, war der Raum schon halb leer. Zum zweiten Mal wurden heute ihre Papiere überprüft, diesmal genau, dann standen sie in der Winternacht draußen.

Es schneite fein. Auf dem verdunkelten Flugplatz, den bloß einsame, hin und her geschwenkte Signallichter belebten, sah man die Umrisse zweier mächtiger Maschinen. Die eine schien startklar zu sein, ihre Triebwerke rumorten. Jugurtha und Sigga, sie hielten einander wieder eng umschlungen, wurden angewiesen, zur zweiten Maschine zu gehen, die stumm und schattenhaft in der Finsternis wartete. Sie eilten über den weiten Platz, der schneidige Wind peitschte ihnen Flocken und Eiskörnchen ins Gesicht. Auf der Piste, die aus gelochten Stahlrippen bestand, ruhte auf mächtigen Rädern der graue Gigant. Tragflächen und Heck zeigten rote Kreuze auf weißem Grund. Die Laufplanken waren herabgelassen, hinter den Einstiegen schimmerten die Metallwände im matten Innenlicht.

Wieder wurde vergattert, eine kleine Gruppe hatte sich bereits angesammelt. Hier schienen die Schranken der Fremdheit fallen zu wollen, zögernd musterte man seine Schicksalsgenossen, es war den Leuten anzumerken, dass sie sich gern unterhalten hätten. Stattdessen klapperte man nur mit den Zähnen und hopste von einem Bein aufs andere. Stimmung, Stimmung. Noch hielt das Bodenpersonal die Laufbrücken gesperrt.

Wie auf ein Stichwort flammten nun drüben die Leuchtfeuer der Startbahn auf, bildeten eine lange glitzernde Straße, und unter dem hohlen Gejohle der Düsen drehte sich der erste Riese graziös um seine Achse und lief leichtfüßig, ein stumpf glänzender Vogel Greif, auf der Piste in die Nacht hinaus. Man hörte ihn anhalten und gleichsam Kraft sammeln. In diesem Augenblick wurde Einlass gewährt, und Jugurtha und Sigga waren mit dem Besteigen ihres Schiffes beschäftigt. Dabei hatte Jugurtha eine seiner romantischen Anwandlungen: Er fühlte sich als Wikinger, und Sigga war die Wikingerbraut.

Das Wikingerschiff entpuppte sich allerdings als Truppentransporter älteren Musters. An beiden Innenwänden des Rumpfes liefen schmale, unbequeme Sitze entlang, die an metallenen Gurten hingen. Die Sitze schaukelten leicht, man saß mit dem Rücken zur Bordwand. Es war saumäßig kalt, die Bullaugen blinkten silbern. Jugurtha sah, dass einige der Flüchtlinge sichs unter den Sitzen am Boden bequem machten, und so streckte auch er sich aus, und Sigga tat das Gleiche. Er fand eine dicke Kotze zum Zudecken, Siggas Koffer und die Pelzmützen dienten als Kopfpolster. Eng aneinandergeschmiegt, soweit das mit den wattierten Pelzen möglich war, lagen sie da und fanden es trotz der lähmenden Müdigkeit leidlich. In der Mitte musste ein breiter Gang freigehalten werden.

Der lange düstere Kabinenschlauch füllte sich mit Menschen, man eilte geschäftig hin und her, Schwimmwesten wurden verteilt, auch Marschapotheken und Vitamintabletten ausgegeben, man brachte heißen Kaffee, das Bordradio spielte flotte Weisen. In den Eingeweiden der Maschine fing es zu rumoren an. Nochmals zählte die Bodenmannschaft ab und verglich die Ausweise mit der Passagierliste – dabei hätte es beinah eine Panne gegeben.

Jugurtha und Sigga besaßen als Ehepaar einen gemeinsamen Reisepass, aber ohne Eintragung über erfolgte Impfungen. Nämlich: Die Lagerinsassen waren gegen alles Mögliche geimpft worden, auch Reihenuntersuchungen auf Skorbut und andere Mangelkrankheiten hatten stattgefunden. (Die Impfungen wären nicht zu umgehen gewesen, doch Knuds »abgekürztes Verfahren« hatte da vorgebeugt.) Jedenfalls fehlte die Bescheinigung. Bange Minuten. Würden sie zurückgewiesen und für einen späteren Transport gebucht, käme man wahrscheinlich auf den ganzen Schwindel und – entsetzlicher Gedanke – auf die Sache mit Eycke.

Wieder hatten sie Schwein, das Startzeichen rettete sie. Der kontrollierende Beamte trug ihnen bloß auf, sich am Bestimmungsort bei der ärztlichen Betreuung zu melden. (Das würden sie ohnehin tun, natürlich mit aller gebotenen Vorsicht – wer weiß, ob die einen nicht einschläferten, wenn die Strahlendosis zu hoch gewesen war.) Und was den gleichfalls fehlenden Skorbutbefund anginge … Der Beamte händigte ihnen eine Extraration C-Vitamin-Lutschbonbons ein und wünschte ihnen gute Fahrt. Ein freundlicher Herr. Jugurtha wischte sich den Schweiß von der Stirn.

In den Strahlantrieben sang es hoch und pfeifend. Der Riesenvogel zitterte leicht und begann dahinzurollen. Durch die vereisten Bullaugen glitzerten die Scheinwerfer des Fliegerhorstes, ihre Strahlen wanderten über die dunkle Kabinenwand, schnell und schneller. Der Anschnallbefehl war von den meisten missachtet worden. Jugurtha und Sigga pressten ihre Körper aneinander, sie bettete den Kopf auf seinen rechten Arm und ließ sich liebkosen. Ihr Gesicht hob sich seinen Küssen entgegen, niemand sah es oder hätte sich darum gekümmert. Als der durchdringende Singsang der Triebwerksirenen in ein tiefes, sattes, machtvolles Brausen überging, fanden sich ihre Münder. Beide lechzten nach leidenschaftlichen Umarmungen.

Das Flugzeug hob unmerklich von der Startbahn ab, nur der Kabinenboden drückte gegen ihre Leiber, die Maschine stieg rasch und steil nach oben. Das Auf und Ab des Schwebens empfanden sie als zusätzlichen Kitzel.

Jugurtha hatte das Gefühl, dass etwas Wunderbares geschehen werde, nicht gleich, aber bald. Hatte er doch dieses herrliche, vielumgierte Weib für sich gewonnen – nichts war daher unmöglich. Die Nähe ihres üppigen, brünstigen Fleisches oder das Außerordentliche, das er auf sich zukommen spürte, ließ ihn erbeben, seine Pulse flogen, als er unter der Decke Siggas Mantel öffnete und ihre Haut suchte. Sie selber knöpfte sich die Bluse auf, und auch ihre Hände wurden gierig. Schwindelerregendes Entzücken!

Eine Zeit lang hatte er mit dem Gedanken gespielt, sie zu demütigen, zu erniedrigen und ihr dann den Laufpass zu geben. Er wollte sie in der gemeinsten Weise besitzen, um ihr zu zeigen, dass er sie für eine Schlampe hielt. Das sollte der gerechte Ausgleich für die Peitsche sein. (Noch immer war das Schandmal zu sehen.)

Das aber ging jetzt nicht mehr. Sigga hatte kein Bewusstsein von jener kläglichen und widerlichen Szene, sie ahnte auch nicht, wer er war oder gewesen war, was er damals wollte, und dass die Erinnerung ihn peinigte. An die Kinder dachte sie zuweilen – es war wie Versteckenspielen, Vorüberhuschen von Phantomen, Sichhaschen –, jedoch ganz ohne Sehnsucht oder Leid. Manfred und Erda waren für sie fremde Wesen. (Die vorbildliche Mutter, als welche sie stets hingestellt wurde, existierte nur in der Phantasie der Hausfrauenzeitungen – Sigga war nichts als eine schreckliche Geliebte, eine verzehrende Bettgenossin.) Alles, was ihre Ehe betraf, schien mit Eyckes Tod aus der Welt geschafft.

Sie war oder wurde ein anderer Mensch, wahrscheinlich arbeitete die Krankheit in ihr und veränderte sie. Und diese andere Ulla – oh, wie abgestorben klang schon der alte Name! – gehörte ihm mit Haut und Haar, mit ihrem schönen Haar und ihrer schönen Haut. (Er zupfte an ihren Schamhaaren.) Tief und inwendig liebte er sie, er liebte sogar noch ihre Ausscheidungen.

Was fesselte sie aneinander?, fragte er sich. War es jener grauenvolle Marsch durch die Atomwüste, war es eine chemische Umwandlung, die seither in ihrer beider Adern vor sich ging? Zum ersten Mal dämmerte ihm, dass »Blut« nicht ein Parteischlagwort war, überhaupt nichts Bildliches – es war machtvolle Wirklichkeit, etwas, das über Leben und Tod entschied. Nicht einmal als Lazarettgehilfe in Griechenland und auf Kreta, wo es oft wie in einem Schlachthof zugegangen war, hatte er so stark und süß die Wirklichkeit des Blutes empfunden. Blut, schönes, warmes, kreisendes Blut – ja, das war es, was sein Leben mit ihrem verband!

Im dämmerigen Blaulicht des Kabinenschlauchs sahen die Reisenden mit ihren kreideweißen, vergilbten Gesichtern – es waren Oblatengesichter – wie Tote aus. Manche schienen zu schlafen, einige lutschten stumpfsinnig an ihren Bonbons. Niemand wusste, wann der Flug ein Ende haben werde oder wohin er führte. Die Triebwerke stöhnten und dröhnten.

Jugurtha und Sigga sprachen kein Wort, Gesprochenes hätte ihre Sinnlichkeit zerstört. Diese Sinnlichkeit war Finsternis, Vergessen, Delirium. Heiltum! Es war so dunkel, dass sie sich nicht in die Augen sehen konnten. Nur ganz Tastsinn waren sie. Für Jugurtha versank die Welt, er dachte nicht an sein und Siggas Krankenschicksal, an die Ungewissheit ihrer Lage, an nichts mehr. Er war trunken vor Freude über seine schöne Beute. Als er sich daran erinnerte, wie enttäuschend die ersten Male mit ihr gewesen waren, dass er sie für kaum mehr als einen Geschlechtsabort gehalten hatte, überwältigte ihn die Scham – und er umarmte sie ungestüm. Nichts mehr verstand er davon, es musste gutgemacht werden. Eine Wonne, sie zu haben, so wonnig wie das, was sie eben mit ihren Händen tat.

Nie mehr würde er sich von ihr trennen. (Unvermittelt sagte er es ihr ins Ohr: »Auf Gedeih und Verderb, Sigga!«) Sie würden, wo immer es sei, miteinander hausen, er wäre ein Schuft, wenn nicht für sie arbeitete. Aber was? Er hörte sie unterdrückt aufstöhnen und spürte das Zucken ihrer Glieder, sie konnte heute nicht genug haben, erfand selbst immer neue Finessen, ihre Hände bargen Überraschungen. Wie schön, wenn sie ein Kind hätten – ein Kind! Ein gemeinsames Heim, und wäre es in einer Eiswüste am Rande der Welt. Alles Unsinn! Sigga war zu alt – sie war weit über vierzig, vielleicht fünfzig –, hatte Fehlgeburten gehabt, war auch nervlich belastet. Und die Strahlenverseuchung! Die Strahlenverseuchung war der Anfang und das Ende. Sie mussten gesund werden, unter allen Umständen gesund! Alles Weitere würde sich finden.

Bald erschlafften sie. Mit der Sattheit kehrte die schmerzhafte Müdigkeit zurück, seit Tagen lag sie ihnen in den Knochen. Ein Zerschlagensein, wie es dem Ausbruch einer schweren Grippe vorangeht. Sigga drehte sich von ihm weg, sein Gesicht versank in ihrer Mähne. Körper an Körper schliefen sie ein.

WIE LANGE SIE so gelegen hatten, war in der Zeitlosigkeit, die hier alles umgab, ohne Belang. Sie erwachten fast gleichzeitig, in der Kabine war es dämmerhell. Mit einem Ruck setzten sie sich auf und schauten einander traumverloren an. Die Sonne! Es war Tag! Sie warfen die Decke von sich und pressten ihre Gesichter an das Bullauge über ihnen. Draußen herrschte eine fade, gleichmäßig milchige Helligkeit, Einzelheiten waren nicht zu erkennen. Voller Freude küsste er sie auf beide Wangen. Die Maschine hatte zweifellos Südkurs, die Polarnacht lag hinter ihnen.

Kein Anlass zur Freude, wie sie sogleich erfahren sollten. Die Maschine war über dem Meer geortet worden, Jagdflugzeuge unbekannter Nationalität hatten sie eine Zeit lang verfolgt. Der Kapitän – nachdem er Geleitschutz angefordert, aber nicht erhalten hatte – war gezwungen gewesen, sehr tief herabzugehen, und seit ungefähr einer Stunde flogen sie mit gedrosselter Geschwindigkeit im Schutz einer schier endlosen Nebeldecke dahin. Blindekuhflug. Immer wieder hatten Aufklärer versucht, sich an den Transporter heranzupeilen.

Der ihnen das alles sagte, ein auffallend hübscher Mensch von höchstens fünfunddreißig (Höllriegl argwöhnte einen möglichen Nebenbuhler), wusste noch viel mehr. Es war erstaunlich und fast verdächtig, wie offenherzig der war. Möglich, dass die Macht der Partei von einem bestimmten Punkt an abnahm oder aufhörte, ihre Ohren waren dann nicht mehr so zu fürchten. Außerdem hatte der Mann, wie sich herausstellte, eine Schlüsselstellung inne, durfte sich daher eine kühnere Sprache erlauben. Als sie mit ihm näher ins Gespräch kamen – er verschlang dabei Sigga mit seinen brennenden Wolfslichtern (Werwolfaugen!), und auch sie hing in unziemlichster Weise an seinem Mund –, erfuhren sie unter anderem, dass er nicht eigentlich auf der Flucht sei, sondern beruflich im hohen Norden zu tun habe. Er führte den Titel Oberregierungsbaurat, war Ingenieur (oder Ingner, wie der Zunftname amtsförmlich lautete) und Heizungsfachmann; als solcher machte er zurzeit eine Inspektionstour durch die kalorischen Werke der Polargebiete. Vorderhand – bedauerndes Achselzucken – würde er gezwungen sein, Europa zu meiden. Der hatte leicht offen reden. Um Eindruck zu schinden, wie Jugurtha witterte, bediente er sich einer ausgeprägt forschen, übertrieben männlichen Sprechweise. Sigga sah allerdings verboten schön aus, die Verfallenheit war ihr ins Gesicht geschrieben.

Das Reich sei vollständig eingekreist beziehungsweise auf einen verhältnismäßig engen Raum zusammengedrängt. Die atomaren Vernichtungsschläge gegen dichtbesiedelte Reichsgebiete hätten, soviel er wisse, aufgehört, und dies mit gutem Grund. Die Japse verwendeten nämlich eine bis zur äußersten Perfektion vorgetriebene Taktik und Technik des Aufweichens und Unterwanderns, sodass es weder starre noch bewegliche Fronten mehr gebe, sondern gewissermaßen nur ein breiiges, quatschiges Schlachten; überspitzt ausgedrückt, war jeder Quadratmeter deutschen Bodens Front. Unter dem Druck dieser verzweifelten Lage schien der Bruderzwist im Reich erstickt zu sein, alles rüstete zum Endkampf gegen die von überallher eindringende und heftig nachdrängende Streitmacht des Feindes, der seine brutalste Schlächter-Elite – Kamikaze-Fallschirmjäger und Guerillas – einsetzte. Das Reich glich gegenwärtig einer zur Gänze eingeschlossenen und von allen Seiten berannten mittelalterlichen Wagenburg, in deren Innerem gleichfalls schwer gerungen wurde, und zwar Mann gegen Mann. Auch was die Kampfmittel betrifft, war man ins Mittelalter zurückgekehrt, man kämpfte – meist bei Nacht – hauptsächlich mit Totschläger und Schnappmesser, auch der gute alte Gurgelbiss kam wieder in Schwung. Wer könne, rette sich über irgendwelche Luftbrücken, sofern diese noch nicht angeschlagen waren, oder verschwinde unter Tage und führe ein Rattendasein. (Jugurtha dachte an Gundlfinger und die *Unterirdischen*, auch an Axel.) Eine wirklich durchgeplante Verteidigung gäbe es nicht mehr. In Stuttgart, so hatte der Herr Oberregierungsbaurat knapp vor seiner Abreise gehört, residiere bereits ein japanischer Militärgouverneur – doch könne dies auch nur eine Angstphantasie sein. Das Grausigste jedenfalls war, dass die Gelben in den evakuierten deutschen Schutzgebieten, insbesondere des Ostens, überall massenhaft Ansiedler absetzten, innerasiatische Völkerschaften, die gegen den radioaktiven Niederschlag weit widerstandskräftiger zu sein schienen als die weiße Rasse. Dabei war, nuklear gesehen, das Reich merkwürdigerweise noch immer im Angriff; als wäre nichts geschehen, jagte es eine Super-Interkontinentalrakete nach der andern in Richtung Ferner Osten, wo faktisch die meisten zivilisierten Territorien zur Wüste geworden waren. Daher zeichne sich so etwas wie eine moderne Völkerwanderung ab, die überlebenden Massen drängten nach dem Westen. Dass es trotz allem auf Reichsboden (oder sonst wo in Europa) noch unterirdische oder bewegliche RAK-Abschussrampen gab oder atomar bestückte U-Boote, musste als Wunder gewertet werden. Die Kampfmoral der Herrenrasse war nicht zu brechen, und diese Tatsache gab auch den Verteidigern einen entsprechenden Auftrieb. Man war fest entschlossen, eine Ragnarök heraufzuführen, wie sie die Welt noch nicht erlebt hatte. Bis zum letzten Hauch wollte man ringen, und auch Frauen oder Kinder durften den asiatischen Bestien nicht in die Hände fallen.

Die Augen des Erzählers glänzten fanatisch, kein Zweifel, das war ein ausgepichter Werwolf, solche Augen kannte Jugurtha, und Werwölfe würden auch – aus sicherer Entfernung – mit Worten bis zum bittern Ende kämpfen. Ein schöner Mann fürwahr, nur die abgebissenen Fingernägel, auf die Jugurtha Frau von der Leyen gern aufmerksam gemacht hätte, störten den Gesamteindruck.

Auch andere Passagiere gesellten sich zu ihnen, Sigga war der Magnet, es hagelte Fragen und Antworten, jeder wollte dieses und jenes wissen oder gehört haben. Der Bann war gebrochen, man wurde geschwätzig.

Das deutsche Volk drohte in den schwärzesten Aberglauben seiner Vorzeit zurückzufallen. Die hirnrissigsten Gerüchte gingen um und wurden geglaubt, so etwa, dass der seinerzeit aus einer Kölner Klinik auf unerklärliche Weise verschwundene Leichnam des Dalai-Lama im Sarg der Kyffhäuser-Grabkammer liege, genauer: dass es zwar unzweifelhaft der Führer sei, der im Sarg liege, doch habe sein Gesicht ebenso unbezweifelbar die Züge des Dalai-Lama angenommen – und ähnlicher Unfug mehr. Zum Beispiel sollte Köpfler vielen Volksgenossen an ganz verschiedenen Orten gleichzeitig erschienen sein, und zwar am hellichten Tag, die Erscheinung hätte ihren Kopf unterm Arm getragen. Derlei Albernheiten wurden allen Ernstes von erwachsenen Menschen breitgetreten, bis der Oberregierungsbaurat, der ironisch lächelnd zugehört hatte, mit der Frage dazwischenfunkte: »Meine Herren, wo, glauben Sie, befindet sich Köpfler zurzeit?«

Niemand hatte eine Ahnung, verlegene und verlogene Blicke. Dann gab sich ein sympathischer, noch knuspriger Glatzentiger – »Ges-tatten, dass ich mich vors-telle: Wi-Gru S-teine und Erden, Fachgruppe Hüdroxüde, Fachuntergruppe Duralumin« – einen Ruck und sagte mit dem gewissen reichseinheitlich genormten stählernen Blick: »Selbstvers-tändlich bei seinen Mannen.« Worauf der kalorische Fachmann grinsend erwiderte: »Ja, aber bei seinen Mannen am Rio das Mortes.« – »Wo bitte?« – »Am Fluss der Toten im Matto Grosso.« – »Och!« Verständnisinniges, zugleich verbittertes Schmunzeln allerseits.

Soviel man sehen und hören konnte, bestand dieser Transport nur aus Männern der Wirtschaft (und ein paar Sekretärinnen, fünf aufgenordeten und arroganten Bettschönheiten). Augenscheinlich lauter Junggesellen oder Strohwitwer – die Gattinnen waren wohl längst an der arktischen Riviera in Sicherheit. Wie überhaupt das Auffanglager Ju 33 das Sprungbrett ins zweite Leben für die Wirtschaftskanonen des Reiches zu sein schien; daher auch das Ziel des Inspekteurs für Wirtschaftsfragen von Eycke. (Was mochte mit seiner Sportmaschine geschehen sein?)

Sie alle waren vertreten: Thyssenhütte, Reichsbank, Benzolverband, Opel, Hoesch, Weltraumplanung, Telefunken, VW, Ruhrkohle, IG-Farben, Degussa,

Taunus, Henkell, Brüninghaus, DDG (Deutsche Denkgeräte) und so weiter. Man lernte einander rasch kennen, nun, da das große Schweigen zu Ende war. Die Herren wurden aufgeräumt, gebärdeten sich als sprühende Witzkisten, die Damen kicherten pflichtschuldigst, Kognak ging reihum, fast jeder der Herren rückte mit seiner Hüftflasche heraus. Sigga hatte wie immer durchschlagenden Erfolg. Mit Besorgnis merkte Jugurtha (dem selber wieder elend war), dass sie sich langsam verfärbte, ihr Gesicht wurde erdfahl, die Ringe unter den Augen traten dunkelviolett hervor, das Fleisch unterhalb der Jochbeine sank ein. Er sah, dass sie sich mühsam aufrecht hielt, und blieb ihr hart auf der Pelle. Das war schon deshalb nötig, weil der eine oder andere, je feuchter die Stimmung wurde, frech zu werden begann und weil auch Sigga für seinen Geschmack sich zu sehr gehen ließ. Sie war nur noch ein Gespenst, das wurde immer deutlicher, eine Schwerkranke, ihr geschwächter Organismus war auf der Kippe, zu kapitulieren. Und weil sie so aussah, erkannte niemand in ihr das ehemalige Fernsehidol der deutschen Familie.

Nach anfänglichem Sträuben hatten Siggas Geschlechtsgenossinnen sie in ihren Zirkel aufgenommen. Vorbehaltlos. Man tuschelte, tat vertraut, ging paarweise zum Waschraum, und wenn einer der Piloten aus der Kanzel trat, es waren strahlende Burschen, Isländer, Angestellte der Loftleidir, offerierte man sich einmütig auf dem Präsentierteller. Dass Sigga die ungekrönte Königin dieses Fluges sei, darüber waren sich alle einig, und die netteste Sekretärin – sie hieß Doris, mit Zunamen Völlenkle (»Das ist mein wirklicher Name, ich heiße noch Heidrun und bin von der Deutschen Wurlitzer«) – waltete ungebeten ihres Amtes als Kammerzofe. Und Doris war es auch, die Herrn von der Leyen beiseitenahm und ihm zuflüsterte, sie wolle kein Aufsehen machen, aber seine Gattin sei soeben im Klo ohnmächtig geworden.

Als Jugurtha durch den Kabinenschlauch nach vorn lief, wurde das Bordradio eingeschaltet und Marschmusik gespielt. Sofort verstummten die Gespräche, Jugurtha bekam noch die erstaunten Mienen einiger Herren mit, dann war er auch schon in dem engen, heißen Abort, wo es nach Desinfektion und Gespienem roch. Das niedrige Kabinett vibrierte vom Gedröhn der Düsen. Sigga lag oder saß da, den Kopf an die Klosettmuschel gelehnt, das Gesicht wachsgelb. Sie hatte sichtlich erbrochen, und zwar Galle. Jugurtha tätschelte kräftig ihre Wangen und wusch sie, dann suchte er im Erste-Hilfe-Kästchen nach etwas Starkem, fand auch Ammoniumkarbonat und hielt ihr das Salz unter die Nase. Allmählich bewegte sie sich wie im Schlaf. An der Tür pochte es. »Ich bins – Doris. Wie geht es Ihrer Frau?« – »Schon besser.« – »Wir müssen notlanden.«

Sigga schlug die Augen auf, schaute um sich, sah ihn an. »Schwarzer Jugurtha«, murmelte sie. Dann schluckte sie ein paar Mal krampfhaft und spie aus, er hielt ihr dabei den Kopf. Siggas Gesicht hatte einen furchtsamen, zugleich verdrießlichen und merkwürdig neugierigen Ausdruck, so als grüble sie angestrengt nach. »Was ist, wo bin ich?«, fragte sie. »Wo ist Manfred?« Alles kam ihr durcheinander. »Ach ja, Manfred ist fort«, sagte sie und spuckte wieder aus. Sie versuchte sich aufzurichten, sank jedoch gleich in sich zusammen. Er erklärte ihr die Lage, sie aber schien uninteressiert. Doris klopfte, kam herein, und gemeinsam beförderten sie Sigga zum alten Platz zurück. Er legte sie behutsam hin, lagerte den Kopf hoch und hüllte sie in die Decke. Als er ihr den Puls fühlte, spürte er, dass sie am ganzen Körper zitterte. Schüttelfrost. Eine Nervenkrise?

Das kleine Ereignis war kaum beachtet worden, man hatte sehr mit sich zu tun. Nur der Oberregierungsbaurat beugte sich herüber und fragte höflich: »Ist Ihrer Gattin schlecht? Luftkrank?« Jugurtha fragte zurück, was eigentlich los sei, und erhielt eine alarmierende Antwort. Der Kapitän hatte durchgegeben, dass wegen des selbst in dieser Jahreszeit ungewöhnlich dichten Nebels am eigentlichen Bestimmungsort nicht gelandet werden könne, er suche nach einer Ausweichmöglichkeit. Dazu der Kommentar des Oberbaurats: »Bodenfunkverbindung wegen Feindnähe leider unmöglich. Daher auch Blindlandung unmöglich.« Was hieß hier Feindnähe? Ja, der lokale Luftraum würde in der letzten Zeit scharf überwacht, der Feind – wer immer es sei – versuche, die Transporte zu orten und zu bekämpfen. Schon einige Flüge waren, wie man hintenherum erfahren hatte, vom Feind eingesehen worden und nur mit Mühe durchgekommen, diesmal erschwere noch der blöde Nebel alles. »So ist vor einer Weile unsere Maschine von einem Jäger ohne Kennzeichen gestellt und beschossen worden – trotz Rotkreuz. Niemand merkte was, der Jäger hat plötzlich abgedreht und ist im Nebel verschwunden.« Von wem er das habe? Ausweichend: »Es wurde mir gesagt.« Jedenfalls getraue sich der Kapitän nicht, Bodenkontakt zu nehmen.

»Warum lässt man die Transporte ohne Geleitschutz?« Ironisches Grinsen. »Das Reich braucht jetzt seine Kampfmaschinen an anderen Orten.« (Jugurtha musste an die Meuterei der Luftwaffe denken.)

»Wo werden wir landen?«

»Das wissen die Götter. Etwas weiter im Süden soll es weniger Nebel geben.«

Die Marschmusik hörte mitten im Takt auf, eine kehlige Stimme drang aus den Lautsprechern: »Wir versuchen in wenigen Minuten zu landen. Notlandevorschriften beachten. Ende der Durchsage.«

Die wenigen Minuten zogen sich verflixt in die Länge. Jugurtha entfernte alle spitzen Gegenstände aus seiner Kleidung und durchwühlte auch Siggas Kleider. In ihrem Mantel fand sich der Laser-Meduso, er legte das filigrane Ding zu den übrigen Sachen. Dann nahm er im Schaukelsitz Platz und schnallte sich an. Sigga lag zu seinen Füßen, hatte die Augen geschlossen, atmete aber regelmäßig, auch die Gesichtsfarbe war besser.

Durchs Bullauge konnte er einen hellen Fleck ganz unten am Horizont gewahren – die Sonne. Der Nebel wurde dünner, zerstreute sich allmählich zu fetzenhaften Gebilden. Die Maschine beschrieb große Kurven und gewann dabei an Höhe, der Sonnenstand änderte sich dauernd, die Tragflächen hoben und senkten sich. Jetzt lag das Nebelmeer tief unter ihnen, es hatte die trügerische Dichte einer welligen weißen Ebene, über die der Schatten des Riesenvogels dahineilte. Die schrägen Strahlen der Sonne fielen aus einem schwärzlichen Himmel.

Nun veränderte der Düsenlärm seine Klangfarbe. Sie gingen rasch hinunter, das Nebelmeer stürzte ihnen förmlich entgegen. Wieder zog graue Düsternis in die Kabine ein, die Maschine flog flattrig und rumpelnd, so als hüpfe sie über eine Straße mit Frostaufbrüchen. Nein, sie schwebten noch hoch in der Luft, hatten die Wolkendecke durchstoßen und rasten auf einen Punkt zu, einen fernen schwarzen Stecknadelkopf inmitten eines sonnenlosen Schnee- und Eiskontinents, der sich eintönig und unermesslich nach allen Seiten hin ausdehnte. Die einzige Farbe, ein kleiner Freudenschrei in der weißen Wüste, war das rote Kreuz auf einem Fahnenmast, um den herum sich ein paar Schuppen verloren hatten. Die Landebahn war nicht auszumachen (gab es überhaupt eine?), trotzdem setzte die Maschine leicht und sanft und sicher auf. Als sie ausgerollt war, rief jemand: »Heil unsrer Mannschaft!«

Alles jauchzte auf. Man machte sich los, schüttelte viele Hände, die Piloten wurden umarmt und zum Abküssen herumgereicht. In dem Wirrwarr versuchte ein Bierbass das Horst-Wessel-Lied anzustimmen, aber keiner fiel ein. Sigga lag da und bewegte lautlos die Lippen.

AUF DEN ASPHODELOSWIESEN

*nû sehet, wie unser lachen
mit weinen erlischet.*

Hartmann von Aue

DAS GANZE WAR eine ausgewachsene Katastrophe. Sie befanden sich etwa vierzig Deutsche Meilen (300 Kilometer) südöstlich des Ortes, wo sie hätten landen sollen. Und auch jener Ort wäre nicht das endgültige Reiseziel gewesen, sondern nur ein weiteres Sammellager – gewissermaßen das diesseitige Spiegelbild von Ju 33. (Die Luftbrücke Bifröst ruhte auf mehreren solchen Pfeilern.) Von jenem Auffanglager bis zu den unterirdischen Unterkünften und Stützpunkten nördlich des Polarkreises, irgendwo im Gebirge an der Grenze von Alaska, war es eine weitere große Flugstrecke. Aber jedes reguläre Lager besaß eben gute Unterkünfte, Ärzte und Sanität, Motorschlitten, Hubschrauber, vor allem eine schlagkräftige Abwehr; der weite Kranz befestigter Sammellager bildete das Vorfeld der eigentlichen Arktisfestung. Hier jedoch, auf einem vorgeschobenen Posten im Ödland, gab es nichts.

Jede Geheimnistuerei wurde fallengelassen, auch andere Masken fielen. Das Treibstofflager mit dem Sendezeichen Y 771 lag in einem wasserreichen Tundrengebiet der nordwestkanadischen Barren Lands, unter 64 Grad 23 Minuten nördlicher Breite und 96 Grad 25 Minuten westlicher Länge. Um das hölzerne Stationshaus, das auch die Funkanlage beherbergte, und ein längst aufgelassenes Bethaus der Society of Friends standen ein paar Wellblechschuppen und Schneehütten. Hinter dem Lager erstreckte sich die Startbahn ins Land hinein.

Die Tarnfahne, das Rote Kreuz, wehte vom Funkmast. Gefunkt wurde seit Tagen nicht mehr, man hätte nur feindliche Spähtrupps angelockt. Ein deutsches Ehepaar und ein Däne wohnten hier, die Männer waren Geologen, der Deutsche, der während des Krieges in einer Nachrichtenkompanie gedient hatte und ausgebildeter Funker war, besorgte auch den Wetterdienst. In den Iglus hausten Eskimos.

Die Piloten warteten und warteten darauf, dass die dichte Nebeldecke sich heben werde. Im Gegenteil, es begann zu schneien, und die Geologen sagten, es könne Wochen dauern, bis die ersten Winterstürme das Wetter ändern würden. Da saßen sie nun in der Patsche. Die Besatzung hatte strengsten Befehl, die Maschine ungesäumt zurückzufliegen, die Frist war schon um einen Tag überzogen. An den Weiterflug war nicht zu denken, der Nebel bedeckte das ganze Land, also entschloss man sich, am dritten Morgen zu starten und von irgendwo Hilfe herbeizuholen. Obwohl infolge des schützenden Nebels die

Temperaturen nicht extrem waren, zweigten die Isländer von einer Ladung heizbarer Polaranzüge eine gehörige Anzahl ab. Die Hälfte der Passagiere flog zurück.

Darüber hatte das Los entschieden. Für das Ehepaar von der Leyen hätte dies bedeutet, in der Station warten zu müssen, bis Hilfe kam. Sigga war offensichtlich krank, nach dem letzten Anfall konnte sie sich nicht mehr so recht erholen, und auch Herr von der Leyen litt an allem Möglichen, sodass zwei jüngere Männer sich erbötig machten, an ihrer Stelle zu bleiben. Das aber wollte Sigga um keinen Preis, und auch Jugurtha graute es bei dem Gedanken, in die Polarnacht von Ju 33 zurückkehren zu müssen. Hier herrschten wenigstens andeutungsweise Tag und Nacht, auch waren sie dem Endziel näher. Nein, nicht mehr zurück! Man brachte Sigga im schönsten und wärmsten Zimmer des einstigen Bethauses unter, sie hatte es nur mit Doris und einer zweiten Sekretärin zu teilen; Doris war freiwillig dageblieben, eine treue Seele. Alle übrigen Passagiere wurden in den Baracken und Schneehütten zusammengepfercht, einzig der Herr Oberregierungsbaurat, dessen Namen niemand wusste, bezog wie selbstverständlich im Stationsgebäude Quartier.

Es bestand der Plan – die Geologen hatten den Vorschlag gemacht –, nicht auf Ablösung zu warten, sondern Y 771 vorzeitig zu verlassen und zum nächsten Sammellager, eben jenem AL Ju 12, durchzupreschen, und zwar in Hundeschlitten und auf Skiern. So würde man den Feind, sollte er irgendwo im Distrikt operieren, vielleicht am besten täuschen. Das Treibstofflager war auf die Dauer nicht zu halten, die Aufklärung des Gegners wurde immer lästiger, man musste die Station im Schutze des Nebels sprengen, die Startbahn zerstören und dann abhauen. In der Nähe hatte jahrelang ein »Apemen Camp« (AMC) bestanden, das geräumt worden war, als der Bau von Flugplätzen, Polizeistützpunkten und strategischen Überlandstraßen in diesem Teilgebiet des Nordwest-Territoriums abgebrochen wurde. Dort lebten nun Indianer- und Eskimofamilien mit ihren Rentieren, Hunden und Totempfählen Haus an Haus in anscheinend friedlicher Gemeinschaft. Nachts konnte man zuweilen das Geheul der Zughunde herüberhören. Aus diesem ehemaligen Untermenschenlager wollten die Geologen Schlitten, Ausrüstung und Begleitpersonal holen.

Jugurtha erfuhr in der Station, dass die uralte Blutfehde zwischen den Eskimos und den Indianern, die bis zur Jahrhundertwende gedauert hatte und seit damals mehr oder weniger eingeschlafen war, in verkappten Formen wiederaufzuflammen drohte. Die Ursache war ein Kuriosum. Überall, wo auf diesem Kontinent der Deutsche zu befehlen hatte, vor allem in den Schutzgebieten des Reiches, genoss die indianische Rasse gegenüber den anderen Ureinwohnern offenkundigen Vorzug. Natürlich war sie der weißen Rasse nicht gleichgestellt und schon gar nicht dem heliogermanischen Herrenvolk, wurde aber nach dem sogenannten Hiwi-Statut (der Hilfswilligensatzung) behandelt. Darüber sollte es sogar einen Geheimerlass Adolf Hitlers geben, der als Bewunderer von Karl May und Winnetou die Rothäute für heldische, wehrwürdige Menschen hielt. Irgendwo im Süden Kanadas war ein eigenes Rasse- und Siedlungshauptamt für die indianischen Hiwis der Schutzgebiete eingerichtet worden. Diese Maßnahme, die sich sowohl auf rechtliche Dinge wie auch auf die Lebenshaltung und Bewaffnung bezog, machte viel böses Blut, insbesondere unter den Eskimostämmen. Letztere galten als Abkömmlinge eingewanderter Mongolenvölker und wurden wie gewöhnliche Farbige eingestuft.

Und noch etwas erfuhr Jugurtha, nicht vom deutschen Stationsgeologen, sondern von einem Mitreisenden, einem weißhaarigen, sich soldatisch haltenden Herrn, Träger des Goldenen Ehrenzeichens der NSDAP. Dieser Mann, gebürtiger Neckarsulmer, hatte seinerzeit in Graz und Leoben Montanistik studiert, war Bergbauingenieur, Metallurg und technischer Direktor bei den steirischen Hermann-Göring-Werken, im Übrigen ein begeisterter Wahlostmärker. Sympathie und Vertraulichkeit ergaben sich da auf den ersten Blick. Als sie über die berühmte Eis-Sphinx der SS sprachen, diese Trutzfeste und Gralsburg in der Arktis, und Jugurtha auf die Fernheizwerke und sonstigen technischen Großleistungen hinwies, dabei von ungefähr den Oberbaurat erwähnte, der in dem versprengten Haufen allmählich eine Art Führerrolle zu spielen begann, wurde der Direktor plötzlich einsilbig. Jugurtha stichelte ein wenig und fragte rundheraus, was er gegen den Mann habe. Oh, nichts, erwiderte der Direktor, wenn er sich eine Führerrolle anmaße, so ginge das durchaus in Ordnung (zu Jugurthas Leidwesen war Sigga der gleichen Meinung), doch spiegle ihnen der Oberbaurat etwas vor, er wäre gar nicht das, wofür er sich ausgäbe. So, was war er denn? Nach einigem Zögern rückte der Direktor mit der Sprache heraus: Der Herr Oberregierungsbaurat – sein Name fiel auch jetzt wieder nicht – sei keineswegs Wärmetechniker oder Inspekteur, sondern Kernphysiker, und zwar trotz seiner Jugend einer der fähigsten. Als solcher habe er von allem Anfang an maßgeblich bei der Entwicklung von Köpflers Geheim- oder Wunderwaffe, der Antiteilchenbombe, mitgetan und sei nun im Rahmen des sogenannten Frauja-Programms beauftragt, inmitten der Eisregion auf einer einsamen Insel, wo Werwolf und SS Labors und riesige Werkstätten errichtet hatten, mit einer Gruppe internationaler Antimaterieforscher an der Superbombe weiterzuarbeiten. Deren Sprengkraft, so hieß es, sei nicht mehr nach der üblichen Mega-Größenordnung, wie bei den Atomwaffen, sondern nur noch in der Giga-Reihe (1011) zu messen. Es verlautete, dass jener Physikergipfel den Befehl hatte, die Superbombe auch dann zu zünden, wenn sie für einen gezielten strategischen Einsatz zu spät käme – die Wunderwaffe sei nämlich leider noch lange nicht fertig.

Jugurtha entsetzte sich. »Wie können Sie über ein solches Staatsgeheimnis einem Unbekannten gegenüber so offen reden?«

»Ja, es ist eine streng vertrauliche Reichssache, selbstverständlich, zugleich aber auch ein offenes Geheimnis. Viele wissen davon, übrigens auch einige in unserer Flüchtlingsgruppe. Köpfler und seine Leute waren geschickt genug, dieses Spitzengeheimnis, ohne ihm den Reiz des Mysteriösen zu nehmen, wie unabsichtlich publik werden zu lassen, zumindest unter den Eliten. Es soll eine Idee des neuen Propaganda-Scheffs Hassenteufel sein. Tatsächlich hält die Hoffnung auf diesen letzten Pfeil im Köcher viele bei der Stange, die sonst längst abgefallen wären oder sich umgebracht hätten.«

Jugurtha hatte bei dem Wort Frauja gestutzt. Frauja, das war ja der odiose Heiland der Christen! Was hatte der mit der Superbombe zu tun?

Ja, der Name wäre ganz bewusst in aufreizender Absicht gewählt worden. Ein Paradoxon. Jesus wollte das Heil in die Welt bringen, allerdings auf typisch hinterfotzige Art, nämlich durch Mundpropaganda, dabei richtete er nichts als millionenfaches Unheil an. Wogegen die Frauja-Bombe das wahre Heiltum sei, die vernichtende Tat, also das Heil, das im Tode, im Nichtsein, im Nichts liege. Die Zündung der Antiteilchenbombe bedeute wahrscheinlich das Ende jeglicher Existenz – Mensch, Tier und Pflanze würden da mit einem Schlag radikal ausgemerzt, zurück bliebe ein toter Planet. Es wurde erzählt, dass die Insel, deren Lage niemand kenne, Suicide Island heiße oder früher so geheißen habe (ein merkwürdiger Zufall!), und es bestehe Grund zur Annahme, dass sie gar nicht in der Arktis, sondern in der Nähe des Südpolkontinents liege, irgendwo zwischen den Kerguelen und dem Festland, hinter der Treibeisgrenze. Die Reise des Oberbaurats hier herauf könnte gut andere Hintergründe haben.

»Möglicherweise«, sagte der Direktor und dämpfte seine Stimme bis zum Raunen, »werden im kanadischen Raum erste Antimaterie-Versuche durchgeführt.

Es dürfte Ihnen ja bekannt sein, dass die Reichsführung gewillt ist, den Nordwesten Kanadas unter allen Umständen zu halten und ebenso Alaska. Ich habe mir das auf der Karte angesehen. Die Linie Uranium City–Yellowknife–Port Radium–Aklavik wird bis zum Äußersten verteidigt werden, der Mackenzie-Distrikt ist dem Reich sozusagen heilig. Aber der weite atomare Befestigungsgürtel, der diese rüstungswichtigen Punkte und Territorien abriegelt, könnte sich als zu schwach erweisen, wie sich ja auch der Ural-Wall als zu schwach erwiesen hat. Meines Erachtens wäre die starre Verteidigung überhaupt zugunsten einer aggressiven, geschmeidigen, leicht beweglichen aufzugeben. Gerade die praktisch unbegrenzten Eiswüsten des kanadischen Nordens sind ein ideales Versuchsfeld für starke und superstarke Waffen.«

»Und wir?«, warf Jugurtha ein, der so arge Druckbeschwerden im Genick und im Hinterhaupt verspürte, dass er nur mit Anstrengung der Rede des Direktors folgen konnte.

»Wir, lieber Freund, befinden uns in einer strategisch total uninteressanten Zone, die außerdem von Guerillas überschwemmt ist, wie ich höre. Ich bin sicher, das ganze Gebiet bis weit hinauf zum Eismeer wird in Kürze geräumt, und zwar kampflos. Auch für das Sammellager, zu dem wir wollen, gebe ich keinen Pfennig. Wir müssen uns schnell von hier absetzen, sonst versäumen wir die Überfuhr. Die Jahreszeit und der Nebel sind günstig. Alle Spuren verwischen, nichts zurücklassen. Schon morgen sollten wir uns auf die Socken machen!«

So stand es also. Jugurtha fiel auf, dass der alte Herr das Parteiehrenzeichen umflort trug. Auf seinen fragenden Blick sagte der Direktor ruhig: »Für unseren Führer.« Es war offenkundig: Der Mann musste zwar als Flüchtling mit den Werwölfen heulen, hatte aber das Rückgrat, offen für Adolf Hitler Trauer zu tragen. Die Staatstrauer war, offiziell jedenfalls, nie aufgehoben worden, in der Praxis sah es jedoch so aus, dass der »Führerflor« als Bekenntnis zur Vergangenheit, wenn nicht gar als politische Herausforderung gewertet wurde. Oder schon nicht mehr? Jugurtha hatte die herabsetzenden Worte im Ohr, mit denen der Oberbaurat die angebliche Flucht Köpflers quittierte. Und auch im Funkraum der Geologenstation hing noch immer – oder schon wieder – ein Führerbild an der Wand.

War das Reich wirklich führerlos? Diese Frage ergab sich aus alldem von selbst. Jugurtha wanderte wieder einmal um die kleine Station in der unendlichen Weite der Schneelandschaft. Er musste sich ständig Bewegung verschaffen, er war unruhig, auch in den hellen, nervös machenden Nächten stapfte er manchmal draußen herum, von Hunden beknurrt und von den Wachen angerufen – er hielt das Geschnarche der Wirtschaftsbonzen einfach nicht aus. (Jede Wirtschaftsgruppe hatte ihre eigene Tonstärke und Tonlage.) Die Eskimos schienen rührige Leute zu sein, der Platz rund um die Hütten war sauber ausgeschaufelt, auch die blitzblanke Landepiste zeugte von ihrem Fleiß. Jugurtha sah sie gern, und wo immer ihre fellumhüllten, flachen, dunkelhäutigen Gesichter auftauchten, die wie feuchtes Kupfer glänzten, grüßte er sie verstohlen mit den Augen. Und die schwarzen Schlitzaugen glitzerten freundlich zurück. Nur der Trangeruch war ein Brechmittel, seine Magennerven revoltierten seit Neuestem »wegen jedem Schmarrn«.

War das Reich ohne Führer? Der Schöpfer des Weltreichs war tot, sein Mörder und Nachfolger unauffindbar. Wer befahl? Befehlen musste einer, und wäre es ein Mörder. Nichts gab es ohne Befehl. In Deutschland hatten sich trotz aller Wirrsal klare Fronten gebildet. Die Zukunft war gegen die Vergangenheit aufgestanden, eine Zukunft, wie sie sich nach des Führers Tod allerorts abzuzeichnen wagte. Die Vergangenheit hatte ausgespielt – für immer. Das Schicksal des Reiches lag einzig bei Mächten, die – so oder so – seine Zukunft bestimmen würden. Diese Zukunft hieß nicht mehr NSDAP, SA und SS. Sie hieß entweder Werwolf oder Armer Konrad.

Falls es inmitten des großen Asiatensturms überhaupt noch so etwas wie eine germanische Zukunft gab! Die Weltesche erzitterte bis ins Mark unter den Stößen dieses Sturms, das Laub stob von den morschen Ästen. An jenem dunklen Herbsttag, an dem Adolf Hitlers Tod verlautbart worden war, hatte der Wind die letzten Blätter von den Bäumen gefegt, Jugurtha wusste es noch genau.

Er versuchte, mit Sigga darüber zu sprechen, die, wenn sie nicht im Bett lag und schlief, in Decken gehüllt beim Fenster saß und in die Ferne starrte. Umsonst. Sigga verhielt sich apathisch, trotz den stärkenden und aufpulvernden Injektionen, die ihr die Geologenfrau, eine ehemalige, nicht fertig studierte Medizinerin, verabreichte. Auch fing Sigga wieder an, wirre Reden zu führen, es war oft so, als spräche sie aus dem Schlaf. In ihren Phantasien tauchten manchmal die Römer auf und der »schwarze Jugurtha« und der Krieg – und der, mit dem sie sprach, war immer »mein lieber Junge«; so sagte Doris. Nur wenn der Oberbaurat ins Zimmer kam (er kam häufig ins Zimmer) und sie in seiner knappen, bestimmten, halb burschikosen, halb ironischen Art anredete, wachte sie aus dem Dahindämmern auf, wurde lebhaft, ja kokett. Quälend, so was ansehen zu müssen. Eifersucht und Enttäuschung. Zuerst Knud, jetzt der da. Wieder entglitt sie ihm.

Der Oberbaurat hatte auf jeder Ebene die Führung an sich gerissen, niemand widersprach dem. Überall war er der Mittelpunkt, ordnete an. Seine Befehle, das musste ihm der Neid lassen, waren glänzend durchdacht und vorausschauend. Sie waren »komplex«, berücksichtigten die jeweiligen Gegebenheiten: wirklichkeitsnahe, sozusagen wissenschaftliche Befehle. Der Oberbaurat war der geborene Planer und Organisator, eine Führernatur. Er und die zwei Geologen (die die Ortskenntnis besaßen) entwarfen einen genauen Fluchtplan, alle Einzelheiten der Expedition wurden festgelegt, alle Risiken erwogen, mit den Vorbereitungen und dem Training der Leute wurde ruckzuck begonnen. Soundso viele Schlitten und Hunde, soundso viele Werkzeuge, heizbare Parkas, Waffen, soundso viel Treibstoff. Soundso viele Begleiter. Es würden indianische Hiwis sein, nicht Eskimos. Ehrensache. Indianer standen der Herrenrasse näher. Obwohl die Geheimhaltung wegfiel, ein Tarnname daher sinnlos war, gab der Oberbaurat (wahrscheinlich aus alter Gewohnheit) dem Fluchtplan einen Geheimnamen – »Unternehmen Winnetou«. Ein Rest von Naphthalin müffelte also auch hier. Die Schutzmannschaft wurde ausgemustert, Herr von der Leyen gehörte selbstverständlich dazu.

Es war Dienstag. Entweder am Donnerstag oder Freitag, je nach der Wetterlage, wollte man zeitig in der Früh aufbrechen; Landepiste und Funkstation sollten zuerst, alles Übrige hernach zerstört werden. Die Iglus würden durch den Luftdruck einstürzen. Egal. Über kurz oder lang wären die Eskimos sowieso ins UmL hinübergewechselt.

Für die Kranken – außer Sigga erkrankte noch ein junger Industrieller, der in der rheinischen Bombennacht nervlich zum Handkuss gekommen war – wurde ein großer, bequemer Motorschlitten bereitgestellt. Ein zweiter sollte die Führung der Karawane übernehmen. Äußerst knapp war der Mundvorrat – ein ernster Engpass. Die Geologen versprachen, zusätzliche Verpflegung im Arbeitslager aufzutreiben, soweit dies möglich war. Ein Kalorienplan wurde ausgearbeitet und strenge Rationierung angeordnet.

Es sah sehr trübe aus, so trüb wie das Wetter. Jugurtha sann nach. Wie würde dieses Abenteuer enden, und welches Leben würde sie in den Eishöhlen von Niflheim erwarten? Sein Optimismus schmolz dahin – er hatte alles schrecklich satt. (Wieder einmal.) Praktisch war das Reich führerlos, aufgegeben, es zerfiel, röchelte unterm Würgegriff asiatischer Horden. Und das Schicksal der Welt, nicht nur des Reiches, lag in den Händen einiger Abenteurer und Wissenschaftler, deren politisches Denken durch den Werwolf geprägt war. Forscher,

Organisatoren, Lenker, geniale Führer, aber auch geborene Mörder und Selbstmörder. Wenn sie ihr Ziel – die Weltherrschaft – erreichten, würde der Planet krepieren. Wenn sie ihr Ziel nicht erreichten, würde der Planet auch krepieren. Hatte es bei solchen Aussichten einen Sinn, zu überleben? Für ihn einen Sinn? Falls Sigga gesund werden sollte (was unwahrscheinlich war), wäre sie ja doch für ihn verloren. Sie würde dann sofort einem Stärkeren, Brutaleren folgen wie eine läufige Hündin. Oh, es gab eine Bindung zwischen ihnen, aber diese schien ihm befristet, war Liebe auf Abruf, würde so lange dauern wie ihrer beider Krankheit. Es war Blutsverwandtschaft durch eine besondere Art von Blutzersetzung. Nicht Kameradschaft, nicht Zusammengehörigkeit – galoppierender Blutkrebs! Die Gefährtin, Gattin seiner Träume war ein Hirngespinst. Er liebte nicht eine Amazone, eine Walküre, sondern eine Schlampe, eine todkranke, irrsinnige Schlampe.

Und wenn trotz aller Fäulnis das Leben weiterginge, wie sähe es aus? Die neue Gesellschaft würde nicht aus Menschen, aus Individuen, sondern aus Apparaten bestehen, aus sinnlos Befehlenden und hirnlosen Befehlsempfängern. Diese Entwicklung hatte sich leider schon angekündigt. Die hehren Ideale, für deren Verwirklichung er einst als einfacher Soldat der braunen Armee angetreten war, wurden tagtäglich verfälscht, verraten, in den Schmutz getreten. Man verlachte sie. Romantik. Klamotten. Hier stinkts nach Naphthalin. Eine ganz andere Sorte Mensch (Mensch?) kam da herauf und würde herrschen. Die kommenden Machthaber würden statt des deutschen Gemüts einen ferngesteuerten Denkspeicher eingebaut haben. Riesenameisen mit dem Verstand von Übermenschen!

Trotz der Müdigkeit, die in seinen Knochen saß und fraß, machte er eine Runde nach der andern. Irgendwo fern im Unsichtbaren, oberhalb der Nebeldecke, brummten Flugzeuge. Das erinnerte an jenes stetige Motorengeräusch daheim im deutschen Luftraum. Und plötzlich dachte er an Heydrich, die Gyromantik, sein Heim, an Ingrid, ans Klavierspielen. Zum ersten Mal war er unter fremden Sternen völlig verlassen.

LAGEBESPRECHUNG IN DER Station – das Führerbild, an das jemand ein schwarzes Fetzchen gehängt hatte, sah auf die kleine Versammlung herab. Der Oberbaurat führte das Wort. Er sprach zu den Waffenträgern der Expedition.

Die Funkanlage hatten die Geologen abmontiert und zum Teil verpackt, denn ihre wertvollsten Teile sollten hinübergebracht werden. Noch vor ein paar Stunden waren verschlüsselte Funksprüche angekommen, wonach AL Ju 12 von der

Situation in Y 771 wusste (vermutlich hatten die Isländer auf dem Rückflug alles Nötige gefunkt); es würde versucht werden, Hilfe entgegenzuschicken – darum hatten die Geologen dringendst gebeten. Dann war die Verbindung abgerissen.

Soviel man sich zusammenreimen konnte, sah die Lage in den Vereinigten Gefolgschaften verheerend aus. Der amerikanische Faschismus, der sich unter den Schlägen der gelben Eroberer und der Erhebung im eigenen Land in zwei Konkurrenzunternehmen aufgespalten hatte, war am Verrecken. Dazu der Oberbaurat höhnisch: »… die eine Firma, die in Duluth, ist vollkommen pleite, die andere, die in Corpus Christi, hat Konkurs angesagt – das ist der ganze Unterschied …« Das deutsche Schutzkorps und deutschblütige Kader aus der Konkursmasse der Minutemen-Bewegung mussten anscheinend die ganze Last des Krieges gegen die asiatischen Eindringlinge wie auch gegen die Aufständischen tragen. Letztere führten selber einen Zweifrontenkrieg: Einerseits gegen die Faschisten und die Schutzmacht des Reiches, andrerseits gegen die Japse, die – nach unbestätigten Gerüchten – bereits im Mittelwesten Stützpunkte halten sollten. Die UVSA waren durch ein paar nuklear bestückte Banzai-Raketen (die aus Hawaii und anderen japanischen Pazifikinseln kamen) für die Invasion reifgeschossen worden; aber deutsche RAK-Basen in Amerika hatten eine fürchterliche Antwort erteilt. Eine Posse am Rand der amerikanischen Tragödie war, dass die sogenannten Lincoln-Freikorps oft Schulter an Schulter mit Minutemen und Kukluxern gegen die Gelben kämpfen mussten. Waren diese verduftet – und sie hatten eine rätselhafte Art, sich im Nu vom Erdboden verschlucken zu lassen –, so gingen anschließend die Zweckverbündeten aufeinander los. »Der Karren da unten steckt so tief im Dreck, dass ich mich nicht damit aufhalten möchte. Uns hier oben im Norden interessiert etwas ganz anderes«, kommentierte der Oberbaurat. Jeder Zoll ein Feldherr, beugte er sich über eine große »Physical Map of Canada« (eine ähnlich genaue politische Karte war nicht zur Hand), in die er Punkte und Linien eintrug. Alles folgte gespannt seinen Ausführungen.

»Das Problem ist, wie unsere Verbände heil nach Norden entkommen sollen. Was wird Schimming tun? [*Generaloberst von Schimming, ehemaliger Panzertruppengeneral, jetzt Chef des OKW-Nordamerika.*] Fraglos wird er versuchen, die Truppe aus der Schweinerei da unten herauszuziehen und sie in die Arktisfestung zu führen. Natürlich wissen wir nicht, ob das OKL-NA in Smithers [*der Oberbaurat zeigte auf einen Punkt in den kanadischen Rocky Mountains, wobei wieder seine abgekiefelten Fingernägel unangenehm auffielen*] noch existiert, das heißt, ob es einsatzfähig ist. Wenn es funktioniert und genügend Flugzeuge da sind, dann ist die Schohse in Butter. Soviel mir bekannt ist, sind diese großen Absetzbewegungen seit Tagen im Gange. Meine Herren, beachten Sie das – es ist für uns von allergrößter Wichtigkeit. Lässt nämlich Schimming die amerikanischen Koofmichs ihren Dreck alleene machen und zieht die ganze Schutztruppe aus den UVSA heraus, dann wird er sich zweifelsohne an die pazifische Küste, also in die Rockies – noch dazu mit seinen ausgezeichneten ostmärkischen Gebirgstruppen –, absetzen und keinesfalls über den offenen Landrücken in Mittelkanada, was heller Wahnsinn wäre. Der breite Waldgürtel, der einigermaßen Schutz böte, ist ja im Winter unpassierbar, auch hört er einmal auf, wir haben die Baumgrenze ungefähr beim 59. Grad. Bon! Schimming wird also in den Rockies so schnell wie möglich nach Norden ziehen – und dagegen wird nun der Feind alles, was er hier in Kanada zusammenkratzen kann, einsetzen, um Schimming den Weg abzuschneiden. Das heißt, bei uns entsteht ein Vakuum ...«

Die Wirtschaftsbonzen atmeten hörbar auf. Das *Unternehmen Winnetou* eine nette kleine Spritztour! Später könnte man von einem Abenteuer auf Leben und Tod erzählen.

»Die Japse sollen versucht haben, von einigen Küstenpunkten aus [*fragender Blick auf den deutschen Geologen, der die betreffenden Stellen auf der Karte zeigte*], also hier in Kolumbien und hier bei Wrangell, das ist schon Alaska, einen Riegel quer durch die Berge zu schieben. Ich glaub es nicht recht, denn unsre Küstenwacht ist grade dort ungeheuer auf Draht. Auf alle Fälle wird der Gegner, mit dem wir es hier im Seengebiet zu tun haben, seine Kräfte westwärts umgruppieren und dorthin vorstoßen.«

»Wer ist hier der Gegner?«, fragte ein Zuhörer.

»Genau können wir Ihnen das nicht sagen«, antwortete anstelle des Oberbaurats der Wetterwart, »es sind aber bestimmt keine Gelben. Wir haben zahlreiche englische und französische Funksprüche aufgefangen, weit mehr französische als englische. Das lässt die Vermutung aufkommen, dass es französische Kanadier sind, Freischärler, die hier langsam nach Norden gehen. Langsam deshalb, weil sie auf Verstärkungen und auf Luftunterstützung warten. Die riechen natürlich, dass der Polarkreis ein einziger großer Atomminengürtel ist. Aufgrund der letzten von uns und AL Ju 12 durchgeführten Funkpeilungen operierte der Gegner noch ziemlich weit im Südosten, zwischen dem Dubawnt-See – hier – und dem Baker-See – hier. Das war vor einer Woche. Wie rasch er vorwärtskommt und wie stark er ist, das heißt, was sich alles ihm unterwegs anschließt, können wir nicht beurteilen, wir –«

»Meine Herren«, fiel ihm der Oberbaurat ins Wort, »ich glaube, das Unternehmen Winnetou beginnt unter einem guten Stern. Aller Wahrscheinlichkeit nach werden wir den Feind überhaupt nicht zu Gesicht bekommen – Spähtrupps und kleine Vorausabteilungen vielleicht ausgenommen. Aber natürlich steht die Sache auf der Kippe. Klar. Wir werden sehr rasch marschieren müssen. Die dreihundert Kilometer bis zum sicheren Hafen werden wir wohl noch schaffen, die Herren Kircheiß und Laale [*gemeint waren der deutsche Geologe und sein schweigsamer dänischer Kollege*] sind verlässliche Lotsen durch den Minengürtel. Und wenn wir Feindberührung bekommen und es schiefgehen sollte – bon, dann wissen Sie ja, was zu tun ist ...«

Alle wussten es. Die Schlitten mit Benzin übergießen und anzünden. Kampf bis zur letzten Patrone. Das heißt: die letzte Kugel ... Zuerst die Frauen, dann sich selber. Das ungeschriebene Gesetz dieses Krieges.

Der Oberbaurat griff durch! Allerhand! Das war ein Kerl! Solang das Reich solche Kerls – Dieser Ausspruch, fiel Jugurtha ein, war ihm in der letzten Zeit allzu oft herausgerutscht. Ein alter Hut. Vielleicht sollte man ihn variieren: Solang das Reich solche Kreaturen hatte ... Lachhaft und erbärmlich! Nichts als eifersüchtig war er, neidisch, hässlich, ein Schwächling.

Vor allem ein Schwächling. Gut, er war durch und durch krank. (Bon, würde der Herr Oberregierungsbaurat sagen.) Umso mehr musste er so tun, als wäre er auf Draht. Es gab nämlich Dinge, die ertrug man nur mit zusammengebissenen Zähnen. Zum Beispiel den Blickkrampf, den Hirndruck, die Halluzinationen, das bleierne Gefühl in den Knochen, das ewige Frieren, den Haarausfall. Tagelang kein Stuhlgang, sein altes Übel. Dann plötzlich wieder Durchfälle. Seit – wie hatte doch das idiotische Kaff im Harz geheißen? –, also seit Dingsda litt er unter schweren Sehstörungen, damit hatte es begonnen. Von Tag zu Tag wurde das ärger. Nicht nur, dass trotz der Schneebrille (die er nun auch im verdunkelten Zimmer trug) alle Dinge, etwa künstliches Licht, sich mit schmerzhaft scharfen Konturen in seine Pupillen gruben, sie führten auch wahre Affenpossen auf. So, wenn er auf seinen Rundgängen rastete und minutenlang ins Land hinaussah – da schien sich um ihn herum der Raum plötzlich mit schwarzer Luft zu füllen, und was tat das Leintuch der Schnee-Ebene? Es fing an, lebendig zu werden, wellte sich sonderbar, und diese schwachen Wellen von Weiß und Grau liefen auf ihn zu. So als bewege sich der Boden unter einem Lufthauch, einer lauen Brise. Blöde Sinnestäuschung. Schuld daran war sicher der Heizanzug. Er schützte zwar gut vor der

Kälte, die Warmluft benebelte aber die Sinne. Und wenn er dann die Batterie abschaltete, fror er sofort wie ein Pinscher.

Dieser Heizanzug in der Art der landesüblichen Parka war ein persönlicher Schimpf. Heizbare Parkas (sogar die Kapuzen waren heizbar) und ebensolche Fellstiefel, die Mukluks, hatten wegen des geringen Vorrats nur die älteren Leute und die Frauen zugewiesen bekommen. Und er. Weil er *bekanntlich* leidend war – oder weil er der Gatte der allseits begehrten Frau Sigga von der Leyen war und ein Schwächling obendrein –, hatte *man*, das heißt der Oberbaurat, ihm diese Parka zugeschanzt. Vorzugsweise. Und er hatte sie angenommen. Schande über Schande!

Jugurtha überprüfte seine Waffen, während die Mitbewohner der Baracke auf ihren Pritschen lagen, entweder fachsimpelten oder schliefen. Bewaffnet waren mit Ausnahme der Kranken alle, nur hatte die Schutzmannschaft zusätzlich Karabiner erhalten. Verstohlen betrachtete er seine persönliche Geheimwaffe, den Rubinlaser 6 – Knuds *Pfand*, der Teufel hole ihn und sein, Jugurthas, Angebinde von Sigga. Eine Kuriosität, mehr nicht. Er konnte die Waffe leider nur ein einziges Mal entladen, der Auslöser war ihm bekannt, alles andere war Theorie. Es handelte sich nämlich um einen sogenannten chemischen oder Gas-Laser, der einen Infrarotblitz (Dauer 50 Milliardstel Sekunden) von geradezu gigantischer Intensität aussandte. Der Nachteil war, dass der »Meduso« den Laser-Effekt mit einer sehr komplizierten chemischen beziehungsweise atomphysikalischen Umsetzung verband. Man konnte jeweils nur einen einzigen superstarken Blitz einheitlicher Wellenlänge erzeugen, vor dem nächsten Einsatz musste die Gasfüllung erneuert werden. Der »Meduso« lud sich zwar für zehn Blitze selbsttätig auf, aber wie? Die betreffende Handhabung hatte Jugurtha, der in den Wehrkursen Sondervorlesungen über Laser-Waffen besuchten musste, total verschwitzt, und sich zu erkundigen wagte er nicht, da ihm als nicht der SS Angehörigem das Tragen eines Lasers strengstens verboten war. (Die Übergabe der Laser durch den Waffenmeister der Ordensburg an die jungen Schwurmänner war alljährlich eine besonders heilige Handlung, und in den alten SS-Familien hatte sich in jüngster Zeit der schöne Brauch eingebürgert, dass der sterbende SS-Vater seine Laser-Waffe auf dem Totenbett dem Erstgeborenen übergab.) Jugurtha besaß also zwar Thors Hammer, aber nur ein einziger Blitz würde daraus zucken.

Dann hatte er noch das rührende Schießeisen des braven Kummernuss, wo mochte er jetzt sein? Zwei Schuss staken im Magazin, und ein volles Magazin war noch übrig. Und zu diesem Museumsstück hatte er ein weiteres gefasst, einen 98 K, bewährt von Murmansk bis Tobruk, die wackere »Braut des Soldaten« aus Weltkrieg Nummer zwo. Dieser populärste Karabiner der Wehrmacht war nach dem Krieg anscheinend immer weiter nach Norden gewandert, man wollte ein so heldisches Überbleibsel, das als schlichtes Symbol des Sieges von den Skalden der Nation besungen worden war, nicht einfach kassieren, und so stattete man irgendwelche weniger wichtige Stützpunkte in der Arktis und in Übersee damit aus. (Der recht witzige steirische Hüttendirektor verglich ihn passenderweise mit dem altösterreichischen Werndlgewehr.) In Y 771 lagerten, gut geölt und in arktischer Schutzpackung, raue Mengen von 98 K, auch tadellose Munition war vorhanden. Ein eigener Schlitten wurde damit beladen.

Nur die Führer des Unternehmens, Oberbaurat und Geologen, besaßen moderne Handfeuerwaffen von höchster Vernichtungskraft. Es waren automatische Sturmgewehre verschiedener Typen, die in Anlehnung an den Namen der Expedition »Bärentöter« und »Henrystutzen« getauft wurden. Bewundernswert wie überall war hier der Oberbaurat. Seine elegante, kaltblütige Art, mit Laser und anderen neuen Waffen umzugehen, seine straffe Feuerdisziplin (da gab es kein liederliches Schießen, trotz hoher Feuergeschwindigkeit) waren vorbildlich; das ließ beinah vergessen, dass er Sigga allzu vertraulich übers Haar strich und »Blondi« nannte – diesen Kosenamen hatte Jugurtha zufällig gehört. Verdammt noch mal!

DIE SCHLITTENKARAWANE ZOG über die Tundra. Jugurtha, Bewacher des Verpflegungsschlittens und zugleich Proviantmeister, saß hinter dem zwergwüchsigen indianischen Kutscher, die nickenden Häupter der vier Zughunde und des Leittiers vor sich. Hinter ihnen spurte der Motorschlitten mit den zwei Kranken, die Rotkreuzfahne flatterte im Wind. Dann kam die lange Nachhut. Schläfrig beobachtete Jugurtha durch die Lidspalten die langsam vorbeizockelnde Landschaft. Trotz der geheizten Parka und dem Bärenfell, in das er sich eingewickelt hatte, fror ihn bis ins Mark.

Das Land war ein endloser weißer Plan und fast ohne Anhaltspunkte. Angeblich fuhren sie auf einer Straße oder hielten sich in deren Nähe – Unterschiede in der Bodenbeschaffenheit waren nicht zu erkennen, auch fehlten die landesüblichen Telegraphenmaste. Bizarr geformte Schneewächten oder halb versunkene Überreste von Camps und Bohrtürmen – die Bohrlöcher, meilenweit voneinander entfernt, hatten sich nicht als fündig erwiesen, erläuterte Kircheiß, der Geologe – zwangen das Auge immer wieder, sich daran festzusaugen. Als sie einmal auf eine grell kolorierte Planke mit der Aufschrift North American Trading and Transportation Company stießen, sprang Jugurtha wie elektrisiert aus dem Schlitten und untersuchte sie. Das Brett stammte wahrscheinlich von einem Lastwagen und war mit Löchern – frischen Durchschusslöchern – gespickt. Die andern hatten den Fund gar nicht bemerkt. Also vergaß auch er ihn und döste weiter.

Seit gestern war das Wetter im Aufklaren. Ob die Sprengung von Y 771 ein Loch in die Wolkendecke gerissen hatte oder nicht – das graue, tief hängende Nebelmeer war in Bewegung geraten, schien lockerer zu sein. Trübes Licht, zwischen Nacht und Tag dahinsiechend, breitete sich aus, die Fernsicht wurde klarer, die Umrisse waren schärfer. Kircheiß, Laale und der Oberbaurat steckten ihre Köpfe zusammen und trieben die Hiwis zu größerer Eile an.

Gestern abend war Wind aufgekommen, aus Nordwest, die Temperatur sank im Nu auf schätzungsweise minus fünfzehn. Jugurtha und vier andere mussten Wache schieben, ein bitteres Vergnügen, während der Rest mit den Roten in einer breiten Mulde das Nachtbiwak errichtete. Die Haut brannte unterm Anhauch des eisigen Feuers, die Glieder erstarrten. Wenn dieser Wind anhielt und den wärmenden Nebel verjagte, würde es noch tiefere Temperaturen geben. Bis jetzt hatten sie Glück gehabt.

Das Biwak bestand aus einer sinnreichen Kombination von Zeltbahnen, Rentierfellen und kleinen, in den gewachsenen Schnee versenkten Höhlen. Der Eingang zu jedem Stollen war durch Zeltmatten geschützt, die von fest eingepfählten Skiern gehalten wurden. Es war wie ein Fuchsbau. Die Indianer, flinke Burschen mit breiten Schultern und gedrungenem Körper, die lehmfarbenen Gesichter zerfurcht und durchgegerbt, erwiesen sich als wahre Meister im Schnellbau solcher Biwaks, die wohnlicher sein sollten als Iglus.

Es waren Tlinkits, wie Kircheiß sagte, Einwanderer aus Alaska. Zuerst hatten sie am oberen Yukon Arbeit gesucht, dann waren die Nickelgruben des Rankin Inlet der große Magnet gewesen; als diese aber unter deutsche Verwaltung kamen und die Lohnarbeiter durch Zwangsarbeiter, Alaska-Russen und Sibirjaken ersetzt wurden, schlossen sich die Tlinkits in kleinen Siedlungen zusammen. Da lebten sie nun, in den ungeheuren Ebenen verstreut, von Pelztierfang, Gelegenheitsverdiensten, Fellhandel. (Übrigens hatte in Chesterfield, das ebenfalls Heydrich hieß – Jugurtha zerdrückte eine heimliche Träne –, bis vor Kurzem ein Einkaufszentrum der Reichsgruppe Handel, Wi-Gru Groß-, Ein- und Ausfuhrhandel, Fachgruppe Rauchwaren, Untergruppe Nordamerika, Zweigstelle Hudson Bai, amtiert.) Die von Kircheiß angeheuerten Rothäute waren Abkömmlinge des weitverzweigten Wolf-Clans, und zwar aus der Sippe des Meerschweins, dieses war auch ihr Totemtier. Der einst im ganzen Nordwest-Territorium wegen seiner Grausamkeit gefürchtete Stamm – Schultze-Rüssing hatte ihn in seinem Lehrbuch erwähnt – hauste nun insofern friedlich mit den Eskimos zusammen, als er diese, wo immer es anging, kräftig übers Ohr haute. Die Meerschwein-Indianer verehrten den Big Chieftain Adolf Hitler (sie nannten ihn einfach »Big Hit«) und waren, wie Kircheiß seinen Zuhörern versicherte, die besten Abnehmer für WHW-Abzeichen.

Der Abend war in düsterster Stimmung verlaufen, niemand sprach. Es gab Fischkonserven, Marmelade, Dauerbrot und etwas Kondensmilch – winzige Rationen. Man rückte in den Schlafsäcken nah aneinander, um die animalische Wärme auszukosten; durch die Luftlöcher in der Decke pfiff es schneidig herein. Sigga lag zwischen Jugurtha und dem Oberbaurat, sie sah mit ihrer spitzen gelben Nase und den dunklen Augenhöhlen wie eine tote Dämonin aus. Noch immer war sie schön. Jugurtha, der kein Auge zumachte, sich aber schlafend stellte, spürte mehr, als dass er es sah, wie sie sich von dem Mann mit den abgebissenen Fingernägeln heimlich abgreifen ließ. Es ekelte ihn. Endlich war die Tranfunzel erloschen, die laut Befehl in jeder Schlafhöhle brennen musste, es herrschte tiefschwarze Nacht, und trotz dem Geschnarche verlor er allmählich das Bewusstsein.

Wieder waren sie unterwegs. Dass Sigga nach dem Frühstück gekotzt hatte, ließ mutmaßen, wie weit das einseitige nächtliche Spiel gegangen war. Auch nach der Liebesszene im Flugzeug hatte sie erbrochen, ihr Zustand hielt derlei Aufregungen nicht mehr aus. Sie war am Ende.

Kurz nach Mittag – die Leute hatten einen Schluck heißen Tee und je eine Brotschnitte mit Margarine erhalten, wie am Morgen, und C-Vitamin – bemerkte Jugurtha es zum ersten Mal. Die sanften Wellchen, die er zuweilen (verfluchte Augentäuschung!) unter dem schwärzlichen Himmel auf sich zurollen sah, waren nicht Wellen aus Schnee, rollten auch nicht, sondern waren Millionen Blumen mit großen bleichen Blütensternen, eine Art Edelweiß. Sie bewegten sich unter der Brise, hoben und senkten ihre Köpfe, wogten. Bis zum Horizont reichten diese Blumenwiesen, und Jugurtha entsann sich, ähnliche in jenem Frühjahr, beim Vormarsch in Griechenland, gesehen zu haben. Nur war hier im Norden alles viel mächtiger, zwingender, drohender. Denn nun wurden die Blumen mannshoch, ja so hoch wie Stauden und Bäume, sie bogen sich vor ihnen auseinander, bildeten Gassen oder Schluchten und schlossen sich dahinter wieder zusammen. Dickichte waren es, nicht Wiesen. Schneeige Labyrinthe. Und Jugurtha wunderte sich, dass der indianische Hundelenker seine Nerven behielt.

Verwirrt nahm er nach einer Weile die Schneebrille ab. Das Gesicht war verschwunden, es war wieder alles weiß und einförmig und unbewegt. Sie glitten sicher über den Schnee dahin, unter dem das Land begraben lag. Vor ihm hockte gleichmütig der Kutscher, die Polarhunde nickten beim Ziehen im Takt, er sah ihre sehnigen Beine sich eilends bewegen, sah, wenn sie die buschigen Halskrausen drehten, ihre dunklen, wie raumgeschwärzten Gesichter, die klugen hellen Lichter und den dampfenden Atem, der aus ihren Goschen drang. Weit hinten ratterte friedlich der Motorschlitten mit den Kranken. Die Dschungel waren Schneewächten gewesen, Frauenleibern ähnlich, so schön und geschwungen, oder waren Uferböschungen vereister Flüsschen, über die sie hinübermussten. Vielleicht gabs hier ehrlichen (nicht trügerischen, betrügerischen) Wiesengrund, doch nur während des kurzen Sommers; Kircheiß hatte erzählt, die Tundra blühe dann – und darüber das arktische Mückengeschmeiß, riesige Schwärme, fast Wolken, die braun und unbeweglich wie Vorhänge in der Luft hingen. Genau diese Worte hatte Kircheiß gebraucht.

Ah, da war sie wieder, die Vision! Hatte er Fieber oder träumte er mit offenen Augen, was war das? Die Luft wurde schwarz von Mücken, die auf ihn eindrangen. Er hörte ihr tiefes Summen. Und da waren auch wieder die welligen, wogenden Wiesen, nur kam ihm jetzt das Bild viel plastischer, schwellender vor. Die Blumen, zuerst niedrig und krautartig, konnte er mit Händen fassen. Sie fühlten sich wie etwas Lebloses an, wie filziges Edelweiß. Später aber wurden sie höher, wucherten auf, wiegten sich gleich üppigen Frauenleibern im Wind. Wenn er die bleichen Blütenkronen auseinanderbog, schimmerten darunter smaragdene und bläuliche Tiefen. Waren es Abgründe voll einer fremden, ausgestorbenen Vegetation – oder Eisblumen – war es Eis? Richtig, es war Eis! Wenn nämlich der dünne Schnee unter den Kufen wegspritzte, kam der gläserne Untergrund zum Vorschein. Die Schlitten vor ihnen hatten die Bahn blank gefahren, und durch die Eisdecke sah man die eingefrorenen Moose und Flechten. Sie fuhren also über einen dicken hellgrünen Spiegel. Die Kufen knirschten und sangen auf dem Eis, der Indianer schnalzte mit der Zunge oder stieß kurze raue Hetzlaute aus, wenn die Hunde ausrutschten, knurrend stehen blieben und sich beutelten. Und nicht die vermeintlichen Blumen waren leblos gewesen, sondern seine eigenen Finger waren klamm und ohne Leben, er spürte, wie die Hände bis zu den Unterarmen herauf abstarben, diese Pelzfäustlinge waren ein Schund.

Die Wildnis war mit Flüssen geädert, mit kleinen Seen und eingehöhlten Wasserbecken übersät, Jugurtha hatte es auf der Geologenkarte gesehen. Ihre Fahrt auf dem Eis bedeutete, dass sie die Überlandstraße – die einzige im Bezirk – entweder verlassen oder verloren hatten und sich an Kompass und Radio hielten. Er wusste, dass die Lotsen im Motorschlitten, der an der Spitze fuhr, mittels eines Transistorgeräts die von AL Ju 12 nun wieder regelmäßig ausgestrahlten (verschlüsselten) Positionsmeldungen abhörten. Das Sammellager war ihr Polarstern.

Schon gestern abend war eine Meldung hereingekommen, wonach AL Ju 12 die aus Lager-SS gebildete Hilfstruppe südostwärts in Marsch gesetzt hatte. Als genauer Treffpunkt wurde eine einst von Eskimos und Duchoborzen bewohnte Ortschaft namens Kuharuk angegeben (der englische Name war Ten-Little-Fingers), die Laale und Kircheiß wohl kannten. Nach deren Berechnungen würde die Begegnung in den Vormittagstunden des dritten Reisetages, also morgen, stattfinden.

Die Wiesen hatten sich in Dunst aufgelöst, Träume sind Schäume, durch die grünen Brillengläser sah er wieder nichts als die grenzenlose Schneewüste. Nur das tiefe Gesumm der Mücken war geblieben, hatte sich sogar verstärkt. Ohrensausen. Gewohnheitsmäßig hielt er sich die Nase zu und presste die Atemluft gegen die Nüstern, um den Druck auszugleichen das Summen wurde trotzdem lauter. Was war los? Die Karawane blieb ruckartig stehen, man hörte das ohrenbetäubende Brrrrrr der Indianer, auch sein Schlitten hielt an. Er sah, dass der Oberbaurat und die Geologen die Schlittenreihe entlangliefen, wild mit den Armen fuchtelten und etwas brüllten. Heraus kletterten hastig und steif die grotesk vermummten Gestalten der Flüchtlinge, auch sein Hiwi stieg aus und lief wie ein Wiesel davon. Ehe Jugurtha verstehen konnte, was gerufen wurde, hatte er begriffen: Flieger!

Schnell wickelte er sich aus dem Bärenfell und sprang hinaus, dabei wäre er fast mit dem hereneilenden Dänen zusammengekracht. »Deckung nehmen!«, schrie jemand, »alles in Deckung!«. Er duckte sich instinktiv in den Schnee, doch der Boden war ringsum bretteben, bot nicht den allergeringsten Schutz. Der Motorschlitten! Sigga! Mit zwei Riesensätzen war er dort. Die Kranke schlief oder war bewusstlos, er musste sie wie eine tote Last von ihrem Lager heben.

Der Schlittenführer und der zweite Kranke (dem es anscheinend schon besser ging, Jugurtha hatte ihn sogar auf Skiern gesehen) halfen mit, den starren Körper unter dem Fahrgestell zu verstauen. Dorthin krochen auch sie und lagen nun atemlos unter dem warmen, rauchenden Motor.

Sie pressten sich flach an den Boden, als das Flugzeug mit bohrendem Gedröhn auf sie zukam. Dicht über ihren Köpfen – Tiefflieger! Trotz dem Lärm hörten sie das trockene Knattern des Maschinengewehrs und die Einschläge in den Blechteilen des Schlittens. Links und rechts schossen kleine Schneefontänen in die Höhe, Eis zerstäubte, und Metall splitterte. Sie hatten noch kaum Luft geschöpft, da brauste schon die nächste Maschine über sie hinweg. Wieder hämmerte es mit rasender Geschwindigkeit gegen das aufstöhnende Blech, und die Spuren des MG-Feuers jagten wie winzige Windhosen über den Schnee. Dazwischen dumpfes Krachen. Wieder und wieder. Endlos. Aus dem Auf und Ab der Angriffswellen schloss Jugurtha, dass nur wenige Maschinen den Einsatz flogen. Aber es dauerte eine Ewigkeit.

Vielleicht dauerte es bloß Minuten. Lange und bange Minuten. Als sie sich ins Freie wagten, war es merklich dunkler geworden, die Nacht stand vor der Tür. Die Angreifer schienen sich verzogen zu haben, man hörte lautes Ächzen und Stöhnen, auch spitze, wie in höchster Qual hervorgestoßene Schreie, Flammen prasselten, die ärgste Nervensäge aber war das unaufhörliche Klagegeheul der Hunde. Das, was sich ihren Blicken bot, war ein Schlachthaus. Sterbende wälzten sich jammernd im Schnee, Verwundete krochen auf allen vieren langsam zwischen den brennenden Schlittenwracks herum, draußen im phosphoreszierenden Schnee lagen schwarze Puppen mit erstarrten, seltsam ausgerenkten Gebärden. Es roch nach Brand und Kot und Blut. Die rasch hereinbrechende Halbnacht warf über das Grässliche ihr graues Laken.

Zu dritt hoben sie Sigga wieder in den Schlitten, der etliches abbekommen hatte. Mit irren Augen blickte sie um sich, schien nichts zu erfassen. Der indianische Hiwi war in seinen Motor vertieft, alles Übrige interessierte ihn nicht. Jugurtha sah Doris und die andere, Thusnelda oder so ähnlich, daherkommen, Doris hinkte stark, war von einem Geller gestreift worden, »nichts Besonderes«, sie hatte sich selbst verbunden. Jugurtha bat die durch den Schock sehr mitgenommenen Mädchen, sich um Sigga zu kümmern. Der Sanitätskasten war leider kaputt.

Gab es noch den Proviantschlitten? Da lag er, umgeblasen, zermörsert, ein verkohltes Gerippe. Von den Hunden lebte nur einer, er war wie durch ein Wunder heil, die Kadaver der vier andern staken in den Halftern. Während Jugurtha und der junge Industrielle nach Vorräten suchten – es gelang bloß, ein paar Konservenbüchsen zu bergen –, sprang der arme Teufel winselnd an ihnen empor und leckte ihre Fäustlinge.

Der Feind hatte entweder mit Brandmunition geschossen oder Benzinkanister abgeworfen. (Nach Napalm sah es nicht aus.) Ein Verwundeter, der Jugurtha um eine Zigarette anging, erzählte, er habe einen stoßweisen Feuerstrahl aus den angreifenden Maschinen hervorbrechen gesehen – das war aber wohl Einbildung. Wie sich herausstellte, hatte es die sogenannte Nachhut, also etwa fünfundzwanzig Schlitten und deren Insassen, die hinter dem Krankenschlitten gefahren waren, am bösesten erwischt. (Die Überreste der allerletzten Schlitten lagen noch verstreut auf dem Eis des Flüsschens.) Es war nämlich die Ladung Karabiner mehrmals getroffen worden, die Munitionskisten hatten Feuer gefangen und waren in die Luft geflogen, zum Glück nicht auf einmal, sondern nach und nach.

Plötzlich fielen Schüsse. Da einer, dort einer. Rasch niedergeduckt, Jugurtha zog die Pistole, der Industrielle war unbewaffnet. Jugurthas Karabiner musste irgendwo unweit im Schnee liegen, er hatte ihn fortgeworfen, als er Sigga in Sicherheit brachte. Die Schüsse verdichteten sich zu regelrechtem Schützenfeuer, auch das Taktaktaktak eines MG war zu hören. Hier liegen zu bleiben und anzufrieren hatte keinen Sinn, er musste mit der Spitze Fühlung nehmen – wo waren eigentlich der Oberbaurat, Kircheiß und Laale? Lebten sie? Von verirrten Projektilen umschwirrt, suchte er die Waffe und fand sie auch. Durch den Schnee liefen kreuz und quer die Spuren des MG-Feuers der Tiefflieger, auch der Karabinerkolben wies Schussschäden auf. Nun sollte der Industrielle beim Krankenschlitten bleiben und mit dem ollen 98 K die Weiber beschützen.

Im Zwielicht der arktischen Nacht sprang oder kroch Jugurtha nach vorn. Die Brände waren im Verglimmen, Flocken fielen vereinzelt vom niedrigen Himmel, ein Zeichen, dass es wärmer war als am Morgen. Das Gewehrfeuer ebbte ab, wurde dann und wann zwischen kurzen Pausen wieder lebhafter. Es schien von allen Seiten zu kommen, das war aber wohl eine akustische Täuschung, der Schall hatte in der Steppe seine Tücken. Teilweise mochten die Schüsse auch von den eigenen Leuten herrühren.

Von Zeit zu Zeit wurde er angerufen, ein Schwerverletzter, dessen Pelz über und über besudelt war, flehte um den Gnadenschuss, er kümmerte sich nicht darum. Nur einmal stutzte er. Aus einem der Schlittenwracks hing eine Leiche, die tödliche Kugel dürfte den Mann beim Herausspringen ereilt haben, das

Gesicht war nach oben gekehrt. Dieses joviale Lächeln, noch als Grimasse gewinnend, kannte er doch. Es gehörte jenem steirischen Hüttendirektor, der so sehr geunkt hatte. Schau, das Sterben konnte auch heiter sein.

Der Oberbaurat und die Geologen – sie lebten, im Näherkommen unterschied er ihre Stimmen – hatten sichtlich im Vorderabschnitt der Karawane Ordnung in das Chaos gebracht. Hinter den Schlitten oder deren Überbleibseln hockten hier überall Leute, die Gewehre im Anschlag, es war imponierend. Er redete einen an, der ihm bekannt vorkam – ja, der hatte gestern mit ihm Wache geschoben und unentwegt Witze erzählt, Köpfler-Witze und auch sehr unappetitliche. Der Mann sagte, Kircheiß versuche, das UKW-Gerät, das im Führerschlitten verstaut war, allerdings zerlegt, einsatzfähig zu machen. Man wollte SOS funken und den von AL Ju 12 entgegengeschickten Trupp, der Funkausrüstung besaß, herbeilotsen, vom Lager Transport- und Kampfhubschrauber anfordern und so weiter. Ob das gelingen würde …?

»Wie siehts da unten aus?«, fragte der Oberbaurat, der Jugurthas ostmärkisches »Heitla« geflissentlich zu überhören schien, als dieser mit erhobenem Arm antrat.

»Schlecht«, sagte Jugurtha. »Schlecht bis gar nicht.« Der schnoddrige Ton des Oberbaurats wurmte ihn. »Vom Proviant ist kaum mehr was übrig.«

»Gehen Sie zurück und führen Sie alles, was noch ein Gewehr halten kann, hier herauf. Wir müssen uns einigeln. Verwundete lassen Sie dort, wo sie sind – denen können wir ja doch nicht helfen, sie sind unnütze Fresser. Und Waffen, was sie zusammenkratzen können, und den restlichen Proviant. Jeder Schuss ist kostbar. Auch jede Konserve ist kostbar. Die drüben –«

Der Oberbaurat machte eine unbestimmte Geste und griff nach seinem Fernglas. Das Gespräch fand im Schutz des Führerschlittens statt, eines schweren, bulligen Raupenfahrzeuges, das sonst zum Schneeräumen oder Schleppen eines »Snowblast« verwendet wurde. Es hatte fast nicht gelitten. Jugurtha lugte um die Ecke. Im Dämmerdunkel sah er rundum Schüsse aufblitzen – strichweise, kettenweise. Es hagelte Einschläge.

»Die haben auch Granatwerfer. Leider. Und massenhaft Leute. Die Chancen stehen momentan hundert zu null. Ganz große Scheiße. Und wenns Tag wird, kommen wieder die Bremsen. Es waren nur zwei, alte Kisten, aber die haben tüchtig gewirtschaftet.«

Kircheiß kam in Sicht. Die Lücken zwischen den Schlitten nahm er in kühnen Sprüngen. Sonst hielt er sich dicht am Boden.

»Das Gerät funktioniert, Scheff. Seit einer Weile versuche ich, mit dem Trupp Verbindung zu bekommen – nichts. Ich höre nichts. Weiß der Teufel, was los ist.« Ja, weiß der Teufel, was los war.

»Weitermachen, Kircheiß!« Und als Kircheiß wieder in Panthersprüngen davonhetzte, weil Laale ihm von der Ferne gewunken hatte, schrie er ihm nach: »Wir müssen durchkommen, wir müssen!« Und wieder zu Jugurtha gewendet: »Diese Blutsuppe haben uns die verdammten Nanuks [*Spitzname für die Eskimos*] eingebrockt – eine Schweinebande! Lauter Verräter. Man sollte sie alle an den Graben stellen oder aufknüpfen. Trotzdem sind mir die Nanuks noch beim Arsch lieber als die Amerikaner beim Gesicht.« (Jugurtha aber dachte: Du Idiot, warum hast du Indianer und nicht Eskimos genommen!)

Da krachte es drüben mächtig, der Brocken kam herangeheult, man hörte ihn weit draußen dumpf zu Boden fallen, es machte ein Geräusch wie ein Haufen nasser Wäsche. Keine Detonation.

»Sie schießen sich ein«, sagte der Oberbaurat mehr zu sich als zu Jugurtha, beide hatten sich niedergeworfen. »Mittleres Kaliber, schätze ich. – Haben Sie etwas gehört? Kein Aufschlagzünder, sondern Verzögerung. Liegen bleiben!«

Nach einer halben Minute krepierte die Sprenggranate. Starker Explosionsdruck, die Stahlsplitter sausten bis zu ihnen herüber.

Sie setzten sich in die Hocke, jeden Augenblick gewärtig, dass es wieder krachen werde.

»Wie geht es Ihrer Frau?«

»Schlimm genug.« Jugurtha zitterte vor Wut. Das Schwein war schuld, dass es Sigga heute so miserabel ging. Blondi!

»Sie hat die Atomfäule, die Markfäule. Las es noch drüben im Parere. Habe mich gleich für Frau von Eycke [*der Oberbaurat sprach Siggas richtigen Namen mit ironischer Betonung aus*] sehr interessiert. Leyen, seien Sie ein Mann und machen Sie Schluss. Hat doch keinen Sinn, Mensch. Wollen Sie, dass die Nanuks mit ihren Sägemessern …? L-w-h! L-w-h! [*Die populäre Abkürzung für* »*Landgraf werde hart*«.] Das ist ein Parteibefehl!«

Was der Dreckskerl nicht alles wusste. Frau von Eycke! Der steckte seinen Rüssel auch in alles, nicht nur in die Antiteilchen. Parteibefehl – zum Teufel mit allen Parteibefehlen!

»Nicht schlapp gemacht, Leyen. Viel Spaaaaß!«

Jugurtha war wie betäubt. Im Zurückkriechen sah er, dass trotz der Schießerei damit begonnen wurde, aus den Wracks eine Art Burg zu errichten, ein

Schanzenviereck. Es sollte eine rohe Feste werden, sah aber auch wie eine Mausefalle aus. Das Unternehmen Winnetou hätte besser geheißen: Unternehmen Scheißgasse.

»Viel Spaß«, murmelte er. Er kroch an dem ewig lächelnden Hüttendirektor vorüber und an dem Sterbenden, der ihn um Erlösung gebeten hatte (und sich noch immer bewegte). Und da war endlich auch sein Proviantschlitten mit dem winselnden Hund. Das Tier begrüßte ihn mit einem lang gezogenen Heulen und riss an den Riemen.

Doris und Thusnelda hockten zitternd und halb erfroren hinter dem Krankenschlitten, der Beschuss war gerade hier sehr bös. Sie hatten ihren Beschützer verloren. Der junge Mann lag mit dem Gesicht nach unten im Schnee, unter seinem Körper der Karabiner. Gleich nach Jugurthas Weggang hatte es den Unvorsichtigen getroffen. Auch der Hiwi war nicht mehr da. Nachdem er vergebens den Motor in Gang zu bringen versucht hatte, war er getürmt. Jugurtha befahl den Mädchen, sich *an die Spitze* abzusetzen und etwas Proviant mitzunehmen – sie könnten im Lager sicher von Nutzen sein. Er werde mit Sigga folgen. Die Mädchen waren so verschüchtert, dass sie ohne Widerrede gehorchten. Jugurtha fing nur Doris' verzweifelten Blick auf.

Parteibefehl! Viel Spaß! Er schaute lange in Siggas marmornes Gesicht, tief prägte er sich diese versteinerten Züge ein. Natürlich war es am besten ... sie würde nicht viel spüren. Hier konnte er sie unmöglich zurücklassen, aber auch ins Lager schleppen war unmöglich. Und was dort? Dort würde es der Oberbaurat tun. Jugurthas Beine wurden plötzlich ganz gefühllos, die Hände zitterten, und in seinen Eingeweiden rumorte es. Schwächling, Schwächling! Schnell, bevor er zusammenklappte!

Er machte ihren Kopf frei und bog ihn langsam nach vorn. Dann strich er die Mähne über ihr Gesicht, sodass der Nacken bloß war. Mit dem Daumen und dem Zeigefinger der linken Hand tastete er ihr Genick nach den obersten Halswirbeln ab und dachte dabei: C-eins und C-zwo. Blitzartig stand ihm die Szene in jenem Schlafzimmer vor Augen, als er auf der Couch kniete, den Haarfaden des Kreisels in den Fingern ... Seine Bernsteinhexe!

Parteibefehl. Viel Spaß.

Mit der Rechten setzte er die Pistole genau dort an, wo der Nacken aufhörte und der Hinterkopf begann. Das Zittern seiner Hände war in diesem Augenblick so stark, dass Siggas Kopf, den er stützte, hin- und herpendelte. (Wenn sie aus ihrem Tiefschlaf nur nicht erwachte!) Wie man es ihm bei der SS beigebracht hatte, richtete er den Lauf schräg nach oben und drückte ab. Noch einmal. Dann wurde ihm schwarz vor den Augen.

Die Kälte brachte ihn wieder zu sich, er schepperte am ganzen Körper. Unter dem unwiderstehlichen Zwang, seinem Opfer ins Gesicht zu sehen, schwang er sich auf den Schlitten. Doch er wagte es nicht, es wurde ihm speiübel, wieder kämpfte er mit einer Ohnmacht. Feigling! Schwächling! Er griff unter die Felldecke und fühlte die Wärme, die sich in dem Schlittenbett gehalten hatte. Wie lange war sie tot? Vier, fünf oder mehr Minuten? Für sie waren es ebenso gut vier, fünf, sechs Millionen Millionen Millionen Jahre. Mechanisch dachte er: »Von ihrem Standpunkt aus« hatte sie nie gelebt.

Alles war sinnlos – und Unsinn –, das Leben war Arsch. Im leuchtenden Schnee lag kantig die Pistole, er steckte sie ein, sah lange auf seine Hände, drehte sie hin und her. Er versuchte, die Finger krumm zu machen, während er an etwas ganz anderes dachte. Die Finger waren so klamm, dass er sie nur mit Mühe in die Pelzfäustlinge hineinbrachte. Nun schienen die Schüsse viel näher zu sein, oder täuschte ihn sein Gehör? Er hob den Kopf und spähte in die Nacht hinaus. Vor den Schlittentrümmern lagen die Toten wie Särge, aber weiter draußen … Da sah er dunkle, längliche Objekte, die sich hie und da bewegten. Sie krochen. Sie krochen auf ihn zu.

Er rutschte zu dem Industriellen hinüber und zerrte am Karabiner. Der Tote gab ihn nicht her – ebenso wenig wie Senkpiehl seine Waffe hergegeben hatte. Weiter!

Das Tier! Er machte den Hund los, bereute es aber sofort.

Denn der stimmte ein Freudengeheul an, tanzte wie verrückt um ihn herum, fiel über ihn her und schleckte ihm das Gesicht ab. Kusch, du Bestie! Weit draußen antworteten die Schlittenhunde des Feindes, es war, als bellte die Nacht selber. Um das Tier zu beruhigen, hielt ihm Höllriegl – kein Grund, ihn jetzt noch Jugurtha zu nennen – eine Weile die Schnauze zu. Der Hund begriff und folgte schnüffelnd seinem Befreier, der wie er auf allen vieren ging, also seinesgleichen sein musste.

Da lagen die geretteten Konservenbüchsen. Höllriegl ließ sie links liegen. Kalt lächelnd. Nachdem das Geschäft hier beendet war, musste noch schnell ein anderes getan werden. Kriechend und in geduckten Sprüngen eilte er weiter.

Weiß Gott, eine Arsch-Welt! Sein Leben war Arsch, der Führer war Arsch, alles war eine enorme Scheiße. Wieder spürte er Übelkeit und heftiges Grimmen, er war nervös gebläht. Wenn er bloß kotzen könnte, alles aus sich herauskotzen!

Nicht einmal das war ihm gegönnt, leider, er musste es hinunterschlucken. Ihm fiel auf, dass er etwas hinter sich herzog. Ah, die Hundehalfter. Gerade kam er an seinem Freund, dem Hüttendirektor, vorbei – dem würde das Riemenzeug vortrefflich passen. Pour le mérite erster Klasse. Ein sympathischer Herr, Wahlostmärker. Heitla!

Die Hiwis hatten wild gerobotet, alle Achtung! Ein richtiges Wildwestfort wie im Film war da im Entstehen, eine Trümmerburg. Ein feste Burg ist unser Gott, ein gute Wehr und Waffen. Wo war der – unser Gott? Und wer war der? Kugeln pfiffen durch die Nacht, von vorn und von hinten wurde geschossen, es gab anscheinend klare Fronten – wir hier in der Feste, ihr dort drüben im Schnee. Der Gegner hatte sich ringsum eingegraben, schoss aus allen Rohren – der musste verdammt viel überflüssige Munition haben, es war mehr ein Prestigeschießen. Oder war es ein Mürbeschießen, wusste man, dass Entsatz unterwegs war? Höllriegl schob sich in der kritischen Zone nur zentimeterweise weiter, der Hund hielt engste Tuchfühlung. (Wie gut eine nasse Hundeschnauze sein kann!) Von hier aus sah man, dass die Burg des Oberbaurats vollständig eingekreist war.

Er winkte und schrie, um zu verhindern, dass die eigenen Leute auf ihn schossen. »Kircheiß!« brüllte er aus Leibeskräften und »Laale!« – das waren die einzigen Namen, die er kannte. Als er nur noch wenige Schritte von der Barrikade entfernt war, auf der jemand die Reichskriegsflagge gehisst hatte, blitzte es draußen in der Ebene auf.

Er hörte den dumpfen Knall und fast gleichzeitig den Einschlag, die Druckwelle war wie eine heiße Mauer. Dinge wirbelten um ihn herum, und etwas Großes, Schweres fiel vor ihm senkrecht aus der Luft in den Schnee. Der Hund hatte sich an ihn geschmiegt und winselte. Im Bauch war ihm auf einmal leichter, er hatte in die Hose gemacht. Komisch, dachte er, in den Heldensagen gibt es keine Verdauung, die altdeutschen Recken haben keinen Darm. Doch vorwärts jetzt!

Er nutzte die Pause und kletterte über die Schanze, der Hund ihm nach. Freudengebell. Da war er also.

Wie Maulwürfe kamen die Flüchtlinge aus ihren Löchern. Einer sagte, da vorn werde ein Erkundungstrupp zusammengestellt, es sei schon nach ihm gefragt worden. Höllriegl verdrückte sich, so gut er konnte, er hatte alles bis daher. Er sah den Oberbaurat Leute ausmustern, der Kleidung und dem Wuchs nach waren es Hiwis, Laale war auch dabei, er schien zu dolmetschen, und Kircheiß und die zwei Weiber kamen dazu. In diesem Moment bot der Oberbaurat, der auf der Kette des Motorfahrzeuges stand, ein geradezu blendendes Ziel.

Höllriegl setzte sich hinter einem Schlitten bequem in Positur und nahm den Laser aus dem Behälter. Laser tötet leise, zischt nur, eine hinterhältige Waffe. Den Knopf da musste man drücken, wenn das Ziel im Sucher war. Diesmal zitterte Höllriegl nicht, ja er hatte die ruhigsten Hände der Welt, auch der Tränenfluss störte nicht mehr, als er den Laser anlegte und durch das Objektiv blickte. Im Fadenkreuz erschien der Oberbaurat stark vergrößert, was in dieser Situation nicht unbedingt von Vorteil für ihn war. Immerhin: ein bewunderungswürdiger Mann und eine Leuchte der Wissenschaft. Bon. Höllriegl betätigte den Mechanismus und sah, wie der Oberbaurat im Verkohlen zusammenschrumpfte. Gruß von Blondi!

Er hörte Frauengekreisch, alle schrien dort auf, fast wie im Chor. Er riss die Pistole heraus und legte sie an seine Schläfe, den Griff nach oben, Daumen am Abzug, mit der Linken presste er die Mündung, sie war eisig und schmerzhaft, an die Kopfhaut. Es knackte, knackte, knackte. Teufel, die Waffe war leergeschossen! Wo hatte er nur das Magazin?

Fieberhaft durchwühlte er alle Taschen, eine große Wut packte ihn, am liebsten hätte er sich mit dem Schießeisen den Schädel eingeschlagen. Der Hund umtanzte ihn mit vor Entzücken glänzenden Augen.

Er sah Kircheiß und die Hiwis auf sich zukommen, jemand musste ihn beobachtet haben. Zum Laden war es zu spät. Die sollten ihn nicht haben, die nicht!

Er turnte über die Barrikade und sprang auf den Boden hinunter, der Hund mit ihm. Dann lief er in die weiß wogenden Felder hinaus, den guten Schüssen entgegen.

GLOSSE

Das von Axel gesprochene
»Mutterdeutsch«
ist eine Erfindung von
Ernst C. Schär und dessen Werk
»Der Muttersprache Not«
(Ott Verlag, Thun und München 1960)
entnommen.
Ich unterstütze
Ernst C. Schärs Bestrebungen
nachdrücklichst.

Otto Basil

NACHWORT
VON JOHANN HOLZNER

Wo immer in Österreich von den Stützen der Literaturvermittlung, von den bedeutendsten Repräsentanten dieser Zunft im 20. Jahrhundert die Rede ist, wird Otto Basil genannt, gleich unter den Allerersten. Wie Ludwig von Ficker, Ernst Schönwiese, Friedrich Torberg und Hans Weigel ist Basil, der Herausgeber des *Plan* (1945–1948), also in erster Linie als Kritiker und Förderer der literarischen Szene in Österreich bekannt geworden; weit weniger aber, ebenfalls ähnlich wie die eben Genannten, als Autor, als Romancier.

Das allerdings hatte Basil nicht sich selber zuzuschreiben, es wurde ihm (später) zugeschrieben. Denn der *Plan* galt schon bald und gilt noch immer als die wichtigste Kulturzeitschrift der unmittelbaren Nachkriegszeit, geradezu als eine Institution, die im Kampf gegen das »christlich-germanische Schönheitsideal« (das schon Karl Kraus an den Pranger gestellt hatte) und gegen jegliche politische Indifferenz alle ihre Tore geöffnet hat, um zeitgenössische Weltliteratur, Werke aus dem Exil und darüber hinaus schließlich Texte der jungen Generation vorzustellen, Texte von Ilse Aichinger, Christine Busta, Paul Celan, Milo Dor, Herbert Eisenreich, Erich Fried, Hans Lebert, Friederike Mayröcker u.a.m., daneben aber auch junge französische und tschechische Literatur.

Im *Plan* war Platz für neue Musik (Josef Matthias Hauer und Alban Berg) und neue Kunst (Edgar Jené, Oskar Kokoschka, Claus Pack, Fritz Wotruba), für Diskussionen und Kontroversen. Kein Platz jedoch mehr für die Orthodoxie, für die Couleurträger aller alten Parteiungen. – Weil diese »nicht nur für österreichische Verhältnisse singuläre Zeitschrift« (Wendelin Schmidt-Dengler) untrennbar mit dem Namen ihres Herausgebers verbunden blieb, musste alles, was Basil vor und nach der *Plan*-Phase geschaffen hatte, hinter diesem erratischen Block in den Schatten rücken.

Darunter auch: Der phantastisch-satirische Roman, den Basil in den frühen Sechzigerjahren geschrieben und dem er zunächst den (passenden) Titel *Wagenburg Deutschland* gegeben hatte – ehe der Verlag Fritz Molden dieses Buch dann 1966 unter dem Titel *Wenn das der Führer wüsste* herausbrachte. Ein Roman mit etlichen Science-Fiction-Zügen, gleichwohl alles andere als ein SF-Klassiker.

Denn in diesem Buch werden nicht Konstellationen des Möglichen in einer fernen Zukunft angesiedelt, sondern aktuelle (in den Sechzigerjahren aktuelle, durch und durch bedrückende) Verhältnisse beschrieben. Was Basil schon 1924 zu Kafka sich notiert hatte – unmittelbar im Anschluss an die Nachricht vom Tod des Dichters –, in seinem Werk zeige sich nichts anderes als die »Einstellung eines Beobachtenden auf die Realität«, das hätte er ebenso ohne Weiteres wieder vor diesen Roman setzen können. In der kurzen Vorrede deutet er es auch an und ergänzt, er habe sich voll und ganz auf »negative Figuren« konzentriert. In den frühen Sechzigerjahren war das noch ein Wagnis. *Die Blechtrommel* von Günter Grass, 1959 erschienen, sorgte noch immer für Kontroversen, da und dort für helle Empörung, das Publikum suchte nach wie vor in der Literatur vornehmlich Identifikationsfiguren. Höllriegl, der Strahlungsspürer, die Hauptfigur dieses Romans, ist aber eine jämmerliche, ja schäbige Gestalt in jeder Hinsicht. Ein Österreicher. Österreich ist allerdings (nach wie vor) von der Landkarte verschwunden, ein kleiner Bezirk nur mehr der großen Wagenburg Deutschland, des germanischen Weltreichs, in dem Hitler immer noch regiert. Allerorten tiefste Provinz: Stadl-Paura, eine kleine Marktgemeinde in Oberösterreich, hat Wien als Hauptstadt der Ostmark abgelöst; nach Utzbach, wo einige Jahre später Thomas Bernhards Theatermacher Bruscon gastieren wird, ist es schon nicht mehr weit. Keine frische Luft, nirgends. Es stinkt zum Himmel. Wo immer Höllriegl auftaucht, schlägt ihm eine Mischung aus Bürostaub und Pissoirgeruch entgegen. Die Menschen sind denn auch am Ende: geplagt von Schlafstörungen, Gemütskrankheiten und Verfolgungswahn. Das Abendland wird von einer Selbstmordepidemie heimgesucht.

Höllriegl, der das alles beobachtet, steht indessen selbst unter Beobachtung. Der Erzähler, unaufgeregt, nüchtern, trocken, ist nämlich immer hinter ihm, hinter ihm her; nie steht er zu ihm. Der durchschnittliche Held, der widerstandslos die vorgegebene Ordnung akzeptiert und sich (wie die Menschen ringsum auch) längst daran gewöhnt hat, ständig in Deckung zu gehen, der in der »Volksgemeinschaft« aufgeht und damit jede individuelle Bewegung aufgibt, ist der geborene Verlierer. Gefesselt in abstrusen Karriereträumen und in schwülen erotischen Phantasien, verliert er mehr und mehr den Blick auf die Realität, bis er schließlich »wie ein Hund« krepiert. Wie der Held in Kafkas *Prozess*-Roman. Nur mit dem einen Unterschied, dass nicht einmal die Scham ihn überlebt.

Schamlos agieren freilich nicht nur die Herrschenden und ihre Helfershelfer, die auch (nach Hitlers Tod) sich darauf verständigen, für alle Zukunft »die Kultur des Abendlandes unter germanischer Vorherrschaft« zu verwalten. Schamlos verhalten sich auch die Intellektuellen, die sich im Vorhof der Macht einquartiert und mit den Mächtigen arrangiert haben: die Dichter und die Philosophen sogar an der vordersten Front.

Basil schrickt nicht davor zurück, unübersehbare Assoziationslinien zu legen. Es fällt schwer, den Denker Gundlfinger, der »in der Einschicht« wohnt und sich doch nicht rechtzeitig lösen kann von der enormen Faszination der Macht, nicht in Verbindung zu bringen mit dem Philosophen von Todtnauberg, Martin Heidegger. Edwin Erwein Zwinger, ein Mitglied der Germanischen Akademie für Dichtung und Wahrheit in Weimar, verweist unmissverständlich zurück auf Edwin Erich Dwinger, der seit den Zwanzigerjahren mit antikommunistischen Romanen und Reportagen ein großes Publikum gewonnen und 1935 schließlich auch eine hohe Position in der Reichskulturkammer erhalten hatte. Auch Arbogast von Schwerdtfeger, ein aus Döbling stammender, sehr erfolgreicher Schriftsteller, der häufig in einem Parteihaus anzutreffen ist, zu dem sonst nur höhere Funktionäre Zutritt haben, der Verfasser eines dicken Wälzers über »Die Dämonen der Ostmark«, ist unverkennbar einem Vorbild nachgezeichnet: Heimito von Doderer (mit dem Basil in der ersten Nachkriegszeit noch durchaus freundschaftlich verbunden war). – Es geht dennoch weniger um den Einzelfall, es geht Basil nicht darum, spät aber doch noch mit einzelnen Dichtern und Denkern abzurechnen. Es geht vielmehr auch in diesen Passagen um die »Einstellung eines Beobachtenden auf die Realität«; wo alle Anstandsregeln außer Kraft gesetzt sind, im privaten wie im öffentlichen Raum, wo hemmungslose Genusssucht alles andere überschwemmt und am Ende jeder gegen jeden kämpft, dort findet und vermittelt auch die Mehrheit der Intellektuellen keinen Halt mehr. An allen Ecken und Enden siegt der Opportunismus.

Wer sich dem entgegenstemmt, wird überhört und ignoriert. Höllriegl entdeckt eines Tages ein Flugblatt, »eine Art Plakat, schwarz gerahmt wie eine Parte«, auf dem das Führer-Prinzip offen attackiert und stattdessen für Einfachheit, für Sittlichkeit, für Menschlichkeit geworben wird. Aber er nimmt lediglich zur Kenntnis, dass der Text »Rechtschreibfehler« aufweist. Ein plakativer Text, ganz bestimmt; eine Anspielung, vielleicht, auf Carl Dallago, den *Brenner*-Mitarbeiter der ersten Stunde, den Basil auch im *Plan* noch vorgestellt hatte, mit dem Gedicht *Geist und Leben* und in einer biographischen Notiz, in der er vor allem Dallagos »Nachgestaltung und Neudeutung des Tao-te-king« hervorhob: als »eine Weltanschauung, die dem Kommunismus der Bergpredigt und des Urchristentums verwandt ist«. In der Welt Höllriegls ist diese Weltanschauung sang- und klanglos untergegangen, und es gibt keine Zukunftsvisionen mehr, wie in Dallagos letzten Briefen an den *Plan*-Herausgeber (in denen nicht wenige Rechtschreibfehler stehen geblieben sind) oder auch in Trakls Grodek.

Der Sinn der Welt ist Geld und wieder Geld

Marcel Atze, der den Roman als »konjekturalhistorisches Modell«, als Alternativ- und Parallelgeschichtsroman gelesen hat, sieht im Zentrum des Buches »die Frage, was gewesen wäre, wenn Hitler den Krieg gewonnen hätte«. Gewiss, der Roman, dessen Fluchtpunkt das Jahr 1945 darstellt, antwortet auch auf diese Frage. Ganz Europa von Irland bis zum Ural ist in der Hand der Nationalsozialisten, die Neuordnung oder auch Auslöschung der Welt steht unmittelbar bevor, der Rassenwahn führt einerseits zum Auf- und Ausbau sogenannter Reichszuchtanstalten und andererseits zur Unterdrückung der Vasallenvölker. Die Juden sind bereits vernichtet, die Slawen werden zu Leibeigenen oder zu Tiermenschen zurückgezüchtet. Gelegentlich empfindet sogar eine Figur wie Höllriegl schon Angst.

Aber der Roman vermittelt weit mehr als ein Modell, nämlich auch ein verdichtetes Bild der Zeit seiner Entstehung. Das Bild einer Epoche, »die eine alexandrinische ist, eine Zeit der vielen Spiegel und Spiegelungen«, wie Basil am Beginn seiner Trakl-Monographie feststellt (die er etwa zur gleichen Zeit abschließt wie den Roman). Eine alexandrinische Epoche: Basil erinnert mit diesem Begriff offensichtlich nicht an die weltberühmte Bibliothek von Alexandria, an die Blüte und an die Pflege der Hellenistischen Kultur, sondern weit eher an den Verlust der Mitte und somit, ihr nachtrauernd, an die Phase, die dieser Epoche der Hellenistischen Kultur vorausgegangen ist, die Zeit der Freiheit und der Selbstständigkeit Griechenlands.

Der Autor machte damit in diesem Roman konsequent noch einmal sichtbar, was er schon in frühen Gedichten in der Kriegszeit und in der Nachkriegszeit angedeutet hatte: dass die Rede von den westlichen Werten, die mit aller Kraft verteidigt werden sollten (sei es im Abwehrkampf gegen jegliche Überfremdung, sei es durch die Förderung der kontinuierlichen Fortentwicklung der deutschen oder der abendländischen Identität), angesichts der Geschichte des Nationalsozialismus endlich verstummen oder jedenfalls zum Verstummen gebracht werden müsste. Basil hatte schon in der Kriegszeit, im Jahr 1940, das von der Reichsschrifttumskammer ausgesprochene Schreibverbot missachtet und unter dem bezeichnenden Titel *Freund des Orients* acht Gedichte herausgebracht, die nicht nur anderes verhandeln, sondern auch eine ganz andere Sprache sprechen als die zeitgenössische Blut-und-Boden-Dichtung. 1947 folgte, wieder in einer bibliophilen Ausgabe, die Gedichtsammlung *Apokalyptischer Vers*; ein schmales Bändchen, das mit einem Doppelsonett *An Baudelaire* beginnt (das Basil seinem Freund Wilhelm Szabo, einem der bedeutendsten Dichter der Inneren Emigration in Österreich, gewidmet hatte) und sehr schnell, fast als gelte es, den durch die auserlesene typographische Gestaltung aufgebauten Erwartungshorizont möglichst umgehend vollkommen zu durchkreuzen, die Realität »in den zerstörten Städten« in den Blick nimmt:

»Wir schnuppern gierig nach des andern Fell / und feilschen, stehlen, quälen, huren, neppen. / Ein einig Volk von Ratten? ja, das sind wir nur! […] Wir Habenichtse raufen um die Knochen. / Der Sinn der Welt ist Geld und wieder Geld, / und wer es riecht, der hat schon Blut gerochen.«

In einer der heikelsten Passagen des Romans tritt ein »Erzjude« auf, ein glühender Verfechter des Kapitalismus, der sich mit dem nationalsozialistischen Regime verbündet hat und sogar auch darauf stolz ist, sowjetische Juden »dem Stalin ans Messer geliefert« zu haben. Basil war sich durchaus dessen bewusst, dass derartige Zeichnungen zu Missverständnissen führen konnten. Aber in der Welt, die er beschreiben, vor der er warnen wollte, war nirgends Platz für Lichtgestalten: Der Roman (dessen Erstdruck auf der Frankfurter Buchmesse dann tatsächlich für Aufsehen gesorgt hat) sollte ja doch wirken wie eine Axt – »für das gefrorene Meer in uns«.

Literatur

Otto Basil: Freund des Orients. Acht Gedichte. Mit vier Holzschnitten von Edgar Jené. Privatdruck. Wien 1940 (Auflage von 100 Exemplaren, die nicht in den Handel gelangt sind).

Otto Basil: Apokalyptischer Vers. Wien 1947 (Druck der Officina Aldus discipuli, Auflage von 250 Exemplaren).

Otto Basil: Anruf ins Ungewisse. Werkauswahl und Information von Walther Schneider. Graz und Wien 1963 (= Stiasny-Bücherei, Band 151).

Otto Basil: Georg Trakl in Selbstzeugnissen und Bilddokumenten. Reinbek bei Hamburg 1965.

Otto Basil und die Literatur um 1945. Tradition – Kontinuität – Neubeginn. Hrsg. von Volker Kaukoreit und Wendelin Schmidt-Dengler. Wien 1998 (= Profile, Band 2).

Zum Roman vgl. vor allem die Beiträge von Wendelin Schmidt-Dengler, Gerald Sommer und Marcel Atze (der am Ende seines Aufsatzes noch weitere Literaturhinweise gibt).

Anton Unterkircher: »Ausgesetzt bleibt alles, was ich schreibe«. Briefe von Carl Dallago an Otto Basil. In: Mitteilungen aus dem Brenner-Archiv Nr. 21/2002, S. 143–155

Gedruckt mit freundlicher Unterstützung durch

Bildnachweis: S. 2, Otto Basil, aus dem Bildarchiv der Österreichischen Nationalbibliothek
Umschlag: Boutique Brutal
© Milena Verlag 2024
ALLE RECHTE VORBEHALTEN
ISBN ISBN 978-3-903460-28-7

Weitere Titel und unser Gesamtverzeichnis finden Sie auf www.milena-verlag.at